Assembler
GE-PACKT

Joachim Rohde

Assembler GE-PACKT

Die Deutsche Bibliothek –
CIP-Einheitsaufnahme

Ein Titeldatensatz für diese Publikation
ist bei Der Deutschen Bibliothek erhältlich.

ISBN 3-8266-0786-4
1. Auflage 2001

Printed in Germany

Lektorat: Sabine Schulz
Korrektorat: Monika Starke
Satz und Layout: mediaService, Siegen
Umschlaggestaltung: Christian Kalkert
Druck: Druckerei Media Print, Paderborn

Inhaltsverzeichnis

Zu guter Letzt Sonja Marhenke, eine wundervolle Freundin, die eigentlich immer an mich geglaubt hat und für mich da war, wenn die Welt mal wieder zusammenstürzte.

Und alle anderen, die ich hier nicht erwähnt habe, die es aber verdient hätten. Ihr wisst schon, wer gemeint ist.

Euch allen danke ich und vergesst nicht: »Wenn man will, dann kann man alles. Selbst fliegen.«

Pinneberg, den 21. Juli 2001

Einleitung

»Assembler ist tot!«

»Wieso beschäftigst du dich mit einer
toten/veralteten (Programmier)Sprache?«

Solche oder ähnliche Kommentare habe ich ziemlich häufig gehört. Sie vielleicht auch. Wenn Sie dieses Buch in den Händen halten, weil Sie mit Assembler programmieren *wollen*, kennen Sie meine Antworten auf diese Aussagen. Wenn Sie aber *müssen* (weil Sie z.B. Student sind) und Ihnen der Sinn noch nicht ganz klar ist, so versuche ich Ihnen zu erklären, worin der Sinn liegt, sich mit Assembler zu beschäftigen.

Assembler ist die mächtigste Sprache, die Ihnen zu Verfügung steht, und das aus folgenden Gründen:

- Assembler ist maschinennah. Dadurch erhalten Sie ein besseres Verständnis, wie Hochsprachencompiler arbeiten oder ein Computer allgemein.
- Dadurch ist der Code sehr kompakt und sehr schnell.
- In Assembler lässt sich alles realisieren! Beschränkungen sind nur durch die Hardware auferlegt. Selbst OpenGL oder DirectX lassen sich in Assembler ansprechen.

»Wieso?«, werden sich einige fragen, »C zum Beispiel ist doch auch maschinennah und relativ schnell. Und bisher konnte ich auch alles damit realisieren. Und die Geschwindigkeit der Prozessoren steigt doch auch immer weiter.« Wenn Sie nicht gerade ein neues Betriebssystem oder Treiber entwickeln wollen, mögen Sie damit auch teilweise Recht haben.

Aber was ist mit der Geschwindigkeit? Wenn Sie eine Textverarbeitung entwickeln wollen, die größtenteils auf Eingaben wartet, brauchen Sie Assembler auf keinen Fall. Was ist aber, wenn Sie den neusten Ego-Shooter mit der realistischsten Grafik, die es jemals gegeben hat, entwickeln wollen? Dann ist Assembler unumgänglich!

Und wenn Sie immer noch nicht überzeugt sind, dann versuchen Sie mal in Pascal alle vorhandenen Diskettenlaufwerke auszulesen, ohne diese anzusprechen.

Ich gebe ja zu, dass kein großes Projekt mehr in Assembler realisiert wird. Aber um zeitkritische Codesequenzen zu entschärfen oder systemnahe Prozeduren zu schreiben, ist Assembler sicherlich die beste und manchmal auch die einzige Wahl.

E.1 Alles nur Intel, oder was?

Wenn Sie sich das Inhaltsverzeichnis angeschaut haben, könnten Sie den Eindruck bekommen haben, dass Intels Konkurrent AMD fast vollständig übergangen wurde. »Ein mickriges Kapitel nur?«, werden Sie sich vielleicht fragen. Wenn Sie so wollen, ist die Antwort ein klares »Ja«. Das hat auch seine Gründe. Auch wenn der Marktanteil des ehemals unangefochtenen Giganten immer weiter schrumpft, so setzt er immer noch Maßstäbe.

Ich will auch gar keine sinnfreie Diskussion darüber führen, welcher Konzern die besseren Prozessoren herstellt (Fragt man in der Spieleindustrie nach, wird die Mehrheit AMD antworten). Beide haben ihre Vor- und Nachteile.

Aber um Sie zu beruhigen, es ist eigentlich egal, für welchen Prozessor Sie entwickeln, Sie werden den größten Teil dieses Buches anwenden können.

Schließlich sind fast alle Befehle aus dem dritten Kapitel auf beiden Prozessoren verfügbar. Die einzige Ausnahmen stellen die Befehle `SYSCALL`, `SYSENTER`, `SYSEXIT` und `SYSRET` dar, und diese Befehlspaare haben sogar dieselbe Intention. Dann wäre da noch der `CPUID`-Befehl, der auch ein wenig differiert. Hier wurde nur auf die wichtigsten Differenzen eingegangen.

Das vierte, fünfte und siebte Kapitel ist zu beiden Prozessoren kompatibel.

Das sechste Kapitel ist ganz den AMD-Prozessoren gewidmet.

Das achte Kapitel ist noch rein Intel vorbehalten, allerdings will AMD mit der Prozessor-Familie 'Hammer' SSE2 implementieren.

Ich hoffe, die Verfechter der AMD-Prozessoren damit zufrieden gestellt haben zu können.

E.2 Referenz = Vollständigkeit ???

Wie oft hatte ich schon Referenzen in der Hand und habe mich über Unvollständigkeit geärgert. Aber beim Schreiben dieses Buches habe ich festgestellt, dass dieses Unterfangen ein Ding der Unmöglichkeit ist. Nimmt man sich die Dokumentationen von AMD und Intel vor, so hat man mehrere tausend Seiten Informationen. Dann haben Sie die Informationen über die Architektur und sämtliche verfügbaren Befehle, aber noch keine einzige Informationen über ihren Assembler, was für Operanden oder Anweisungen er zum Beispiel unterstützt. Auch wenn Sie sich nur auf die beiden verbreitetsten Assembler TASM und MASM beschränken, sind das wieder ein paar hundert Seiten Dokumentation. Wollen Sie nun noch ihren Assemblercode in eine Hochsprache einbinden, so fehlt Ihnen mindestens ein weiteres Handbuch.

Wenn Sie all diese Informationen zusammengetragen haben, können Sie davon ausgehen, dass Sie nahezu die Vollständigkeit an Informationen besitzen, die manchmal gewünscht ist. (Vielleicht fehlen Ihnen jetzt nur noch gewisse Programmiertechniken oder Ähnliches). Wenn Sie jetzt aber mal was brauchen, dann sehen Sie sich mit einer Informationsüberflutung konfrontiert, die Sie im Alltag wahrscheinlich nie brauchen werden.

Was ich damit sagen will: Dieses Buch erhebt nicht den Anspruch auf absolute Vollständigkeit. Vor allem was die Compilerspezifischen Dinge angeht. Wenn Sie Informationen vermissen, dann sollten Sie die Dokumentationen von AMD (*www.amd.com*) oder Intel (*http://developer.intel.com/*) zu Rate ziehen oder entsprechende Handbücher.

Mit einem kleinen Augenzwinkern möchte ich noch hinzufügen, dass diese auch nicht immer fehlerfrei sind und für Menschen, die Englisch nicht perfekt beherrschen, werden die Onlinedokumentationen wahrscheinlich ein Buch mit sieben Siegeln bleiben.

Ansonsten hoffe ich, dass Sie den Kauf dieses Buches nicht bereuen werden, und wünsche Ihnen viel Erfolg bei der Entwicklung Ihrer Programme.

E.3 Compiler

Alle Programme wurden, wenn nicht anders angegeben, mit Turbo Assembler 4.1 erstellt. Assembler und Linker wurden in der Regel ohne weitere Parameter aufgerufen, sollten doch einige Parameter von Bedeutung sein, wurden sie erwähnt.

E.4 Kontakt

Feedback, Kritik (möglichst konstruktiver Art), Ideen und alles andere, was Sie mir vielleicht per E-Mail mitteilen wollen, können Sie an *joachim_rohde@freenet.de* schicken.

1 Der Prozessor

Der Prozessor, auch CPU genannt, stellt den zentralen Baustein eines PCs dar. Da man in der Programmierpraxis nicht unbedingt über den detaillierten Aufbau des Prozessors und seine Arbeitsweise Bescheid wissen muss, soll hier nur auf seine, in der Praxis, wichtigsten Eigenschaften eingegangen werden.

Dazu zählen die Register und die Segmente, welche teilweise mit den Prozessorgenerationen erweitert wurden. In diesem Kapitel werden Sie die Register und Segmente vom 80x86-Prozessor bis zum Intel-Prozessor der ersten Generation vorfinden. Den späteren Prozessorgenerationen und Technologien (Pentium 3 und 4, MMX, 3D-Now!) sind eigene Kapitel gewidmet, wo Sie dann auch die für Sie wichtigen Änderungen vorfinden werden. [1]

1.1 Segmente und Segment-Register

Es ist möglich, beliebig viele Segmente zu definieren. Jedes einzelne Segment ist 64 Kilobyte groß. Da man aber auf die Segmente nur mit Hilfe der vier Segment-Register (CS, DS, SS, ES) zugreifen kann, können deshalb nur vier Segmente gleichzeitig bearbeitet werden.

Mit der Einführung des 80386-Prozessors wurden auch zwei weitere Segment-Register eingeführt: FS und GS.

1. Der Pentium Pro und der Pentium 2 weisen keine neuen Register und Segmente auf.

Das Code-Segment (CS-Register)

Das Code-Segment enthält die auszuführenden Maschinenbefehle des Programms. Die Anfangsadresse des Code-Segments steht im CS-Register. Mit Hilfe des IP-Registers wird die Adresse gebildet, die die auszuführenden Befehle beinhaltet.

Das Daten-Segment (DS-Register)

Das Daten-Segment enthält die zu verarbeitenden Daten für das Programm. Dies können Variablen oder Konstanten sein. Die Anfangsadresse des Daten-Segments steht im DS-Register. Mit Hilfe der drei Offsetregister SI, DI und BX wird die jeweilige Adresse gebildet, um auf die einzelnen Daten zuzugreifen.

Das Extra-Segment (ES-Register)

Das Extra-Segment kann weitere Daten enthalten, wenn diese keinen Platz mehr im Daten-Segment gefunden haben. Die Anfangsadresse des Extra-Segments steht im ES-Register.

Das Stack-Segment (SS-Register)

Das Stack-Segment enthält den Stack, wo Daten zwischengespeichert werden. Die Anfangsadresse des Stack-Segments steht im SS-Register. Mit Hilfe des SP-Registers wird die Adresse gebildet, die die aktuelle Position des Stacks beinhaltet.

Weitere Extra-Segmente (FS- und GS-Register)

Mit dem 80386 wurden zwei weitere Segmente eingeführt, die als Extra-Segment fungieren. Die Anfangsadressen stehen im FS-Register, bzw. GS-Register. Anders als bei den vier vorherigen Segmenten stehen die Anfangsbuchstaben hier für keine Abkürzung.

Das Task-Register (TR)

Das Task-Register findet nur im Protected-Mode Anwendung. Es spielt eine Rolle beim Verwalten und Umschalten der einzelnen Tasks.

Es enthält unter anderem die lineare Adresse und Größe des TSS für den aktuellen Task.

Das Local-Descriptor-Table-Register (LDTR)

Das LDT-Register enthält den 16-Bit breiten Segmentselektor, die 32-Bit Basis-Adresse und die 16-Bit Segmentgrenze (in Bytes angegeben) für die LDT.

Das Task-State-Segment (TSS)

Vor einem Task Switch müssen Informationen über den aktuellen Task abgespeichert werden, damit dieser nach dem Task Switch wieder hergestellt werden kann. Diese Informationen werden im Task Switch abgespeichert. Der Aufbau des TSS ist bei 16-Bit- und 32-Bit-Anwendungen unterschiedlich. Bei 16-Bit ist das TSS 44 Bytes, und bei 32-Bit 104 Bytes groß.

Aufbau des 32-Bit TSS

Byte	Inhalt
0 / 1	Link zum vorherigen Task. Damit wird der Rücksprung ermöglicht.
2 / 3	Reserviert
4 - 7	ESP0 Das ESP-Register bei einem Privileglevel gleich null
8 / 9	SS0 Der SS-Selektor bei einem Privileglevel gleich null
10 / 11	Reserviert

Byte	Inhalt
12 - 15	ESP1 Das ESP-Register bei einem Privileglevel gleich eins
16 / 17	SS1 Der SS-Selektor bei einem Privileglevel gleich eins
18 / 19	Reserviert
20 - 23	ESP2 Das ESP-Register bei einem Privileglevel gleich zwei
24 / 25	SS2 Der SS-Selektor bei einem Privileglevel gleich zwei
26 / 27	Reserviert
28 - 31	CR3-Kontrollregister
32 - 35	EIP-Register
36 - 39	EFlags-Register
40 - 43	EAX-Register
44 - 47	ECX-Register
48 - 51	EDX-Register
52 - 55	EBX-Register
56 - 59	ESP-Register
60 - 63	EBP-Register
64 - 67	ESI-Register
68 - 71	EDI-Register
72 / 73	ES-Selektor
74 / 75	Reserviert
76 / 77	CS-Selektor
78 / 79	Reserviert

Byte	Inhalt
80 / 81	SS-Selektor
82 / 83	Reserviert
84 / 85	DS-Selektor
86 / 87	Reserviert
88 / 89	FS-Selektor
90 / 91	Reserviert
92 / 93	GS-Selektor
94 / 95	Reserviert
96 / 97	LDT Segment-Selektor
98 / 99	Reserviert
100	Bit 0 enthält das Debug Trap Flag. Ist es gesetzt, wird eine #DB-Exception bei einem Task Switch erzeugt. Die restlichen Bits sind reserviert.
101	Reserviert
102 - 103	I/O Map Base Address Enthält einen Offset, der auf die I/O Map zeigt. Sie enthält Informationen über die Interruptbehandlung im Virtual-8086-Mode.

Aufbau des 16-Bit TSS

Aus Kompatibilitätsgründen hier noch der Aufbau des 16-Bit TSS:

Byte	Inhalt
0 / 1	Link zum vorherigen Task. Damit wird der Rücksprung ermöglicht.
2 / 3	SP0
4 / 5	SS0

Byte	Inhalt
6 / 7	SP1
8 / 9	SS1
10 / 11	SP2
12 / 13	SS2
14 / 15	IP
16 / 17	Flag-Register
18 / 19	AX
20 / 21	CX
22 / 23	DX
24 / 25	BX
26 / 27	BP
28 / 29	SI
30 / 31	DI
32 / 33	ES
34 / 35	CS
36 / 37	SS
38 / 39	DS
40 / 41	LDT Segment-Selektor

1.2 Die Register

Die Allzweck-Register

Es gibt vier Allzweck-Register: AX, BX, CX und DX. Jedes einzelne Register weist eine Größe von 16-Bit auf und wird zusätzlich in einen High- und Low-Teil unterteilt.

Der Low-Teil enthält die Bits 0 bis 7 und wird durch die Register AL, BL, CL, DL angesprochen.

Der High-Teil enthält die Bits 8 bis 15 und wird durch die Register AH, BH, CH, DH angesprochen.

Der Akkumulator (AX)

Das AX-Register wird vor allem bei arithmetischen Operationen, wie zum Beispiel bei der Multiplikation und der Division, gebraucht.

Das Basis-Register (BX)

Das BX-Register wird vor allem für den (direkten) Zugriff auf den Speicher und die Daten im Daten-Segment gebraucht.

Das Zähl-Register (CX)

Das Zähl-Register, auch Counter-Register genannt, wird vor allem für Schleifen und Schiebeoperationen genutzt.

Das Daten-Register (DX)

Das DX-Register wird zusammen mit dem AX-Register unter anderem für die vorzeichenbehaftete Multiplikation und Division benötigt. Des Weiteren ist es für die Ansteuerung der Ports wichtig.

Die 32-Bit-Register (ExX)

Mit dem 386er wurden die Allzweck-Register auf 32-Bit erweitert. Sie werden mit EAX, EBX, ECX und EDX angesprochen.

Die Zeiger-Register

Der Instruction-Pointer (IP)

Das IP-Register dient als Offset-Register und bildet zusammen mit dem CS-Register die Adresse, die auf den als nächsten einzulesenden Befehl im Programm zeigt.

Der Stack-Pointer (SP)

Das SP-Register dient als Offset-Register und bildet zusammen mit dem SS-Register die Adresse, die auf die aktuelle Position des Stacks zeigt.

CR2

Das CR2-Kontroll-Register enthält die 32-Bit-Adresse, die einen Seitenfehler (*page fault*) erzeugt hat. Bei einer #PF-Exception steht hier also die virtuelle Adresse, die auf die Seite zeigt, auf die hätte zugegriffen werden sollen.

CR3

Das Kontrollregister CR3 wird auch *page-directory base register (PDBR)* genannt und enthält die physikalische Adresse des *page-directory*. Diese ist in den Bits 12 bis 31 abgespeichert, wobei nur die oberen 20 Bits der *page-directory*-Adresse abgespeichert werden. Es wird angenommen, dass die unteren 12 Bits der Adresse alle gelöscht sind. Außerdem muss das *page-directory* an einer *page* (4 Kilobyte Grenze) ausgerichtet sein.

Darüber hinaus enthält das CR3-Register noch zwei Flags:

Page-level Writes Transparent (PWT)-Flag - Bit 3

Dieses Flag legt fest, wie das aktuelle *page-directory* gecachet werden soll. Ist es gesetzt, wird das *write-through-caching* aktiviert, ist es gelöscht, das *write-back-caching*. Dies geschieht natürlich nur, soweit das PG-Flag im CR0-Kontrollregister gesetzt und das CD-Flag im CR0-Kontroll-Register gelöscht ist. Ansonsten wird das PWT-Flag ignoriert.

Dieses Flag beeinflusst nur die internen Caches (L1 und L2, soweit vorhanden), nicht aber die externen.

Page-level cache disable-Flag (PCD) - Bit 4

Ist dieses Flag gesetzt, so wird das Cachen des *page-directory* unterbunden.

Ist es gelöscht, darf das *page-directory* gecachet werden, soweit das PG-Flag im CR0-Kontrollregister gesetzt und das CD-Flag im CR0-Kontrollregister gelöscht ist. Ansonsten wird das PCD-Flag ignoriert.

Reservierte Bits

Die Bits 0 bis 2 und 5 bis 11 des CR3-Kontroll-Registers gelten als reserviert.

CR4

Das Virtual-8086 Mode Extensions-Flag (VME) - Bit 0

Ist dieses Flag gesetzt, wird die Interrupt- und Exception-Handling-Erweiterung im Virtual-8086-Mode aktiviert. Ist es gelöscht, wird diese deaktiviert.

Das Protected-Mode Virtual Interrupts-Flag (PVI) - Bit 1

Ist dieses Flag gelöscht, so wird auch das VIF-Flag im EFlags-Register gelöscht und lässt sich auch nicht setzen; ist das PVI-Flag gesetzt, so darf auch das VIF-Flag gesetzt werden.

Das Time Stamp Disable-Flag (TSD) - Bit 2

Ist dieses Flag gesetzt, muss der Privileglevel gleich null bei der Ausführung des `RDTSC`-Befehls sein. Ist es gelöscht, kann der `RDTSC`-Befehl mit jedem Privileglevel ausgeführt werden.

Das Debugging Extensions-Flag (DE) - Bit 3

Wenn das DE-Flag gesetzt ist und ein Zugriff auf eins der Debug-Register DR4 oder DR5 stattfindet, wird eine #UD-Exception erzeugt. Ist das DE-Flag gelöscht, verweisen die Register DR4 und DR5 auf die Debug-Register DR6 bzw. DR7.

Außerdem werden die R/Wx-Bits im DR7-Debug-Register beeinflusst.

Das Page Size Extensions-Flag (PSE) - Bit 4

Ist dieses Flag gesetzt, werden Seiten (*pages*) mit einer Größe von 4 Megabyte aktiviert. Ist es gelöscht, sind die Seiten auf 4 Kilobyte beschränkt.

Das Physical Address Extension-Flag (PAE) - Bit 5

Ist dieses Flag gesetzt, können physikalische 36-Bit-Adressen angesprochen werden. Ist es gelöscht, ist die Größe der Adressen auf 32-Bit beschränkt.

Das Machine-Check Enable-Flag (MCE) - Bit 6

Ist dieses Flag gesetzt, so können #MC-Exceptions erzeugt werden. Ist es hingegen gelöscht, werden keine #MC-Exceptions erzeugt.

Das Page Global Enable-Flag (PGE) - Bit 7

Ist dieses Flag gesetzt, so wird das Global Flag in Page Directory Entries und Page Table Entries beachtet, ansonsten nicht. Das G-Flag erlaubt es, eine Page als global zu kennzeichnen, so dass mehrere Programme auf diese zugreifen können. Sie wird bei einem Task Switch oder beim Beschreiben des CR3-Kontrollregisters auch nicht aus dem TLB entfernt.

Bevor das Bit gesetzt werden darf, muss das PGE-Flag gesetzt werden!

Das Performance-Monitoring Counter Enable-Flag (PCE) - Bit 8

Ist dieses Flag gesetzt, muss das Privileglevel gleich Null bei der Ausführung des `RDPMC`-Befehl sein. Ist es gelöscht, kann der `RDPMC`-Befehl mit jedem Privilegslevel ausgeführt werden.

Das Operating System FXSAVE/FXRSTOR Support-Flag (OSFXR) - Bit 9

Ist dieses Flag gesetzt, deutet das erstens darauf hin, dass die Befehle `FXSAVE` und `FXRSTOR` verfügbar sind und zweitens, dass diese beiden Befehle die Register XMM und MXCSR mit abspeichern, bzw. wieder herstellen. Ist es hingegeben gelöscht, werden diese Register nicht berücksichtigt.

Eine weitere Funktion dieser Flags ist die Erlaubnis, SSE- und SSE2-Befehle ausführen zu dürfen, wenn das OSFXR-Flag gesetzt ist. Ausgenommen von dieser Regel sind folgende Befehle: `PAUSE`, `PREFETCHh`, `SFENCE`, `LFENCE`, `MFENCE`, `MOVNTI` und `CLFLUSH`. Ist es hingegen gelöscht, wird eine #UD-Exception ausgelöst.

Das Operating System Unmasked Exception Support-Flag (OSXMMEXCPT) - Bit 10

Ist dieses Flag gesetzt, wird indiziert, dass das Betriebssystem unmaskierte *SIMD floating-point exceptions* mittels eines entsprechenden Exception-Handlers unterstützt. Der Exception-Handler wird durch die #XF-Exception aufgerufen. Ist das Flag gelöscht, wird stattdessen eine #UD-Exception erzeugt.

Reservierte Bits des CR4-Registers

Die Bits 11 bis 31 sind reserviert und haben den Wert 0. Sie sollten nicht verändert werden.

1.7 Die Debug-Register

Die Debug-Adress-Register DR0 bis DR3

Die Debug-Register DR1, DR2, DR3 und DR4 können jeweils die Adresse eines Breakpoints enthalten. Die Bedingungen der Breakpoints werden im Debug-Register DR7 definiert.

Die Debug-Register DR4 und DR5

Wenn das DE-Flag im Kontrollregister CR4 gesetzt ist und ein Zugriff auf eins dieser Debug-Register stattfindet, wird eine #UD-Exception erzeugt. Ist das DE-Flag gelöscht, verweisen die Register DR4 und DR5 auf die Debug-Register DR6 bzw. DR7.

Das Debug-Status-Register DR6

Die Flags in diesem Register sind *sticky*. Das bedeutet, dass sie, wenn sie einmal gesetzt wurden, so lange gesetzt bleiben, bis sie explizit gelöscht werden!

Breakpoint-Condition-Detected-Flags (B0-B3) - Bit 0-3

Ein gesetztes Bx-Flag indiziert, dass der korrespondierende Breakpoint in den Registern DR0 bis DR3 seine *breakpoint condition* (Abbruchbedingung), die im DR7-Debug-Register definiert wurde, erfüllt ist.

Debug-Register-Access-Detected-Flag (BD) - Bit 13

Ein gesetztes BD-Flag indiziert, dass der nächste auszuführende Befehl auf eines der Debug-Register zugreift. Allerdings wird dieses Flag nur gesetzt, wenn das GD-Flag im DR7-Debug-Register auch gesetzt ist.

Single-Step-Flag (BS) - Bit 14

Ein gesetztes BS-Flag indiziert, dass die Debug Exception im Einzelschritt-Modus (*single-step-mode*) ausgeführt wurde. Dazu muss das TF-Flag im EFlags-Register gesetzt sein. Der *single-step-mode* besitzt die höchste Priorität, so dass auch andere Bedingungen zutreffen können.

Task-Switch-Flag (BT) - Bit 15

Ein gesetztes BT-Flag indiziert, dass die Debug Exception durch einen Task Switch ausgelöst und das T-Flag im TSS des neuen Task gesetzt wurde.

Reservierte Bits

Die Bits 4 bis 12 und 16 bis 31 sind reserviert und haben den Wert 1, bis auf Bit 12, das den Wert 0 hat. Sie sollten nicht verändert werden.

Das Debug-Kontroll-Register DR7

Das DR7-Debug-Register aktiviert oder deaktiviert Breakpoints und spezifiziert die entsprechenden *breakpoint conditions*.

Local-Breakpoint-Enable-Flags (L0 - L3) - Bits 0, 2, 4, 6

Wenn eines dieser Flags gesetzt ist, wird die *breakpoint condition* für den korrespondierenden Breakpoint aktiviert. Wenn eine *breakpoint condition* entdeckt wird und das korrespondierende L-Flag gesetzt ist, so wird eine #BP-Exception erzeugt.

Der Prozessor löscht diese Flags nach jedem Task Switch automatisch!

Global-Breakpoint-Enable-Flags (G0 - G3) - Bits 1, 3, 5, 7

Wenn eines dieser Flags gesetzt ist, wird die *breakpoint condition* für den korrespondierenden Breakpoint aktiviert. Wenn eine *breakpoint condition* entdeckt wird, und das korrespondierende G-Flag gesetzt ist, so wird eine #BP-Exception erzeugt.

Der Prozessor löscht diese Flags **nicht** nach jedem Task Switch automatisch!

Local-Exact-Breakpoint-Enable-Flag (LE) - Bit 8

Ist dieses Flag gesetzt, so stellt der Befehl die exakte Instruktion fest, die die *breakpoint condition* ausgelöst hat.

Intel empfiehlt, dieses Flag immer auf 1 zu setzen, da es auf der P6-Prozessorgeneration noch gar nicht verfügbar war und auch auf nachfolgenden Prozessoren vielleicht nicht dieselbe Funktion haben wird.

Global-Exact-Breakpoint-Enable-Flag (GE) - Bit 9

Ist dieses Flag gesetzt, so stellt der Befehl die exakte Instruktion fest, die die *breakpoint condition* ausgelöst hat.

Intel empfiehlt, dieses Flag immer auf 1 zu setzen, da es auf der P6-Prozessorgeneration noch gar nicht verfügbar war und auch auf nachfolgenden Prozessoren vielleicht nicht dieselbe Funktion haben wird.

General-Detect-Enable-Flag (GD) - Bit 13

Ist dieses Flag gesetzt, so wird die *debug-register protection* aktiviert. Sie setzt, vor einem Zugriff auf ein Debug-Register mittels `MOV`, das BD-Flag im DR6-Debug-Register und löst danach eine Exception aus.

Das GD-Flag wird sofort wieder gelöscht, wenn der Exception-Handler aufgerufen wird, damit wenigstens der Exception-Handler auf die Debug-Register zugreifen kann.

Read/Write fields (R/W0 - R/W3) - Bits 16, 17, 20, 21, 24, 25, 28, 29

Die einzelnen Bitpaare enthalten Informationen über die *breakpoint conditions* zu den korrespondierenden Breakpoints.

Ist das DE-Flag im CR4-Kontrollregsiter gesetzt, so werden die Bits folgendermaßen interpretiert:

Bits	Bedeutung
00	Breakpoint wird nur bei Befehlsausführung ausgeführt
01	Breakpoint wird nur ausgeführt, wenn Daten geschrieben werden
10	Breakpoint wird nur ausgeführt, wenn I/O Schreib- oder Lesezugriffe stattfinden
11	Breakpoint wird nur ausgeführt, wenn Daten geschrieben oder gelesen werden

Ist das DE-Flag im CR4-Kontrollregsiter gelöscht, so werden die Bits folgendermaßen interpretiert:

Bits	Bedeutung
00	Breakpoint wird nur bei Befehlsausführung ausgeführt
01	Breakpoint wird nur ausgeführt, wenn Daten geschrieben werden
10	Undefiniert
11	Breakpoint wird nur ausgeführt, wenn Daten geschrieben oder gelesen werden

Letztere Tabelle existiert nur noch aus Kompatibilitätsgründen zu den 386er und 486er Prozessoren.

Length-Fields (LEN0 - LEN3) - Bits 18, 19, 22, 23, 26, 27, 30, 31

Die einzelnen Bitpaare enthalten Informationen über die Größe der Speicherstelle, die die einzelnen korrespondierenden Debug-Register DR0 bis DR3 spezifizieren.

Die Bitpaare werden folgendermaßen interpretiert:

Bits	Länge
00	1 Byte
01	2 Byte

Bits	Länge
10	Undefiniert
11	4 Byte

Ist das korrespondierende R/Wx-Bitpaar gleich 00, so sollte auch hier das Bitpaar die Werte 00 enthalten. Ansonsten ist der Zustand nicht definiert.

1.8 Modellspezifische Register (MSRs)

Es gibt über 80 modellspezifische Register, die nur auf bestimmten Prozessoren vorhanden sind und die sich auch von einer Prozessorgeneration zur nächsten ändern können.

Sie können mit dem Befehl `WRMSR` beschrieben, bzw. mit dem Befehl `RDMSR` ausgelesen werden.

Da diese Register nicht auf jedem Prozessor verfügbar sind, und in der Programmierpraxis selten Anwendung finden dürften, verzichte ich hier auf eine Beschreibung.

Wenn Sie dennoch Interesse haben, so können Sie beispielsweise in der Dokumentation von Intel nachschlagen. Das Dokument mit der Nummer 245472 enthält eine Auflistung aller MSRs, die der Pentium 4 zur Verfügung stellt.

2 Operatoren, Anweisungen und vordefinierte Symbole

In diesem Kapitel werden Sie die wichtigsten Anweisungen und Operatoren wiederfinden. Das Kapitel stellt allerdings keinen Anspruch auf Vollständigkeit, da diese von Assembler zu Assembler variieren können. Deshalb seien hier nur die wichtigsten gemeinsamen Operatoren, Anweisungen und vordefinierten Symbole der Assembler TASM und MASM genannt. Für weitere Informationen zu speziellen Anweisungen oder Operatoren konsultieren Sie bitte die Originaldokumentation.

Es wurden nur Operatoren und Anweisungen berücksichtigt, die das Programm an sich beeinflussen. Anweisungen, wie zum Beispiel TITLE, die die Kopfzeile in der Listingdatei definiert, welche optional erstellt werden kann, wurden nicht berücksichtigt, da hier jeder Compiler sein eigenes Süppchen kocht und diese Anweisungen keinen Einfluss auf den Programmablauf haben.

In allgemeiner Syntax werden Sie häufig eckige Klammern finden, welche die optionalen Parameter kennzeichnen, also Parameter, die nicht mit angegeben werden müssen. Einige dieser Parameter werden in der Praxis so gut wie nie verwendet, weshalb diese auch nur oberflächlich angerissen wurden.

Programmiertipp

Wenn Sie in der Originaldokumentation ein wenig stöbern, finden Sie für Ihren Assembler sicherlich interessante Anweisungen, die zum Benutzen einladen. Doch seien Sie vorsichtig! Häufig sind das spezifische Anweisungen, die bei einem anderen Assembler zum Abbruch der Assemblierung führen können, wenn der Assembler die Anweisung nicht kennt.

Vor allem, wenn Sie Ihre Sourcen der Öffentlichkeit zugänglich machen wollen oder Sie selbst den Assembler wechseln, kann es sehr störend und zeitraubend sein, den Code an den entsprechenden Assembler anzupassen.

Versuchen Sie also, Ihren Code kompatibel zu halten und unnötige Spielereien zu vermeiden, und wenn sie sich nicht vermeiden lassen, diese wenigstens zu dokumentieren.

2.1 Operatoren

Die Prioritäten der Operatoren können bei den einzelnen Assemblern verschieden sein. Für Details ziehen Sie bitte die Originaldokumentation Ihres Assemblers zu Rate.

() (Klammern)

Klammern heben die Prioritäten der Operatoren auf. Geklammerte Ausdrücke werden als Erstes ausgewertet, bevor Operatoren vor oder hinter der Klammerung ausgewertet werden.

Beispiel

```
7*(2+5)    ;Ergebnis ist gleich 49
   7*2+5       ;Ergebnis ist gleich 19
```

* (Asterix)

```
Ausdruck1 * Ausdruck2
```

Das Sternchen multipliziert zwei Ausdrücke miteinander.

+ (Plus-Zeichen)

Das Pluszeichen kennzeichnet entweder eine positive Zahl (unär) oder addiert zwei Ausdrücke (binär).

- (Minus-Zeichen)

Das Minuszeichen subtrahiert entweder zwei Ausdrücke voneinander (binär) oder kennzeichnet einen Vorzeichenwechsel (unär).

/ (Schrägstrich)

```
Ausdruck1 / Ausdruck2
```

Der Schrägstrich dividiert den ersten Ausdruck durch den zweiten. Das Ergebnis beinhaltet nur den ganzzahligen Teil. Um den Divisionsrest zu berechnen, muss eine Modulodivision mittels `MOD` durchgeführt werden.

. (Punkt)

```
Strukturvariable.Element
```

Mit dem Punkt kann auf ein Element einer Strukturvariable zugegriffen werden.

Beispiel

```
Koordinaten STRUC
     x DB ?
     y DB ?
   Koordinaten ENDS
   ...
   KoordVar Koordinaten <>     ;Definition der Struktur
   MOV KoordVar.x, 1
```

Siehe auch

STRUC

: (Doppelpunkt)

```
Vorgabe:Ausdruck
```

Der Doppelpunkt bewirkt, dass die Adresse des *Ausdrucks* relativ zur *Vorgabe* berechnet wird. Dies können Segmente oder auch Gruppen sein.

Beispiel

```
MOV CX, WORD PTR ES:[BP]
```

Siehe auch

GROUP

? (Fragezeichen)

Das Fragezeichen wird zur Initialisierung von Daten benutzt, deren Wert man nicht vorher definieren möchte oder kann.

Beispiel

```
x DB ?
```

[ ] (eckige Klammern)

Die eckigen Klammern dienen zur indirekten Adressierung über die Register BX BP, DI und SI. Außerdem können sie zur Addition genutzt werden.

Beispiel

```
MOV AX, [BP+2]
MOV CX, [BX][2]     ;Addiert zwei zur BX hinzu
```

; (Semikolon)

```
; Kommentar
```

Das Semikolon leitet einen einzeiligen Kommentar ein. Der Kommentar endet mit dem Zeilenende. Kommentare werden bei der Assemblierung ignoriert.

AND

```
Ausdruck1 AND Ausdruck2
```

AND führt bitweise eine logische Und-Verknüpfung durch.

Beispiel

```
MOV AX, 3 AND 5
```

Siehe auch

Kapitel 3: Logische Operatoren und Bit-Manipulation

DUP

duplicate

```
Anzahl DUP Ausdruck
```

DUP initialisiert den Ausdruck so oft wie in *Anzahl* angegeben.

Beispiel

```
x DB 40 DUP (0)    ;initialisiert 40 Bytes mit dem Wert 0
```

EQ

equal

```
Ausdruck1 EQ Ausdruck2
```

EQ testet, ob die beiden Ausdrücke gleich sind. Ist dies der Fall, wird der Wert -1 zurückgeliefert, ansonsten 0.

Beispiel

```
x DB 3
   y DB 3
   ...
   MOV AX, x EQ y     ;AX = -1
```

GE

greater or equal

```
Ausdruck1 GE Ausdruck2
```

GE testet, ob der erste Ausdruck größer oder gleich dem zweiten Ausdruck ist. Ist dies der Fall, wird der Wert -1 zurückgeliefert, ansonsten 0.

Beispiel

```
x DB 3
    y DB 3
    ...
    MOV AX, x GE y      ;AX = -1
```

GT

greater than

`Ausdruck1 GT Ausdruck2`

`GT` testet, ob der erste Ausdruck größer als der zweite Ausdruck ist. Ist dies der Fall, wird der Wert -1 zurückgeliefert, ansonsten 0.

Beispiel

```
x DB 3
    y DB 3
    ...
    MOV AX, x GT y      ;AX = 0
```

HIGH

`HIGH Ausdruck`

`HIGH` liefert das obere Byte des Ausdrucks zurück. Der Ausdruck muss dabei konstant sein.

Beispiel

```
x DB 1234h
    ...
    MOV AH, HIGH x      ;AH = 12h
```

LARGE

`LARGE Ausdruck`

`LARGE` wandelt den Ausdruck in einen 32-Bit-Ausdruck um.

LE

less or equal

`Ausdruck1 LE Ausdruck2`

`LE` testet, ob der erste Ausdruck kleiner als der zweite Ausdruck oder gleich dem zweiten Ausdruck ist. Ist dies der Fall, wird der Wert -1 zurückgeliefert, ansonsten 0.

Beispiel

```
x DB 3
    y DB 3
    ...
    MOV AX, x LE y     ;AX = -1
```

LENGTH

`LENGTH Ausdruck`

`LENGTH` liefert die Anzahl der durch den Ausdruck belegten Objekte zurück. Wenn die Variable nicht mit dem `DUP`-Operator deklariert wurde, so wird immer eine 1 zurückgeliefert.

Beispiel

```
;Daten-Segment
    x DB 1, 2, 3
    y DB 3 DUP (0)
    z DB DB ?

    ;Code-Segment
    MOV AX, LENGTH x     ;AX=1
    MOV BX, LENGTH y     ;BX=3
    MOV CX, LENGTH z     ;CX=1
```

LOW

`LOW Ausdruck`

`LOW` liefert das untere Byte des Ausdrucks zurück. Der Ausdruck muss dabei konstant sein.

Beispiel

```
x DB 1234h
   ...
   MOV AH, LOW x     ;AH = 34h
```

LT

less than

`Ausdruck1 LT Ausdruck2`

LT testet, ob der erste Ausdruck kleiner als der zweite Ausdruck ist. Ist dies der Fall, wird der Wert -1 zurückgeliefert, ansonsten 0.

Beispiel

```
x DB 3
   y DB 3
   ...
   MOV AX, x LT y     ;AX = 0
```

MASK

`MASK Record`

`MASK Record-Feldname`

MASK erstellt eine Bit-Maske für ein Record-Feld oder für ein gesamtes Record. Der Operator liefert eine Maske zurück, in der alle Bits gesetzt sind, die der entsprechende Parameter belegt.

Beispiel

```
RVar RECORD x:4, y:4, z:8
   myRVar RVar <28,12,81>
   MOV AX, myRVar
   AND AX, MASK y     ;y isolieren, AL=12
```

Siehe auch

RECORD

MOD

modulo

`Ausdruck1 MOD Ausdruck2`

`MOD` berechnet den Divisionsrest der Division des ersten Ausdrucks geteilt durch den zweiten.

NE

not equal

`Ausdruck1 NE Ausdruck2`

`NE` testet, ob der erste Ausdruck nicht gleich dem zweiten Ausdruck ist. Ist dies der Fall, wird der Wert -1 zurückgeliefert, ansonsten 0.

Beispiel

```
x DB 3
    y DB 3
    ...
    MOV AX, x LE y     ;AX = 0
```

NOT

`NOT Ausdruck`

`NOT` invertiert den Ausdruck bitweise.

Beispiel

```
MOV AX, NOT 5
```

Siehe auch

Kapitel 3: Logische Operatoren und Bit-Manipulation

OFFSET

`OFFSET Ausdruck`

`OFFSET` liefert die Offset-Adresse des Ausdrucks zurück. Der Offset wird relativ zum Beginn des aktuellen Segments bzw. der aktuellen Gruppe berechnet, sofern keine anderen Vorgabe mittels eines Doppelpunktes gemacht werden.

Beispiel

```
MOV DX, OFFSET String          ;Berechnung des Offsets
                                   ;relativ zum
                                   ;Anfang des aktuellen
                                   ;Segments
MOV DX, OFFSET ES:String       ;Berechnung des Offsets
                                   ;relativ zum
                                   ;Anfang des Extra-Segments
```

OR

`Ausdruck1 OR Ausdruck2`

OR führt bitweise eine logische Oder-Verknüpfung durch.

Beispiel

```
MOV AX, 3 OR 5
```

Siehe auch

Kapitel 3: Logische Operatoren und Bit-Manipulation

PTR

pointer

`Datentyp PTR Ausdruck`

PTR dient als Zeiger und erzwingt eine Datentypgröße. Als Datentyp können die geläufigen Symbole wie SHORT, NEAR, FAR, PROC, BYTE, WORD, DWORD und ähnliche benutzt werden.

Beispiel

```
MOV BYTE PTR Var, AL
```

SEG

segment

`SEG Ausdruck`

SEG liefert die Segmentadresse des Ausdrucks zurück.

SHL

shift left

`Ausdruck SHL Anzahl`

SHL verschiebt den Ausdruck um die angegebene Anzahl bitweise nach links.

Beispiel

```
MOV AH, 00011010b SHL 2    ;AH=01101000b
```

Siehe auch

Kapitel 3: Schiebe-Befehle

SHORT

`SHORT Ausdruck`

SHORT wird verwendet, um bei Sprungbefehlen einen Near-Jump zu erzwingen. Dazu muss der Ausdruck, der das Sprungziel repräsentiert, innerhalb von -128 bis +127 Bytes relativ zur aktuellen Position im Code-Segment liegen.

Beispiel

```
JMP SHORT Weiter
   ...                 ;hier dürfen höchstens 127 Bytes stehen
   Weiter:
   ...
```

SHR

shift right

`Ausdruck SHR Anzahl`

SHR verschiebt den Ausdruck um die angegebene Anzahl bitweise nach rechts.

Beispiel

```
MOV AH, 01001100b SHR 2    ;AH=0010011b
```

Siehe auch

Kapitel 3: Schiebe-Befehle

SIZE

`SIZE Ausdruck`

`SIZE` liefert die Größe des Ausdrucks zurück.

Beispiel

```
Var DW ?
   SVar = SIZE Var  ;SVar=4 (ein Doubleword = 4 Bytes)
```

THIS

`THIS Datentyp`

`THIS` erzeugt einen Operanden, der eine Adresse des aktuellen Offsets und des Segments enthält. Als Datentyp können folgende Symbole benutzt werden: `NEAR`, `FAR`, `PROC`, `BYTE`, `WORD`, `DWORD` und ähnliche.

Beispiel

```
Var EQU THIS BYTE
```

.TYPE

`.TYPE Ausdruck`

`.TYPE` liefert ein Byte zurück, das Aufschlüsse über den angegebenen Ausdruck zulässt. Die einzelnen Bits des zurückgelieferten Bytes haben bei gesetztem Zustand folgende Bedeutung:

Bit	Bedeutung
0	Codesymbol
1	Datensymbol
2	Konstante
3	direkt adressiert

Bit	Bedeutung
4	Register
5	Symbol ist definiert
6	Symbol ist extern

Sind Bit 2 und 3 beide gelöscht, so handelt es sich bei dem Ausdruck um eine indirekte Adressierung.

TYPE

`TYPE Ausdruck`

`TYPE` liefert einen Wert zurück, der Informationen über den Ausdruck enthält. Folgende Werte kann `TYPE` zurückliefern:

Ausdruck	Wert
Byte	1
Word	2
Doubleword	4
FWord	6
PWord	6
Quadword	8
TByte	10
NEAR	0FFFFh
FAR	0FFFEh
Konstante	0
Struktur	Größe der Struktur in Bytes

Beispiel

```
MOV AX, TYPE Variable
```

WIDTH

`WIDTH Record`

`WIDTH Record-Feldname`

`WIDTH` liefert die Anzahl der Bits zurück, die durch das Record, bzw. den Record-Feldnamen, belegt werden.

Siehe auch

`RECORD`

XOR

exclusive or

`Ausdruck1 XOR Ausdruck2`

`XOR` führt bitweise eine logische Exklusiv-Oder-Verknüpfung durch.

Beispiel

```
MOV AX, 3 XOR 5
```

Siehe auch

Kapitel 3: Logische Operatoren und Bit-Manipulation

2.2 Makrooperatoren

Makrooperatoren finden Anwendung in Makros, Blockwiederholungen und in Argumenten der bedingten Assemblierung.

& (kaufmännisches Und)

`&Name`

Das kaufmännische Und-Zeichen dient zur Substitution von Name

Beispiel

```
IRPC msg, <1234>
    CMP AL, "&msg"
    JE Message&Msg
    ENDM
```

Der Code wird zu folgendem Code compiliert:

```
CMP AL, 1
    JE Message1
    CMP AL, 2
    JE Message2
    CMP AL, 3
    JE Message3
    CMP AL, 4
    JE Message4
```

<> (Größer-/Kleiner-Zeichen)

```
<Text>
```

Die spitzen Klammern fügen den umschlossenen Text direkt in den Code ein, einschließlich Trennungszeichen, wie Kommata, Tabulatoren und Leerzeichen.

Siehe auch

&

! (Ausrufezeichen)

Das Ausrufezeichen wird auch als Fluchtzeichen bezeichnet. Es hebt die Sonderbedeutung von Makrooperatoren auf.

Beispiel

```
msg equ <x!>0!<<>      ;msg = x>0<y
```

% (Prozentzeichen)

```
%Ausdruck
```

Das Prozentzeichen wertet den Ausdruck aus und ersetzt diesen durch sein Ergebnis.

Beispiel

```
msg MACRO nr
      MOV AH, 9
      LEA DX, msg&nr
      INT 21h
    ENDM

    msg %2+4
```

Im Compilat werden Sie folgende Codesequenz vorfinden:

```
MOV AH, 9
    LEA DX, msg6
    INT 21h
```

;; (doppeltes Semikolon)

```
;; Komentar
```

Ein Kommentar, dass mit zwei Semikolons eingeleitet wird, erscheint beim Compilieren nicht mehr im Listing. Die Kommentare werden also in allen einzufügenden Kommentaren unterdrückt.

2.3 Anweisungen

.8086

Aktiviert den Befehlssatz des 8086-Prozessors

.8087

Aktiviert den Befehlssatz des 8087-Koprozessors

.186

Aktiviert den Befehlssatz des 80186-Prozessors

.286

Aktiviert den Befehlssatz des 80286-Prozessors im nicht privilegierten Modus. Außerdem wird der Befehlssatz des 80287-Coprozessors aktiviert.

.286P

Aktiviert den kompletten Befehlssatz des 80286-Prozessors, inklusive aller privilegierten Befehle. Außerdem wird der Befehlssatz des 80287-Coprozessors aktiviert.

.287

Aktiviert den Befehlssatz des 80287-Coprozessors

.386

Aktiviert den Befehlssatz des 80386-Prozessors im nicht privilegierten Modus. Außerdem wird der Befehlssatz des 80387-Coprozessors aktiviert.

.386P

Aktiviert den kompletten Befehlssatz des 80386-Prozessors, inklusive aller privilegierten Befehle. Außerdem wird der Befehlssatz des 80387-Coprozessors aktiviert.

.387

Aktiviert den Befehlssatz des 80387-Coprozessors

.486

Aktiviert den Befehlssatz des 80486-Prozessors im nicht privilegierten Modus. Außerdem wird der Befehlssatz des 80487-Coprozessors aktiviert.

.486P

Aktiviert den kompletten Befehlssatz des 80486-Prozessors, inklusive aller privilegierten Befehle. Außerdem wird der Befehlssatz des 80487-Coprozessors aktiviert.

.487

Aktiviert den Befehlssatz des 80487-Coprozessors

.586

Aktiviert den Befehlssatz des 80586-Prozessors im nicht privilegierten Modus. Außerdem wird der Befehlssatz des 80587-Coprozessors aktiviert.

.586P

Aktiviert den kompletten Befehlssatz des 80586-Prozessors, inklusive aller privilegierten Befehle. Außerdem wird der Befehlssatz des 80587-Coprozessors aktiviert.

.587

Aktiviert den Befehlssatz des 80587-Coprozessors

: (Doppelpunkt)

```
Label:
```

Der Doppelpunkt hinter dem *Label* definiert eine Sprungmarke, die mit Sprungbefehlen (`JMP` oder `Jxx`) oder `CALL` angesprungen werden kann.

= (Gleichheitszeichen)

```
Name = Wert
```

Das Gleichheitszeichen ordnet *Name* einen *Wert* zu.

ALIGN

`ALIGN Ausrichtung`

`ALIGN` richtet die aktuelle Position an einer Zweier-Potenz aus. Ausgerichtete Daten können schneller vom Prozessor verarbeitet werden.

Beispiel

```
ALIGN 2          ;an Wordgrenze ausrichten
   ...
   Zahl DW 1234h   ;ausgerichtetes Word
```

ASSUME

`ASSUME Segmentregister:Name [,Segmentregister:Name, ...]`

`ASSUME` verbindet ein oder mehrere Segmentregister mit einem Segment oder einer Gruppe. Als Name kann auch `NOTHING` angegeben werden, dann werden alle Verbindungen zu diesem Segmentregister wieder gelöst.

Einige Programmierer weisen nicht benutzten Segmentregistern den Wert `NOTHING` zu, obwohl dies gar nicht nötig wäre. Ihre Intention ist nur zu signalisieren, dass diese Segmentregister nicht im Programm benutzt werden.

Diese Anweisung wird benutzt, wenn Sie die kurze Segmentzuweisungen (`.CODE, .DATA`, usw) nicht benutzen wollen oder können.

Beispiel

```
Daten SEGMENT
     Var1 dw 4C00h
   Daten ENDS

   Code SEGMENT PARA PUBLIC
     ASSUME DS:Daten, CS:Code, ES:NOTHING

   Start:
     mov ax, Daten
     mov ds, ax
```

```
    mov ax, word ptr Var1
    int 21h
  Code ENDS
  END Start
```

Siehe auch

SEGMENT

.CODE

.CODE leitet das Code-Segment ein und wird durch eine END-Anweisung oder ein neues Segment beendet.

COMM

common

COMM [Entfernung] [Sprache] Name Typ [:Anzahl]

COMM deklariert eine gemeinsame Variable, die von mehreren Modulen unter *Name* angesprochen werden kann.

Entfernung kann durch NEAR oder FAR repräsentiert werden.

Als *Sprache* kann C, Pascal, Basic, Fortran und - je nach Compiler - auch weitere Sprachen angegeben werden.

Typ kann BYTE, WORD, DWORD, FWORD, QWORD, TBYTE, eine Struktur und - je nach Compiler - auch weitere Typen sein.

Optional kann als letzter Parameter noch die Anzahl der Elemente angegeben werden, die sich hinter *Name* verbergen.

COMMENT

COMMENT Zeichen

COMMENT leitet einen mehrzeiligen Kommentar ein. Der Kommentar beginnt mit dem angegebenen Zeichen und endet auch mit diesem. Kommentare werden bei der Assemblierung ignoriert.

Beispiel

```
COMMENT *
   Dies ist
   Ein mehrzeiliger
   Kommentar
   *
```

.CONST

.CONST leitet ein Segment für Konstanten ein und wird durch eine END-Anweisung oder ein neues Segment beendet.

.DATA

.DATA leitet das Daten-Segment mit intialisierten Daten ein und wird durch eine END-Anweisung oder ein neues Segment beendet.

.DATA?

.DATA? leitet das Daten-Segment mit nicht initialisierten Daten ein und wird durch eine END-Anweisung oder ein neues Segment beendet.

DB

define byte

```
[name] db wert [,wert ,...]
```

DB reserviert ein Byte an Speicherplatz im Programm. Die Anweisung kann dazu genutzt werden, Variablen zu deklarieren, welche auch gleich mit einem Wert initialisiert werden können, oder um Opcodes direkt in den Code einzufügen.

Beispiel

```
Var1 db ?  ;nicht initialisierte Variable
   Var2 db 3  ;Var2 hat den Wert 3
```

Siehe auch

DD, DF, DQ, DT, DW, Anhang A.8 / Opcodes

DD

define doubleword

```
[name] dd wert [,wert ,...]
```

DD reserviert ein Doubleword an Speicherplatz im Programm. Die Anweisung kann dazu genutzt werden, Variablen zu deklarieren, welche auch gleich mit einem Wert initialisiert werden können.

Siehe auch

DB, DF, DQ, DT, DW

DF

define float

```
[name] df wert [,wert ,...]
```

DF reserviert einen 6-Byte großen Speicherplatz im Programm. Die Anweisung kann dazu genutzt werden, Variablen zu deklarieren, welche auch gleich mit einem Wert initialisiert werden können.

Siehe auch

DB, DD, DQ, DT, DW

DOSSEG

DOSSEG legt die Segmente in der Reihenfolge an, wie es von Microsoft für DOS-Programme empfohlen wurde. Diese Anweisung wird in heutigen Programmen nicht mehr gebraucht.

DQ

define quadword

```
[name] dq wert [,wert ,...]
```

DQ reserviert ein Quadword an Speicherplatz im Programm. Die Anweisung kann dazu genutzt werden, Variablen zu deklarieren, welche auch gleich mit einem Wert initialisiert werden können.

Siehe auch

DB, DD, DF, DT, DW

DT

define ten bytes

```
[name] dt wert [,wert ,...]
```

DT reserviert einen 10-Byte großen Speicherplatz im Programm. Die Anweisung kann dazu genutzt werden, Variablen zu deklarieren, welche auch gleich mit einem Wert initialisiert werden können.

Siehe auch

DB, DD, DF, DQ, DW

DW

define word

```
[name] dw wert [,wert ,...]
```

DW reserviert ein Word an Speicherplatz im Programm. Die Anweisung kann dazu genutzt werden, Variablen zu deklarieren, welche auch gleich mit einem Wert initialisiert werden können.

Siehe auch

DB, DD, DF, DQ, DT

END

```
END [Label]
```

END kennzeichnet das Ende des Quellcodes. Alle nachfolgenden Zeilen werde nicht mehr mit assembliert. Optional kann noch ein Label angegeben werden, dass im Codesegment liegen muss. Die Programmausführung beginnt dann an diesem Label.

END kann auch ein Segment beenden, wenn dieses in der vereinfachten Schreibweise (zum Beispiel mit .DATA, .CODE) eingeleitet wurde.

ENDM

ENDM kennzeichnet das Ende eines Makros oder einer Blockwiederholung.

ENDP

```
[Prozedurname] ENDP
```

ENDP kennzeichnet das Ende einer Prozedur.

ENDS

```
[Name] ENDS
```

ENDS kennzeichnet das Ende eines Segments oder einer Struktur.

EQU

equal

```
Name EQU Ausdruck
```

EQU deklariert eine Konstante oder einen Alternativnamen.

Beispiel

```
Var1  DW  ?
   x      EQU WORD
   Zahl   EQU 7489
   Summe  EQU 4+5
   ...
   MOV AX, x PTR Var1
   MOV DX, WORD PTR Var1 ;AX=DX
   MOV BX, Zahl          ;BX=7489
   MOV CX, Summe         ;CX=9
```

EVEN

EVEN rundet den nachfolgenden Befehl auf einen geraden Offset. Die möglicherweise entstehende Lücke wird mit NOPs gefüllt. Sinn dieser Anweisung ist es, 16-Bit-Befehle effizienter auszuführen.

Siehe auch

ALIGN

.EXIT

```
.EXIT [Rückgabewert]
```

.EXIT ist das Pendant zu .STARTUP. Die Anweisung beendet das Programm und kann optional noch einen Rückgabewert zurückliefern.

EXITM

EXITM bricht das Makro oder die Blockwiederholung, in dem die Anweisung ausgeführt wird, ab.

EXTRN

extern

```
EXTRN [Sprache] Name:Typ [:Anzahl]
```

EXTRN bindet eine externe Variable oder Prozedur ein. Angegeben werden muss der *Name* und der *Typ*. Optional ist die Sprachkonvention und die *Anzahl* der Elemente, wenn es sich um ein Array handeln sollte.

Diese Anweisung wird vor allem dann benutzt, wenn Assembler und eine Hochsprache zusammenarbeiten sollen und der Assembler in der Hochsprache deklarierte Variablen oder Prozeduren verändern bzw. aufrufen soll.

Als *Sprache* kann C, Pascal, Basic, Fortran und - je nach Compiler - auch weitere Sprachen angegeben werden.

Typ kann NEAR, FAR, PROC, BYTE, WORD, DWORD, FWORD, QWORD, TBYTE, eine Struktur und - je nach Compiler - auch weitere Typen sein.

Beispiel

```
EXTRN Variable:Byte
```

```
EXTRN meineProc:FAR
   CALL  meineProc
```

.FARDATA

`.FARDATA` leitet ein FAR-Segment mit intialisierten Daten ein und wird durch eine `END`-Anweisung oder ein neues Segment beendet.

.FARDATA?

`.FARDATA?` leitet ein FAR-Segment mit nicht initialisierten Daten ein und wird durch eine `END`-Anweisung oder ein neues Segment beendet.

GOTO

```
GOTO Label
```

`GOTO` ist, wie in allen anderen Programmiersprachen auch, der Sprung-Befehl. Allerdings ist `GOTO` in Assembler nur in Makros und Blockwiederholungen erlaubt.

GROUP

```
Name GROUP Segmentname [, Segmentname, ...]
```

`GROUP` fasst mehrere Segmente zu einer Gruppe zusammen. Alle Segmente müssen zusammen in ein 64-Kilobyte-Segment passen.

INCLUDE

```
INCLUDE Dateiname
```

`INCLUDE` fügt eine externe Assemblerdatei in die Source ein. Auf diese Weise können zum Beispiel alle mathematische Funktionen zur Vektorrechnung in eine eigene Datei geschrieben werden, die mittels `INCLUDE` eingebunden werden kann.

In der Regel tragen solche Dateien die Erweiterung INC und nicht ASM!

Beispiel

```
INCLUDE Vektor.inc
```

INCLUDELIB

```
INCLUDELIB Dateiname
```

`INCLUDELIB` fügt eine externe Library-Datei in die Source ein. Auf diese Weise müssen diese Bibliotheken nicht explizit beim Linken mit angegeben werden.

Wird keine Dateierweiterung angegeben, so wird die Extension .LIB an den Dateinamen angehängt!

IRP

indefinite repeat

```
IRP Parameter, <Par1, Par2, Par3, ...>
      Anweisungen
    ENDM
```

`IRP` leitet eine Blockwiederholung ein und setzt jedes Mal, wenn *Parameter* in den Anweisungen auftaucht *ParX* ein.

Beispiel

```
IRP Reg, <ax, bx, cx, dx>
      PUSH Reg
    ENDM
```

ist das Gleiche wie:

```
PUSH AX
    PUSH BX
    PUSH CX
    PUSH DX
```

IRPC

indefinite repeat character

```
IRPC Parameter, String
      Anweisungen
    ENDM
```

IRPC leitet eine Blockwiederholung ein und setzt jedes Mal, wenn *Parameter* in den Anweisungen auftaucht, alle Buchstaben des Strings hintereinander in die Anweisung ein.

Beispiel

```
IRP Zahlen, <1234>
     DB Zahlen
    ENDM
```

ist das Gleiche wie:

```
DB 1
    DB 2
    DB 3
    DB 4
```

LABEL

```
Name LABEL Datentyp
```

Mit LABEL ist es möglich, eine Variable mit einem symbolischen Namen anzusprechen. *Datentyp* kann NEAR, FAR, PROC, BYTE, WORD, DWORD, FWORD, QWORD, TBYTE, eine Struktur und - je nach Compiler - auch weitere Typen sein.

Beispiel

```
SymVar LABEL WORD
    Var DB ?,?
    ...
    MOV SymVar, AX      ;ist das selbe wie
    MOV Var, AH         ;diese
    MOV Var+1, AL       ;beiden Anweisungen
```

LOCAL (in Makros)

```
LOCAL Symbol [,Symbol, ...]
```

LOCAL definiert lokale Symbole, die bei jedem Aufruf des Makros anders sind. Anwendungsgebiete sind zum Beispiel Labels für Sprungbefehle innerhalb eines Makros.

LOCAL (in Prozeduren)

```
LOCAL Name:Type [, Name:Typ]
```

`LOCAL` richtet einen Stackrahmen, und somit Platz für lokale Variablen, in Prozeduren ein.

Typ kann `NEAR`, `FAR`, `PROC`, `BYTE`, `WORD`, `DWORD`, `FWORD`, `QWORD`, `TBYTE`, eine Struktur und - je nach Compiler - auch weitere Typen sein.

MACRO

```
Name MACRO [Parameter]
      Anweisungen
   ENDM
```

`MACRO` leitet ein Makro ein. Makros können später im Programm aufgerufen werden, wie andere Befehle auch. Allerdings wird bei der Assemblierung nicht ein `CALL` ausgeführt, um das Makro aufzurufen, sondern das Makro wird komplett in den Code eingeführt, wodurch das Programm ziemlich groß werden kann.

Achten Sie also darauf, dass nur kurze Befehlsfolgen als Makro definiert werden. Größere Codesequenzen können Sie in Prozeduren auslagern. Sie sollten allerdings auch nicht kurze Befehlsfolgen als Prozeduren auslagern, da jedes Mal ein `CALL` und ein `RET` benötigt wird, was beides Mal sehr zeitaufwändig sein kann.

Beispiel

```
Pushen MACRO Par1, Par2
      PUSH Par1
      PUSH Par2
   ENDM
   ...
   MOV DX, 1
   Pushen AX, CX
   MOV CX, 1
   ...
   Pushen DX, SI
```

Die letzten Zeilen werden folgendermaßen compiliert:

```
...
    MOV DX, 1
    PUSH AX
    PUSH CX
    MOV CX, 1
    ...
    PUSH DX
    PUSH SI
```

Siehe auch

PURGE

.MODEL

`.MODEL [Modellvorgabe] Modell [Modulname] [, [Sprachvorgabe] Programmiersprache] [, Modellvorgabe]`

.MODEL legt das Speichermodell fest, wenn die vereinfachte Segmentzuweisung (.DATA, .CODE usw.) benutzt wird.

Als *Modellvorgabe* kann entweder NEARSTACK oder FARSTACK angegeben werden.

Modell spezifiziert das Modell, welches verwendet werden soll (TINY, SMALL, MEDIUM, COMPACT, LARGE, HUGE, FLAT).

Modulname erfüllt den selben Zweck wie *Name* in der SEGMENT-Anweisung.

Als *Sprachvorgabe* können WINDOWS, NORMAL, ODDNEAR oder ODDFAR angegeben werden, um den Stack von Windows-Modulen oder Overlays zu verwalten.

Und als *Sprache* können C, Pascal, Basic, Fortran und - je nach Compiler - auch weitere Sprachen angegeben werden.

ORG

```
ORG Position
```

ORG legt die aktuelle Position im Segment fest. Dadurch lässt sich beispielsweise der Anfangsoffset für COM-Dateien, welcher 100h betragen muss, bequem festlegen.

PROC

procedure

```
Name PROC [Sprachvorgabe] [Sprache] [Entfernung] [USES Liste]
   [,Argumente]
     Anweisungen
   ENDP
```

PROC leitet eine Prozedur ein, die mittels CALL aufgerufen werden kann.

Als *Sprachvorgabe* kann WINDOWS und NOWINDOWS angegeben werden. Ersteres übernimmt die Erzeugung des Stackrahmens bei Aufrufen aus Windowsmodulen selbst.

Als *Sprache* können C, Pascal, Basic, Fortran und - je nach Compiler - auch weitere Sprachen angegeben werden.

Entfernung kann durch NEAR oder FAR repräsentiert werden und gibt an, von welchem Typ das abschließende RET sein soll, welches als letzter Befehl in der Prozedur aufgerufen wird.

In der *USES-Liste* können Sie Variablen und Register angeben, die in der Prozedur verändert werden und automatisch beim Eintritt in die Prozedur gesichert sowie beim Austritt wieder hergestellt werden sollen.

Als Letztes können noch Parameter folgen, die der Prozedur übergeben werden sollen. Allerdings muss diese Parameterliste mit einem Komma vom Rest getrennt sein. Wenn nötig, kann auch noch der jeweilige Datentyp mit angegeben werden.

Beispiel

```
Prozedur PROC C FAR USES AX BX Var1, Variable1:BYTE, Variable2
```

PUBLIC

```
PUBLIC [Sprache] Name
```

PUBLIC könnte als Gegenstück zu EXTRN gesehen werden. Mit PUBLIC ist es nämlich möglich, Prozeduren und Variablen anderen Modulen zugänglich, publik, zu machen.

Siehe auch

EXTRN

PURGE

```
PURGE Makroname [, Makroname, ...]
```

PURGE entfernt eine Makrodefinition, was bedeutet, dass ein vorher definiertes Makro ab dieser Anweisung nicht mehr verfügbar ist. Häufig wird die Anweisung dazu verwendet, um ein Makro neu zu definieren oder eine Makrodefinition zu entfernen, die sich mit dem Namen eines Standardbefehls überlappt hatte (z.B.: ADD).

Um mehrere Makrodefinitionen gleichzeitig zu entfernen, geben Sie die Makronamen mit Kommata getrennt als Parameter an.

.RADIX

```
.RADIX Basis
```

.RADIX legt fest, zu welcher Basis die Zahlen, die im Code angegeben werden, zu interpretieren sind. Mögliche Werte für die Basis sind 2, 8, 10 und 16. Standardmäßig ist die Basis für das Dezimalsystem festgelegt (Zahlen zur Basis 10).

Beispiel

```
.RADIX 16
   MOV AX, 10 ;AX=16 (dezimal)
```

RECORD

```
Name RECORD Feldname:Breite[=Ausdruck]
                       [,Feldname:Breite[=Ausdruck], ...]
```

RECORD deklariert ein Record. *Feldname* ist ein Bezeichner für ein Feld des Records. *Breite* gibt an, wie viel Bits breit *Feldname* ist, und *Ausdruck* kann optional ein Wert sein, mit dem der *Feldname* initialisiert werden soll.

Beispiel

```
RECORD Var1:5=7, Var2:16, Var3:8=4
```

Siehe auch

WIDTH und MASK

REPT

repeat

```
REPT Anzahl
```

REPT leitet eine Blockwiederholung ein und wird mit ENDM beendet. Wie oft die Befehle in diesem Block wiederholt werden sollen, wird in dem Parameter Anzahl angegeben.

SEGMENT

```
Name SEGMENT [Attribute]
      Anweisungen
   ENDS
```

SEGMENT leitet ein Segment ein und kann optional noch mit bestimmten Attributen versehen werden. Die Attribute können angeben, an welcher Adresse das Segment ausgerichtet sein soll (BYTE, WORD, DWORD, PARA, PAGE). Voreingestellt ist PARA (Paragraph, also an einer 16-Byte-Grenze). PAGE richtet das Segment an einer 256-Byte-Grenze aus.

Darüber hinaus können weitere Attribute angegeben werden, die angeben, ob die Segmente mit gleichem Namen zusammengefasst werden sollen oder nicht. Um sie zusammenzufassen, können Sie MEMORY, PUBLIC, STACK angeben. Um sie als einzelnes Segment bestehen zu lassen, sind PRIVATE, VIRTUAL zulässig. Standardmäßig ist PRIVATE eingestellt.

Als Letztes können Sie mittels USE16 und USE32 angeben, ob es sich um ein 16-Bit- oder 32-Bit-Segment handelt.

Siehe auch

ASSUME

.STACK

```
.STACK [Wert]
```

.STACK leitet das Stack-Segment ein und wird durch eine END-Anweisung oder ein neues Segment beendet. Der optionale *Wert* gibt die Größe des einzurichtenden Stacks in Byte an. Wird hier keine Größe angegeben, wird standardmäßig ein Stack mit einer Größe von 1024 Byte eingerichtet.

Beispiel

```
.STACK 100h   ;Stack mit 256 Bytes anlegen
```

.STARTUP

.STARTUP kann als Anweisung dazu genutzt werden, wo der Code im Code-Segment anfängt.

Beispiel

```
.model small
    .data
      msg db 'Text$'

    .code
    .startup
      mov ah, 9
```

```
    lea dx, msg
    int 21h
    mov ah, 4Ch
    int 21h
  end              ;benötigt kein Label für Einsprungscode
```

STRUC

structure

```
Name STRUC
    Elemente
  [Name] ENDS
```

STRUC deklariert eine Struktur, in Pascal Record und in C/C++ Struktur genannt. Auf die einzelnen Elemente wird jeweils mit einem Punkt als Seperator zugegriffen.

Beispiel

```
xyz STRUC
    x DB 7
    y DW 8
    z DB ?
  ENDS
  ...
  MOV AX, xyz.y
```

TYPEDEF

type definition

```
Name TYPEDEF Datentyp
```

TYPEDEF weist *Name* den neuen *Datentyp* zu. Sinnvoll ist diese Anweisung nur bei komplexen Datentypen.

Beispiel

```
x TYPEDEF BYTE
  Var x 9          ;gleich: Var DB 9
```

UNION

```
Name UNION
     Elemente
   [Name] ENDS
```

UNION definiert eine Variante. Die UNION-Anweisung ist im Prinzip dasselbe wie die STRUC-Anweisung, nur dass bei der UNION-Anweisung die Offsets der einzelnen Elemente jeweils bei 0 liegen, die UNION also nur eines der Elemente auch wirklich speichern kann.

Wenn Sie den SIZE-Operanden mit einer UNION verwenden, so wird die Größe des größten Elementes zurückgeliefert und nicht wie bei der STRUC-Anweisung die Summe aller Größen!

Beispiel

```
xyz UNION
     x DB 7
     y DW 8
     z DB ?
   ENDS
   ...
   MOV AX, xyz.y
```

USES

Siehe PROC.

WHILE

```
WHILE Ausdruck
     Anweisungen
   ENDM
```

WHILE wiederholt so lange die Anweisungen in dem Block, wie die Bedingung wahr (ungleich null) ist.

2.4 Vordefinierte Symbole

$ (Dollarzeichen)

Das Dollarzeichen repräsentiert den aktuellen Wert der aktuellen Position im Code.

Beispiel

```
JMP $+3       ;Springe 3 Bytes nach vorne
   XOR AX, AX   ;wird nicht ausgeführt!
   NOP          ;wird nicht ausgeführt!
   MOV AX, 2    ;hier geht's weiter
```

@Code

Enthält den Namen des Codesegments

@CodeSize

Enthält eine 0 für die Speichermodelle TINY, SMALL, COMPACT und FLAT sowie eine 1 für MEDIUM, LARGE und HUGE.

Bei der bedingten Assemblierung kann dieses Symbol zum Anpassen der Zeigergröße benutzt werden.

@Cpu

Enthält eine Zahl, die Auskunft über den eingestellten Befehlssatz gibt. Für nähere Informationen schlagen Sie bitte in der Originaldokumentation Ihres Assemblers nach.

@CurSeg

Enthält den Namen des aktuellen Segments

@Data

Enthält den Namen des Daten-Segments

@DataSize

Enthält eine 0 für die Speichermodelle TINY, SMALL, MEDIUM und FLAT sowie eine 1 für COMPACT, LARGE und HUGE.

Bei der bedingten Assemblierung kann dieses Symbol zum Anpassen der Zeigergröße benutzt werden.

@Fardata

Enthält den Namen des Segments, welches mit .FARDATA initialisiert wurde

@Fardata?

Enthält den Namen des Segments, welches mit .FARDATA? initialisiert wurde

@FileName

Enthält den Namen der assemblierten Datei

@Interface

Gibt Auskunft über die Einstellungen der MODEL-Anweisung

@Model

Enthält das aktuell eingestellte Modell. Für nähere Informationen schlagen Sie bitte in der Originaldokumentation Ihres Assemblers nach.

@WordSize

Enthält den Wert 2, wenn das aktuelle Segment ein 16-Bit-Segment ist, und den Wert 4, wenn es sich um ein 32-Bit-Segment handelt

2.5 Programmiertipp für die bedingte Assemblierung

Wenn Sie sich schon mal fremde Sourcen angeschaut haben, werden Sie bestimmt häufig Anweisungen für die bedingte Assemblierung gefunden haben. Das sind Befehle wie `IF`, `IFB`, `IFDEF`, `IFDIF`, `IFE`, `IFIDN`, `IFNB`, `IFNDEF`, `ELSE`, `ELSEIF` und `.ERRx`.

Sinn und Zweck dieser Anweisungen ist es, bestimmte Codesequenzen nur dann zu kompilieren, wenn eine bestimmte Bedingung wahr ist, wie zum Beispiel, ob andere Anweisungen mitkompiliert werden sollen, wenn ein bestimmter Assemblermodus (MASM, Ideal-Modus oder Ähnliches) eingestellt ist.

Das mag sich zwar gut anhören, da man ja so schließlich seine veröffentlichten Sourcen unabhängig vom Compiler bzw. von der Umgebung machen kann und Programmierer das Programm nicht erst an ihren Compiler anpassen müssen. Soweit die Theorie. Doch in der Praxis müsste man ja alle Fälle einmal simulieren, d.h. ob der richtige Code auch richtig kompiliert wird.

Da man allerdings nicht immer die richtigen Rahmenbedingungen schaffen kann für so einen Test, müssen einige Codesequenzen 'blind' programmiert werden. Das Ergebnis einer solchen Vorgehensweise liegt auf der Hand: Der Code läuft nicht unbedingt fehlerfrei oder lässt sich erst gar nicht kompilieren.

Auch sind Änderungen an bedingten Blockungen nicht immer ganz ungefährlich, da gegebenenfalls auch Änderungen in anderen Blockungen vorgenommen werden müssen. (Und ich habe noch keinen gewissenhaften Programmierer kennen gelernt, der nach einer Änderung auch alle möglichen Fälle wieder einmal simuliert!)

Kurz gesagt: Bedingte Blöcke sind schwer zu warten und verlassen schnell den Bereich der Portabilität.

Wenn Sie auf beides Wert legen, versuchen Sie ohne bedingte Assemblierung auszukommen. Aus diesen Gründen soll auch nicht weiter darauf eingegangen werden. Für den Fall, dass Sie dennoch Interesse haben, bedingte Assemblierungen zu benutzen, folgt hier ein kleiner Überblick über die Abkürzungen der einzelnen IF-Derivate. Die Befehle werden wie die gebräuchlichen IF-Kontrollstrukturen in Hochsprachen verwendet.

Abkürzung	Befehl	Bedeutung (Ausführung, wenn ...)
IFB	if blank	wenn das Argument leer ist
IFDEF	if defined	wenn das Argument definiert ist
IFDIF	if different	wenn Argument 1 von Argument 2 differiert
IFDIFI	if different	wenn Argument 1 von Argument 2 differiert (unter Beachtung der Groß-/Kleinschreibung)
IFE	if equal	wenn das Argument gleich null ist
IFIDN	if identical	wenn Argument 1 und Argument 2 gleich sind
IFIDNI	if identical	wenn Argument 1 und Argument 2 gleich sind (unter Beachtung der Groß-/Kleinschreibung)
IFNB	if not blank	wenn das Argument nicht leer ist
IFNDEF	if not defined	wenn das Argument nicht definiert ist

3 8086 bis Pentium 2

In diesem Kapitel finden Sie die kompletten Befehlssätze vom 8086er-Prozessor bis hin zum Pentium 2 nach Anwendungsgebieten geordnet.

Eine Unterteilung nach Prozessorgenerationen hat aus Gründen der Übersichtlichkeit nicht stattgefunden, da davon auszugehen ist, dass die Entwicklung nicht auf einem 486er stattfinden wird. Und alleine die Prozessoren Pentium, Pentium Pro und Pentium 2 haben nur so wenige neue Befehle eingeführt, dass man alle zusammen fast an 10 Fingern abzählen könnte.

Aber keine Angst, mit jedem Befehl wurde auch erwähnt, mit welcher Prozessorgeneration dieser eingeführt wurde.

3.1 Zur Schreibweise

Unter den Befehlsnamen, auch Mnemonics genannt, steht die ausgeschriebene englische Bedeutung des jeweiligen Befehls. Es folgt eine allgemeine Syntax, welche weggelassen wurde, wenn der Befehl keine Operanden erwartet, und die Beschreibung des Befehls.

Sollte der Befehl erst nach dem 8086er eingeführt worden sein, wird die Prozessorgeneration, mit der er eingeführt wurde, erwähnt.

Als Letztes werden mögliche Exceptions gennant, die auftreten können. Diese können im Protected-Mode, Real-Mode und Virtual-8086-Mode differieren. Wird keine Differenzierung vorgenommen, so gilt diese Exception für alle 3 Betriebsmodi.

Flags

Flags, die entsprechend des Ergebnisses nach einem Befehl beeinflusst werden (bei Vergleichen zum Beispiel), werden angegeben; ebenso, wenn diese einen bestimmten Status annehmen oder ihr Status nicht definiert ist.

Spricht man davon, dass ein Flag gelöscht ist, so ist sein Wert gleich 0. Bei einem gesetzten Flag ist sein Wert gleich 1.

Zahlen

In der Regel werden Zahlen als Dezimalzahlen interpretiert. In manchen Fällen werden aber auch Zahlen im Hexadezimal- bzw. Binärsystem benutzt. In solchen Fällen steht hinter der entsprechenden Zahl ein kleiner Buchestabe.

Ein kleines 'h' kennzeichnet eine Hexadezimalzahl (z.B.: 0F6h).

Ein kleines 'b' kennzeichnet eine Binärzahl (z.B.: 11001011b).

Ein kleines 'd' kennzeichnet eine Dezimalzahl (z.B.: 06d) und wird nur angegeben, wenn verdeutlicht werden soll, dass es sich um eine Dezimalzahl handelt.

3.2 Register-Befehle

BSWAP

byte swap

`BSWAP Operand`

`BSWAP` erwartet ein 32-Bit-Register als Operanden und vertauscht das nullte Byte mit dem vierten und das zweite mit dem dritten.

Sollte ein 16-Bit-Register als Operand angegeben werden, so ist das Ergebnis nicht definiert.

Eingeführt mit : 486er

Beispiel

```
MOV   EAX, 11223344h
   BSWAP EAX              ;EAX=44332211h
```

CBW

convert byte to word

CBW konvertiert das Byte, das im AL-Register steht, unter Beibehaltung des Vorzeichens in ein Word um und schreibt es ins AX-Register.

CDQ

convert word to quadword

CDQ konvertiert das Doubleword, das im EAX-Register steht, unter Beibehaltung des Vorzeichens in ein Quadword um und schreibt es ins Registerpaar EDX:EAX.

Eingeführt mit: 386er

CWD

convert word to doubleword

CWD konvertiert das Word, das im AX-Register steht, unter Beibehaltung des Vorzeichens in ein Doubleword um und schreibt es ins Registerpaar DX:AX.

CWDE

convert word to doubleword extended

CWDE konvertiert das Word, das im AX-Register steht, unter Beibehaltung des Vorzeichens in ein Doubleword um und schreibt es ins EAX-Register.

Eingeführt mit: 386er

LEA

load effective address

LEA Operand1, Operand2

LEA berechnet die effektive Adresse (den Offset) des zweiten Operanden und speichert ihn im ersten. Der erste Operand muss ein 16- oder 32-Bit-Register sein und der zweite eine Speichervariable.

Exceptions

#UD

Beispiel

```
LEA DX, Variable          ;diese beiden Befehle
   MOV DX, OFFSET Variable ;können synonym verwendet werden
```

LMSW

load machine status word

LMSW Operand

LMSW schreibt den 16-Bit breiten Operanden, welcher durch ein Register oder durch eine Speichervariable repräsentiert wird, in das Machine-Status-Word, also in das untere Word (Bits 0 bis 15) des CR0-Registers. Dadurch besteht die Möglichkeit, in den Protected-Mode zu schalten.

Befindet sich der Prozessor schon im Protected- oder Virtual-8086-Mode, so muss die Privilegstufe des aktuellen Programms gleich 0 sein, um diesen Befehl ausführen zu können. Allerdings ist das Zurückschalten in den Real-Mode mit diesem Befehl nicht machbar. Dazu müssen Sie den Befehl MOV CR0, Operand benutzen.

Der Befehl wird eigentlich nur in Betriebssystemsoftware angewandt und sollte keinen Gebrauch in Anwendungen finden.

Eingeführt mit: 286er

Exceptions

Protected-Mode-Exceptions: #GP, #SS, #PF

Real-Mode-Exceptions: #GP

Virtual-8086-Mode-Exceptions: #GP, #SS, #PF

Siehe auch

1.5 Das Machine-Status-Word

MOV

move

`MOV Ziel, Quelle`

`MOV` ist wohl einer der elementarsten Befehle der Assemblerprogrammierung überhaupt. Er kopiert den Operanden *Quelle* in den Operanden *Ziel*. Dabei kann Quelle eine Konstante, eine Speichervariable, ein Register oder ein Segmentregister sein. Der Ziel-Operand darf eine Speichervariable, ein Register oder Segmentregister sein, wobei das CS-Register hier die Ausnahme darstellt!

Wichtig ist dabei, dass die beiden Operanden dieselbe Größe haben und mindestens ein Operand ein Register oder Segmentregister ist.

Es dürfen allerdings nicht zwei Segmentregister als Operanden angegeben werden.

Und was selbstverständlich sein dürfte ist, dass die Register natürlich schon auf dem Prozessor vorhanden sein müssen.

Wenn Sie ein 16-Bit-Register in ein 32-Bit-Register kopieren, so werden die höherwertigen Bits erst ab dem Penitum-Pro mit Nullen aufgefüllt. In früheren Prozessorgenerationen sind diese Bits undefiniert und können demnach noch »Datenmüll« enthalten.

Ein Kopieren von 8-Bit-Registern in 16-Bit-Register ist nicht erlaubt!

Wird MOV mit einem der Debug- oder Kontroll-Register als Operand verwendet, ist darauf zu achten, dass der andere Operand immer ein 32-Bit-Register sein muss.

Es gibt noch weitere Seiteneffekte für den Fall, dass ein Operand ein Kontroll-Register darstellt, die allerdings Pentium-Pro-spezifisch sind und nicht auf anderen Rechnerfamilien auftreten müssen. Deshalb schlagen Sie bitte für weitere Details in Intels *Instruction Set Reference* (Order Nr. 243191) nach.

Exceptions

Protected-Mode-Exceptions: #GP, #SS, #NP, #PF, #AC, #UD, #DB

Real-Mode-Exceptions: #GP, #SS, #UD, #DB

Virtual-8086-Mode-Exceptions: #GP, #SS, #PF, #AC, #UD

Siehe auch

Protected-Mode-Befehle

Beispiel

```
MOV EAX, DWORD PTR [BP+8]
    MOV CL, Variable
    MOV BYTE PTR [BP], 4
    MOV EAX, CR0
    MOV DR2, EBX
```

Erster Programmiertipp zum MOV-Befehl

Wenn Sie ein Register mit dem Wert Null initialisieren wollen, sollten Sie statt des MOV-Befehls lieber eine logische Exklusiv-Oder-Verknüpfung (XOR-Befehl) benutzen.

Anstatt beispielsweise

```
MOV AX, 0
```

benutzen Sie also die Befehlszeile

```
XOR AX, AX
```

Die erste Befehlszeile erzeugt drei Bytes Maschinencode, die zweite hingegen nur zwei Bytes und wird somit schneller abgearbeitet.

Wenn Sie statt des 16-Bit-Registers AX den 32-Bit-Pendanten EAX benutzen, würde ein

```
MOV EAX, 0
```

sechs Bytes erzeugen und die Befehlszeile

```
XOR EAX, EAX
```

hingegen nur drei Bytes.

Ihr Code wird dadurch also kompakter und vor allem bei zeitkritischen Codesequenzen kann man dadurch eine Geschwindigkeitssteigerung erreichen. Allerdings sollten Sie Ihren Code kommentieren, um bei einer späteren Wartung die genaue Intention zurückverfolgen zu können.

Dieser kleine Trick lässt sich auf alle Register anwenden, auch auf die MMX-Register mit dem entsprechenden PXOR-Befehl oder bei den 128-Bit-Registern (XMM) mit dem XORPS- bzw. XORPD-Befehl.

Zweiter Programmiertipp zum MOV-Befehl

Nehmen wir mal an, Sie müssen das Daten-Segmentregister (DS) ins Extra-Segmentregister (ES) kopieren. Dazu müsste man den Umweg über ein Allzweckregister nehmen, da der MOV-Befehl nicht zwei Segmentregister als Operanden akzeptiert. Eine derartige Codesequenz würde also beispielsweise so aussehen:

```
MOV AX, DS
   MOV ES, AX
```

Beide Befehlszeilen würden je zwei Bytes an Maschinencode erzeugen, also vier Bytes insgesamt. Wenn Sie jetzt statt des MOV-Befehls die Befehle PUSH und POP benutzen würden, würden Sie die Hälfte der Bytes sparen:

```
PUSH DS
   POP ES
```

Hier erzeugen beide Befehlszeilen jeweils nur ein Byte Maschinencode, was Ihren Code kompakter und schneller, aber nicht unbedingt leserlicher macht. Kommentieren Sie also Ihren Code. Vor allem wenn zwischen dem PUSH- und dem POP-Befehl noch mehrere Zeilen Code liegen, was ja durchaus möglich ist.

Eine Anwendung dieser Befehlsfolge wäre auch auf die Allzweckregister möglich, was aber keinen Sinn ergeben würde, da eine Befehlszeile wie

```
MOV AX, BX
```

auch nur zwei Bytes Maschinencode erzeugt.

Einem Allzweckregister mittels POP-Befehl einen neuen Wert zuzuweisen lohnt sich also nur, wenn der Wert schon auf der Stackspitze liegt und dieser nicht mehr gebraucht wird.

MOVSX

move with sign-extension

```
MOVSX Operand1, Operand2
```

MOVSX kopiert den zweiten Operanden in den ersten Operanden. Das Besondere an dieser MOV-Variante ist allerdings, dass der erste Operand ein 16- oder 32-Bit-Register sein kann und der zweite Operand ein Register oder eine Speichervariable von der Größe 8- bzw. 16-Bit.

Ist der zweite Operand also kleiner als der erste, so wird dieser, unter Berücksichtigung des Vorzeichens, auf die passende Größe gebracht, indem der höherwertige Teil mit Nullen aufgefüllt wird.

Eingeführt mit: 386er

Exceptions

Protected-Mode-Exceptions: #GP, #SS, #PF, #AC

Real-Mode-Exceptions: #GP, #SS

Virtual-8086-Mode-Exceptions: #GP, #SS, #PF

Beispiel

```
MOV   AX, 0
   MOV   BL, -5          ;BL = FBh
   MOVZX AX, BL          ;AX = FFFBh = -5d
```

MOVZX

move with zero-extend

`MOVZX Operand1, Operand2`

`MOVZX` kopiert den zweiten Operanden in den ersten Operanden. Das Besondere an dieser `MOV`-Variante ist allerdings, dass der erste Operand ein 16- oder 32-Bit-Register sein kann und der zweite Operand ein Register oder eine Speichervariable von der Größe 8- bzw. 16-Bit.

Ist der zweite Operand also kleiner als der erste, so wird dieser auf die passende Größe gebracht, indem der höherwertige Teil mit Nullen aufgefüllt wird.

Bei der Konvertierung wird das Vorzeichen nicht mit beachtet. Um das Vorzeichen mit zu berücksichtigen, verwenden Sie den Befehl `MOVSX`.

Eingeführt mit: 386er

Exceptions

Protected-Mode-Exceptions: #GP, #SS, #PF, #AC

Real-Mode-Exceptions: #GP, #SS

Virtual-8086-Mode-Exceptions: #GP, #SS, #PF, #AC

Beispiel

```
MOV   AX, 0FFFFh
   MOV   BL, 5
   MOVZX AX, BL          ;AX=0005
```

POP

`POP Operand`

POP erwartet als Operand ein Register, ein Segmentregister oder eine Speichervariable. Dabei wird bei 16-Bit-Operanden das oberste Word der Stack-Spitze in den Operanden kopiert und SP um 2 inkrementiert oder aber, bei 32-Bit-Operanden, das oberste Doubleword des Stacks in den Operanden kopiert und SP um 4 inkrementiert.

Handelt es sich bei dem Operanden um eines der Segmentregister (DS, ES, FS, GS oder SS), so muss der Wert auf der Stack-Spitze ein gültiger Segmentselektor sein.

Wird das (E)SP-Register als Operand angegeben, so wird das Register inkrementiert, bevor Daten auf die alte Stack-Spitze abgelegt werden.

Wird das SS-Register als Operand angegeben, so werden für die Zeit der Ausführung des Befehls alle Interrupts (auch die NMIs) unterbunden. Die sicherere Methode stellt allerdings die Benutzung des Befehls LSS dar.

Exceptions

Protected-Mode-Exceptions: #GP, #SS, #NP, #PF, #AC

Real-Mode-Exceptions: #GP

Virtual-8086-Mode-Exceptions: #GP, #PF, #AC

Beispiel

```
POP CX
    POP [BP+4]
    POP ES
```

Siehe auch

Protected-Mode-Befehle

POPA

pop all

POPA lädt alle Register mit den Words, die auf dem Stack liegen, in folgender Reihenfolge: DI, SI, BP, BX, DX, CX, AX.

Nach dem BP-Register wird ein Word übersprungen, da PUSHA dort den Wert für das SP-Register abgelegt hat. Dieses wird allerdings jeweils nach jedem neu geladenen Register um zwei inkrementiert.

Die meisten Compiler unterstützen auch den Befehl POPAW (=pop all word), der synonym für den Befehl POPA benutzt werden kann.

Eingeführt mit: 186er

Exceptions

Protected-Mode-Exceptions: #SS, #PF, #AC

Real-Mode-Exceptions: #SS

Virtual-8086-Mode-Exceptions: #SS, #PF, #AC

POPAD

pop all doubleword

POPAD lädt alle Register mit den Doublewords, die auf dem Stack liegen, in folgender Reihenfolge: EDI, ESI, EBP, EBX, EDX, ECX, EAX.

Nach dem EBP-Register wird ein Word übersprungen, da PUSHAD dort den Wert für das ESP-Register abgelegt hat. Dieses wird allerdings jeweils nach jedem neu geladenen Register um vier inkrementiert.

Eingeführt mit: 386er

Exceptions

Protected-Mode-Exceptions: #SS, #PF, #AC

Real-Mode-Exceptions: #SS

Virtual-8086-Mode-Exceptions: #SS, #PF, #AC

POPAW

pop all word

Eingeführt mit: 186er

Siehe: POPA

PUSH

PUSH Operand

PUSH legt eine Variable oder Konstante, ein Register oder ein Segmentregister auf der Spitze des Stacks ab, auf die der Stack-Pointer zeigt. Dabei wird der Stack-Pointer (SP) um 2 Bytes bei 16-Bit-Operanden und um 4 Bytes bei 32-Bit-Operanden dekrementiert. Es ist also nicht möglich, 8-Bit-Operanden anzugeben wie zum Beispiel PUSH BYTE PTR [BP] oder PUSH AL.

Wird dennoch eine 8-Bit-Konstante als Operand angegeben, so wird diese als Word auf dem Stack abgelegt.

Wird als Operand das SP-Register angegeben, so wird der Wert auf den Stack abgelegt, den das SP-Register vor der Ausführung des Befehls hatte. Dies wurde mit dem 80286 eingeführt. Auf dem 8086-Prozessor wurde der neue, schon um 2 dekrementierte Wert, auf dem Stack abgelegt.

Anzumerken wäre noch, dass das IP-Register nicht als Operand angegeben werden darf.

Exceptions

Protected-Mode-Exceptions: #GP, #SS, #PF, #AC

Real-Mode-Exceptions: #GP, #SS

Virtual-8086-Mode-Exceptions: #GP, #SS, #PF, #AC

Beispiel

```
PUSH [BP+2]
    PUSH 40
    PUSH CX
    PUSH CS
```

PUSHA

push all

PUSHA bringt alle 16-Bit-Register auf den Stack und zwar in folgender Reihenfolge: AX, CX, DX, BX, SP, BP, SI, DI.

Dabei wird der Wert des SP-Registers vor Ausführung des Befehls auf den Stack abgelegt.

Die meisten Compiler unterstützen auch den Befehl PUSHAW (= push all word), der synonym für den Befehl PUSHA benutzt werden kann.

Eingeführt mit: 186er

Exceptions

Protected-Mode-Exceptions: #SS, #PF, #AC

Real-Mode-Exceptions: #GP

Virtual-8086-Mode-Exceptions: #GP, #PF, #AC

PUSHAD

push all doubleword

PUSHAD bringt alle 32-Bit-Register auf den Stack und zwar in folgender Reihenfolge: EAX, ECX, EDX, EBX, ESP, EBP, ESI, EDI.

Dabei wird der Wert des ESP-Registers vor Ausführung des Befehls auf den Stack abgelegt.

Eingeführt mit: 386er

Exceptions

Protected-Mode-Exceptions: #SS, #PF, #AC

Real-Mode-Exceptions: #GP

Virtual-8086-Mode-Exceptions: #GP, #PF, #AC

PUSHAW

push all word

Eingeführt mit: 186er

Siehe: PUSHA

RDMSR

read model specific register

RDMSR liest den Wert aus einem Register (MSR), welches im ECX-Register angegeben sein muss, und schreibt diesen in das EDX:EAX-Registerpaar.

Im EDX-Register steht dabei das höherwertige Doubleword und im EAX-Register das untere Doubleword.

Welche Adressen die einzelnen Register haben, mit der diese mittels ECX angesprochen werden können, entnehmen Sie bitte dem Kapitel über die modellspezifischen Register.

Befindet sich der Prozessor im Protected-Mode, so muss der aktuelle Privileglevel gleich null sein, um den Befehl ausführen zu können.

Bevor Sie den RDMSR-Befehl benutzen, sollten Sie mittels CPUID überprüfen, ob überhaupt MSR verfügbar sind (siehe auch »Cache-Befehle«).

Eingeführt mit: Pentium

Exceptions

#GP

RDPMC

read perfomance-monitoring counters

RDPMC lädt einen der beiden *performance-monitoring counters* in das EDX:EAX-Registerpaar. EDX enthält dann die oberen acht Bits und EAX die unteren 32.

Im ECX-Register muss angegeben werden, ob der erste (ECX=0h) oder der zweite (ECX=1h) *performance-monitoring counter* geladen werden soll.

RDPMC ist kein serialisierender Befehl, das heißt, dass der Prozessor nicht auf seine Abarbeitung wartet, bevor er mit dem nächsten Befehl fortfährt. Um wirklich alle Ereignisse mittels des *performance-monitoring counters* zu zählen, müssen Sie einen serialisierenden Befehl wie CPUID direkt hinter RDPMC ausführen.

Es gibt keinen expliziten Befehl zum Schreiben des PMCs. Benutzen Sie dafür den `WRMSR`-Befehl.

Eingeführt mit: Pentium Pro

Exceptions

#GP

RDTSC

read time-stamp counter

`RDTSC` liest den aktuellen Wert des *time-stamp counters* in das EDX:EAX-Registerpaar. EDX enthält dann die oberen acht Bits und EAX die unteren 32.

Eingeführt mit: Pentium Pro

Exceptions

#GP

SMSW

store machine status word

`SMSW Operand`

`SMSW` speichert das Machine-Status-Word (das untere Word des CR0-Registers) in dem angegebenen Operanden. Dabei kann es sich um ein 16-Bit- oder 32-Bit-Register oder aber auch um eine 16-Bit breite Speichervariable handeln. Ist der Operand ein 32-Bit Register, so wird das Machine-Status-Word im niederwertigen Teil des Registers abgespeichert.

Der Befehl wird eigentlich nur in Betriebssystemsoftware angewandt und sollte keinen Gebrauch in Anwendungen finden.

Eingeführt mit: 286er

Exceptions

Protected-Mode-Exceptions: #GP, #SS, #PF, #AC

Real-Mode-Exceptions: #GP, #SS

Virtual-8086-Mode-Exceptions: #GP, #SS, #PF, #AC

Siehe auch

1.5 Das Machine-Status-Word

WRMSR

write to model specific register

`WRMSR` schreibt den Wert, der im EDX:EAX-Registerpaar steht, in das modellspezifische 64-Bit-Register (MSR), welches im ECX-Register angegeben sein muss. Im EDX-Register steht dabei das höherwertige Doubleword und im EAX-Register das untere Doubleword.

Welche Adressen die einzelnen Register haben, mit der diese mittels ECX angesprochen werden können, entnehmen Sie bitte dem Kapitel über die modellspezifischen Register.

Befindet sich der Prozessor im Protected-Mode, so muss der aktuelle Privileglevel gleich null sein, um den Befehl ausführen zu können.

Sollte in ein MTRR (memory type range register) geschrieben werden, so werden alle TLBs gelöscht, inklusive der globalen.

Bei `WRMSR` handelt es sich um einen serialisierenden Befehl. Der Befehl wird also erst komplett abgearbeitet, bevor der Prozessor mit dem nächsten Befehl fortfährt.

Bevor Sie den `WRMSR`-Befehl benutzen, sollten Sie mittels `CPUID` überprüfen, ob überhaupt MSR verfügbar sind (siehe auch »Cache-Befehle«).

Eingeführt mit: Pentium

Exceptions

#GP

XCHG

exchange

`XCHG Operand1, Operand2`

`XCHG` tauscht die Inhalte der beiden Operanden aus, wobei diese ein Register oder eine Speichervariable darstellen können. Einer der beiden Operanden muss dabei ein Register sein, und beide müssen gleich groß sein.

Exceptions

Protected-Mode-Exceptions: #GP, #SS, #PF, #AC

Real-Mode-Exceptions: #GP, #SS

Virtual-8086-Mode-Exceptions: #GP, #SS, #PF, #AC

Beispiel

```
XCHG [BP], AX
```

XLAT

translate

`XLAT [Operand]`

`XLAT` kopiert ein Byte aus dem durch DS:(E)BX adressierten Speicherbereich ins AL-Register. Vorher enthält AL den Index, welches Byte aus DS:(E)BX kopiert werden soll.

Optional kann als Operand der adressierte Speicherbereich angegeben werden, wenn man zum Beispiel ein anderes Segment verwenden will.

Exceptions

Protected-Mode-Exceptions: #GP, #SS, #PF

Real-Mode-Exceptions: #GP, #SS

Virtual-8086-Mode-Exceptions: #GP, #SS, #PF

Beispiel

```
Var db "ABCDE"
    ...
    LEA BX, Var
    MOV AL, 3     ;viertes Element von Var
    XLAT          ;AL=D
    ...
    XLAT ES:Operand
```

XLATB

translate byte

`XLATB [Operand]`

`XLATB` steht synonym für `XLAT`.

3.3 Bedingtes Kopieren mittels CMOVxx

Mit dem Pentium Pro wurden mehrere Befehle eingeführt, die eine Erweiterung des `MOV`-Befehls darstellen und nur dann den zweiten Operanden in den ersten kopieren, wenn eine bestimmte Bedingung erfüllt ist.

Die CMOVxx-Befehle erwarten zwei Operanden. Als erster Operand kann ein 16- oder 32-Bit-Register angegeben werden, und als zweiter ein Register oder eine Speichervariable entsprechender Größe.

Vor dem Gebrauch dieser Befehle sollten Sie mittels `CPUID` überprüfen, ob die CMOVxx-Befehle überhaupt verfügbar sind (siehe »Cache-Befehle«).

CMOVA

conditional move if above

`CMOVA Operand1, Operand2`

`CMOVA` kopiert den zweiten Operanden in den ersten, wenn das Carry- und das Zero-Flag gelöscht sind.

`CMOVA` ist identisch mit dem Befehl `CMOVNBE`.

Eingeführt mit: Pentium Pro

Exceptions

Protected-Mode-Exceptions: #GP, #SS, #PF, #AC

Real-Mode-Exceptions: #GP, #SS

Virtual-8086-Mode-Exceptions: #GP, #SS, #PF, #AC

CMOVAE

conditional move if above or equal

`CMOVAE Operand1, Operand2`

`CMOVAE` kopiert den zweiten Operanden in den ersten, wenn das Carry-Flag gelöscht ist.

`CMOVAE` ist identisch mit den Befehlen `CMOVNC` und `CMOVNB`.

Eingeführt mit: Pentium Pro

Exceptions

Protected-Mode-Exceptions: #GP, #SS, #PF, #AC
Real-Mode-Exceptions: #GP, #SS
Virtual-8086-Mode-Exceptions: #GP, #SS, #PF, #AC

CMOVB

conditional move if below

`CMOVB Operand1, Operand2`

`CMOVB` kopiert den zweiten Operanden in den ersten, wenn das Carry-Flag gesetzt ist.

`CMOVB` ist identisch mit den Befehlen `CMOVC` und `CMOVNAE`.

Eingeführt mit: Pentium Pro

Exceptions

Protected-Mode-Exceptions: #GP, #SS, #PF, #AC
Real-Mode-Exceptions: #GP, #SS
Virtual-8086-Mode-Exceptions: #GP, #SS, #PF, #AC

CMOVBE

conditional move if below or equal

`CMOVBE Operand1, Operand2`

`CMOVBE` kopiert den zweiten Operanden in den ersten, wenn das Carry- oder das Zero-Flag gesetzt ist.

`CMOVBE` ist identisch mit dem Befehl `CMOVNA`.

Eingeführt mit: Pentium Pro

Exceptions

Protected-Mode-Exceptions: #GP, #SS, #PF, #AC

Real-Mode-Exceptions: #GP, #SS

Virtual-8086-Mode-Exceptions: #GP, #SS, #PF, #AC

CMOVC

conditional move if carry

`CMOVC Operand1, Operand2`

`CMOVC` kopiert den zweiten Operanden in den ersten, wenn das Carry-Flag gesetzt ist.

`CMOVC` ist identisch mit den Befehlen `CMOVB` und `CMOVNAE`.

Eingeführt mit: Pentium Pro

Exceptions

Protected-Mode-Exceptions: #GP, #SS, #PF, #AC

Real-Mode-Exceptions: #GP, #SS

Virtual-8086-Mode-Exceptions: #GP, #SS, #PF, #AC

CMOVE

conditional move if equal

`CMOVE Operand1, Operand2`

CMOVE kopiert den zweiten Operanden in den ersten, wenn das Zero-Flag gesetzt ist.

CMOVE ist identisch mit dem Befehl CMOVZ.

Eingeführt mit: Pentium Pro

Exceptions

Protected-Mode-Exceptions: #GP, #SS, #PF, #AC

Real-Mode-Exceptions: #GP, #SS

Virtual-8086-Mode-Exceptions: #GP, #SS, #PF, #AC

CMOVG

conditional move if greater

```
CMOVG Operand1, Operand2
```

CMOVG kopiert den zweiten Operanden in den ersten, wenn das Zero-Flag gelöscht und das Sign-Flag gleich dem Overflow-Flag ist.

CMOVG ist identisch mit dem Befehl CMOVNLE.

Eingeführt mit: Pentium Pro

Exceptions

Protected-Mode-Exceptions: #GP, #SS, #PF, #AC

Real-Mode-Exceptions: #GP, #SS

Virtual-8086-Mode-Exceptions: #GP, #SS, #PF, #AC

CMOVGE

conditional move if greater or equal

```
CMOVGE Operand1, Operand2
```

CMOVGE kopiert den zweiten Operanden in den ersten, wenn das Sign-Flag gleich dem Overflow-Flag ist.

CMOVGE ist identisch mit dem Befehl CMOVNL.

Eingeführt mit: Pentium Pro

Exceptions

Protected-Mode-Exceptions: #GP, #SS, #PF, #AC

Real-Mode-Exceptions: #GP, #SS

Virtual-8086-Mode-Exceptions: #GP, #SS, #PF, #AC

CMOVL

conditional move if less

`CMOVL Operand1, Operand2`

`CMOVL` kopiert den zweiten Operanden in den ersten, wenn das Sign-Flag ungleich dem Overflow-Flag ist.

`CMOVL` ist identisch mit dem Befehl `CMOVNGE`.

Eingeführt mit: Pentium Pro

Exceptions

Protected-Mode-Exceptions: #GP, #SS, #PF, #AC

Real-Mode-Exceptions: #GP, #SS

Virtual-8086-Mode-Exceptions: #GP, #SS, #PF, #AC

CMOVLE

conditional move if less or equal

`CMOVLE Operand1, Operand2`

`CMOVLE` kopiert den zweiten Operanden in den ersten, wenn das Zero-Flag gesetzt oder das Sign-Flag ungleich dem Overflow-Flag ist.

`CMOVLE` ist identisch mit dem Befehl `CMOVNG`.

Eingeführt mit: Pentium Pro

Exceptions

Protected-Mode-Exceptions: #GP, #SS, #PF, #AC

Real-Mode-Exceptions: #GP, #SS

Virtual-8086-Mode-Exceptions: #GP, #SS, #PF, #AC

CMOVNA

conditional move if not above

`CMOVNA Operand1, Operand2`

`CMOVNA` kopiert den zweiten Operanden in den ersten, wenn das Carry- oder das Zero-Flag gesetzt ist.

`CMOVNA` ist identisch mit dem Befehl `CMOVBE`.

Eingeführt mit: Pentium Pro

Exceptions

Protected-Mode-Exceptions: #GP, #SS, #PF, #AC

Real-Mode-Exceptions: #GP, #SS

Virtual-8086-Mode-Exceptions: #GP, #SS, #PF, #AC

CMOVNAE

conditional move if not above or equal

`CMOVNAE Operand1, Operand2`

`CMOVNAE` kopiert den zweiten Operanden in den ersten, wenn das Carry-Flag gesetzt ist.

`CMOVNAE` ist identisch mit den Befehlen `CMOVC` und `CMOVB`.

Eingeführt mit: Pentium Pro

Exceptions

Protected-Mode-Exceptions: #GP, #SS, #PF, #AC

Real-Mode-Exceptions: #GP, #SS

Virtual-8086-Mode-Exceptions: #GP, #SS, #PF, #AC

CMOVNB

conditional move if not below

`CMOVNB Operand1, Operand2`

CMOVNB kopiert den zweiten Operanden in den ersten, wenn das Carry-Flag gelöscht ist.

CMOVNB ist identisch mit den Befehlen CMOVNC und CMOVAE.

Eingeführt mit: Pentium Pro

Exceptions

Protected-Mode-Exceptions: #GP, #SS, #PF, #AC

Real-Mode-Exceptions: #GP, #SS

Virtual-8086-Mode-Exceptions: #GP, #SS, #PF, #AC

CMOVNBE

conditional move if not below or equal

`CMOVNBE Operand1, Operand2`

CMOVNBE kopiert den zweiten Operanden in den ersten, wenn das Carry- und das Zero-Flag gelöscht sind.

CMOVNBE ist identisch mit dem Befehl CMOVA.

Eingeführt mit: Pentium Pro

Exceptions

Protected-Mode-Exceptions: #GP, #SS, #PF, #AC

Real-Mode-Exceptions: #GP, #SS

Virtual-8086-Mode-Exceptions: #GP, #SS, #PF, #AC

CMOVNC

conditional move if not carry

`CMOVNC Operand1, Operand2`

CMOVNC kopiert den zweiten Operanden in den ersten, wenn das Carry-Flag gelöscht ist.

CMOVNC ist identisch mit den Befehlen CMOVNB und CMOVAE.

Eingeführt mit: Pentium Pro

Exceptions

Protected-Mode-Exceptions: #GP, #SS, #PF, #AC

Real-Mode-Exceptions: #GP, #SS

Virtual-8086-Mode-Exceptions: #GP, #SS, #PF, #AC

CMOVNE

conditional move if not equal

`CMOVNE Operand1, Operand2`

`CMOVNE` kopiert den zweiten Operanden in den ersten, wenn das Zero-Flag gelöscht ist.

`CMOVNE` ist identisch mit dem Befehl `CMOVNZ`.

Eingeführt mit: Pentium Pro

Exceptions

Protected-Mode-Exceptions: #GP, #SS, #PF, #AC

Real-Mode-Exceptions: #GP, #SS

Virtual-8086-Mode-Exceptions: #GP, #SS, #PF, #AC

CMOVNG

conditional move if not greater

`CMOVNG Operand1, Operand2`

`CMOVNG` kopiert den zweiten Operanden in den ersten, wenn das Zero-Flag gesetzt oder das Sign-Flag ungleich dem Overflow-Flag ist.

`CMOVNG` ist identisch mit dem Befehl `CMOVLE`.

Eingeführt mit: Pentium Pro

Exceptions

Protected-Mode-Exceptions: #GP, #SS, #PF, #AC

Real-Mode-Exceptions: #GP, #SS

Virtual-8086-Mode-Exceptions: #GP, #SS, #PF, #AC

CMOVNGE

conditional move if not greater or equal

`CMOVNGE Operand1, Operand2`

`CMOVNGE` kopiert den zweiten Operanden in den ersten, wenn das Sign-Flag ungleich dem Overflow-Flag ist.

`CMOVNGE` ist identisch mit dem Befehl `CMOVL`.

Eingeführt mit: Pentium Pro

Exceptions

Protected-Mode-Exceptions: #GP, #SS, #PF, #AC

Real-Mode-Exceptions: #GP, #SS

Virtual-8086-Mode-Exceptions: #GP, #SS, #PF, #AC

CMOVNL

conditional move if not less

`CMOVNL Operand1, Operand2`

`CMOVNL` kopiert den zweiten Operanden in den ersten, wenn das Sign-Flag gleich dem Overflow-Flag ist.

`CMOVNL` ist identisch mit dem Befehl `CMOVGE`.

Eingeführt mit: Pentium Pro

Exceptions

Protected-Mode-Exceptions: #GP, #SS, #PF, #AC

Real-Mode-Exceptions: #GP, #SS

Virtual-8086-Mode-Exceptions: #GP, #SS, #PF, #AC

CMOVNLE

conditional move if not less or equal

`CMOVNLE Operand1, Operand2`

CMOVNLE kopiert den zweiten Operanden in den ersten, wenn das Zero-Flag gelöscht und das Sign-Flag gleich dem Overflow-Flag ist.

CMOVNLE ist identisch mit dem Befehl CMOVG.

Eingeführt mit: Pentium Pro

Exceptions

Protected-Mode-Exceptions: #GP, #SS, #PF, #AC

Real-Mode-Exceptions: #GP, #SS

Virtual-8086-Mode-Exceptions: #GP, #SS, #PF, #AC

CMOVNO

conditional move if not overflow

`CMOVNO Operand1, Operand2`

CMOVNO kopiert den zweiten Operanden in den ersten, wenn das Overflow-Flag gelöscht ist.

Eingeführt mit: Pentium Pro

Exceptions

Protected-Mode-Exceptions: #GP, #SS, #PF, #AC

Real-Mode-Exceptions: #GP, #SS

Virtual-8086-Mode-Exceptions: #GP, #SS, #PF, #AC

CMOVNP

conditional move if not parity

`CMOVNP Operand1, Operand2`

CMOVNP kopiert den zweiten Operanden in den ersten, wenn das Parity-Flag gelöscht ist.

CMOVNP ist identisch mit dem Befehl CMOVPO.

Eingeführt mit: Pentium Pro

Exceptions

Protected-Mode-Exceptions: #GP, #SS, #PF, #AC

Real-Mode-Exceptions: #GP, #SS

Virtual-8086-Mode-Exceptions: #GP, #SS, #PF, #AC

CMOVNS

conditional move if not sign

`CMOVNS Operand1, Operand2`

`CMOVNS` kopiert den zweiten Operanden in den ersten, wenn das Sign-Flag gelöscht ist.

Eingeführt mit: Pentium Pro

Exceptions

Protected-Mode-Exceptions: #GP, #SS, #PF, #AC

Real-Mode-Exceptions: #GP, #SS

Virtual-8086-Mode-Exceptions: #GP, #SS, #PF, #AC

CMOVNZ

conditional move if not zero

`CMOVNZ Operand1, Operand2`

`CMOVNZ` kopiert den zweiten Operanden in den ersten, wenn das Zero-Flag gelöscht ist.

`CMOVNZ` ist identisch mit dem Befehl `CMOVNE`.

Eingeführt mit: Pentium Pro

Exceptions

Protected-Mode-Exceptions: #GP, #SS, #PF, #AC

Real-Mode-Exceptions: #GP, #SS

Virtual-8086-Mode-Exceptions: #GP, #SS, #PF, #AC

CMOVO

conditional move if overflow

`CMOVO Operand1, Operand2`

`CMOVO` kopiert den zweiten Operanden in den ersten, wenn das Overflow-Flag gesetzt ist.

Eingeführt mit: Pentium Pro

Exceptions

Protected-Mode-Exceptions: #GP, #SS, #PF, #AC

Real-Mode-Exceptions: #GP, #SS

Virtual-8086-Mode-Exceptions: #GP, #SS, #PF, #AC

CMOVP

conditional move if parity

`CMOVP Operand1, Operand2`

`CMOVP` kopiert den zweiten Operanden in den ersten, wenn das Parity-Flag gesetzt ist.

`CMOVP` ist identisch mit dem Befehl `CMOVPE`.

Eingeführt mit: Pentium Pro

Exceptions

Protected-Mode-Exceptions: #GP, #SS, #PF, #AC

Real-Mode-Exceptions: #GP, #SS

Virtual-8086-Mode-Exceptions: #GP, #SS, #PF, #AC

CMOVPE

conditional move if parity even

`CMOVPE Operand1, Operand2`

`CMOVPE` kopiert den zweiten Operanden in den ersten, wenn das Parity-Flag gesetzt ist.

CMOVPE ist identisch mit dem Befehl CMOVP.

Eingeführt mit: Pentium Pro

Exceptions

Protected-Mode-Exceptions: #GP, #SS, #PF, #AC

Real-Mode-Exceptions: #GP, #SS

Virtual-8086-Mode-Exceptions: #GP, #SS, #PF, #AC

CMOVPO

conditional move if parity odd

`CMOVPO Operand1, Operand2`

CMOVPO kopiert den zweiten Operanden in den ersten, wenn das Parity-Flag gelöscht ist.

CMOVPO ist identisch mit dem Befehl CMOVNP.

Eingeführt mit: Pentium Pro

Exceptions

Protected-Mode-Exceptions: #GP, #SS, #PF, #AC
Real-Mode-Exceptions: #GP, #SS
Virtual-8086-Mode-Exceptions: #GP, #SS, #PF, #AC

CMOVS

conditional move if sign

`CMOVS Operand1, Operand2`

CMOVS kopiert den zweiten Operanden in den ersten, wenn das Sign-Flag gesetzt ist.

Eingeführt mit: Pentium Pro

Exceptions

Protected-Mode-Exceptions: #GP, #SS, #PF, #AC
Real-Mode-Exceptions: #GP, #SS
Virtual-8086-Mode-Exceptions: #GP, #SS, #PF, #AC

CMOVZ

conditional move if zero

`CMOVZ Operand1, Operand2`

`CMOVZ` kopiert den zweiten Operanden in den ersten, wenn das Zero-Flag gesetzt ist.

`CMOVZ` ist identisch mit dem Befehl `CMOVE`.

Eingeführt mit: Pentium Pro

Exceptions

Protected-Mode-Exceptions: #GP, #SS, #PF, #AC

Real-Mode-Exceptions: #GP, #SS

Virtual-8086-Mode-Exceptions: #GP, #SS, #PF, #AC

3.4 Segment-Befehle

LDS

load DS

`LDS Register, Speichervariable`

`LDS` lädt die Segmentadresse der Speichervariable in das Daten-Segmentregister, und die Offsetadresse in das angegebene 16- oder 32-Bit Register.

Exceptions

Protected-Mode-Exceptions: #UD, #GP, #SS, #NP, #PF, #AC

Real-Mode-Exceptions: #GP, #SS, #UD

Virtual-8086-Mode-Exceptions: #UD, #GP, #SS, #PF

Beispiel

```
LDS SI, String    ;String wird jetzt durch DS:SI adressiert
```

Siehe auch

Protected-Mode-Befehle

LES

load ES

`LES Register, Speichervariable`

LES lädt die Segmentadresse der Speichervariable in das Extra-Segmentregister, und die Offsetadresse in das angegebene 16- oder 32-Bit Register.

Exceptions

Protected-Mode-Exceptions: #UD, #GP, #SS, #NP, #PF, #AC

Real-Mode-Exceptions: #GP, #SS, #UD

Virtual-8086-Mode-Exceptions: #UD, #GP, #SS, #PF

Siehe auch

Protected-Mode-Befehle

Beispiel

```
LES DI, String    ;String wird jetzt durch ES:DI adressiert
```

LFS

load FS

`LFS Register, Speichervariable`

LFS lädt die Segmentadresse der Speichervariable in das FS-Segmentregister, und die Offsetadresse in das angegebene 16- oder 32-Bit Register.

Eingeführt mit: 386er

Exceptions

Protected-Mode-Exceptions: #UD, #GP, #SS, #NP, #PF, #AC

Real-Mode-Exceptions: #GP, #SS, #UD

Virtual-8086-Mode-Exceptions: #UD, #GP, #SS, #PF

Beispiel

```
LFS SI, String    ;String wird jetzt durch FS:SI adressiert
```

Siehe auch

Protected-Mode-Befehle

LGS

load GS

`LGS Register, Speichervariable`

`LGS` lädt die Segmentadresse der Speichervariable in das GS-Segmentregister, und die Offsetadresse in das angegebene 16- oder 32-Bit Register.

Eingeführt mit: 386er

Exceptions

Protected-Mode-Exceptions: #UD, #GP, #SS, #NP, #PF, #AC

Real-Mode-Exceptions: #GP, #SS, #UD

Virtual-8086-Mode-Exceptions: #UD, #GP, #SS, #PF

Beispiel

```
LGS SI, String    ;String wird jetzt durch GS:SI adressiert
```

Siehe auch

Protected-Mode-Befehle

LSS

load SS

`LSS Register, Speichervariable`

`LSS` lädt die Segmentadresse der Speichervariable in das Stack-Segmentregister, und die Offsetadresse in das angegebene 16- oder 32-Bit Register.

Exceptions

Protected-Mode-Exceptions: #UD, #GP, #SS, #NP, #PF, #AC

Real-Mode-Exceptions: #GP, #SS, #UD

Virtual-8086-Mode-Exceptions: #UD, #GP, #SS, #PF

Beispiel

```
LSS SI, String    ;String wird jetzt durch SS:SI adressiert
```

Siehe auch

Protected-Mode-Befehle

PUSH

Siehe Register-Befehle

3.5 Flag-Befehle

CLC

clear carry

CLC löscht das Carry-Flag.

CLD

clear direction

CLD löscht das Direction-Flag. Ist das Direction-Flag gelöscht, so werden bei der Bearbeitung von Strings die verwendeten Index-Register (SI und/ oder DI) inkrementiert.

CLI

clear interrupt

CLI löscht das Interrupt-Flag. Ist das Interrupt-Flag gelöscht, so werden keine Interrupts mehr aufgerufen, bis das Flag wieder gesetzt wird. Das ist in besonders zeitkritischen Phasen von Bedeutung.

Davon ausgenommen sind die NMIs.

Exceptions

Protected-Mode-Exceptions: #GP

Real-Mode-Exceptions: Keine

Virtual-8086-Mode-Exceptions: #GP

Siehe auch

Protected-Mode-Befehle

CLTS

clear tasked switch

CLTS löscht das TS-Flag im CR0-Register.

Im Protected-, bzw. Virtual-8086-Mode muss die Privilegstufe des aktuellen Programms gleich 0 sein, um den Befehl ausführen zu können.

Der Befehl wird eigentlich nur in Betriebssystemsoftware benötigt.

Eingeführt mit: 286er

Exceptions

Protected-Mode-Exceptions: #GP

Real-Mode-Exceptions: Keine

Virtual-8086-Mode-Exceptions: #GP

CMC

complement carry

CMC kehrt den Wert des Carry-Flags um.

LAHF

load AH flags

LAHF lädt das untere Byte des Flag-Word (s. Aufbau des Flag-Register) in das AH-Register. Dabei werden keine Flags beeinflusst.

POPF

pop flags

POPF schreibt das Word, dass auf der Stack-Spitze liegt, in die unteren 16-Bit des Flag-Registers.

Die meisten Compiler unterstützen auch den Befehl POPFW (= pop flag word), der synonym für den Befehl POPF benutzt werden kann.

Exceptions

Protected-Mode-Exceptions: #SS, #PF, #AC

Real-Mode-Exceptions: #SS

Virtual-8086-Mode-Exceptions: #GP, #SS, #PF, #AC

Siehe auch

Protected-Mode-Befehle

POPFD

pop flags doubleword

POPFD schreibt das Doubleword, dass auf der Stack-Spitze liegt, in das EFlags-Register. Dabei werden die Flags VIP, VIF gelöscht, und das VM-Flag behält seinen Wert bei. Alle anderen Flags können geändert werden.

Eingeführt mit: 386er

Exceptions

Protected-Mode-Exceptions: #SS, #PF, #AC

Real-Mode-Exceptions: #SS

Virtual-8086-Mode-Exceptions: #GP, #SS, #PF, #AC

Siehe auch

Protected-Mode-Befehle

POPFW

pop flag word

Siehe POPF

PUSHF

push flags

PUSHF legt das Flag-Register auf dem Stack ab. Genauer gesagt, werden die 16 unteren Bits des EFlags-Registers gesichert, also nicht die Flags, die mit dem 386er eingeführt wurden. Um diese mitzusichern, muss der Befehl PUSHFD benutzt werden.

Die meisten Compiler unterstützen auch den Befehl PUSHFW (= push flag word), der synonym für den Befehl PUSHF benutzt werden kann.

Exceptions

Protected-Mode-Exceptions: #SS, #PF, #AC

Real-Mode-Exceptions: Keine

Virtual-8086-Mode-Exceptions: #GP, #PF, #AC

Siehe auch

Protected-Mode-Befehle

PUSHFD

push flag doubleword

PUSHFD legt das 32-Bit EFlags-Register auf dem Stack ab. Dabei werden die Bits 16 und 17 (VM und RF) nicht kopiert, sondern als gelöscht auf dem Stack abgelegt.

Eingeführt mit: 386er

Exceptions

Protected-Mode-Exceptions: #SS, #PF, #AC

Real-Mode-Exceptions: Keine

Virtual-8086-Mode-Exceptions: #GP, #PF, #AC

Siehe auch

Protected-Mode-Befehle

PUSHFW

push flag word

Siehe PUSHF

SAHF

store AH flags

SAHF kopiert den Inhalt des AH-Registers in das niederwertige Byte des Flags-Registers.

Dadurch werden natürlich folgende Flags beeinflusst: SF, ZF, AF, PF, CF.

Siehe auch

Aufbau des Flag-Registers

STC

set carry

STC setzt das Carry-Flag.

STD

set direction

STD setzt das Direction-Flag. Ist das Direction-Flag gesetzt, so werden bei der Bearbeitung von Strings die verwendeten Index-Register (SI und/ oder DI) dekrementiert.

STI

set interrupt

STI setzt das Interrupt-Flag. Ist das Interrupt-Flag gesetzt, so können Interrupts wieder aufgerufen werden.

Der Befehl tritt erst mit einer Verzögerung von einem Befehl in Kraft. Der nachfolgende Befehl wird also erst noch ausgeführt, bevor die Ausführung von Interrupts wieder erlaubt wird.

Exceptions

Protected-Mode-Exceptions: #GP
Real-Mode-Exceptions: Keine
Virtual-8086-Mode-Exceptions: #GP

Siehe auch

Protected-Mode-Befehle

3.6 Sprung-Befehle - Unbedingte Sprünge

Bei unbedingten Sprüngen, die nur mit dem Befehl JMP möglich sind, sind auch so genannte Inter-Segment-Sprünge (FAR-Sprünge) möglich, die also ein Ziel außerhalb des Segments haben.

JMP

jump

`JMP Ziel`

JMP ist der einzige unbedingte Sprung. Das Ziel kann nicht nur durch eine absolute Adresse oder ein Label angegeben werden, sondern auch durch ein Register oder durch eine indirekte Adressierung.

Liegt das Sprungziel innerhalb des Segments, so spricht man von einem Short-Jump. Ist das Ziel nur -128 bzw. +127 Bytes vom Sprungbefehl entfernt, so nennt man dies einen Near-Jump und sobald der Sprung das Segment verlassen muss, redet man von einem Far-Jump.

Exceptions

Protected-Mode-Exceptions: #GP, #SS, #NP, #PF, #AC
Real-Mode-Exceptions: #GP, #SS
Virtual-8086-Mode-Exceptions: #GP, #SS, #PF, #AC

Siehe auch

Protected-Mode-Befehle

Beispiel

```
JMP BX
JMP [BP+4]
JMP $+12
JMP Label
```

3.7 Sprung-Befehle - Bedingte Sprünge

Bedingte Sprünge werden nur ausgeführt, wenn eine bestimmte Bedingung wahr ist. Sie sollten nach Möglichkeit 128 Bytes nach hinten oder aber 127 Bytes nach vorne erfolgen, da es sich dann um einen SHORT-Sprung handelt und dieser weniger Speicherplatz beansprucht. Liegt die Sprungmarke innerhalb des Segments (-32768 bis +32767), wird ein NEAR-Sprung ausgeführt. Hierbei ist anzumerken, dass NEAR-Sprünge erst mit dem 386er möglich wurden.

Bei den bedingten Sprüngen werden verschiedene Flags auf ihren Status überprüft. Nur bei den Befehlen `JCXZ` und `JECXZ` wird das CX bzw. das ECX-Register auf seinen Wert hin überprüft.

Als Operand haben die bedingten Sprungbefehle entweder ein Label oder eine absolute Adresse.

```
JC Exit
    ...
    Exit:
    ...
```

oder

```
JC CS:0100h
```

Es gibt bei den bedingten Sprüngen teilweise für ein und dieselbe Bedingung mehrere verschiedene Befehle. Der Sinn darin liegt, dass ihr Code dadurch verständlicher wird. Wenn Sie ein Register zum Beispiel auf einen Wert hin untersuchen und wissen möchten, ob der Wert größer als 4 ist, so kann man testen, ob das Register **keinen** Wert kleiner oder gleich 4 enthält, was unsere Bedingung erfüllen würde, oder aber ob es einen Wert enthält, der größer als 4 ist, was unsere Bedingung auch erfüllen würde. Verwenden Sie also den Ihrer Intention entsprechenden Befehl, damit Ihr Code leserlich bleibt.

JA

jump if above

`JA Ziel`

`JA` springt zum Ziel, wenn sowohl das Carry- als auch das Zero-Flag gelöscht sind.

`JA` ist identisch mit dem Befehl `JNBE`.

Exceptions

#GP

JAE

jump if above or equal

`JAE Ziel`

`JAE` springt zum Ziel, wenn das Carry-Flag gelöscht ist.

`JAE` ist identisch mit den Befehlen `JNB` und `JNC`.

Exceptions

#GP

JB

jump if below

`JB Ziel`

JB Springt zum Ziel, wenn das Carry-Flag gesetzt ist.

JB ist identisch mit den Befehlen JNAE und JC.

Exceptions

#GP

JBE

jump if below or equal

`JBE Ziel`

JBE springt zum Ziel, wenn das Carry- oder das Zero-Flag gesetzt ist.

JBE ist identisch mit dem Befehl JNA.

Exceptions

#GP

JC

jump if carry

`JC Ziel`

Springt zum Ziel, wenn das Carry-Flag gesetzt ist.

Exceptions

#GP

JCXZ

jump if cx is zero

`JCXZ Ziel`

`JCXZ` springt zum Ziel, wenn das CX-Register den Wert 0 enthält. Soll das 32-Bit-Register komplett gleich null sein, so muss der Befehl `JECXZ` benutzt werden.

Exceptions

#GP

JE

jump if equal

`JE Ziel`

`JE` springt zum Ziel, wenn das Zero-Flag gesetzt ist.

`JE` ist identisch mit dem Befehl `JZ`.

Exceptions

#GP

JECXZ

jump if ecx is zero

`JECXZ Ziel`

`JECXZ` springt zum Ziel, wenn das ECX-Register den Wert 0 enthält.

Exceptions

#GP

JG

jump if greater

`JG Ziel`

`JG` springt zum Ziel, wenn das Zero-Flag gelöscht ist und das Sign-Flag gleich dem Overflow-Flag ist.

`JG` ist identisch mit dem Befehl `JNLE`.

Exceptions

#GP

JGE

jump if greater or equal

`JGE Ziel`

`JGE` springt zum Ziel, wenn das Sign-Flag gleich dem Overflow-Flag ist.

`JGE` ist identisch mit dem Befehl `JNL`.

Exceptions

#GP

JL

jump if less

`JL Ziel`

`JL` springt zum Ziel, wenn das Sign-Flag ungleich dem Overflow-Flag ist.

`JL` ist identisch mit dem Befehl `JNGE`.

Exceptions

#GP

JLE

jump if less or equal

`JLE Ziel`

`JLE` springt zum Ziel, wenn das Sign-Flag ungleich dem Overflow-Flag ist oder aber das Zero-Flag gesetzt ist.

`JLE` ist identisch mit dem Befehl `JNG`.

Exceptions

#GP

JNA

jump if not above

`JNA Ziel`

JNA springt zum Ziel, wenn das Carry- oder das Zero-Flag gesetzt ist.

JNA ist identisch mit dem Befehl JBE.

Exceptions

#GP

JNAE

jump if not above or equal

`JNAE Ziel`

JNAE springt zum Ziel, wenn das Carry-Flag gesetzt ist.

JNAE ist identisch mit den Befehlen JB und JC.

Exceptions

#GP

JNB

jump if not below

`JNB Ziel`

JNB springt zum Ziel, wenn das Carry-Flag gelöscht ist.

JNB ist identisch mit den Befehlen JAE und JNC.

Exceptions

#GP

JNBE

jump if not below or equal

`JNBE Ziel`

JNBE springt zum Ziel, wenn sowohl das Carry- als auch das Zero-Flag gelöscht sind.

JNBE ist identisch mit dem Befehl JA.

Exceptions

#GP

JNC

jump if not carry

`JNC Ziel`

`JNC` springt zum Ziel, wenn das Carry-Flag gelöscht ist.

Exceptions

#GP

JNE

jump if not equal

`JNE Ziel`

`JNE` springt zum Ziel, wenn das Zero-Flag gelöscht ist.

`JNE` ist identisch mit dem Befehl `JNZ`.

Exceptions

#GP

JNG

jump if not greater

`JNG Ziel`

`JNG` springt zum Ziel, wenn das Sign-Flag ungleich dem Overflow-Flag ist oder aber das Zero-Flag gesetzt ist.

`JNG` ist identisch mit dem Befehl `JLE`.

Exceptions

#GP

JNGE

jump if not greater or equal

`JNGE Ziel`

`JNGE` springt zum Ziel, wenn das Sign-Flag ungleich dem Overflow-Flag ist.

`JNGE` ist identisch mit dem Befehl `JL`.

Exceptions

#GP

JNL

jump if not less

`JNL Ziel`

`JNL` springt zum Ziel, wenn das Sign-Flag gleich dem Overflow-Flag ist.

`JNL` ist identisch mit dem Befehl `JGE`.

Exceptions

#GP

JNLE

jump if not less or equal

`JNLE Ziel`

`JNLE` springt zum Ziel, wenn das Zero-Flag gelöscht ist und das Sign-Flag gleich dem Overflow-Flag ist.

`JNLE` ist identisch mit dem Befehl `JG`.

Exceptions

#GP

JNO

jump if no overflow

`JNO Ziel`

`JNO` springt zum Ziel, wenn das Overflow-Flag gelöscht ist.

Exceptions

#GP

JNP

jump if no parity

`JNP Ziel`

`JNP` springt zum Ziel, wenn das Parity-Flag gelöscht ist.

`JNP` ist identisch mit dem Befehl `JPO`.

Exceptions

#GP

JNS

jump if no sign

`JNS Ziel`

`JNS` springt zum Ziel, wenn das Sign-Flag gelöscht ist.

Exceptions

#GP

JNZ

jump if not zero

`JNZ Ziel`

`JNZ` springt zum Ziel, wenn das Zero-Flag gelöscht ist.

`JNZ` ist identisch mit dem Befehl `JNE`.

Exceptions

#GP

JO

jump if overflow

`JO Ziel`

`JO` springt zum Ziel, wenn das Overflow-Flag gesetzt ist.

Exceptions

#GP

JP

jump if parity

`JP Ziel`

`JP` springt zum Ziel, wenn das Parity-Flag gesetzt ist.

`JP` ist identisch mit dem Befehl `JPE`.

Exceptions

#GP

JPE

jump if parity or equal

`JPE Ziel`

`JPE` springt zum Ziel, wenn das Parity-Flag gesetzt ist.

`JPE` ist identisch mit dem Befehl `JP`.

Exceptions

#GP

JPO

jump if parity odd

`JPO Ziel`

`JPO` springt zum Ziel, wenn das Parity-Flag gelöscht ist.

`JPO` ist identisch mit dem Befehl `JNP`.

Exceptions

#GP

JS

jump if signed

`JS Ziel`

`JS` springt zum Ziel, wenn das Sign-Flag gesetzt ist.

Exceptions

#GP

JZ

jump if zero

`JZ Ziel`

`JZ` springt zum Ziel, wenn das Zero-Flag gesetzt ist.

`JZ` ist identisch mit dem Befehl `JE`.

Exceptions

#GP

3.8 Schleifen- und Wiederholungs-Befehle

LOOP

`LOOP Ziel`

`LOOP` dekrementiert CX um 1 und überprüft danach CX auf seinen Wert. Falls CX gleich null ist, wird die Schleife nicht weiter ausgeführt und es wird mit dem weiteren Programmablauf fortgefahren. Ist der Wert ungleich null, so springt `LOOP` zum angegebenen Ziel. Das Ziel ist in der Regel ein Label, kann aber auch eine absolute Adresse sein. Wichtig ist nur, dass das Ziel nur 128 Bytes vor bzw. 127 Bytes hinter dem `LOOP`-Befehl liegen darf.

Exceptions

Protected-Mode-Exceptions: #GP

Real-Mode-Exceptions: Keine

Virtual-8086-Mode-Exceptions: Keine

Beispiel

```
MOV CX, 5    ;Schleife wird 5 mal durchlaufen
   Label:
   ...
   LOOP Label
```

Oder

```
MOV CX, 3    ;es sollen 3 Bytes
   LODSB        ;geladen und
   STOSB        ;zurückgeschrieben werden
   LOOP $-2     ;springe 2 Bytes zurück zu lodsb
```

LOOPE

loop if equal

`LOOPE Ziel`

`LOOPE` dekrementiert CX um 1 und überprüft danach CX auf seinen Wert. Außerdem wird auch das Zero-Flag auf seinen Status hin überprüft. Falls CX gleich null ist oder das Zero-Flag gelöscht ist, wird die Schleife nicht weiter ausgeführt und es wird mit dem weiteren Programmablauf fortgefahren. Ist der Wert von CX ungleich null und das Zero-Flag gesetzt, so springt `LOOPE` zum angegebenen Ziel.

`LOOPE` beeinflusst keine Flags. Das Zero-Flag kann zum Beispiel durch einen vorangegangenen Vergleich verändert worden sein, so dass `LOOPE` darauf reagieren kann.

Das Ziel ist in der Regel ein Label, kann aber auch eine absolute Adresse sein. Wichtig ist nur, dass das Ziel nur 128 Bytes vor bzw. 127 Bytes hinter dem Loop-Befehl liegen darf.

Identisch mit `LOOPZ`

Exceptions

Protected-Mode-Exceptions: #GP

Real-Mode-Exceptions: Keine

Virtual-8086-Mode-Exceptions: Keine

Beispiel

```
MOV CX, 4
   Label:
   ...(Vergleich)...
   LOOPE Label    ;springe wenn CX<>0 oder ZF=1
```

LOOPNE

loop if not equal

`LOOPNE Ziel`

`LOOPNE` dekrementiert CX um 1 und überprüft danach CX auf seinen Wert. Außerdem wird auch das Zero-Flag auf seinen Status hin überprüft. Falls CX gleich null ist oder das Zero-Flag gesetzt ist, wird die Schleife nicht weiter ausgeführt und es wird mit dem weiteren Programmablauf fortgefahren. Ist der Wert von CX ungleich null und das Zero-Flag gelöscht, so springt `LOOPNE` zum angegebenen Ziel.

`LOOPNE` beeinflusst keine Flags. Das Zero-Flag kann zum Beispiel durch einen vorangegangenen Vergleich verändert worden sein, so dass `LOOPNE` darauf reagieren kann.

Das Ziel ist in der Regel ein Label, kann aber auch eine absolute Adresse sein. Wichtig ist nur, dass das Ziel nur 128 Bytes vor bzw. 127 Bytes hinter dem Loop-Befehl liegen darf.

Identisch mit `LOOPNZ`

Exceptions

Protected-Mode-Exceptions: #GP

Real-Mode-Exceptions: Keine

Virtual-8086-Mode-Exceptions: Keine

Beispiel

```
MOV CX, 4
   Label:
   ...(Vergleich)...
   LOOPNE Label    ;springe wenn CX<>0 oder ZF=0
```

LOOPNZ

loop if not zero

`LOOPNZ Ziel`

Siehe LOOPNE

LOOPZ

loop if zero

`LOOPZ Ziel`

Siehe LOOPE

REPxx

Siehe String-Befehle

3.9 String-Befehle

Bei allen String-Befehlen ist darauf zu achten, ob das Direction-Flag gesetzt wurde oder nicht, also ob die Strings in absteigender oder aufsteigender Richtung bearbeitet werden.

CMPS

compare string

`CMPS xxx PTR String1, ES : xxx PTR String2`

CMPS vergleicht den durch DS:(E)SI adressierten ersten String mit dem durch ES:(E)DI adressierten zweiten String. Da der Assembler wissen muss, ob er den String je Byte, Word oder Doubleword vergleichen soll, muss ein Pointer mit der entsprechenden Größe auf den String verwendet werden.

Die Register (E)DI und (E)SI werden bei gesetztem Direction-Flag automatisch um 1 Byte, 1 Word oder 1 Doubleword, je nach Verarbeitungsweise, dekrementiert und bei gelöschtem Direction-Flag inkrementiert.

Mit dem REPxx-Präfix können ganze Strings verglichen werden (siehe REPxx).

Beeinflusste Flags

CF, OF, SF, ZF, AF, PF.

Exceptions

Protected-Mode-Exceptions: #GP, #SS, #PF, #AC

Real-Mode-Exceptions: #GP, #SS

Virtual-8086-Mode-Exceptions: #GP, #SS, #PF, #AC

Beispiel

```
String1 db "abcde"   ;als Byte definiert (db)
   String2 db "aaa"
   ...
   MOV  AL, "a"
   LEA  DI, String
   CMPS BYTE PTR String1, ES : BYTE PTR String2
   JE Weiter              ;springt, wenn die ersten
   ...                    ;Elemente der Strings
   Weiter:                ;gleich sind
   ...
```

CMPSB

compare string byte

`CMPSB`

`CMPSB` benötigt keinen Operanden wie `CMPS`, da durch das B im Befehlsnamen dem Assembler signalisiert wird, dass er die Strings byteweise vergleichen soll. Es wird also das erste Byte aus dem durch DS:SI adressierten String mit dem ersten Byte aus dem durch ES:DI adressierten String verglichen.

Dabei werden SI und DI um 1 inkrementiert (bei gelöschtem Direction-Flag) bzw. um 1 dekrementiert (bei gesetztem Direction-Flag).

Mit dem REPxx-Präfix können ganze Strings verglichen werden (siehe REPxx).

Beeinflusste Flags

CF, OF, SF, ZF, AF, PF.

Exceptions

Protected-Mode-Exceptions: #GP, #SS, #PF, #AC

Real-Mode-Exceptions: #GP, #SS

Virtual-8086-Mode-Exceptions: #GP, #SS, #PF, #AC

CMPSD

compare string doubleword

`CMPSD`

`CMPSD` benötigt keinen Operanden wie `CMPS`, da durch das D im Befehlsnamen dem Assembler signalisiert wird, dass er die Strings je Doubleword vergleichen soll. Es wird also das erste Doubleword aus dem durch DS:ESI adressierten String mit dem ersten Doubleword aus dem durch ES:EDI adressierten String verglichen.

Dabei werden ESI und EDI um 4 inkrementiert (bei gelöschtem Direction-Flag) bzw. um 4 dekrementiert (bei gesetztem Direction-Flag).

Mit dem REPxx-Präfix können ganze Strings verglichen werden (siehe REPxx).

Beeinflusste Flags

CF, OF, SF, ZF, AF, PF.

Exceptions

Protected-Mode-Exceptions: #GP, #SS, #PF, #AC
Real-Mode-Exceptions: #GP, #SS
Virtual-8086-Mode-Exceptions: #GP, #SS, #PF, #AC

CMPSW

compare string word

`CMPSW`

`CMPSW` benötigt keinen Operanden wie `CMPS`, da durch das W im Befehlsnamen dem Assembler signalisiert wird, dass er die Strings wordweise vergleichen soll. Es wird also das erste Word aus dem durch DS:SI adressierten String mit dem ersten Word aus dem durch ES:DI adressierten String verglichen.

Dabei werden SI und DI um 2 inkrementiert (bei gelöschtem Direction-Flag) bzw. um 2 dekrementiert (bei gesetztem Direction-Flag).

Mit dem REPxx-Präfix können ganze Strings verglichen werden (siehe REPxx).

Beeinflusste Flags

CF, OF, SF, ZF, AF, PF.

Exceptions

Protected-Mode-Exceptions: #GP, #SS, #PF, #AC

Real-Mode-Exceptions: #GP, #SS

Virtual-8086-Mode-Exceptions: #GP, #SS, #PF, #AC

INS

input string from port

`INS ES:String, DX`

`INS` liest ein Zeichen vom Port, der in DX angegeben sein muss, aus und schreibt das Zeichen in den durch ES:(E)DI adressierten String.

Das (E)DI-Register wird bei gesetztem Direction-Flag automatisch um 1 Byte, 1 Word oder 1 Doubleword, je nach Verarbeitungsweise, dekrementiert und bei gelöschtem Direction-Flag inkrementiert.

Eingeführt mit: 386er

Exceptions

Protected-Mode-Exceptions: #GP, #PF, #AC

Real-Mode-Exceptions: #GP, #SS

Virtual-8086-Mode-Exceptions: #GP, #PF, #AC

Beispiel

```
MOV DX, 60h
   INS ES:String, DX
```

INSB

input string byte from port

`INSB`

`INSB` liest ein Byte vom Port, der in DX angegeben sein muss, aus und schreibt das Byte in den durch ES:DI adressierten String.

Das DI-Register wird bei gesetztem Direction-Flag automatisch um 1 Byte dekrementiert und bei gelöschtem Direction-Flag um 1 Byte inkrementiert.

Eingeführt mit: 286er

Exceptions

Protected-Mode-Exceptions: #GP, #PF, #AC

Real-Mode-Exceptions: #GP, #SS

Virtual-8086-Mode-Exceptions: #GP, #PF, #AC

INSD

input string doubleword from port

`INSD`

`INSD` liest ein Doubleword vom Port, der in DX angegeben sein muss, aus und schreibt das Word in den durch ES:EDI adressierten String.

Das EDI-Register wird bei gesetztem Direction-Flag automatisch um 1 Doubleword dekrementiert und bei gelöschtem Direction-Flag um 1 Doubleword inkrementiert.

Eingeführt mit: 386er

Exceptions

Protected-Mode-Exceptions: #GP, #PF, #AC

Real-Mode-Exceptions: #GP, #SS

Virtual-8086-Mode-Exceptions: #GP, #PF, #AC

INSW

input string word from port

`INSW`

`INSW` liest ein Word vom Port, der in DX angegeben sein muss, aus und schreibt das Word in den durch ES:DI adressierten String.

Das DI-Register wird bei gesetztem Direction-Flag automatisch um 1 Word dekrementiert und bei gelöschtem Direction-Flag um 1 Word inkrementiert.

Eingeführt mit: 286er

Exceptions

Protected-Mode-Exceptions: #GP, #PF, #AC

Real-Mode-Exceptions: #GP, #SS

Virtual-8086-Mode-Exceptions: #GP, #PF, #AC

LODS

load string

`LODS String`

`LODS` lädt ein Byte oder Word aus dem durch DS:SI, bzw. ein Doubleword aus dem durch DS:ESI adressierten Speicherbereich in den Akkumulator. Handelt es sich um ein Byte, wird es nach AL geladen.

Da der Assembler wissen muss, ob er die einzelnen Elemente des Strings als Byte, Word oder als Doubleword verarbeiten soll, muss die Stringvariable mit angegeben werden. Das (E)SI-Register wird bei gesetztem Direction-Flag automatisch um 1 Byte, 1 Word oder 1 Doubleword, je nach Verarbeitungsweise, dekrementiert und bei gelöschtem Direction-Flag inkrementiert.

Exceptions

Protected-Mode-Exceptions: #GP, #SS

Real-Mode-Exceptions: #GP, #SS

Virtual-8086-Mode-Exceptions: #GP, #SS, #PF, #AC

Beispiel

```
String db "abcde"     ;als Byte definiert (db)
    ...
    LEA SI, String
    LODS String           ;Byteweise bearbeiten
```

LODSB

load string byte

`LODSB`

`LODSB` benötigt keinen Operanden wie `LODS`, da durch das B im Befehlsnamen dem Assembler signalisiert wird, dass er den String byteweise bearbeiten soll. Es wird also ein Byte aus dem durch DS:SI adressierten Speicherbereich in das AL-Register geladen. Dabei wird SI um 1 inkrementiert (bei gelöschtem Direction-Flag) bzw. um 1 dekrementiert (bei gesetztem Direction-Flag).

Exceptions

Protected-Mode-Exceptions: #GP, #SS

Real-Mode-Exceptions: #GP, #SS

Virtual-8086-Mode-Exceptions: #GP, #SS, #PF, #AC

LODSD

load string doubleword

LODSD

LODSD benötigt keinen Operanden wie LODS, da durch das D im Befehlsnamen dem Assembler signalisiert wird, dass er die Elemente des Strings als Doubleword bearbeiten soll. Es wird also ein Doubleword aus dem durch DS:ESI adressierten Speicherbereich in das EAX-Register geladen. Dabei wird ESI um 4 inkrementiert (bei gelöschtem Direction-Flag), bzw. um 4 dekrementiert (bei gesetztem Direction-Flag).

Eingeführt mit: 386er

Exceptions

Protected-Mode-Exceptions: #GP, #SS

Real-Mode-Exceptions: #GP, #SS

Virtual-8086-Mode-Exceptions: #GP, #SS, #PF, #AC

LODSW

load string word

LODSW

LODSW benötigt keinen Operanden wie LODS, da durch das W im Befehlsnamen dem Assembler signalisiert wird, dass er den String wordweise bearbeiten soll. Es wird also ein Word aus dem durch DS:SI adressierten Speicherbereich in das AX-Register geladen. Dabei wird SI um 2 inkrementiert (bei gelöschtem Direction-Flag) bzw. um 2 dekrementiert (bei gesetztem Direction-Flag).

Exceptions

Protected-Mode-Exceptions: #GP, #SS

Real-Mode-Exceptions: #GP, #SS

Virtual-8086-Mode-Exceptions: #GP, #SS, #PF, #AC

MOVS

move string

`MOVS ES : xxx PTR Ziel, xxx PTR Quelle`

`MOVS` kopiert ein Byte, Word oder ein Doubleword aus dem durch ES:DI bzw. ES:EDI adressierten Speicherbereich in den durch DS:SI bzw. DS:ESI adressierten Speicherbereich. Da der Assembler wissen muss, ob er Bytes, Words oder Doublewords kopieren soll, muss ein Pointer mit der entsprechenden Größe auf Quelle und Ziel verwendet werden.

Das (E)DI-Register und (E)SI-Register wird bei gesetztem Direction-Flag automatisch um 1 Byte, 1 Word oder 1 Doubleword, je nach Verarbeitungsweise, dekrementiert und bei gelöschtem Direction-Flag inkrementiert.

Exceptions

Protected-Mode-Exceptions: #GP, #SS, #PF, #AC

Real-Mode-Exceptions: #GP, #SS

Virtual-8086-Mode-Exceptions: #GP, #SS, #PF, #AC

Beispiel

```
String1 db "abc"    ;als Byte definiert (db)
   String2 db "def"
   ...
   LEA  DI, String1
   LEA  SI, String2
   MOVS ES : BYTE PTR String1, BYTE PTR String2
   ;ersetzt das 'a' aus String1 durch das 'd' aus String2
```

MOVSB

move string byte

`MOVSB`

`MOVSB` benötigt keinen Operanden wie `MOVS`, da durch das B im Befehlsnamen dem Assembler signalisiert wird, dass es sich um einen Byte-String handelt. Es wird also das Byte aus dem durch DS:SI adressierten

Speicherbereich in den von ES:DI adressierten Speicherbereich geschrieben.

Dabei werden DI und SI um 1 inkrementiert (bei gelöschtem Direction-Flag) bzw. um 1 dekrementiert (bei gesetztem Direction-Flag).

Exceptions

Protected-Mode-Exceptions: #GP, #SS, #PF, #AC

Real-Mode-Exceptions: #GP, #SS

Virtual-8086-Mode-Exceptions: #GP, #SS, #PF, #AC

MOVSD

move string doubleword

`MOVSD`

`MOVSD` benötigt keinen Operanden wie `MOVS`, da durch das D im Befehlsnamen dem Assembler signalisiert wird, dass es sich um einen Doubleword-String handelt. Es wird also das Doubleword aus dem durch DS:ESI adressierten Speicherbereich in den von ES:EDI adressierten Speicherbereich geschrieben.

Dabei werden EDI und ESI um 4 inkrementiert (bei gelöschtem Direction-Flag) bzw. um 4 dekrementiert (bei gesetztem Direction-Flag).

Exceptions

Protected-Mode-Exceptions: #GP, #SS, #PF, #AC

Real-Mode-Exceptions: #GP, #SS

Virtual-8086-Mode-Exceptions: #GP, #SS, #PF, #AC

MOVSW

move string word

`MOVSW`

`MOVSW` benötigt keinen Operanden wie `MOVS`, da durch das W im Befehlsnamen dem Assembler signalisiert wird, dass es sich um einen Word-

String handelt. Es wird also das Word aus dem durch DS:SI adressierten Speicherbereich in den von ES:DI adressierten Speicherbereich geschrieben.

Dabei werden DI und SI um 2 inkrementiert (bei gelöschtem Direction-Flag) bzw. um 2 dekrementiert (bei gesetztem Direction-Flag).

Exceptions

Protected-Mode-Exceptions: #GP, #SS, #PF, #AC

Real-Mode-Exceptions: #GP, #SS

Virtual-8086-Mode-Exceptions: #GP, #SS, #PF, #AC

OUTS

output string to port

`OUTS DX, String`

`OUTS` schreibt ein Byte, Word oder Doubleword, das durch DS:(E)SI adressiert ist, auf den in DX angegebenen Port.

Das (E)SI-Register wird bei gesetztem Direction-Flag automatisch um 1 Byte, 1 Word oder 1 Doubleword, je nach Verarbeitungsweise, dekrementiert und bei gelöschtem Direction-Flag inkrementiert.

Eingeführt mit: 286er

Exceptions

Protected-Mode-Exceptions: #GP, #PF, #AC

Real-Mode-Exceptions: #GP, #SS

Virtual-8086-Mode-Exceptions: #GP, #PF, #AC

Beispiel

```
MOV DX, 60h
    OUTS DX, String
```

OUTSB

output string byte to port

OUTSB

OUTSB schreibt ein Byte aus dem durch DS:SI adressierten Speicherbereich auf den vorher in DX angegebenen Port.

Das SI-Register wird bei gesetztem Direction-Flag automatisch um 1 Byte dekrementiert und bei gelöschtem Direction-Flag um 1 Byte inkrementiert.

Eingeführt mit: 286er

Exceptions

Protected-Mode-Exceptions: #GP, #PF, #AC

Real-Mode-Exceptions: #GP, #SS

Virtual-8086-Mode-Exceptions: #GP, #PF, #AC

OUTSD

output string doubleword to port

OUTSD

OUTSD schreibt ein Doubleword aus dem durch DS:ESI adressierten Speicherbereich auf den vorher in DX angegebenen Port.

Das ESI-Register wird bei gesetztem Direction-Flag automatisch um 1 Doubleword dekrementiert und bei gelöschtem Direction-Flag um 1 Doubleword inkrementiert.

Eingeführt mit: 386er

Exceptions

Protected-Mode-Exceptions: #GP, #PF, #AC

Real-Mode-Exceptions: #GP, #SS

Virtual-8086-Mode-Exceptions: #GP, #PF, #AC

OUTSW

output string word to port

`OUTSW`

`OUTSW` schreibt ein Word aus dem durch DS:SI adressierten Speicherbereich auf den vorher in DX angegebenen Port.

Das SI-Register wird bei gesetztem Direction-Flag automatisch um 1 Word dekrementiert und bei gelöschtem Direction-Flag um 1 Word inkrementiert.

Eingeführt mit: 286er

Exceptions

Protected-Mode-Exceptions: #GP, #PF, #AC

Real-Mode-Exceptions: #GP, #SS

Virtual-8086-Mode-Exceptions: #GP, #PF, #AC

REP

reapeat

`REP String-Befehl`

`REP` ist ein Präfix für die String-Befehle `INSx`, `OUTSx`, `MOVSx`, `LODSx` und `STOSx`. Wird `REP` einem dieser Befehle vorangestellt, so wird dieser Befehl so lange wiederholt, wie der Wert des CX-Registers ungleich 0 ist. Hierbei wird CX bei jedem Durchlauf um 1 dekrementiert.

Beispiel

```
MOV CX, 5
   REP MOVSB    ;kopiert 5 Zeichen von DS:SI nach ES:DI
```

REPE

repeat if equal

`REPE String-Befehl`

REPE ist ein Präfix für die String-Befehle CMPSx und SCASx. Wird REPE einem dieser Befehle vorangestellt, so wird dieser Befehl so lange wiederholt, wie der Wert des CX-Registers ungleich 0 und das Zero-Flag gelöscht ist. Hierbei wird CX bei jedem Durchlauf um 1 dekrementiert.

REPE ist identisch mit dem Befehl REPZ.

Beispiel

```
REPE SCASB
```

REPNE

repeat if not equal

```
REPNE String-Befehl
```

REPNE ist ein Präfix für die String-Befehle CMPSx und SCASx. Wird REPNE einem dieser Befehle vorangestellt, so wird dieser Befehl so lange wiederholt, wie der Wert des CX-Registers ungleich 0 und das Zero-Flag gesetzt ist. Hierbei wird CX bei jedem Durchlauf um 1 dekrementiert.

REPNE ist identisch mit dem Befehl REPNZ.

Beispiel

```
REPNE SCASW
```

REPNZ

repeat if not zero

```
REPNZ String-Befehl
```

Siehe REPNE

REPZ

repeat if zero

```
REPZ String-Befehl
```

Siehe REPE

SCAS

scan string

`SCAS ES : xxx PTR String`

SCAS vergleicht einen String, der durch ES:(E)DI adressiert ist, mit dem Inhalt von AL, wenn es sich um ein Byte handelt, mit AX bei einem Word oder mit EAX, wenn es sich um ein Doubleword handelt. Da der Assembler wissen muss, ob er den String je Byte, Word oder Doubleword vergleichen soll, muss ein Pointer mit der entsprechenden Größe auf den String verwendet werden.

Das (E)DI-Register wird bei gesetztem Direction-Flag automatisch um 1 Byte, 1 Word oder 1 Doubleword, je nach Verarbeitungsweise, dekrementiert und bei gelöschtem Direction-Flag inkrementiert.

Beeinflusste Flags

OF, SF, ZF, AF, PF, CF.

Exceptions

Protected-Mode-Exceptions: #GP, #PF, #AC

Real-Mode-Exceptions: #GP, #SS

Virtual-8086-Mode-Exceptions: #GP, #PF, #AC

Beispiel

```
String db "abcde"    ;als Byte definiert (db)
    ...
    MOV  AL, "a"
    LEA  DI, String
    SCAS ES : BYTE PTR String
    JE Weiter                ;springt, wenn das erste
    ...                      ;Element von String='a'
    Weiter:
    ...
```

SCASB

scan string byte

SCASB

SCASB benötigt keinen Operanden wie SCAS, da durch das B im Befehlsnamen dem Assembler signalisiert wird, dass es sich um einen Byte-String handelt. Es wird also das Byte aus dem AL-Register mit dem durch ES:DI adressierten String verglichen.

Dabei wird DI um 1 inkrementiert (bei gelöschtem Direction-Flag) bzw. um 1 dekrementiert (bei gesetztem Direction-Flag).

Beeinflusste Flags

OF, SF, ZF, AF, PF, CF.

Exceptions

Protected-Mode-Exceptions: #GP, #PF, #AC

Real-Mode-Exceptions: #GP, #SS

Virtual-8086-Mode-Exceptions: #GP, #SS, #PF, #AC

SCASD

scan string doubleword

SCASD

SCASD benötigt keinen Operanden wie SCAS, da durch das D im Befehlsnamen dem Assembler signalisiert wird, dass es sich um einen Doubleword-String handelt. Es wird also das Byte aus dem EAX-Register mit dem durch ES:EDI adressierten String verglichen.

Dabei wird EDI um 4 inkrementiert (bei gelöschtem Direction-Flag) bzw. um 4 dekrementiert (bei gesetztem Direction-Flag).

Beeinflusste Flags

OF, SF, ZF, AF, PF, CF.

Exceptions

Protected-Mode-Exceptions: #GP, #PF, #AC

Real-Mode-Exceptions: #GP, #SS

Virtual-8086-Mode-Exceptions: #GP, #SS, #PF, #AC

SCASW

scan string word

`SCASW`

`SCASW` benötigt keinen Operanden wie `SCAS`, da durch das W im Befehlsnamen dem Assembler signalisiert wird, dass es sich um einen Word-String handelt. Es wird also das Word aus dem AX-Register mit dem durch ES:DI adressierten String verglichen.

Dabei wird DI um 2 inkrementiert (bei gelöschtem Direction-Flag) bzw. um 2 dekrementiert (bei gesetztem Direction-Flag).

Beeinflusste Flags

OF, SF, ZF, AF, PF, CF.

Exceptions

Protected-Mode-Exceptions: #GP, #PF, #AC
Real-Mode-Exceptions: #GP, #SS
Virtual-8086-Mode-Exceptions: #GP, #SS, #PF, #AC

STOS

store string

`STOS ES : xxx PTR String`

`STOS` kopiert ein Byte, Word oder ein Doubleword aus dem Akkumulator nach ES:DI bzw. ES:EDI, wenn es sich um ein Doubleword handelt. Handelt es sich um ein Byte, so wird das AL-Register benutzt. Da der Assembler wissen muss, ob er den String je Byte, Word oder Doubleword kopieren soll, muss ein Pointer mit der entsprechenden Größe auf den String verwendet werden.

Das (E)DI-Register wird bei gesetztem Direction-Flag automatisch um 1 Byte, 1 Word oder 1 Doubleword, je nach Verarbeitungsweise, dekrementiert und bei gelöschtem Direction-Flag inkrementiert.

Exceptions

Protected-Mode-Exceptions: #GP, #PF, #AC

Real-Mode-Exceptions: #GP

Virtual-8086-Mode-Exceptions: #GP, #PF, #AC

Beispiel

```
String db "?bcde"    ;als Byte definiert (db)
   ...
   MOV  AL, "a"          ;ersetzt das '?' aus
   LEA  DI, String       ;String
   STOS ES : BYTE PTR String   ;durch ein 'a'
```

STOSB

store string byte

STOSB

STOSB benötigt keinen Operanden wie STOS, da durch das B im Befehlsnamen dem Assembler signalisiert wird, dass es sich um einen Byte-String handelt. Es wird also das Byte aus dem AL-Register in den durch ES:DI adressierten String geschrieben.

Dabei wird DI um 1 inkrementiert (bei gelöschtem Direction-Flag) bzw. um 1 dekrementiert (bei gesetztem Direction-Flag).

Exceptions

Protected-Mode-Exceptions: #GP, #PF, #AC

Real-Mode-Exceptions: #GP

Virtual-8086-Mode-Exceptions: #GP, #PF, #AC

STOSD

store string doubleword

STOSD

STOSD benötigt keinen Operanden wie STOS, da durch das D im Befehlsnamen dem Assembler signalisiert wird, dass es sich um einen Doubleword-String handelt. Es wird also das Doubleword aus dem EAX-Register in den durch ES:EDI adressierten String geschrieben.

Dabei wird EDI um 4 inkrementiert (bei gelöschtem Direction-Flag) bzw. um 4 dekrementiert (bei gesetztem Direction-Flag).

Eingeführt mit: 386er

Exceptions

Protected-Mode-Exceptions: #GP, #PF, #AC

Real-Mode-Exceptions: #GP

Virtual-8086-Mode-Exceptions: #GP, #PF, #AC

STOSW

store string word

STOSW

STOSW benötigt keinen Operanden wie STOS, da durch das W im Befehlsnamen dem Assembler signalisiert wird, dass es sich um einen Word-String handelt. Es wird also das Word aus dem AX-Register in den durch ES:DI adressierten String geschrieben.

Dabei wird DI um 2 inkrementiert (bei gelöschtem Direction-Flag) bzw. um 2 dekrementiert (bei gesetztem Direction-Flag).

Exceptions

Protected-Mode-Exceptions: #GP, #PF, #AC

Real-Mode-Exceptions: #GP

Virtual-8086-Mode-Exceptions: #GP, #PF, #AC

3.10 Schiebe-Befehle

Auf 8086-Prozessoren waren nur Verschiebungen um 1 möglich. Erst mit nachfolgenden Prozessoren wurde eine Verschiebung um mehrere Stellen möglich.

RCL

rotate through carry left

`RCL Operand, Anzahl`

`RCL` schiebt die Bits des Operanden, der ein Register oder eine Speichervariable sein kann, um die angegebene Anzahl nach links. Die Anzahl kann in Form des CL-Registers oder als 8-Bit-Konstante angegeben werden.

Dabei wird das niedrigste Bit mit dem Wert aus dem Carry-Flag aufgefüllt und das höchste Bit ins Carry-Flag verschoben.

Es ist darauf zu achten, dass höchstens 31 Verschiebungen gemacht werden können.

Anschließend wird das Carry-Flag und das höchste Bit mit einer logischen Exklusiv-Oder-Verknüpfung verknüpft und das Ergebnis wird im Overflow-Flag abgespeichert. Das gilt allerdings nur, wenn die Anzahl der Verschiebungen gleich 1 ist, ansonsten ist sein Status nicht definiert.

Sollte die Anzahl der Verschiebungen gleich null sein, wird kein Flag beeinflusst.

Exceptions

Protected-Mode-Exceptions: #GP, #SS, #PF, #AC

Real-Mode-Exceptions: #GP, #SS

Virtual-8086-Mode-Exceptions: #GP, #SS, #PF, #AC

RCR

rotate through carry right

`RCR Operand, Anzahl`

`RCR` schiebt die Bits des Operanden, der ein Register oder eine Speichervariable sein kann, um die angegebene Anzahl nach rechts. Die Anzahl kann in Form des CL-Registers oder als 8-Bit-Konstante angegeben werden.

Dabei wird das höchste Bit mit dem Wert aus dem Carry-Flag aufgefüllt und das niedrigste Bit ins Carry-Flag verschoben.

Es ist darauf zu achten, dass höchstens 31 Verschiebungen gemacht werden können.

Anschließend werden die beiden höchsten Bits mit einer logischen Exklusiv-Oder-Verknüpfung verknüpft und das Ergebnis wird im Overflow-Flag abgespeichert. Das gilt allerdings nur, wenn die Anzahl der Verschiebungen gleich 1 ist, ansonsten ist sein Status nicht definiert.

Sollte die Anzahl der Verschiebungen gleich null sein, wird kein Flag beeinflusst.

Exceptions

Protected-Mode-Exceptions: #GP, #SS, #PF, #AC

Real-Mode-Exceptions: #GP, #SS

Virtual-8086-Mode-Exceptions: #GP, #SS, #PF, #AC

ROL

rotate left

`ROL Operand, Anzahl`

`ROL` schiebt die Bits des Operanden, der ein Register oder eine Speichervariable sein kann, um die angegebene Anzahl nach links. Die Anzahl kann in Form des CL-Registers oder als 8-Bit-Konstante angegeben werden.

Dabei wird das niedrigste Bit mit dem höchstwertigsten Bit aufgefüllt. Außerdem wird dieses Bit zudem noch ins Carry-Flag kopiert.

Es ist darauf zu achten, dass höchstens 31 Verschiebungen gemacht werden können.

Anschließend wird das Carry-Flag und das höchste Bit mit einer logischen Exklusiv-Oder-Verknüpfung verknüpft und das Ergebnis wird im Overflow-Flag abgespeichert. Das gilt allerdings nur, wenn die Anzahl der Verschiebungen gleich 1 ist, ansonsten ist sein Status nicht definiert.

Sollte die Anzahl der Verschiebungen gleich null sein, wird kein Flag beeinflusst.

Exceptions

Protected-Mode-Exceptions: #GP, #SS, #PF, #AC

Real-Mode-Exceptions: #GP, #SS

Virtual-8086-Mode-Exceptions: #GP, #SS, #PF, #AC

ROR

rotate right

`ROR Operand, Anzahl`

`ROR` schiebt die Bits des Operanden, der ein Register oder eine Speichervariable sein kann, um die angegebene Anzahl nach rechts. Die Anzahl kann in Form des CL-Registers oder als 8-Bit-Konstante angegeben werden.

Dabei wird das höchste Bit mit dem niedrigsten aufgefüllt. Außerdem wird dieses Bit zudem noch ins Carry-Flag kopiert.

Es ist darauf zu achten, dass höchstens 31 Verschiebungen gemacht werden können.

Anschließend werden die beiden höchsten Bits mit einer logischen Exklusiv-Oder-Verknüpfung verknüpft und das Ergebnis wird im Overflow-

Flag abgespeichert. Das gilt allerdings nur, wenn die Anzahl der Verschiebungen gleich 1 ist, ansonsten ist sein Status nicht definiert.

Sollte die Anzahl der Verschiebungen gleich null sein, wird kein Flag beeinflusst.

Exceptions

Protected-Mode-Exceptions: #GP, #SS, #PF, #AC
Real-Mode-Exceptions: #GP, #SS
Virtual-8086-Mode-Exceptions: #GP, #SS, #PF, #AC

SAL

shift arithmetic left

`SAL Operand, Anzahl`

Siehe SHL

SAR

shift arithmetic right

`SAR Operand, Anzahl`

SAR ist weitestgehend mit SHR identisch, mit dem Unterschied, dass das oberste Bit nicht unbedingt mit einer Null aufgefüllt wird, sondern mit dem Vorzeichen des Operanden vor der Bitverschiebung.

Anzumerken sei noch, dass SAR bei negativen Zahlen nicht wie IDIV gegen null rundet, sondern gegen minus unendlich.

-9 IDIV 4 = -2 Rest -1

-9 SAR 2 = -3 Rest 3

Exceptions

Protected-Mode-Exceptions: #GP, #SS, #PF, #AC
Real-Mode-Exceptions: #GP, #SS
Virtual-8086-Mode-Exceptions: #GP, #SS, #PF, #AC

Siehe auch

SHR

SHL

shift left

`SHL Operand, Anzahl`

SHL ist identisch mit SAL und schiebt die Bits des Operanden, der ein Register oder eine Speichervariable sein kann, um die angegebene Anzahl nach links. Die Anzahl kann in Form des CL-Registers oder als 8-Bit-Konstante angegeben werden.

Ein links Shiften um 1 Bit bedeutet für den Operanden eine Multiplikation zur Basis 2. Werden die Bits des Operanden also um eine Stelle verschoben, so kommt das einer Multiplikation mit 2 gleich. Bei einer Verschiebung um zwei Stellen einer Multiplikation mit 4, bei drei Stellen einer Multiplikation mit 8 und so weiter.

Es ist darauf zu achten, dass höchstens 31 Verschiebungen gemacht werden können.

Das oberste Bit wird dabei ins Carry-Flag verschoben und das unterste mit einer 0 aufgefüllt.

Das Overflow-Flag wird gelöscht, wenn das höchstwertige Bit mit dem Carry-Flag übereinstimmt, ansonsten wird es gesetzt. Das gilt allerdings nur, wenn die Anzahl der Verschiebungen gleich 1 ist, ansonsten ist sein Status nicht definiert.

Beeinflusste Flags

SF, ZF, PF

AF ist nicht definiert, wenn die Anzahl gleich 0 ist.

Exceptions

Protected-Mode-Exceptions: #GP, #SS, #PF, #AC

Real-Mode-Exceptions: #GP, #SS

Virtual-8086-Mode-Exceptions: #GP, #SS, #PF, #AC

Beispiel

```
SHL AX, 4
```

SHLD

double precison shift left

```
SHLD Operand1, Operand2, Anzahl
```

SHLD schiebt den ersten Operanden bitweise um die angegebene Anzahl nach links. Das oberste Bit wird dabei in das Carry-Flag verschoben und die unteren werden mit den Bits aus dem zweiten Operanden aufgefüllt (beim obersten Bit beginnend). Der zweite Operand wird dabei nicht verändert.

Das Overflow-Flag wird gesetzt, wenn die Anzahl, um die verschoben wird, gleich eins ist und sich das Vorzeichen ändert. Ist die Anzahl der Verschiebungen größer, so ist das Overflow-Flag nicht definiert.

Der erste Operand kann ein 16- bzw. 32-Bit-Register oder eine Speichervariable sein, und der zweite ein Register mit der entsprechenden Größe. Als dritter Operand wird das CL-Register oder eine positive 8-Bit-Konstante erwartet.

Es ist darauf zu achten, dass höchstens 31 Verschiebungen gemacht werden können.

Eingeführt mit: 386er

Beeinflusste Flags

SF, ZF und PF.

AF ist nicht definiert.

Exceptions

Protected-Mode-Exceptions: #GP, #SS, #PF, #AC

Real-Mode-Exceptions: #GP, #SS

Virtual-8086-Mode-Exceptions: #GP, #SS, #PF, #AC

Beispiel

```
MOV CL, 5
   MOV AX, 1111111011111110b
   MOV BX, 1000000010000001b
   SHLD AX, BX, CL                ;AX=1101111111010000b
                                  ;Carry-Flag ist gesetzt
```

SHR

shift right

`SHR Operand, Anzahl`

SHR schiebt die Bits des Operanden, der ein Register oder eine Speichervariable sein kann, um die angegebene Anzahl nach rechts. Die Anzahl kann in Form des CL-Registers oder als 8-Bit-Konstante angegeben werden.

Ein rechts Shiften um 1 Bit bedeutet für den Operanden eine Division zur Basis 2. Werden die Bits des Operanden also um eine Stelle verschoben, so kommt das einer Division durch 2 gleich. Bei einer Verschiebung um zwei Stellen einer Division durch 4, bei drei Stellen einer Division durch 8, und so weiter.

Es ist darauf zu achten, dass höchstens 31 Verschiebungen gemacht werden können.

Das unterste Bit wird dabei ins Carry-Flag verschoben und das oberste mit einer 0 aufgefüllt.

Das Overflow-Flag nimmt den Wert an, den das höchste Bit des Operanden vor der Ausführung des Befehls hatte.

Beeinflusste Flags

SF, ZF, PF

AF ist nicht definiert, wenn die Anzahl gleich 0 ist.

Alle anderen Flags behalten ihren Zustand.

Exceptions

Protected-Mode-Exceptions: #GP, #SS, #PF, #AC

Real-Mode-Exceptions: #GP, #SS

Virtual-8086-Mode-Exceptions: #GP, #SS, #PF, #AC

Beispiel

```
SHR BX, CL
```

SHRD

double precison shift right

```
SHRD Operand1, Operand2, Anzahl
```

SHRD schiebt den ersten Operanden bitweise um die angegebene Anzahl nach rechts. Das unterste Bit wird dabei in das Carry-Flag verschoben und die oberen werden mit den Bits aus dem zweiten Operanden aufgefüllt (mit dem untersten beginnend). Der zweite Operand wird dabei nicht verändert.

Das Overflow-Flag wird gesetzt, wenn die Anzahl, um die verschoben wird, gleich eins ist und sich das Vorzeichen ändert. Ist die Anzahl der Verschiebungen größer, so ist das Overflow-Flag nicht definiert.

Der erste Operand kann ein 16- bzw. 32-Bit-Register oder eine Speichervariable sein, und der zweite ein Register mit der entsprechenden Größe. Als dritter Operand wird das CL-Register oder eine positive 8-Bit-Konstante erwartet.

Es ist darauf zu achten, dass höchstens 31 Verschiebungen gemacht werden können.

Eingeführt mit: 386er

Beeinflusste Flags

SF, ZF und PF, AF ist nicht definiert.

Exceptions

Protected-Mode-Exceptions: #GP, #SS, #PF, #AC

Real-Mode-Exceptions: #GP, #SS

Virtual-8086-Mode-Exceptions: #GP, #SS, #PF, #AC

Beispiel

```
MOV CL, 5
   MOV AX, 1111111011111110b
   MOV BX, 0100000110000010b
   SHRD AX, BX, CL              ;AX=1011111110111b
                                ;Carry-Flag ist gesetzt
```

3.11 Mathematische Befehle - Die Grundrechenarten

ADC

add with carry

`ADC Operand1, Operand2`

ADC addiert die beiden Operanden und addiert zu dieser Summe den Wert des Carry-Flags hinzu. Das Ergebnis wird im ersten Operanden gespeichert. Der erste Operand kann ein Register oder eine Speichervariable sein. Der zweite kann zusätzlich noch eine Konstante sein.

Es ist allerdings darauf zu achten, dass nicht beide Operanden eine Speichervariable sein dürfen. Beide Operanden müssen dieselbe Größe haben, es sei denn, es handelt sich beim zweiten Operanden um eine 8-Bit-Konstante.

Beeinflusste Flags

OF, SF, ZF, AF, CF und PF.

Exceptions

Protected-Mode-Exceptions: #GP, #SS, #PF, #AC

Real-Mode-Exceptions: #GP, #SS

Virtual-8086-Mode-Exceptions: #GP, #SS, #PF, #AC

Beispiel

```
STC             ;Carry-Flag ist gesetzt
   MOV AL, 3
   MOV AH, 2
   ADC AL, AH      ;AL = AH+AL+CF = 6
```

ADD

`ADD Ziel, Quelle`

`ADD` addiert die beiden Operanden und speichert das Ergebnis im ersten ab. Der erste Operand kann ein Register oder eine Speichervariable sein, und beim zweiten Operanden sind zusätzlich Konstanten erlaubt.

Die Größen der beiden Operanden müssen gleich sein (8-, 16- oder 32-Bit), wobei eine Ausnahme gemacht wird, wenn der zweite Operand eine vorzeichenbehaftete 8-Bit-Konstante darstellt.

Beeinflusste Flags

OF, SF, ZF, AF, PF und CF.

Exceptions

Protected-Mode-Exceptions: #GP, #SS, #PF, #AC

Real-Mode-Exceptions: #GP, #SS

Virtual-8086-Mode-Exceptions: #GP, #SS, #PF, #AC

Beispiel

```
ADD WORD PTR [BP+4], 8
```

Programmiertipp zum ADD-Befehl

Wenn Sie ein Register oder eine Speichervariable nur mit dem Wert eins addieren wollen, sollten Sie den `INC`-Befehl benutzen.

Anstatt beispielsweise

```
ADD AX, 1
```

benutzen Sie also die Befehlszeile

```
INC AX
```

Die erste Befehlszeile erzeugt drei Bytes Maschinencode, die zweite hingegen nur noch ein Byte und wird somit schneller abgearbeitet.

Ihr Code wird dadurch effizienter, sowohl was die Leserlichkeit angeht, als auch die Geschwindigkeit und Größe Ihres Codes.

DIV

division

```
DIV Operand
```

`DIV` ist der Befehl für die vorzeichenlose Division. Um eine vorzeichenbehaftete Division durchzuführen, muss der `IDIV`-Befehl benutzt werden.

Als Operand kann ein Register oder eine Speichervariable angegeben werden. Ist der Operand 8-Bit groß, so wird das AX-Register durch den Operanden geteilt, wobei der ganzzahlige Wert ins AL-Register und der Divisions-Rest ins AH-Register geschrieben wird.

Ist der Operand 16-Bit groß, wird der Inhalt von DX:AX (DX = höherwertiges Word) durch den Operanden geteilt, wobei der ganzzahlige Wert ins AX-Register und der Divisions-Rest ins DX-Register geschrieben wird.

Ist der Operand 32-Bit groß (ab 386er), wird der Inhalt von EDX:EAX (EDX = höherwertiges Doubleword) durch den Operanden geteilt, wobei der ganzzahlige Wert ins EAX-Register und der Divisions-Rest ins EDX-Register geschrieben wird.

Dabei rundet der DIV-Befehl immer gegen null.

Ist der Divisor gleich 0 oder das Ergebnis kann nicht in das vorhergesehene Register geschrieben werden, da es zu groß ist, wird der Interrupt 0 aufgerufen.

Für einen solchen Fall sollten Sie den Interrupt 0 auf eine eigene Routine verbiegen, damit Sie Ihr Programm zum Beispiel mit einer eigenen Meldung abbrechen.

Beeinflusste Flags

OF, SF, ZF, AF, PF und CF sind nicht definiert.

Exceptions

Protected-Mode-Exceptions: #DE, #GP, #SS, #PF, #AC

Real-Mode-Exceptions: #DE, #GP, #SS

Virtual-8086-Mode-Exceptions: #DE, #GP, #SS, #PF, #AC

Siehe auch

IDIV

Beispiel

```
MOV AX, 16
   MOV BL, 17
   DIV BL         ;AH=0h und AL=10h
```

Programmiertipp zum DIV-Befehl

Wenn Sie ein Register oder eine Speichervariable durch einen Wert zur Basis zwei dividieren wollen (also Werte wie 2, 4, 8, 16, 32...), können Sie durch ein rechts Shiften mittels SHR-Befehls dasselbe Ergebnis effizienter berechnen.

Anstatt beispielsweise

```
MOV AX, 24
    MOV BL, 8
    DIV BL
```

benutzen Sie also die Befehlsfolge

```
MOV AX, 24
    SHR AX, 3
```

Die erste Befehlsfolge erzeugt sieben Bytes Maschinencode, die zweite hingegen nur noch sechs Bytes und wird somit schneller abgearbeitet.

Ihr Code wird dadurch also kompakter und vor allem bei zeitkritischen Codesequenzen kann man dadurch eine Geschwindigkeitssteigerung erreichen. Allerdings sollten Sie Ihren Code kommentieren, um bei einer späteren Wartung die genaue Intention zurückverfolgen zu können.

IDIV

integer division

`IDIV Operand`

`IDIV` führt eine vorzeichenbehaftete Division aus.

Als Operand kann ein Register oder eine Speichervariable angegeben werden. Ist der Operand 8-Bit groß, so wird das AX-Register durch den Operanden geteilt, wobei AH das Vorzeichen enthält und AL die Zahl. Der ganzzahlige Wert des Ergebnisses wird ins AL-Register und der Divisions-Rest ins AH-Register geschrieben.

Ist der Operand 16-Bit groß, so wird das DX:AX-Registerpaar durch den Operanden geteilt, wobei DX das Vorzeichen enthält und AX die Zahl.

Der ganzzahlige Wert des Ergebnisses wird ins AX-Register und der Divisions-Rest ins DX-Register geschrieben.

Ist der Operand 32-Bit groß (ab 386er), so wird das EDX:EAX-Registerpaar durch den Operanden geteilt, wobei EDX das Vorzeichen enthält und EAX die Zahl. Der ganzzahlige Wert des Ergebnisses wird ins EAX-Register und der Divisions-Rest ins EDX-Register geschrieben.

Dabei rundet der `IDIV`-Befehl immer gegen null.

Ist der Divisor gleich 0 oder das Ergebnis kann nicht in das vorhergesehene Register geschrieben werden, da es zu groß ist, wird der Interrupt 0 aufgerufen.

Für einen solchen Fall sollten Sie den Interrupt 0 auf eine eigene Routine verbiegen, damit Sie Ihr Programm zum Beispiel mit einer eigenen Meldung abbrechen.

Beeinflusste Flags

OF, SF, ZF, AF, PF und CF sind nicht definiert.

Exceptions

Protected-Mode-Exceptions: #DE, #GP, #SS, #PF, #AC

Real-Mode-Exceptions: #DE, #GP, #SS

Virtual-8086-Mode-Exceptions: #DE, #GP, #SS, #PF, #AC

IMUL

integer multiply

`IMUL Operand1, [Operand2, [Operand3]]`

`IMUL` multipliziert zwei vorzeichenbehaftete Zahlen miteinander. Der Befehl kennt drei verschiedene Formen.

1. Multiplikation mit einem Operanden

   Diese Form ist identisch mit dem `MUL`.

2. Multiplikation mit zwei Operanden

Bei dieser Form wird der erste Operand mit dem zweiten multipliziert. Das Ergebnis wird im ersten Operanden gespeichert.

Der erste Operand muss dabei ein 16- oder 32-Bit-Register sein. Der zweite Operand kann ein Register oder eine Speichervariable entsprechender Größe oder aber auch eine Konstante sein.

Sollte das Ergebnis zu groß für den ersten Operanden sein, so wird das Carry- und das Overflow-Flag gesetzt, ansonsten werden diese beiden Flags gelöscht.

Beeinflusste Flags: SF, ZF, AF und PF sind nicht definiert.

3. Multiplikation mit drei Operanden

   Bei der Drei-Operanden-Form wird der zweite Operand mit dem dritten multipliziert und das Ergebnis im ersten Operanden gespeichert.

   Der erste Operand muss dabei ein 16- oder 32-Bit-Register sein. Der zweite Operand kann ein Register oder eine Speichervariable entsprechender Größe sein und der dritte Operand muss eine Konstante sein.

   Sollte das Ergebnis zu groß für den ersten Operanden sein, so wird das Carry- und das Overflow-Flag gesetzt, ansonsten werden diese beiden Flags gelöscht.

   Beeinflusste Flags: SF, ZF, AF und PF sind nicht definiert.

Exceptions
Protected-Mode-Exceptions: #GP, #SS, #PF, #AC
Real-Mode-Exceptions: #GP, #SS
Virtual-8086-Mode-Exceptions: #GP, #SS, #PF, #AC

MUL

multiply

`MUL Operand`

`MUL` multipliziert den Operanden, der ein Register oder eine Speichervariable sein kann, mit dem Akkumulator. Handelt es sich dabei um ein Byte, so wird mit AL multipliziert und das Ergebnis nach AX geschrieben.

Bei einem Word wird mit AX multipliziert und das Ergebnis ins Registerpaar DX:AX geschrieben.

Ab dem 386er ist auch eine Multiplikation mit einem Doubleword möglich, wobei mit dem EAX-Register multipliziert wird und das Ergebnis in EDX:EAX gespeichert wird.

Sind die höherwertigen Bytes des Ergebnisses gleich 0, so werden das Carry- und das Overflow-Flag auf 0 gesetzt, andernfalls auf 1.

Beeinflusste Flags

SF, ZF, AF, PF sind nicht definiert.

Exceptions

Protected-Mode-Exceptions: #GP, #SS, #PF, #AC

Real-Mode-Exceptions: #GP, #SS

Virtual-8086-Mode-Exceptions: #GP, #SS, #PF, #AC

Siehe auch

`IMUL`

Programmiertipp zum MUL-Befehl

Wenn Sie ein Register oder eine Speichervariable mit einem Wert zur Basis zwei multiplizieren wollen (also Werte wie 2, 4, 8, 16, 32...), können Sie durch ein links Shiften mittels SHL-Befehls dasselbe Ergebnis effizienter berechnen.

Anstatt beispielsweise

```
MOV AL, 5
    MOV BL, 4
    MUL BL
```

benutzen Sie also die Befehlsfolge

```
MOV AL, 5
    SHL AL, 2
```

Die erste Befehlsfolge erzeugt sechs Bytes Maschinencode, die zweite hingegen nur noch fünf Bytes und wird somit schneller abgearbeitet.

Ihr Code wird dadurch also kompakter und vor allem bei zeitkritischen Codesequenzen kann man dadurch eine Geschwindigkeitssteigerung erreichen. Allerdings sollten Sie Ihren Code kommentieren, um bei einer späteren Wartung die genaue Intention zurückverfolgen zu können.

SBB

subtraction with borrow

SBB Operand1, Operand2

SBB addiert das Carry-Flag und den zweiten Operanden und subtrahiert die Summe vom ersten Operanden. Das Ergebnis wird im ersten Operanden gespeichert. Der erste Operand kann ein Register oder eine Speichervariable sein. Der zweite kann zusätzlich noch eine Konstante sein.

Es ist allerdings darauf zu achten, dass nicht beide Operanden eine Speichervariable sein dürfen. Beide Operanden müssen dieselbe Größe haben, es sei denn, es handelt sich beim zweiten Operanden um eine 8-Bit-Konstante.

Beeinflusste Flags

OF, SF, ZF, AF, CF und PF.

Exceptions

Protected-Mode-Exceptions: #GP, #SS, #PF, #AC

Real-Mode-Exceptions: #GP, #SS

Virtual-8086-Mode-Exceptions: #GP, #SS, #PF, #AC

Beispiel

```
STC              ;Carry-Flag ist gesetzt
   MOV AL, 2
   MOV AH, 3
   SBB AL, AH        ;AL = AH-(AL+CF) = -2
```

SUB

subtract

`SUB Ziel, Quelle`

SUB subtrahiert den zweiten Operanden vom ersten und speichert das Ergebnis im ersten Operanden.

Der erste Operand kann ein Register oder eine Speichervariable sein, und beim zweiten Operanden sind zusätzlich Konstanten erlaubt.

Die Größen der beiden Operanden müssen gleich sein (8-, 16- oder 32-Bit), wobei eine Ausnahme gemacht wird, wenn der zweite Operand eine vorzeichenbehaftete 8-Bit-Konstante darstellt.

Beeinflusste Flags

OF, SF, ZF, AF, PF und CF.

Exceptions

Protected-Mode-Exceptions: #GP, #SS, #PF, #AC

Real-Mode-Exceptions: #GP, #SS

Virtual-8086-Mode-Exceptions: #GP, #SS, #PF, #AC

Beispiel

```
SUB WORD PTR [BP+4], 8
```

Programmiertipp zum SUB-Befehl

Wenn Sie ein Register oder eine Speichervariable nur um den Wert eins vermindern wollen, sollten Sie den DEC-Befehl benutzen.

Anstatt beispielsweise

```
SUB AX, 1
```

benutzen Sie also die Befehszeile

```
DEC AX
```

Die erste Befehlszeile erzeugt drei Bytes Maschinencode, die zweite hingegen nur noch ein Byte und wird somit schneller abgearbeitet.

Ihr Code wird dadurch effizienter, sowohl was die Leserlichkeit angeht, als auch die Geschwindigkeit und Größe Ihres Codes.

XADD

exchange and add

`XADD Ziel, Quelle`

`XADD` vertauscht die Inhalte der beiden Operanden, addiert sie und schreibt das Ergebnis in den ersten Operanden zurück.

Der erste Operand kann ein Register oder eine Speichervariable sein. Der zweite Operand muss ein Register sein. Beide müssen die gleiche Größe haben.

Eingeführt mit: 486er

Beeinflusste Flags

CF, PF, AF, SF, ZF und OF.

Exceptions

Protected-Mode-Exceptions: #GP, #SS, #PF, #AC

Real-Mode-Exceptions: #GP, #SS

Virtual-8086-Mode-Exceptions: #GP, #SS, #PF, #AC

Beispiel

```
MOV AL, 3
    MOV BL, 5
    XADD AL, BL     ;AL=8 und BL=3
```

3.12 Mathematische Befehle - BCD-Zahlen

AAA

ASCII adjust after addition

AAA wandelt das Additionsergebnis aus dem AL-Register in eine BCD-Zahl um. Entsteht dabei ein Übertrag, so wird das AH-Register um 1 inkrementiert und das Carry- und Auxillary-Flag werden gesetzt. Entsteht kein Übertrag, so werden das Carry- und Auxillary-Flag gelöscht und das AH-Register bleibt unverändert. In beiden Fällen werden die Bits 4 bis 7 des AL-Registers gelöscht.

Folgende Flags sind nicht definiert: OF, SF, ZF, PF.

Beispiel

```
MOV AL, 9
   ADD AL, 6     ;AL=15d
   AAA           ;AH=1 und AL=5 (15 als BCD-Zahl)
```

AAD

ASCII adjust after division

AAD konvertiert die ungepackten BCD-Zahlen aus dem AH- und dem AL-Register in eine Zahl zur Basis x und schreibt sie anschließend in das AL-Register. Das AH-Register wird auf 0 gesetzt. Der Assembler geht normalerweise davon aus, dass es sich bei der Zahl um eine Dualzahl handelt, also eine Zahl zur Basis 10.

Vereinfacht sieht die Rechnung folgendermaßen aus: AH*x+AL.

Beeinflusste Flags

SF, ZF, PF
OF, AF, CF sind nicht definiert.

Siehe auch

Programmiertipp

Beispiel

```
MOV AH, 8
    MOV AL, 1
    AAD          ;AX=0051h=81d
```

AAM

ASCII adjust AX after multiply

AAM wandelt das Multiplikationsergebnis aus dem AX-Register in eine BCD-Zahl im AH- und AL-Register um. Dabei wird davon ausgegangen, dass es sich bei der Zahl im AX-Register um eine Dualzahl handelt.

Beeinflusste Flags

SF, ZF, PF

OF, AF, CF sind nicht definiert.

Siehe auch

Programmiertipp

Beispiel

```
MOV AL, 2
    MOV AH, 6
    MUL AH      ;AX=12
    AAM         ;AH=1 und AL=2 (12 als BCD-Zahl)
```

Programmiertipp zu den Befehlen AAD und AAM

Die Assembler generieren immer eine Dualzahl als Ergebnis der Befehle AAD und AAM. Also eine Zahl, die die Basis 10 hat, obwohl der Prozessor sämtliche Basen unterstützen würde.

Mit Hilfe eines kleinen Tricks können Sie die Basis verändern, welches wir am Beispiel des AAD-Befehls verdeutlichen wollen.

```
MOV AH, 6
    MOV AL, 7
    MOV BYTE PTR [$+7], 0Fh
    AAD         ;AX = 6*0Fh+7 = 0061h
```

Wir verändern also direkt den Maschinencode des Programms zur Laufzeit. AAD erzeugt nämlich den Code D50Ah, wobei 0A die Basis darstellt. Dieses Byte überschreiben wir einfach mit der gewünschten Basis. In diesem Beispiel ist es die Basis 0Fh (=15d). Wir erhalten also eine Hexadezimalzahl als Ergebnis. Dieser Trick lässt sich natürlich auch für andere Zahlensysteme wie das Oktalsystem und das Binärsystem anwenden.

Wenn Sie Ihr Programm im Debugger anschauen, werden Sie nach der Überschreibung der Basis einen anderen Befehl als AAx zu sehen kriegen. Auch der darauf folgende Befehl wird nicht mehr als das zu sehen sein, was er eigentlich ist. Das ist nicht weiter schlimm, da der Prozessor dennoch den AAx-Befehl und den darauf folgenden Befehl korrekt ausführen wird.

AAS

ASCII adjust AL after subtraction

AAS

AAS korrigiert das Ergebnis einer Subtraktion zweier ungepackter BCD-Zahlen im AL-Register. Falls die Subtraktion einen dezimalen Übertrag verursacht, wird das AH-Register um 1 dekrementiert und das AL-Register um 6 vermindert. Außerdem werden das Carry- und das Auxilliary-Flag gesetzt. Wird kein Übertrag verursacht, werden diese beiden Flags gelöscht.

Beeinflusste Flags

OF, SF, ZF und PF sind nicht definiert.

Beispiel

```
MOV AX, 16      ;AX=0010h
    SUB AL, 4       ;AX=000Ch
    AAS             ;AX-FF06h
```

DAA

decimal adjust AL after addition

DAA wandelt das Additionsergebnis, das im BCD-Format im AL-Register steht, in eine zweistellige gepackte Dezimalzahl um.

Entsteht dabei ein Übertrag, so werden das Carry- und das Auxillary-Flag gesetzt, ansonsten werden die beiden Flags gelöscht.

Beeinflusste Flags

CF, AF, SF, ZF und PF.

OF ist nicht definiert.

Beispiel

```
MOV AL, 75
    MOV BL, 30
    ADD AL, BL      ;AL=64h
    DAA             ;AL=6Ah
```

DAS

decimal adjust AL after subtraction

DAS wandelt das Subtraktionsergebnis zweier gepackten BCD-Zahlen in eine gepackte Dezimalzahl um.

Entsteht dabei ein Übertrag, so werden das Carry- und das Auxillary-Flag gesetzt, ansonsten werden die beiden Flags gelöscht.

Beeinflusste Flags

CF, AF, SF, ZF und PF.

OF ist nicht definiert.

Beispiel

```
MOV AL, 75
    MOV BL, 30
    ADD AL, BL      ;AL=28h
    DAA             ;AL=22h
```

3.13 Mathematische Befehle - Inkrementieren, Dekrementieren und Negieren

DEC

decrement

`DEC Operand`

`DEC` vermindert ein Register oder eine Speichervariable, die als Operand angegeben werden muss, um 1. Dabei wird das Carry-Flag nicht beeinträchtigt. Sollte dies von- nöten sein, so muss der `SUB`-Befehl benutzt werden.

Beeinflusste Flags

OF, SF, ZF, AF, PF.

Exceptions

Protected-Mode-Exceptions: #GP, #SS, #PF, #AC

Real-Mode-Exceptions: #GP, #SS

Virtual-8086-Mode-Exceptions: #GP, #SS, #PF, #AC

Beispiel

```
DEC AX
DEC EDX
DEC WORD PTR [BP+4]
```

INC

increment

`INC Operand`

`INC` erhöht ein Register oder eine Speichervariable, die als Operand angegeben werden muss, um 1. Dabei wird das Carry-Flag nicht beeinträchtigt. Sollte dies von-nöten sein, so muss der `ADD`-Befehl benutzt werden.

Beeinflusste Flags

OF, SF, ZF, AF, PF.

Exceptions

Protected-Mode-Exceptions: #GP, #SS, #PF, #AC

Real-Mode-Exceptions: #GP, #SS

Virtual-8086-Mode-Exceptions: #GP, #SS, #PF, #AC

Beispiel

```
INC AX
INC EDX
INC BYTE PTR [BP+4]
```

NEG

negation

```
NEG Operand
```

NEG negiert den Operanden, der ein Register oder eine Speichervariable darstellen kann, indem er den Operanden von null subtrahiert. Das Ergebnis wird in den Operanden zurückgeschrieben. Ist der Operand gleich null, so wird das Carry-Flag gelöscht, ansonsten gesetzt.

Beeinflusste Flags

OF, SF, ZF, AF, PF.

Exceptions

Protected-Mode-Exceptions: #GP, #SS, #PF, #AC

Real-Mode-Exceptions: #GP, #SS

Virtual-8086-Mode-Exceptions: #GP, #SS, #PF, #AC

Beispiel

```
MOV AX, -7
   NEG AX        ;nach diesem Befehl ist AX = 7
```

3.14 Vergleiche

CMP

compare

`CMP Operand1, Operand2`

`CMP` vergleicht den ersten Operand mit dem zweiten und setzt entsprechend dem Ergebnis die Flags. Intern wird dabei der erste Operand vom zweiten subtrahiert.

Der erste Operand kann eine Speichervariable oder ein Register sein. Der zweite kann zusätzlich noch eine Konstante darstellen. Beide Operanden müssen dieselbe Größe haben, es sei denn, es handelt sich bei dem zweiten Operanden um eine 8-Bit-Konstante.

Außerdem ist darauf zu achten, dass mindestens ein Operand ein Register sein muss.

Beeinflusste Flags

CF, OF, SF, ZF, AF und PF.

Exceptions

Protected-Mode-Exceptions: #GP, #SS, #PF, #AC

Real-Mode-Exceptions: #GP, #SS

Virtual-8086-Mode-Exceptions: #GP, #SS, #PF, #AC

Beispiel

```
CMP AX, 0
   JE Ziel          ;springe zu Ziel, wenn AX=0
```

CMPXCHG

compare and exchange

`CMPXCHG Operand1, Operand2`

`CMPXCHG` vergleicht den ersten Operanden, der ein Register oder eine Speichervariable ist, mit dem Akkumulator, also mit AL, AX oder EAX, je nach Größe der Operanden. Sind die Werte gleich, wird der zweite Operand, der ein Register sein muss, in den ersten kopiert und das Zero-Flag gesetzt. Haben Akkumulator und Operand1 unterschiedliche Werte, so wird der Wert des zweiten Operanden in den ersten kopiert und das Zero-Flag wird gelöscht.

Dabei ist darauf zu achten, dass beide Operanden dieselbe Größe haben müssen.

Eingeführt mit: 486er

Beeinflusste Flags

CF, PF, AF, SF und OF.

Exceptions

Protected-Mode-Exceptions: #GP, #SS, #PF, #AC

Real-Mode-Exceptions: #GP, #SS

Virtual-8086-Mode-Exceptions: #GP, #SS, #PF, #AC

Beispiel

```
CMPXCHG EBX, EDX
```

CMPXCHG8B

compare and exchange 8 bytes

`CMPXCHG8B Speichervariable`

`CMPXCHG8B` vergleicht den in EDX:EAX gespeicherten 64-Bit-Wert mit der als Operand angegebenen 64-Bit-Speichervariable. Sind die Werte gleich, so wird der Wert, der in ECX:EBX steht, in die angegebene Speichervariable geschrieben und das Zero-Flag gesetzt. Sind die Werte nicht gleich, so wird das Zero-Flag gelöscht und die Speichervariable in das Registerpaar EDX:EAX geschrieben.

In beiden Fällen enthalten EDX und ECX das höherwertige Word des 64-Bit-Wertes, und EAX und EBX enthalten das niederwertige Word.

Eingeführt mit: Pentium

Beeinflusste Flags

CF, PF, AF, SF und OF werden *nicht* beeinflusst!

Exceptions

Protected-Mode-Exceptions: #UD, #GP, #SS, #PF, #AC

Real-Mode-Exceptions: #UD, #GP, #SS

Virtual-8086-Mode-Exceptions: #UD, #GP, #SS, #PF, #AC

Beispiel

```
CMPXCHG8B QWORD PTR [BP]
```

BOUND

check array index against bounds

```
BOUND Operand1, Operand2
```

BOUND überprüft den in Operand1 übergebenen vorzeichenbehafteten Arrayindex, ob er in den in Operand2 angegebenen Grenzen liegt oder nicht. Der Arrayindex wird in einem 16- oder 32-Bit-Register erwartet und die Grenzen werden in einer Speichervariable als zwei Words (bei einem 16-Bit-Register) bzw. zwei Doublewords (bei einem 32-Bit-Register) abgelegt. Das erste Word bzw. Doubleword enthält die untere Grenze des Arrays und das zweite die obere.

Der Index muss gleich oder größer der unteren Grenze und gleich oder kleiner der oberen Grenze sein. Wenn der Index außerhalb dieser Grenzen liegt, so wird eine #BR-Exception ausgelöst, was heißt, dass der Interrupt 5 aufgerufen wird.

Nachdem der Interrupt abgearbeitet wurde, kehrt dieser zum BOUND-Befehl zurück.

Die Grenzen des Arrays liegen normalerweise direkt vor diesem, damit die Grenzen über einen konstanten Offset vom Anfang des Arrays aus adressiert werden können.

Eingeführt mit: 186er

Exceptions

Protected-Mode-Exceptions: #BR, #UD, #GP, #SS, #PF, #AC

Real-Mode-Exceptions: #BR, #UD, #GP, #SS

Virtual-8086-Mode-Exceptions: #BR, #UD, #GP, #SS, #PF, #AC

Beispiel

```
BOUND DI, Array-4
```

TEST

```
TEST Operand
```

Siehe Logische Operatoren, Bit-Manipulation und weitere Bit-Befehle

3.15 Logische Operatoren, Bit-Manipulation und weitere Bit-Befehle

AND

```
AND Operand1, Operand2
```

AND verknüpft die beiden Operanden bitweise mit der logischen UND-Operation und schreibt das Ergebnis in den ersten Operanden zurück. Dabei kann Operand2 eine Speichervariable, ein Register oder eine Konstante sein. Operand1 darf nur ein Register oder eine Speichervariable sein. Es ist allerdings darauf zu achten, dass in einer Anweisung nicht zwei Speicheradressen angegeben werden dürfen.

Die Größen der beiden Operanden müssen gleich sein (8-, 16- oder 32-Bit), wobei eine Ausnahme gemacht wird, wenn Operand2 eine vorzeichenbehaftete 8-Bit-Konstante darstellt.

Jedes Bit des Ergebnisses ist eine 1, wenn die entsprechenden Bits der beiden Operanden auch eins waren, ansonsten werden die Bits auf 0 gesetzt.

Beeinflusste Flags

SF, ZF, PF.

OF und CF = 0.

AF ist nicht definiert.

Exceptions

Protected-Mode-Exceptions: #GP, #SS, #PF, #AC

Real-Mode-Exceptions: #GP, #SS

Virtual-8086-Mode-Exceptions: #GP, #SS, #PF, #AC

Beispiel

```
MOV AH, 11000110b
   AND AH, 10110111b    ;AH=10000110b
```

BSF

bit scan forward

`BSF Operand1, Operand2`

`BSF` durchsucht den zweiten Operanden bitweise, bei Bit 0 beginnend, auf ein gesetztes Bit. Ist dieses gefunden, wird die Position in den ersten Operanden geschrieben und das Zero-Flag gelöscht.

Der erste Operand muss dabei ein 16- oder 32- Bit-Register sein und der zweite ein Register oder eine Speichervariable entsprechender Größe.

Wird kein gesetztes Bit gefunden, ist der erste Operand nicht definiert und das Zero-Flag wird gesetzt.

Eingeführt mit: 386er

Beeinflusste Flags

CF, OF, SF, AF und PF.

Exceptions

Protected-Mode-Exceptions: #GP, #SS, #PF, #AC
Real-Mode-Exceptions: #GP, #SS
Virtual-8086-Mode-Exceptions: #GP, #SS, #PF, #AC

Beispiel

```
MOV BX, 10010000b
   BSF AX, BX                    ;AX=4
```

BSR

bit scan reverse

`BSR Operand1, Operand2`

BSR durchsucht den zweiten Operanden bitweise, beim höchsten Bit beginnend, auf ein gesetztes Bit. Ist dieses gefunden, wird die Position in den ersten Operanden geschrieben und das Zero-Flag gelöscht.

Der erste Operand muss dabei ein 16- oder 32- Bit-Register sein und der zweite ein Register oder eine Speichervariable entsprechender Größe.

Wird kein gesetztes Bit gefunden, ist der erste Operand nicht definiert und das Zero-Flag wird gesetzt.

Eingeführt mit: 386er

Beeinflusste Flags

CF, OF, SF, AF und PF.

Exceptions

Protected-Mode-Exceptions: #GP, #SS, #PF, #AC

Real-Mode-Exceptions: #GP, #SS

Virtual-8086-Mode-Exceptions: #GP, #SS, #PF, #AC

Beispiel

```
MOV BX, 1001000011111100b
   BSF AX, BX                    ;AX=16
```

BT

bit test

`BT Operand1, Position`

BT kopiert das Bit an der angegebenen Position aus Operand1 in das Carry-Flag. Als erster Operand wird ein 16- bzw. 32-Bit-Register oder eine Speichervariable erwartet und als zweiter Operand ein Register entsprechender Größe oder eine 8-Bit-Konstante.

Eingeführt mit: 386er

Beeinflusste Flags

OF, SF, ZF, AF und PF sind nicht definiert.

Exceptions

Protected-Mode-Exceptions: #GP, #SS, #PF, #AC

Real-Mode-Exceptions: #GP, #SS

Virtual-8086-Mode-Exceptions: #GP, #SS, #PF, #AC

Beispiel

```
MOV AX, 3    ;AX=00000011b
    BT  AX, 1    ;CF=1
    BT  AX, 3    ;CF=0
```

BTC

bit test and compare

`BTC Operand1, Operand2`

`BTC` kopiert das Bit aus Operand1 in das Carry-Flag, das mit Operand2 als Position (Offset) angegeben wurde, und komplementiert dieses Bit im ersten Operanden. Als erster Operand wird ein 16- bzw. 32-Bit-Register oder eine Speichervariable erwartet und als zweiter Operand ein Register entsprechender Größe oder eine 8-Bit-Konstante.

Eingeführt mit: 386er

Beeinflusste Flags

OF, SF, ZF, AF und PF sind nicht definiert.

Exceptions

Protected-Mode-Exceptions: #GP, #SS, #PF, #AC

Real-Mode-Exceptions: #GP, #SS

Virtual-8086-Mode-Exceptions: #GP, #SS, #PF, #AC

Beispiel

```
MOV AX, 0000000011110001b
    BTC AX, 0                         ;AX=0000000011110000b CF=1
    BTC AX, 2                         ;AX=0000000011110100b CF=0
```

BTR

bit test and reset

BTR Operand1, Operand2

BTR kopiert das Bit aus Operand1 in das Carry-Flag, das mit Operand2 als Position (Offset) angegeben wurde und löscht dieses Bit im ersten Operanden. Als erster Operand wird ein 16- bzw. 32-Bit-Register oder eine Speichervariable erwartet und als zweiter Operand ein Register entsprechender Größe oder eine 8-Bit-Konstante.

Eingeführt mit: 386er

Beeinflusste Flags

OF, SF, ZF, AF und PF sind nicht definiert.

Exceptions

Protected-Mode-Exceptions: #GP, #SS, #PF, #AC

Real-Mode-Exceptions: #GP, #SS

Virtual-8086-Mode-Exceptions: #GP, #SS, #PF, #AC

Beispiel

```
MOV AX, 0000000011110001b
    BTR AX, 0                         ;AX=0000000011110000b CF=1
    BTR AX, 2                         ;AX=0000000011110000b CF=0
```

BTS

bit test and set

BTS Operand1, Operand2

BTS kopiert das Bit aus Operand1 in das Carry-Flag, das mit Operand2 als Position (Offset) angegeben wurde und setzt dieses Bit im ersten Operanden. Als erster Operand wird ein 16- bzw. 32-Bit-Register oder eine

Speichervariable erwartet und als zweiter Operand ein Register entsprechender Größe oder eine 8-Bit-Konstante.

Eingeführt mit: 386er

Beeinflusste Flags

OF, SF, ZF, AF und PF sind nicht definiert.

Exceptions

Protected-Mode-Exceptions: #GP, #SS, #PF, #AC

Real-Mode-Exceptions: #GP, #SS

Virtual-8086-Mode-Exceptions: #GP, #SS, #PF, #AC

Beispiel

```
MOV AX, 0000000011110001b
   BTC AX, 0                      ;AX=0000000011110001b CF=1
   BTC AX, 2                      ;AX=0000000011110100b CF=0
```

NOT

```
NOT Operand
```

NOT invertiert den Operanden bitweise. Das heißt, dass aus allen Nullen eine Eins wird und umgekehrt.

Exceptions

Protected-Mode-Exceptions: #GP, #SS, #PF, #AC

Real-Mode-Exceptions: #GP, #SS

Virtual-8086-Mode-Exceptions: #GP, #SS, #PF, #AC

Beispiel

```
MOV AH, 01110001b     ;AH=01110001
   NOT AH                ;AH=10001110
```

OR

`OR Operand1, Operand2`

`OR` verknüpft die beiden Operanden bitweise mit der logischen Inklusiv-Oder-Operation und schreibt das Ergebnis in den ersten Operanden zurück. Dabei kann Operand2 eine Speichervariable, ein Register oder eine Konstante sein. Operand1 darf nur ein Register oder eine Speichervariable sein. Es ist allerdings darauf zu achten, dass in einer Anweisung nicht zwei Speicheradressen angegeben werden dürfen.

Die Größen der beiden Operanden müssen gleich sein (8-, 16- oder 32-Bit), wobei eine Ausnahme gemacht wird, wenn Operand2 eine vorzeichenbehaftete 8-Bit-Konstante darstellt.

Jedes Bit des Ergebnisses ist eine 0, wenn die entsprechenden Bits der beiden Operanden auch null waren, ansonsten werden die Bits auf 1 gesetzt.

Beeinflusste Flags

SF, ZF, PF.

OF und CF = 0.

AF ist nicht definiert.

Exceptions

Protected-Mode-Exceptions: #GP, #SS, #PF, #AC

Real-Mode-Exceptions: #GP, #SS

Virtual-8086-Mode-Exceptions: #GP, #SS, #PF, #AC

Beispiel

```
MOV AH, 11000110b
   OR  AH, 10110111b    ;AH=11110111b
```

TEST

`TEST Operand1, Operand2`

`TEST` führt eine logische UND-Verknüpfung (siehe `AND`) durch, speichert das Ergebnis aber nicht ab, sondern verändert nur die Flags.

Die Größen der beiden Operanden müssen gleich sein (8-, 16- oder 32-Bit).

Beeinflusste Flags

SF, ZF, PF.

OF und CF = 0.

AF ist nicht definiert.

Exceptions

Protected-Mode-Exceptions: #GP, #SS, #PF, #AC

Real-Mode-Exceptions: #GP, #SS

Virtual-8086-Mode-Exceptions: #GP, #SS, #PF, #AC

Beispiel

```
TEST AL, 128    ;testet ob Bit 7 gesetzt ist ;(128d=10000000b)
```

XOR

exclusive or

`XOR Operand1, Operand2`

`XOR` verknüpft die beiden Operanden bitweise mit der logischen Exklusiv-Oder-Operation und schreibt das Ergebnis in den ersten Operanden zurück. Dabei kann Operand2 eine Speichervariable, ein Register oder eine Konstante sein. Operand1 darf nur ein Register oder eine Speichervariable sein. Es ist allerdings darauf zu achten, dass in einer Anweisung nicht zwei Speicheradressen angegeben werden dürfen.

Die Größen der beiden Operanden müssen gleich sein (8-, 16- oder 32-Bit), wobei eine Ausnahme gemacht wird, wenn Operand2 eine vorzeichenbehaftete 8-Bit-Konstante darstellt.

Jedes Bit des Ergebnis ist eine 0, wenn die entsprechenden Bits der beiden Operanden auch null oder beide eins waren, ansonsten werden die Bits auf 1 gesetzt.

Beeinflusste Flags

SF, ZF, PF.

OF und CF = 0.

AF ist nicht definiert.

Exceptions

Protected-Mode-Exceptions: #GP, #SS, #PF, #AC
Real-Mode-Exceptions: #GP, #SS
Virtual-8086-Mode-Exceptions: #GP, #SS, #PF, #AC

Beispiel

```
MOV AH, 11000110b
    XOR AH, 10110111b    ;AH=01110001b
```

3.16 Bedingtes Setzen von Bytes

Mit dem 386er wurde eine Reihe von Befehlen eingeführt, die nach einem Vergleich die Flags testen und dem Ergebnis entsprechend, eine 8-Bit-Speichervariable oder ein 8-Bit-Register auf 0 oder 1 setzen können.

SETA

set if above

`SETA Operand`

Als Operand wird ein 8-Bit-Register oder eine Bytevariable verwendet. Der Operand wird auf 1 gesetzt, wenn das Carry-Flag und das Zero-Flag gelöscht sind, ansonsten wird der Operand auf 0 gesetzt.

`SETA` ist identisch mit dem Befehl `SETNBE`.

Eingeführt mit: 386er

Exceptions

Protected-Mode-Exceptions: #GP, #SS, #PF
Real-Mode-Exceptions: #GP, #SS
Virtual-8086-Mode-Exceptions: #GP, #SS, #PF

SETAE

set if above or equal

`SETAE Operand`

Als Operand wird ein 8-Bit-Register oder eine Bytevariable verwendet. Der Operand wird auf 1 gesetzt, wenn das Carry-Flag gelöscht ist, ansonsten wird der Operand auf 0 gesetzt.

`SETAE` ist identisch mit den Befehlen `SETNB` und `SETNC`.

Eingeführt mit: 386er

Exceptions

Protected-Mode-Exceptions: #GP, #SS, #PF
Real-Mode-Exceptions: #GP, #SS
Virtual-8086-Mode-Exceptions: #GP, #SS, #PF

SETB

set if below

`SETB Operand`

Als Operand wird ein 8-Bit-Register oder eine Bytevariable verwendet. Der Operand wird auf 1 gesetzt, wenn das Carry-Flag gesetzt ist, ansonsten wird der Operand auf 0 gesetzt.

`SETB` ist identisch mit `SETNAE` und `SETC`.

Eingeführt mit: 386er

Exceptions

Protected-Mode-Exceptions: #GP, #SS, #PF
Real-Mode-Exceptions: #GP, #SS
Virtual-8086-Mode-Exceptions: #GP, #SS, #PF

SETBE

set if below or equal

`SETBE Operand`

Als Operand wird ein 8-Bit-Register oder eine Bytevariable verwendet. Der Operand wird auf 1 gesetzt, wenn das Carry-Flag oder das Zero-Flag gesetzt ist, ansonsten wird der Operand auf 0 gesetzt.

SETBE ist identisch mit dem Befehl SETNA.

Eingeführt mit: 386er

Exceptions

Protected-Mode-Exceptions: #GP, #SS, #PF

Real-Mode-Exceptions: #GP, #SS

Virtual-8086-Mode-Exceptions: #GP, #SS, #PF

SETC

set if carry

`SETC Operand`

Als Operand wird ein 8-Bit-Register oder eine Bytevariable verwendet. Der Operand wird auf 1 gesetzt, wenn das Carry-Flag gesetzt ist, ansonsten wird der Operand auf 0 gesetzt.

SETC ist identisch mit den Befehlen SETNAE und SETB.

Eingeführt mit: 386er

Exceptions

Protected-Mode-Exceptions: #GP, #SS, #PF

Real-Mode-Exceptions: #GP, #SS

Virtual-8086-Mode-Exceptions: #GP, #SS, #PF

SETE

set if equal

`SETE Operand`

Als Operand wird ein 8-Bit-Register oder eine Bytevariable verwendet. Der Operand wird auf 1 gesetzt, wenn das Zero-Flag gesetzt ist, ansonsten wird der Operand auf 0 gesetzt.

`SETE` ist identisch mit dem Befehl `SETZ`.

Eingeführt mit: 386er

Exceptions

Protected-Mode-Exceptions: #GP, #SS, #PF
Real-Mode-Exceptions: #GP, #SS
Virtual-8086-Mode-Exceptions: #GP, #SS, #PF

SETG

set if greater

`SETG Operand`

Als Operand wird ein 8-Bit-Register oder eine Bytevariable verwendet. Der Operand wird auf 1 gesetzt, wenn das Zero-Flag gelöscht ist und das Sign-Flag gleich dem Overflow-Flag ist, ansonsten wird der Operand auf 0 gesetzt.

`SETG` ist identisch mit dem Befehl `SETNLE`.

Eingeführt mit: 386er

Exceptions

Protected-Mode-Exceptions: #GP, #SS, #PF
Real-Mode-Exceptions: #GP, #SS
Virtual-8086-Mode-Exceptions: #GP, #SS, #PF

SETGE

set if greater or equal

`SETGE Operand`

Als Operand wird ein 8-Bit-Register oder eine Bytevariable verwendet. Der Operand wird auf 1 gesetzt, wenn das Sign-Flag gleich dem Overflow-Flag ist, ansonsten wird der Operand auf 0 gesetzt.

`SETGE` ist identisch mit dem Befehl `SETNL`.

Eingeführt mit: 386er

Exceptions

Protected-Mode-Exceptions: #GP, #SS, #PF

Real-Mode-Exceptions: #GP, #SS

Virtual-8086-Mode-Exceptions: #GP, #SS, #PF

SETL

set if less

`SETL Operand`

Als Operand wird ein 8-Bit-Register oder eine Bytevariable verwendet. Der Operand wird auf 1 gesetzt, wenn das Sign-Flag ungleich dem Overflow-Flag ist, ansonsten wird der Operand auf 0 gesetzt.

`SETL` ist identisch mit dem Befehl `SETNGE`.

Eingeführt mit: 386er

Exceptions

Protected-Mode-Exceptions: #GP, #SS, #PF

Real-Mode-Exceptions: #GP, #SS

Virtual-8086-Mode-Exceptions: #GP, #SS, #PF

SETLE

set if less or equal

`SETLE Operand`

Als Operand wird ein 8-Bit-Register oder eine Bytevariable verwendet. Der Operand wird auf 1 gesetzt, wenn das Zero-Flag gesetzt ist und das Sign-Flag ungleich dem Overflow-Flag ist, ansonsten wird der Operand auf 0 gesetzt.

`SETLE` ist identisch mit dem Befehl `SETNG`.

Eingeführt mit: 386er

Exceptions

Protected-Mode-Exceptions: #GP, #SS, #PF

Real-Mode-Exceptions: #GP, #SS

Virtual-8086-Mode-Exceptions: #GP, #SS, #PF

SETNA

set if not above

`SETNA Operand`

Als Operand wird ein 8-Bit-Register oder eine Bytevariable verwendet. Der Operand wird auf 1 gesetzt, wenn das Carry-Flag oder das Zero-Flag gesetzt ist, ansonsten wird der Operand auf 0 gesetzt.

`SETNA` ist identisch mit dem Befehl `SETBE`.

Eingeführt mit: 386er

Exceptions

Protected-Mode-Exceptions: #GP, #SS, #PF

Real-Mode-Exceptions: #GP, #SS

Virtual-8086-Mode-Exceptions: #GP, #SS, #PF

SETNAE

set if not above or equal

SETNAE Operand

Als Operand wird ein 8-Bit-Register oder eine Bytevariable verwendet. Der Operand wird auf 1 gesetzt, wenn das Carry-Flag gesetzt ist, ansonsten wird der Operand auf 0 gesetzt.

SETNAE ist identisch mit den Befehlen SETB und SETC.

Eingeführt mit: 386er

Exceptions

Protected-Mode-Exceptions: #GP, #SS, #PF
Real-Mode-Exceptions: #GP, #SS
Virtual-8086-Mode-Exceptions: #GP, #SS, #PF

SETNB

set if not below

SETNB Operand

Als Operand wird ein 8-Bit-Register oder eine Bytevariable verwendet. Der Operand wird auf 1 gesetzt, wenn das Carry-Flag gelöscht ist, ansonsten wird der Operand auf 0 gesetzt.

SETNB ist identisch mit den Befehlen SETAE und SETNC.

Eingeführt mit: 386er

Exceptions

Protected-Mode-Exceptions: #GP, #SS, #PF
Real-Mode-Exceptions: #GP, #SS
Virtual-8086-Mode-Exceptions: #GP, #SS, #PF

SETNBE

set if not below or equal

SETNBE Operand

Als Operand wird ein 8-Bit-Register oder eine Bytevariable verwendet. Der Operand wird auf 1 gesetzt, wenn das Carry-Flag und das Zero-Flag gelöscht sind, ansonsten wird der Operand auf 0 gesetzt.

SETNBE ist identisch mit dem Befehl SETA.

Eingeführt mit: 386er

Exceptions

Protected-Mode-Exceptions: #GP, #SS, #PF
Real-Mode-Exceptions: #GP, #SS
Virtual-8086-Mode-Exceptions: #GP, #SS, #PF

SETNC

set if not carry

`SETNC Operand`

Als Operand wird ein 8-Bit-Register oder eine Bytevariable verwendet. Der Operand wird auf 1 gesetzt, wenn das Carry-Flag gelöscht ist, ansonsten wird der Operand auf 0 gesetzt.

SETNC ist identisch mit den Befehlen SETAE und SETNB.

Eingeführt mit: 386er

Exceptions

Protected-Mode-Exceptions: #GP, #SS, #PF
Real-Mode-Exceptions: #GP, #SS
Virtual-8086-Mode-Exceptions: #GP, #SS, #PF

SETNE

set if not equal

`SETNE Operand`

Als Operand wird ein 8-Bit-Register oder eine Bytevariable verwendet. Der Operand wird auf 1 gesetzt, wenn das Zero-Flag gelöscht ist, ansonsten wird der Operand auf 0 gesetzt.

SETNE ist identisch mit dem Befehl SETNZ.

Eingeführt mit: 386er

Exceptions

Protected-Mode-Exceptions: #GP, #SS, #PF
Real-Mode-Exceptions: #GP, #SS
Virtual-8086-Mode-Exceptions: #GP, #SS, #PF

SETNG

set if not greater

`SETNG Operand`

Als Operand wird ein 8-Bit-Register oder eine Bytevariable verwendet. Der Operand wird auf 1 gesetzt, wenn das Zero-Flag gesetzt ist und das Sign-Flag ungleich dem Overflow-Flag ist, ansonsten wird der Operand auf 0 gesetzt.

`SETNG` ist identisch mit dem Befehl `SETLE`.

Eingeführt mit: 386er

Exceptions

Protected-Mode-Exceptions: #GP, #SS, #PF
Real-Mode-Exceptions: #GP, #SS
Virtual-8086-Mode-Exceptions: #GP, #SS, #PF

SETNGE

set if not greater or equal

`SETNGE Operand`

Als Operand wird ein 8-Bit-Register oder eine Bytevariable verwendet. Der Operand wird auf 1 gesetzt, wenn das Sign-Flag ungleich dem Overflow-Flag ist, ansonsten wird der Operand auf 0 gesetzt.

`SETNGE` ist identisch mit dem Befehl `SETL`.

Eingeführt mit: 386er

Exceptions

Protected-Mode-Exceptions: #GP, #SS, #PF
Real-Mode-Exceptions: #GP, #SS
Virtual-8086-Mode-Exceptions: #GP, #SS, #PF

SETNL

set if not less

`SETNL Operand`

Als Operand wird ein 8-Bit-Register oder eine Bytevariable verwendet. Der Operand wird auf 1 gesetzt, wenn das Sign-Flag gleich dem Overflow-Flag ist, ansonsten wird der Operand auf 0 gesetzt.

`SETNL` ist identisch mit dem Befehl `SETGE`.

Eingeführt mit: 386er

Exceptions

Protected-Mode-Exceptions: #GP, #SS, #PF
Real-Mode-Exceptions: #GP, #SS
Virtual-8086-Mode-Exceptions: #GP, #SS, #PF

SETNLE

set if not less or equal

`SETNLE Operand`

Als Operand wird ein 8-Bit-Register oder eine Bytevariable verwendet. Der Operand wird auf 1 gesetzt, wenn das Zero-Flag gelöscht ist und das Sign-Flag gleich dem Overflow-Flag ist, ansonsten wird der Operand auf 0 gesetzt.

`SETNLE` ist identisch mit dem Befehl `SETG`.

Eingeführt mit: 386er

Exceptions

Protected-Mode-Exceptions: #GP, #SS, #PF
Real-Mode-Exceptions: #GP, #SS
Virtual-8086-Mode-Exceptions: #GP, #SS, #PF

SETNO

set if not overflow

`SETNO Operand`

Als Operand wird ein 8-Bit-Register oder eine Bytevariable verwendet. Der Operand wird auf 1 gesetzt, wenn das Overflow-Flag gelöscht ist, ansonsten wird der Operand auf 0 gesetzt.

Eingeführt mit: 386er

Exceptions

Protected-Mode-Exceptions: #GP, #SS, #PF

Real-Mode-Exceptions: #GP, #SS

Virtual-8086-Mode-Exceptions: #GP, #SS, #PF

SETNP

set if not parity

`SETNP Operand`

Als Operand wird ein 8-Bit-Register oder eine Bytevariable verwendet. Der Operand wird auf 1 gesetzt, wenn das Parity-Flag gelöscht ist, ansonsten wird der Operand auf 0 gesetzt.

SETNP ist identisch mit dem Befehl SETPO.

Eingeführt mit: 386er

Exceptions

Protected-Mode-Exceptions: #GP, #SS, #PF

Real-Mode-Exceptions: #GP, #SS

Virtual-8086-Mode-Exceptions: #GP, #SS, #PF

SETNS

set if not sign

`SETNS Operand`

Als Operand wird ein 8-Bit-Register oder eine Bytevariable verwendet. Der Operand wird auf 1 gesetzt, wenn das Sign-Flag gelöscht ist, ansonsten wird der Operand auf 0 gesetzt.

Eingeführt mit: 386er

Exceptions

Protected-Mode-Exceptions: #GP, #SS, #PF

Real-Mode-Exceptions: #GP, #SS

Virtual-8086-Mode-Exceptions: #GP, #SS, #PF

SETNZ

set if not zero

`SETNZ Operand`

Als Operand wird ein 8-Bit-Register oder eine Bytevariable verwendet. Der Operand wird auf 1 gesetzt, wenn das Zero-Flag gelöscht ist, ansonsten wird der Operand auf 0 gesetzt.

SETNZ ist identisch mit dem Befehl SETNE.

Eingeführt mit: 386er

Exceptions

Protected-Mode-Exceptions: #GP, #SS, #PF

Real-Mode-Exceptions: #GP, #SS

Virtual-8086-Mode-Exceptions: #GP, #SS, #PF

SETO

set if overflow

`SETO Operand`

Als Operand wird ein 8-Bit-Register oder eine Bytevariable verwendet. Der Operand wird auf 1 gesetzt, wenn das Overflow-Flag gesetzt ist, ansonsten wird der Operand auf 0 gesetzt.

Eingeführt mit: 386er

Exceptions

Protected-Mode-Exceptions: #GP, #SS, #PF
Real-Mode-Exceptions: #GP, #SS
Virtual-8086-Mode-Exceptions: #GP, #SS, #PF

SETP

set if parity

`SETP Operand`

Als Operand wird ein 8-Bit-Register oder eine Bytevariable verwendet. Der Operand wird auf 1 gesetzt, wenn das Parity-Flag gesetzt ist, ansonsten wird der Operand auf 0 gesetzt.

SETP ist identisch mit dem Befehl SETPE.

Eingeführt mit: 386er

Exceptions

Protected-Mode-Exceptions: #GP, #SS, #PF
Real-Mode-Exceptions: #GP, #SS
Virtual-8086-Mode-Exceptions: #GP, #SS, #PF

SETPE

set if parity even

`SETPE Operand`

Als Operand wird ein 8-Bit-Register oder eine Bytevariable verwendet. Der Operand wird auf 1 gesetzt, wenn das Parity-Flag gesetzt ist, ansonsten wird der Operand auf 0 gesetzt.

SETPE ist identisch mit dem Befehl SETP.

Eingeführt mit: 386er

Exceptions

Protected-Mode-Exceptions: #GP, #SS, #PF
Real-Mode-Exceptions: #GP, #SS
Virtual-8086-Mode-Exceptions: #GP, #SS, #PF

SETPO

set if parity odd

`SETPO Operand`

Als Operand wird ein 8-Bit-Register oder eine Bytevariable verwendet. Der Operand wird auf 1 gesetzt, wenn das Parity-Flag gelöscht ist, ansonsten wird der Operand auf 0 gesetzt.

SETPO ist identisch mit dem Befehl SETNP.

Eingeführt mit: 386er

Exceptions

Protected-Mode-Exceptions: #GP, #SS, #PF

Real-Mode-Exceptions: #GP, #SS

Virtual-8086-Mode-Exceptions: #GP, #SS, #PF

SETS

set if sign

`SETS Operand`

Als Operand wird ein 8-Bit-Register oder eine Bytevariable verwendet. Der Operand wird auf 1 gesetzt, wenn das Sign-Flag gesetzt ist, ansonsten wird der Operand auf 0 gesetzt.

Eingeführt mit: 386er

Exceptions

Protected-Mode-Exceptions: #GP, #SS, #PF

Real-Mode-Exceptions: #GP, #SS

Virtual-8086-Mode-Exceptions: #GP, #SS, #PF

SETZ

set if zero

`SETZ Operand`

Als Operand wird ein 8-Bit-Register oder eine Bytevariable verwendet. Der Operand wird auf 1 gesetzt, wenn das Zero-Flag gesetzt ist, ansonsten wird der Operand auf 0 gesetzt.

SETZ ist identisch mit dem Befehl SETE.

Eingeführt mit: 386er

Exceptions

Protected-Mode-Exceptions: #GP, #SS, #PF
Real-Mode-Exceptions: #GP, #SS
Virtual-8086-Mode-Exceptions: #GP, #SS, #PF

3.17 Port-Befehle

Um mit Ports zu kommunizieren, gibt es zwei Befehle: einen, um Werte vom Port auszulesen und einen zweiten, um Werte an den Port zu senden.

IN

input from port

`IN Ziel, Port`

IN kopiert den Wert vom angegebenen Port in das Zielregister. Das Zielregister kann entweder EAX, AX oder AL sein. Der Port kann als 8-Bit-Konstante angegeben werden, womit die Ports von 0 bis 255 angesprochen werden können oder aber mit dem DX-Register, was die Addressierung der Ports von 0 bis 65535 ermöglicht.

Exceptions

Protected-Mode-Exceptions: #GP
Real-Mode-Exceptions: Keine
Virtual-8086-Mode-Exceptions: #GP

Beispiel

```
IN AL, 60h
IN EAX, DX
```

INSx

input string from port

Siehe String-Befehle

OUT

output to port

`OUT Port, Quelle`

OUT schreibt *Quelle*, die eine Konstante, das AL-, AX- oder EAX-Register sein kann, auf den angegebenen *Port*, der als 8-Bit-Konstante oder als DX-Register angegeben werden kann. Durch die 8-Bit-Konstante können die Ports 0 bis 255 adressiert werden und durch das DX-Register die Ports 0 bis 65535.

Exceptions

Protected-Mode-Exceptions: #GP

Real-Mode-Exceptions: Keine

Virtual-8086-Mode-Exceptions: #GP

Beispiel

```
MOV AL, "S"
   OUT  60h,  AL         ;schreibt  den  Buchstaben  S  in  den
   ;Tastaturpuffer
OUT DX, EAX
```

OUTSx

output string to port

Siehe String-Befehle

3.18 Stack-Befehle

ENTER

`ENTER Operand1, Operand2`

`ENTER` richtet einen Stackrahmen für die Parameterübergabe an eine Hochsprache ein. Normalerweise wird `ENTER` als erster Befehl in einer Prozedur verwendet, die von einer Hochsprache aufgerufen werden soll.

Der erste Operand gibt an, wie viel Bytes für den Stackrahmen reserviert werden sollen, und der zweite gibt die Verschachtelungstiefe an. Beide Operanden müssen Konstanten sein.

Für die Verschachtelungstiefe kann ein Wert zwischen 0 und 31 angegeben werden. Sie gibt die Tiefe der Routine innerhalb des Hochsprachenmoduls an.

Eingeführt mit: 186er

Exceptions

Protected-Mode-Exceptions: #SS, #PF
Real-Mode-Exceptions: #SS
Virtual-8086-Mode-Exceptions: #SS, #PF

Beispiel

```
ENTER 200, 0
```

LEAVE

`LEAVE` entfernt den mit `ENTER` eingerichteten Stackrahmen. Dieser Befehl wird normalerweise direkt vor dem `RET`-Befehl der Prozedur verwendet.

Eingeführt mit: 186er

Exceptions

Protected-Mode-Exceptions: #SS, #PF, #AC
Real-Mode-Exceptions: #SS
Virtual-8086-Mode-Exceptions: #SS, #PF, #AC

POPx

Siehe Register-Befehle

POPFx

Siehe Flag-Befehle

PUSHx

Siehe Register-Befehle

PUSHFx

Siehe Flag-Befehle

3.19 Prozedur-Befehle

CALL

`CALL Operand`

`CALL` ruft ein Unterprogramm auf. Das Unterprogramm wird dabei als 16- oder 32-Bit-Speichervariable oder Register mittels des Operanden adressiert. Auch die Angabe einer Konstanten ist möglich. `CALL` legt vor dem Aufruf des Unterprogramms die Adresse des darauf folgenden Befehls auf dem Stack ab, zu der der `RET`-Befehl nachher zurückkehrt.

Man unterscheidet zwischen *near* und *far calls*. Bei einem *near call* wird nur das EIP-Register auf dem Stack abgelegt und der Sprung zum Unterprogramm erfolgt innerhalb des Segments. Ein Verändern des CS-Registers ist nicht nötig.

Ein *far call* legt sowohl das EIP- als auch das CS-Register auf dem Stack ab und springt zu dem Unterprogramm, welches außerhalb des Segments liegt.

Exceptions

Protected-Mode-Exceptions: #GP, #SS, #NP, #TS, #PF, #AC

Real-Mode-Exceptions: #GP

Virtual-8086-Mode-Exceptions: #GP, #PF, #AC

Siehe auch

Protected-Mode-Befehle

Beispiel

```
CALL Prozedur
CALL $+212
CALL CS:[bp+4]
```

INT

interrupt

`INT Operand`

`INT` ruft einen Interrupt oder einen *exception-handler* auf. Die Nummer des Interruptvektors, der die Adresse des Handlers enthält, wird als 8-Bit-Konstante mit dem Operanden übergeben. Mögliche Werte für den Operanden sind dabei die Zahlen von 0 bis 255.

Vor dem Aufruf wird noch das EFlags-Register und die Rücksprungadresse auf dem Stack gesichert. Beide Werte werden nach Abarbeitung des Interrupthandlers mittels `IRET` wieder hergestellt.

Beeinflusste Flags

IF, TF und AC werden gelöscht.

Exceptions

Protected-Mode-Exceptions: #GP, #SS, #NP, #TS, #PF

Real-Mode-Exceptions: #GP, #SS

Virtual-8086-Mode-Exceptions: #GP, #SS, #NP, #TS, #PF, #BP, #OF

Siehe auch

Protected-Mode-Befehle

Beispiel

```
INT 21h
```

INTO

interrupt if overflow

`INTO` ruft den Interrupt 4 auf, wenn das Overflow-Flag gesetzt ist. Davor wird das EFlags-Register und die Rücksprungadresse noch auf dem Stack gesichert. Beide Werte werden nach Abarbeitung des Interrupthandlers mittels `IRET` wieder hergestellt.

Exceptions

Protected-Mode-Exceptions: #GP, #SS, #NP, #TS, #PF

Real-Mode-Exceptions: #GP, #SS

Virtual-8086-Mode-Exceptions: #GP, #SS, #NP, #TS, #PF, #BP, #OF

IRET

interrupt return

`IRET` kehrt von einem Interrupthandler oder einer Exception zurück. In der Regel wird dazu ein *far return* erzeugt. Der Prozessor holt die Werte des EIP-, CS- und EFlags-Registers vom Stack und schreibt sie in die jeweiligen Register zurück, damit sie dieselben Werte wie vor Unterbrechung des Programms haben, bevor mit dem Programm fortgefahren wird.

`IRET` ist identisch mit den Befehlen `IRETD` und `IRETW`.

Exceptions

Protected-Mode-Exceptions: #GP, #SS, #NP, #PF, #AC

Real-Mode-Exceptions: #GP, #SS

Virtual-8086-Mode-Exceptions: #GP, #SS, #PF, #AC

Siehe auch

Protected-Mode-Befehle Protected-Mode-Befehle

IRETD

interrupt return double

`IRETD`

Siehe `IRET`

IRETW

interrupt return word

Siehe `IRET`

RET

return from procedure

`RET [Operand]`

`RET` kehrt nach einem `CALL` zu der als Nächstes auszuführenden Anweisung zurück und setzt dort den Programmablauf fort.

Als optionaler Operand kann die Anzahl der Bytes angegeben werden, die vom Stack gelöscht werden sollen, nachdem `RET` aufgeführt wurde.

Soll `RET` aus einer Prozedur zurückkehren, die durch einen *near call* aufgerufen wurde, wo also nur das IP-Register verändert wurde, so wird auch nur ein *near return* ausgeführt.

Anders verhält es sich bei einem *far call*, wo sowohl das IP- als auch das CS-Register verändert wurden. In diesem Fall wird ein *far return* erzeugt, der auch beide Register neu lädt.

Soll ein *far return* erzwungen werden, so ist der Befehl `RETF` zu benutzen.

Exceptions

Protected-Mode-Exceptions: #GP, #SS, #NP, #PF, #AC
Real-Mode-Exceptions: #GP, #SS
Virtual-8086-Mode-Exceptions: #GP, #SS, #PF, #AC

RETF

far return from procedure

`RETF [Operand]`

Siehe `RET`

3.20 Protected-Mode-Befehle

In diesem Kapitel sind nur Befehle aufgelistet, die Sie brauchen werden, wenn Sie mit dem Protected-Mode arbeiten, d.h. Befehle, die nicht im Real-Mode laufen, bzw. Eigenschaften von Befehlen, die nur im Protected-Mode zur Geltung kommen, und Befehle, die zur Vorbereitung zum Umstellen vom Real-Mode in den Protected-Mode dienen.

ARPL

adjust RPL

`ARPL Operand1, Operand2`

`ARPL` vergleicht das *requested privilege level* (RPL) der beiden Selektoren, die als Operanden angegeben werden müssen. Ist das RPL des ersten Selektors kleiner als das des zweiten, so wird das Zero-Flag gesetzt, und das RPL des ersten Selektors nimmt den Wert des zweiten an. Ansonsten wird das Zero-Flag gelöscht, aber keine weiteren Veränderungen vorgenommen.

Der erste Operand kann ein Register oder eine Speichervariable mit der Größe 16-Bit sein und der zweite muss ein 16-Bit-Register sein.

Der Befehl wird eigentlich nur in Betriebssystemsoftware angewandt und sollte keinen Gebrauch in Anwendungen finden.

Eingeführt mit: 286er

Exceptions

Protected-Mode-Exceptions: #GP, #SS, #PF, #AC

Real-Mode-Exceptions: #UD

Virtual-8086-Mode-Exceptions: #UD

CALL

CALL greift auf das AR-Byte des Deskriptors zu, um zu entscheiden, was für ein *call* stattfinden soll:

- Far-Call auf dieselbe Privilegstufe
- Far-Call auf eine andere Privilegstufe
- Task Switch

Findet ein Task Switch statt, so wird das NT-Flag automatisch gesetzt und ein neues TSS wird geladen, in dem auch das EIP-Register gesichert wird. Außerdem können alle Flags verändert werden.

Um ein *call* in einem Codesegment mit einem anderen Privileglevel durchzuführen, muss ein *call gate* benutzt werden. Der *call gate descriptor* enthält den neuen Wert für das EIP-Register und der Segmentselektor den für das neue Codesegment.

Sollte der *call* zwischen einem 16-Bit und einem 32-Bit Segment stattfinden, sollte auch ein *call gate* benutzt werden.

Wenn ein *call gate* benutzt wird, um ein *call* auf derselben Privilegstufe auszuführen, so findet kein *stack switch* statt. Ein *stack switch* findet nur statt, wenn der *call* auf einer anderen Privilegstufe ausgeführt wird. Der Stack wird dabei im TSS definiert.

Siehe auch

Prozedur-Befehle

CLI

Im Protected-Mode muss das aktuelle Privileglevel kleiner oder gleich dem IOPL sein, damit das Interrupt-Flag gelöscht werden darf.

Im Virtual-8086-Mode muss dafür das IOPL gleich drei sein.

Andernfalls wird eine #GP-Exception erzeugt.

Siehe auch

Flag-Befehle

INT

Im Virtual-8086-Mode wird, wenn das IOPL kleiner 3 ist, eine #GP-Exception erzeugt.

Im Protected-Mode muss das DPL des Task-Gates gleich 3 sein und das Ziel-CPL des Interrupthandlers gleich 0, damit der Interrupt ausgeführt wird. Wenn ein Task-Gate benutzt wird, so kann jedes Flag beliebig gesetzt oder gelöscht werden, da sich der Prozessor an die Kopie des EFlags-Registers aus dem TSS des neuen Task hält.

Je nach Betriebsmodus können die Flags IF, TF, NT, AC, RF und VM gelöscht werden.

Siehe auch

Prozedur-Befehle

IRET

Ist das NT-Flag gelöscht, so erzeugt `IRET` einen *far return* ohne einen Task-Switch auszuführen. Das Code-Segment, zu dem zurückgekehrt wird, muss gleich oder niedriger privilegiert sein als der Interrupthandler.

Sollte das Privileglevel ein anderes sein, so wird neben den EIP-, CS- und EFlags-Registern auch noch das SP- und das SS-Register neu geladen.

Wird in den Virtual-8086-Mode zurückgekehrt, wird zudem noch das DS-Register neu geladen.

Ist das NT-Flag gesetzt, wird ein Task-Switch zu der unterbrochenen Anwendung ausgeführt. Die Werte über die Anwendung vor der Unterbrechung werden aus dem TSS geladen.

Siehe auch

Prozedur-Befehle

JMP

Im Protected-Mode kann der JMP-Befehl auch zu einem anderen Prozess springen (task switch). Dabei würden dann alle Flags beeinflusst werden. Allerdings wird dabei das NT-Flag nicht gesetzt, so dass kein Rücksprung mehr mittels IRET möglich ist.

Springt man mit JMP in ein Codesegment mit einem anderen Privilegle-vel, so wird eine #GP-Exception erzeugt.

Siehe auch

Sprung-Befehle

LAR

load access rights byte

`LAR Operand1, Operand2`

LAR lädt das AR-Byte (die Zugriffsrechte) eines Selektors in den ersten Operanden.

Der zweite Operand enthält dabei einen Selektor, der auf ein Segment-deskriptor zeigt. Er kann als 16- oder 32-Bit-Register oder als Speicher-variable angegeben werden. Der erste Operand ist ein Register entsprechender Größe.

Bevor die Zugriffsrechte geladen werden, werden noch einige Überprüfungen vorgenommen:

- Der Selektor darf nicht null sein.
- Der Selektor muss auf einen Deskriptor zeigen, der innerhalb der GDT oder LDT liegt.
- Im Gegensatz zu reservierten Deskriptoren, dem Task Gate und dem Interrupt Gate, sind alle Code- und Datensegment-Deskriptoren gültig.
- Der Selektor muss beim gesetzten CPL sichtbar sein (CPL und RPL müssen kleiner oder gleich dem DPL des Selektors sein).

Wenn die Zugriffsrechte erfolgreich geladen werden konnten, wird das Zero-Flag gesetzt, ansonsten gelöscht.

Wenn die Größe der Operanden 32-Bit beträgt, enthält der erste Operand das Typ- und das DPL-Feld und außerdem die Flags S, P, AVL, D/B und G.

Bei 16-Bit werden das Typ- und das DPL-Feld in den ersten Operanden kopiert.

Eingeführt mit: 286er

Exceptions

Protected-Mode-Exceptions: #GP, #SS, #PF, #AC

Real-Mode-Exceptions: #UD

Virtual-8086-Mode-Exceptions: #UD

LDS / LES / LFS / LGS / LSS

Wird einer der Befehle im Protected-Mode ausgeführt, wird der Deskriptor, der über die Deskriptortabelle für den als ersten Operanden angegebenen Selektor ermittelt wird, mit in das Segmentregister geladen.

Außerdem kann im Protected-Mode ein Null-Selektor (Werte von 0000 bis 0003) in die Register DS, ES, FS oder GS geladen werden, ohne das eine Exception ausgelöst wird. Möchte man danach auf ein Segment zugreifen, dessen entsprechendes Segmentregister ein Null-Selektor enthält, erzeugt dies eine #GP-Exception, und es erfolgt kein Zugriff auf dieses Segment.

Siehe auch

Segment-Befehle Segment-Befehle

LGDT

load global descriptor table

`LGDT Operand`

`LGDT` lädt den Operanden in das GTD-Register. Der Operand ist dabei eine Speichervariable, die einen 6-Byte Speicherbereich definiert, die eine lineare Basisadresse (32-Bit) und die Größe der Tabelle in Bytes (16-Bit) enthält.

Ist der Operand 32-Bit groß, wird die Größe (die unteren 2 Bytes) und die Basisadresse (die oberen 4 Bytes) komplett in die GDT kopiert. Ist der Operand allerdings nur 16-Bit groß, so wird nur eine 24-Bit-Basisadresse (das dritte, vierte und fünfte Byte) geladen. Das höchste Byte wird dann mit Nullen aufgefüllt.

Der Befehl wird eigentlich nur in Betriebssystemsoftware angewandt und sollte keinen Gebrauch in Anwendungen finden.

Eingeführt mit: 286er

Exceptions

Protected-Mode-Exceptions: #UD, #GP, #SS, #PF

Real-Mode-Exceptions: #UD, #GP, #SS

Virtual-8086-Mode-Exceptions: #GP

Beispiel

```
LGDT [BP]
```

LGS

Siehe LDS.

LIDT

load interrupt descriptor table

```
LIDT Operand
```

`LIDT` lädt den Operanden in das ITD-Register. Der Operand ist dabei eine Speichervariable, die einen 6-Byte Speicherbereich definiert, die eine lineare Basisadresse (32-Bit) und die Größe der Tabelle in Bytes (16-Bit) enthält.

Ist der Operand 32-Bit groß, wird die Größe (die unteren 2 Bytes) und die Basisadresse (die oberen 4 Bytes) komplett in die IDT kopiert. Ist der Operand allerdings nur 16-Bit groß, so wird nur eine 24-Bit-Basisadresse (das dritte, vierte und fünfte Byte) geladen. Das höchste Byte wird dann mit Nullen aufgefüllt.

Der Befehl wird eigentlich nur in Betriebssystemsoftware angewandt und sollte keinen Gebrauch in Anwendungen finden.

Eingeführt mit: 286er

Exceptions

Protected-Mode-Exceptions: #UD, #GP, #SS, #PF

Real-Mode-Exceptions: #UD, #GP, #SS

Virtual-8086-Mode-Exceptions: #GP

Beispiel

```
LIDT [BP]
```

LLDT

load local descriptor table register

```
LLDT Operand
```

`LLDT` lädt den Operanden, der ein 16-Bit-Register oder eine Speichervariable darstellt und einen Selektor für die globale Deskriptortabelle enthalten sollte, in das LDT-Register. Nachdem der Selektor geladen wurde, wird dieser als Zeiger auf die globale Deskriptortabelle benutzt.

Es werden des Weiteren die Größe der lokalen Deskriptortabelle und die Basisadresse in das LDT-Register geladen.

Die Segmentregister DS, ES, SS, FS, GS und CS sowie das LDTR-Feld im TSS für die aktuelle Anwendung werden nicht verändert.

Falls der Operand gleich null ist, wird das LDT-Register als ungültig markiert, und alle Zugriffe würden eine #GP-Exception auslösen, bis auf die Befehle `LAR`, `VERR`, `VERW` und `LSL`.

Der Befehl wird eigentlich nur in Betriebssystemsoftware angewandt und sollte keinen Gebrauch in Anwendungen finden.

Eingeführt mit: 286er

Exceptions

Protected-Mode-Exceptions: #GP, #SS, #NP, #PF

Real-Mode-Exceptions: #UD

Virtual-8086-Mode-Exceptions: #UD

LSL

load segment limit

`LSL Operand1, Operand2`

LSL lädt den ersten Operanden mit einer Segmentgrenze. Die Segmentgrenze wird in Bytes gespeichert.

Der zweite Operand enthält dabei einen Selektor, der auf einen Segmentdeskriptor zeigt. Er kann als 16- oder 32-Bit-Register oder als Speichervariable angegeben werden. Der erste Operand ist ein Register entsprechender Größe.

Die Segmentgrenze ist ein 20-Bit-Wert, der in den Bytes 0 und 1 des Deskriptors gespeichert ist.

Bevor die Segmentgrenze geladen wird, werden noch einige Überprüfungen vorgenommen:

- Der Selektor darf nicht null sein.
- Der Selektor muss auf einen Deskriptor zeigen, der innerhalb der GDT oder LDT liegt.
- Im Gegensatz zu reservierten Deskriptoren, dem Call-, dem Task-, dem Trap- und dem Interrupt Gate, sind alle Code- und Datensegment-Deskriptoren gültig.
- Der Selektor muss beim gesetzten CPL sichtbar sein (CPL und RPL müssen kleiner oder gleich dem DPL des Selektors sein).

Wenn die Zugriffsrechte erfolgreich geladen werden konnten, wird das Zero-Flag gesetzt, ansonsten gelöscht.

Wenn die Größe der Operanden 32-Bit beträgt, werden die kompletten 32 Bytes der Segmentgrenze in den ersten Operanden geschrieben. Ist dieser nur 16-Bit groß, so wird zwar eine gültige 32-Bit Segmentgrenze berrechnet, aber nur die unteren 16 Bits werden in den Operanden zurück geschrieben.

Eingeführt mit: 286er

Exceptions
Protected-Mode-Exceptions: #GP, #SS, #PF, #AC
Real-Mode-Exceptions: #UD
Virtual-8086-Mode-Exceptions: #UD

LSS

Siehe LDS.

LTR

load task register

`LTR Operand`

`LTR` kopiert den 16-Bit-Operanden in das Task-Register. Der Operand kann ein Register oder eine Speichervariable sein und enthält einen Segment-Selektor, der auf ein Task-State-Segment (TSS) zeigt. Das TSS wird als belegt gekennzeichnet, aber es findet kein Task-Switch statt.

Die aktuelle Privilegstufe des Programms muss gleich 0 sein, damit der Befehl ausgeführt werden kann.

Der Befehl wird eigentlich nur in Betriebssystemsoftware angewandt und sollte keinen Gebrauch in Anwendungen finden.

Eingeführt mit: 286er

Exceptions
Protected-Mode-Exceptions: #GP, #SS, #NP, #PF
Real-Mode-Exceptions: #UD
Virtual-8086-Mode-Exceptions: #UD

MOV

Wird ein Selektor in ein Segmentregister kopiert, werden automatisch die Informationen des Deskriptors mit in das Segmentregister geladen.

Falls der erste Operand von `MOV` ein Segmentregister ist, kann im Protected-Mode ein Null-Selektor (Werte von 0000 bis 0003) in die Register DS, ES, FS oder GS geladen werden, ohne das eine Exception ausgelöst wird. Möchte man danach auf ein Segment zugreifen, dessen entsprechendes Segmentregister ein Null-Selektor enthält, erzeugt dies eine #GP-Exception, und es erfolgt kein Zugriff auf dieses Segment.

Handelt es sich bei dem ersten Operanden um das CR3-Register und befindet man sich im Protected-Mode, ist weiterhin zu beachten, dass alle nicht globalen TLBs (translation lookaside buffers) gelöscht werden.

Siehe auch

Register-Befehle Register-Befehle

POP

Falls der Operand eines der Segmentregister (DS, ES, FS, GS oder SS) darstellt, so wird der Deskriptor des entsprechendem Selektors mit in das Segmentregister geladen. Es wird vorher geprüft, ob es sich um einen gültigen Selektor handelt.

Außerdem kann im Protected-Mode ein Null-Selektor (Werte von 0000 bis 0003) in die Register DS, ES, FS oder GS geladen werden, ohne das eine Exception ausgelöst wird. Möchte man danach auf ein Segment zugreifen, dessen entsprechendes Segmentregister einen Null-Selektor enthält, erzeugt dies eine #GP-Exception, und es erfolgt kein Zugriff auf dieses Segment. Der gespeicherte Wert des Segmentregisters ist dann null.

Siehe auch

Register-Befehle

POPFx

Ist der aktuelle Privileglevel gleich null, verhält sich der Prozessor bei der Ausführung des Befehls genauso wie im Real-Mode.

Sollte der Privileglevel größer null sein und kleiner oder gleich dem IOPL, so kann das IOPL-Flag nicht verändert werden.

Das Interrupt-Flag kann nur verändert werden, wenn der aktuelle Privileglevel mindestens genauso groß ist wie das IOPL.

Im Virtual-8086-Mode muss das IOPL gleich 3 sein, damit der Befehl ausgeführt werden darf. Die Flags VM, RF, IOPL, VIP und VIF werden dabei nicht verändert. Sollte das IOPL kleiner null sein, wird eine #GP-Exception erzeugt.

Siehe auch

Flag-Befehle

PUSHFx

Wenn sich der Prozessor im Virtual-8086-Mode befindet und das IOPL kleiner 3 ist, wird eine #GP-Exception ausgelöst, wenn dieser Befehl aufgerufen wird.

Siehe auch

Flag-Befehle

SGDT

store global descriptor table

`SGDT Operand`

`SGDT` speichert das GDT-Register in dem angegebenen Operanden. Der Operand spezifiziert dabei einen 6-Byte-Speicherbereich.

Der Befehl ist eigentlich nur in Betriebssystemsoftware sinnvoll.

Eingeführt mit: 286er

Exceptions

Protected-Mode-Exceptions: #UD, #GP, #SS, #PF, #AC

Real-Mode-Exceptions: #UD, #GP, #SS

Virtual-8086-Mode-Exceptions: #UD, #GP, #SS, #PF, #AC

SIDT

store interrupt descriptor table

`SIDT Operand`

`SIDT` speichert das IDT-Register in dem angegebenen Operanden. Der Operand spezifiziert dabei einen 6-Byte-Speicherbereich.

Der Befehl ist eigentlich nur in Betriebssystemsoftware sinnvoll.

Eingeführt mit: 286er

Exceptions

Protected-Mode-Exceptions: #UD, #GP, #SS, #PF, #AC

Real-Mode-Exceptions: #UD, #GP, #SS

Virtual-8086-Mode-Exceptions: #UD, #GP, #SS, #PF, #AC

SLDT

store local descriptor table register

`SLDT Operand`

`SLDT` schreibt einen Selektor aus dem LDT-Register in den angegebenen Operanden, der ein 16- bzw. 32-Bit-Register oder eine Speichervariable darstellen kann.

Handelt es sich bei dem Operanden um ein 32-Bit-Register, so werden die unteren 16-Bits beschrieben. Die oberen Bits werden ab dem Pentium Pro auf 0 gesetzt und sind auf Vorgängermodellen undefiniert.

Der Befehl ist eigentlich nur in Betriebssystemsoftware sinnvoll.

Eingeführt mit: 286er

Exceptions

Protected-Mode-Exceptions: #GP, #SS, #PF, #AC

Real-Mode-Exceptions: #UD

Virtual-8086-Mode-Exceptions: #UD

STI

Ist das IOPL gleich 3 oder die aktuelle Privilegstufe kleiner bzw. gleich dem IOPL, so wird das Interrupt-Flag gesetzt, ansonsten wird eine #GP-Exception erzeugt.

Siehe auch

Flag-Befehle Flag-Befehle

STR

store task register

`STR Operand`

`STR` speichert den Segmentselektor aus dem Task-Register in dem 16-Bit großen Operanden, der ein Register oder eine Speichervariable sein kann. Wird als Operand ein 32-Bit-Register angegeben, so wird das höherwertige Word mit Nullen aufgefüllt.

Der Befehl wird eigentlich nur in Betriebssystemsoftware angewandt und sollte keinen Gebrauch in Anwendungen finden.

Eingeführt mit: 286er

Exceptions

Protected-Mode-Exceptions: #GP, #SS, #PF, #AC

Real-Mode-Exceptions: #UD

Virtual-8086-Mode-Exceptions: #UD

SYSCALL

call operating system

SYSCALL ermöglicht das schnellstmögliche Umschalten in Ring 0 (CPL=0). Dabei werden die Register CS, EIP und SS aus dem modellspezifischen Register STAR (SYSCALL/SYSRET Target Adress Register (C000_0081h)) geladen.

Das EIP-Register wird als Erstes in das ECX-Register kopiert. Danach werden die Bits 0-31 aus STAR in das EIP-Register kopiert.

Die Bits 32-47 aus STAR enthalten den neuen CS-Selektor und die Bits [32-47]+1000b enthalten den neuen SS-Selektor.

Das CS- und das SS-Register sollten zwischen den Aufrufen von SYSCALL und dem korrespondierenden Befehl SYSRET nicht verändert werden!

SYSCALL ist nur für Betriebsystemsoftware interessant. Der Befehl hat eine ähnliche Funktion wie CALL, allerdings werden wesentlich weniger Checks durchgeführt (z.B. muss ein CALL überprüfen, ob der CS- bzw. SS-Selektor ein Null-Selektor ist und falls ja, eine #GP-Exception erzeugen, ein Stack-Segment muss verfügbar sein und so weiter).

Bevor Sie diesen Befehl benutzen, sollten Sie mittels CPUID überprüfen, ob er vorhanden ist. Dazu muss der CPUID-Befehl Bit 11 (SEP) im EDX-Register gesetzt haben.

Der Befehl ist nur auf AMD-Prozessoren verfügbar. Einen ähnlichen Befehl hat Intel mit SYSENTER implementiert.

Beeinflusste Flags

IF und VM werden gelöscht.

Exceptions

#UD

Siehe auch

SYSRET

SYSENTER

fast transition to system call entry point

SYSENTER ermöglicht das schnellstmögliche Umschalten in Ring 0 (CPL=0). Dabei werden die Register CS, EIP, SS und ESP aus modellspezifischen Registern geladen.

- CS wird aus SYSENTER_CS_MSR geladen, dessen Adresse gleich 174h ist.
- EIP wird aus SYSENTER_EIP_MSR geladen, dessen Adresse gleich 175h ist.
- SS wird aus der Summe SYSENTER_CS_MSR+8 geladen.
- ESP wird aus SYSENTER_ESP_MSR geladen, dessen Adresse gleich 176h ist.

Der Prozessor speichert dabei keine Informationen, wie Registerinhalte, Rücksprungsadresse oder den Stack.

Bevor Sie diesen Befehl benutzen, sollten Sie mittels CPUID überprüfen, ob er vorhanden ist. Dazu muss der CPUID-Befehl Bit 11 (SEP) im EDX-Register gesetzt haben. Danach ist noch eine Überprüfung der Prozessorfamilie und des Modells notwendig. Wenn der Wert für die Prozessorfamilie gleich 6, die Modellnummer größer oder gleich 3 und die Stepping-ID ebenfalls größer gleich 3 ist, dann ist der Befehl verfügbar.

Der Befehl ist nicht auf AMD-Prozessoren verfügbar. Einen ähnlichen Befehl hat AMD mit SYSCALL implementiert.

Eingeführt mit: Pentium II

Exceptions

#GP

Siehe auch

SYSEXIT

SYSEXIT

fast transition from system call entry point

SYSEXIT ermöglicht das schnellstmögliche Umschalten in Ring 3 (CPL=3) aus dem Ring 0 heraus. Dabei werden die Register CS, EIP, SS und ESP aus modellspezifischen bzw. Allzweck-Registern geladen.

- CS wird aus der Summe SYSENTER_CS_MSR+16 geladen.
- EIP wird aus EDX geladen.
- SS wird aus der Summe SYSENTER_CS_MSR+24 geladen.
- ESP wird aus ECX geladen.

Der Prozessor speichert dabei keine Informationen, wie Registerinhalte, Rücksprungsadresse oder den Stack.

Bevor Sie diesen Befehl benutzen, sollten Sie mittels CPUID überprüfen, ob er vorhanden ist. Dazu muss der CPUID-Befehl Bit 11 (SEP) im EDX-Register gesetzt haben. Danach ist noch eine Überprüfung der Prozessorfamilie und des Modells notwendig. Wenn der Wert für die Prozessorfamilie gleich 6, die Modellnummer größer oder gleich 3 und die Stepping-ID ebenfalls größer gleich 3 ist, dann ist der Befehl verfügbar.

Der Befehl ist nicht auf AMD-Prozessoren verfügbar. Einen ähnlichen Befehl hat AMD mit SYSRET implementiert.

Eingeführt mit: Pentium II

Exceptions

#GP

Siehe auch

SYSENTER

SYSRET

return from operating system

SYSRET ermöglicht das schnellstmögliche Umschalten in Ring 3 (CPL=3). Dabei werden die Register CS und SS aus dem modellspezifischen Register STAR (SYSCALL/SYSRET Target Adress Register (C000_0081h)) und EIP aus dem ECX-Register geladen.

Das ECX-Register wird als Erstes in das EIP-Register kopiert. Die Bits 48-63 aus STAR enthalten den neuen CS-Selektor und die Bits [48-63]+1000b enthalten den neuen SS-Selektor.

Das CS- und das SS-Register sollten zwischen den Aufrufen von SYSCALL und dem korrespondierenden Befehl SYSRET nicht verändert werden!

Bevor Sie diesen Befehl benutzen, sollten Sie mittels CPUID überprüfen, ob er vorhanden ist. Dazu muss der CPUID-Befehl Bit 11 (SEP) im EDX-Register gesetzt haben.

Der Befehl ist nur auf AMD-Prozessoren verfügbar. Einen ähnlichen Befehl hat Intel mit SYSEXIT implementiert.

Beeinflusste Flags

IF wird gesetzt.

Exceptions

#UD, #GP

Siehe auch

SYSCALL

VERR

verify a segment for reading

`VERR Operand`

`VERR` überprüft, ob der Segmentselektor in dem 16-Bit-Register bzw. der Speichervariable, die als Operand angegeben wurde, mit der aktuellen Privilegsstufe des Programms beschreibbar ist. Falls die Möglichkeit besteht, so wird das Zero-Flag gesetzt, ansonsten gelöscht.

Der Befehl kann nicht auf Systemsegmente angewandt werden.

Eingeführt mit: 286er

Exceptions

Protected-Mode-Exceptions: #GP, #SS, #PF, #AC

Real-Mode-Exceptions: #UD

Virtual-8086-Mode-Exceptions: #UD

VERW

verify a segment for writing

`VERW Operand`

`VERW` überprüft, ob der Segmentselektor in dem 16-Bit-Register bzw. der Speichervariable, die als Operand angegeben wurde, mit der aktuellen Privilegsstufe des Programms lesbar ist. Falls die Möglichkeit besteht, so wird das Zero-Flag gesetzt, ansonsten gelöscht.

Der Befehl kann nicht auf Systemsegmente angewandt werden.

Eingeführt mit: 286er

Exceptions

Protected-Mode-Exceptions: #GP, #SS, #PF, #AC

Real-Mode-Exceptions: #UD

Virtual-8086-Mode-Exceptions: #UD

3.21 Prozessor-Befehle

ESC

escape

`ESC Operand1, Operand2`

`ESC` schickt einen Befehl an den Coprozessor, der dort verarbeitet wird. Dabei stellt der erste Operand eine 6-Bit-Konstante dar, die den Befehl enthält, und der zweite Operand ist ein 8-Bit-Register (AL, CL, DL, BL, AH, CH, DH, BH), welches die Register ST(0) bis ST(8) der FPU darstellen.

Dieser Befehl taucht nicht in der Originaldokumentation auf (weder in Intels noch in den Handbüchern der Assembler, die diesen Befehl unterstützen) und sollte tunlichst vermieden werden. Verwenden Sie lieber direkt die Befehle der FPU (siehe Kapitel 4).

HLT

halt

`HLT` versetzt den Prozessor in den Halte-Zustand. Der Prozessor führt erst wieder Befehle aus, wenn dieser Zustand durch einen Interrupt oder einen Reset aufgehoben wird.

Im Protected-, bzw. Virtual-8086-Mode muss die Privilegstufe des aktuellen Programms gleich 0 sein, um den Befehl ausführen zu können.

Exceptions

Protected-Mode-Exceptions: #GP

Real-Mode-Exceptions: Keine

Virtual-8086-Mode-Exceptions: #GP

LOCK

LOCK sperrt den Bus für die Dauer des nächsten Befehls. Dieser Befehl wird in Multiprozessorsystemen benötigt, wenn mehrere Prozesse auf den Speicher zugreifen und diesen verändern können. Er wird als Präfix genutzt und kann folgenden Befehlen vorangestellt werden: ADD, ADC, AND, BTC, BTR, BTS, CMPXCHG, DEC, INC, NEG, NOT, OR, SBB, SUB, XOR, XADD, XCHG. Dabei wird dem Befehl XCHG automatisch immer ein LOCK vorangestellt.

Exceptions

#UD

Beispiel

```
LOCK INC AX
```

NOP

null operation

NOP führt keine Operation durch und beeinflusst auch den Programmablauf in keinster Weise. Es verändert lediglich das IP-Register.

Synonym für den NOP-Befehl kann man auch die Anweisung XCHG AX, AX benutzen.

RSM

resume from system management mode

RSM übergibt die Kontrolle des Systems vom System-Management-Modus an das Programm bzw. das Betriebssystem, welches vom SSM-Interrupt unterbrochen wurde. Der Status des Prozessors wird in den Zustand versetzt, den der Prozessor vor dem SSM-Interrupt hatte.

Dabei werden prozessorspezifische Register nicht verändert!

Falls der Prozessor eine ungültige Information beim Wiederherstellen des Status findet, wird der Prozessor heruntergefahren.

Das kann durch folgende Fehlinformationen passieren:

- Ein reserviertes Bit im CR4-Register ist gesetzt.
- Eine ungültige Kombination von Flags im CR0-Register (z.B.: PG = 1 und PE = 0)

Eingeführt mit: Pentium

Beeinflusste Flags

Alle

Exceptions

#NM

UD2

undefined instruction

`UD2` erzeugt einen ungültigen Opcode und damit eine #UD-Exception. Der Befehl wird zum Testen verwendet, um gezielt eine Exception zu erzeugen.

Eingeführt mit: Pentium Pro

WAIT

`WAIT` versetzt die CPU so lange in den Warte-Zustand, wie die FPU aktiv ist. Erst nachdem die FPU alle anstehenden Befehle bearbeitet hat, nimmt die CPU ihre Arbeit wieder auf.

`WAIT` ist identisch mit dem Befehl `FWAIT`.

Exceptions

#NM

3.22 Cache-Befehle

INVD

invalidate internal caches

`INVD`

`INVD` löscht den internen Cache und sendet einen Signal an den externen Cache, dass er sich ebenfalls löschen soll. Die Daten des internen Cache werden dabei nicht im Hauptspeicher gesichert; dazu müsste der Befehl `WBINVD` benutzt werden.

Es handelt sich dabei um einen privilegierten Befehl, was heißt, dass im Protected-Mode der aktuelle Privileglevel gleich null sein muss, damit der Befehl ausgeführt werden kann.

Nachdem der interne Cache gelöscht wurde, wird sofort mit der Ausführung des Codes fortgefahren. Es wird nicht so lange gewartet, bis sich der externe Cache gelöscht hat.

Die Funktion dieses Befehls kann in weiteren Prozessor-Modellen anders implementiert werden.

Eingeführt mit: 486er

Exceptions

Protected-Mode-Exceptions: #GP

Real-Mode-Exceptions: Keine

Virtual-8086-Mode-Exceptions: #GP

INVLPG

invalidate TLB entry

`INVLPG Operand`

`INVLPG` erklärt den als Operanden angegebenen Eintrag im TLB (translation lookaside buffer) für ungültig bzw. löscht diesen. Bei dem Operanden handelt es sich um eine Speicheradresse, welche die *page* enthält, die aus dem TLB gelöscht werden soll.

Es handelt sich dabei um einen privilegierten Befehl, was heißt, dass im Protected-Mode der aktuelle Privileglevel gleich null sein muss, damit der Befehl ausgeführt werden kann.

Normalerweise löscht INVPLG nur den Eintrag für die *page*, die gelöscht werden soll. Allerdings kann es in manchen Fällen dazu kommen, dass der gesamte TLB gelöscht wird. Das ist zum Beispiel immer dann der Fall, wenn in das CR3-Register geschrieben wird.

Die Funktion dieses Befehls kann in weiteren Prozessor-Modellen anders implementiert werden.

Eingeführt mit: 486er

Exceptions

Protected-Mode-Exceptions: #GP, #UD

Real-Mode-Exceptions: #UD

Virtual-8086-Mode-Exceptions: #GP

Beispiel

```
INVLPG [BP+2]
```

WBINVD

write back and invalidate cache

```
WBINVD
```

WBINVD schreibt den internen Cache zurück in den Hauptspeicher und löscht diesen. Danach wird ein Signal an den externen Cache gesendet, dass auch er seine Daten in den Hauptspeicher schreiben und sich danach löschen soll.

Es handelt sich dabei um einen privilegierten Befehl, was heißt, dass im Protected-Mode der aktuelle Privileglevel gleich null sein muss, damit der Befehl ausgeführt werden kann.

Nachdem der interne Cache gelöscht wurde, wird sofort mit der Ausführung des Codes fortgefahren. Es wird nicht so lange gewartet, bis sich der externe Cache in den Speicher geschrieben und anschließend gelöscht hat.

Die Funktion dieses Befehls kann in weiteren Prozessor-Modellen anders implementiert werden.

Eingeführt mit: 486er

Exceptions

Protected-Mode-Exceptions: #GP

Real-Mode-Exceptions: Keine

Virtual-8086-Mode-Exceptions: #GP

3.23 Der CPUID-Befehl

Mit dem Pentium kam ein lang ersehnter Befehl: ein Befehl, der Informationen über den benutzten Prozessor liefert. Musste man früher noch die einzelnen Prozessoren anhand ihrer einzigartigen Eigenschaften, wie das Vorhandensein bestimmter Flags oder Ähnlichem bestimmen, so wurde mit dem CPUID-Befehl dieses überflüssig.

Mit ihm kann man unter anderem abfragen, ob bestimmte Befehle wie zum Beispiel CMOVx verfügbar sind, oder aber auch Technologien wie MMX und 3DNow!

Der CPUID-Befehl wird erst komplett abgearbeitet, bevor der Prozessor weitere Befehle ausführt. Es handelt sich dabei also um einen serialisierenden Befehl.

Verfügbarkeit des CPUID-Befehls

Als Erstes muss geprüft werden, ob der CPUID-Befehl überhaupt vom Prozessor unterstützt wird. Dazu dient das Identification-Flag (Bit 21) im EFlags-Register. Lässt es sich problemlos setzen und wieder löschen, ist der Befehl verfügbar.

Hierzu ein kleines Listing, dass diese Aufgabe übernimmt:

```
Comment *
   Autor:              Joachim F. Rohde
   Datum:              13.05.2001
   letzte Änderungen: 13.05.2001

   Funktion: Überprüft, ob der CPUID-Befehl auf dem Prozessor
   verfügbar ist und teilt das Ergebnis in Form eines Textes
   auf dem Bildschirm mit.
   *

   .model small
   .data
      m1 db 'Der CPUID-Befehl ist $'
      m2 db 'verfügbar.$'
      m3 db 'nicht verfügbar.$'

   .stack 100h

   .code
   start:
      mov ax, @data
      mov ds, ax

      mov ah, 9              ;Gibt m1 auf dem Bildschirm aus
      lea dx, m1
      int 21h


   .386                      ;aktiviert die 386er Befehle
      pushfd                 ;EFlags-Register
      pop eax                ;nach EAX kopieren
      mov ebx, eax           ;Kopie davon nach EBX
      xor eax, 00200000h     ;Bit 21 ändern
```

```
    push eax                    ;Veränderung ins
    popfd                       ;EFlags-Register schreiben
    pushfd                      ;erneut Flags sichern
    pop eax                     ;überprüfen ob Bit 21
    xor eax, ebx                ;sich geändert hat
    jnz vorhanden               ;wenn ja, dann springe

.8086                           ;aktiviere 8086-Befehlssatz
    mov ah, 9                   ;teilt mit, dass der CPUID-
    lea dx, m3                  ;Befehl nicht verfügbar ist
    int 21h
    jmp short ende              ;und raus

vorhanden:
    mov ah, 9                   ;teile mit, dass der CPUID-
    lea dx, m2                  ;Befehl verfügbar ist
    int 21h

ende:
    mov ah, 4Ch                 ;beendet das
    int 21h                     ;Programm

ends
end start
```

Listing 3.1: Überprüft, ob der CPUID-Befehl verfügbar ist

Funktionen des CPUID-Befehls

Der CPUID-Befehl unterscheidet zwischen Basisfunktionen und erweiterten Funktionen, wobei Letztere erst mit dem Pentium 4 eingeführt wurden.

CPUID erwartet im EAX-Register eine Funktionsnummer, damit er weiß, welche Informationen er in die 32-Bit-Allzweckregister zurückschreiben soll.

Sollte die Funktionsnummer größer sein, als die, die der Prozessor unterstützt, so wird im EAX-Register die höchste verfügbare Funktionsnummer zurückgeliefert.

Grundlegende Informationen

Funktions-nummer		Zurückgelieferte Informationen
0h	EAX	Maximale Funktionsnummer 1h für Pentium Prozessoren 2h für Pentium Pro, Pentium II, Pentium Celeron und Pentium 4 Prozessoren. 3h für Pentium 3 Prozessoren
	EBX	"Genu"
	ECX	"ntel"
	EDX	"inel"
1h	EAX	Bit 0-3 Stepping-ID (Revisionsnummer) Bit 4-7 Modellnummer Bit 8-11 Prozessor-Familie Bit 12/13 Prozessor-Typ (ab Pentium Pro) Bit 14/15 reserviert Bit 16-19 erweiterte Modellinformationen Bit 20-27 erweiterte Familieninformationen Bit 28-31 reserviert
	EBX	Bit 0-7 gebrannter String (Index) Bit 8-15 CLFLUSH line size Der hier zurückgelieferte Wert ergibt, mit 8 multipliziert, die Größe des mit `CLFLUSH` zu löschenden Cache. Bit 16-23 reserviert Bit 24-31 enthält die 8-Bit physikalische ID, die während des Bootens mit dem lokalen APIC auf dem Prozessor verknüpft wird.
	ECX	Reserviert
	EDX	Weitere Informationen (siehe)

Funktions-nummer		Zurückgelieferte Informationen
2h	EAX	Cache und TLB-Informationen
	EBX	Cache und TLB-Informationen
	ECX	Cache und TLB-Informationen
	EDX	Cache und TLB-Informationen
3h	EAX	Reserviert
	EBX	Reserviert
	ECX	Bit 0-31 Seriennummer (nur beim Pentium 3)
	EDX	Bit 32-63 Seriennummer (nur beim Pentium 3)

Tabelle 3.1: Informationen, die von CPUID zurückgeliefert werden

Weitere Informationen aus dem EDX-Register

Ist das entsprechende Bit gesetzt, so wird die entsprechende Eigenschaft unterstützt.

Bit	Abkürzung	Beschreibung
0	FPU	Verfügbarkeit einer FPU
1	VME	Virtual 8086 Mode Enhancements. Verschiedene virtuelle Modi werden unterstützt.
2	DE	Debugging Extension. Unterstützung von I/O Breakpoints.
3	PSE	Page Size Extension. Große *pages* von 4 Megabytes werden unterstützt.
4	TSC	Verfügbarkeit des `RDTSC`-Befehls
5	MSR	Verfügbarkeit der Befehle `RDMSR` und `WRMSR`
6	PAE	Physical Address Extension. Unterstützung von Adressen, die größer als 32-Bit sind.
7	MCE	Machine Check Exception

Bit	Abkürzung	Beschreibung
8	CX8	Verfügbarkeit des CMPXCH8B-Befehls
9	APIC	Der Prozessor enthält einen APIC (*advanced programmable interrupt controller*).
10	Reserviert	Reserviert
11	SEP	Verfügbarkeit der Befehle SYSENTER und SYSEXIT (bzw. der Befehle SYSCALL und SYSRET auf einem AMD-Prozessor)
12	MTTR	*memory type range registers* werden unterstützt.
13	PGE	PTE Global Bits. Das *global bit* in *PDEs* (page directory entries) und *PTEs* (page table entries), welches verschiedenen Prozessen gemeinsam genutzte TLB-Einträge anzeigt, wird unterstützt. Dadurch müssen die TLBs nicht gelöscht werden.
14	MCA	*Machine Check Architecture* wird unterstützt, wodurch ein kompatibler Mechanismus für Fehlermeldungen ermöglicht wird.
15	CMOV	Verfügbarkeit der CMOVxx Befehle. Ist zudem noch das FPU-Bit gesetzt, werden auch die Befehle FCOMI und FCMOV unterstützt.
16	PAT	Page Attribute Table. Diese Eigenschaft vermehrt die MTTRs.
17	PSE-36	Erweiterte 4 Megabyte große Seiten, die fähig sind, physikalischen Speicher hinter der 4-Gigabyte-Grenze zu adressieren, werden unterstützt.
18	PSN	Der Prozessor unterstützt die 96-Bit große *processor serial number.*
19	CLFSH	Verfügbarkeit des CLFLUSH-Befehls
20	Reserviert	Reserviert

Bit	Abkürzung	Beschreibung
21	DS	Debug Store. Der Prozessor unterstützt die Möglichkeit, Debug-Informationen in ein speicherresidenten Buffer zu schreiben.
22	ACPI	Prozessor verfügt über MSRs, die es erlauben, die Prozessortemperatur zu überwachen und die Leistung des Prozessors zu regulieren.
23	MMX	Verfügbarkeit der MMX-Technologie
24	FXSR	Verfügbarkeit der Befehle `FXSAVE` und `FXRSTOR`
25	SSE	Verfügbarkeit des SSE-Befehlssatzes
26	SSE2	Verfügbarkeit des SSE2-Befehlssatzes
27	SS	Self Snoop. Dem Prozessor ist es möglich, Speicherkonflikte zu managen.
28	Reserviert	Reserviert
29	TM	Der Prozessor enthält den *thermal monitor* (= Überwachung der Prozessortemperatur) mit automatischer TCC (thermal control cicuitry = thermisches Kontrollschaltsystem).
30[a]	3DNow!-Instructions Extension	Verfügbarkeit der erweiterten 3D-Now!-Technologie (nur auf AMD-Prozessoren)
31	3DNow!-Instructions	Verfügbarkeit der 3D-Now!-Technologie (nur auf AMD-Prozessoren)

a. Die Bits 30 und 31 sind auf Intel-Prozessoren reserviert!

Tabelle 3.2: Weitere Informationen aus dem EDX-Register

Informationen der erweiterten Funktionen

Funktions-nummer		Zurückgelieferte Informationen
80000000h	EAX	Maximale erweiterte Funktionsnummer 80000004h für Pentium 4 Prozessoren
	EBX	Reserviert
	ECX	Reserviert
	EDX	Reserviert
80000001h	EAX	Reserviert
	EBX	Reserviert
	ECX	Reserviert
	EDX	Reserviert
80000002h	EAX	Eingebrannter String
	EBX	Eingebrannter String (Fortsetzung)
	ECX	Eingebrannter String (Fortsetzung)
	EDX	Eingebrannter String (Fortsetzung)
80000003h	EAX	Eingebrannter String (Fortsetzung)
	EBX	Eingebrannter String (Fortsetzung)
	ECX	Eingebrannter String (Fortsetzung)
	EDX	Eingebrannter String (Fortsetzung)
80000004h	EAX	Eingebrannter String (Fortsetzung)
	EBX	Eingebrannter String (Fortsetzung)
	ECX	Eingebrannter String (Fortsetzung)
	EDX	Eingebrannter String (Fortsetzung)

Tabelle 3.3: Informationen, die von CPUID zurückgeliefert werden

Der eingebrannte String enthält Informationen über den Prozessor und die Taktrate. Die Funktionsnummer 1h liefert mit den Bits 0 bis 7 im EBX-Register den Index dieses Strings zurück. Dadurch ist ein Zugriff auf den eingebrannten String im Speicher möglich.

Weiteres über CPUID

Da der Befehl mit jedem neuen Prozessor erweitert wird, sollten Sie die Originaldokumentation des jeweiligen Herstellers einsehen. Diese finden Sie im Internet auf den jeweiligen Seiten (zum Beispiel unter http://www.amd.com/products/cpg/athlon/techdocs/index.html oder unter http://developer.intel.com/).

In den vorangegegangenen Kapiteln wurde nur ein Teil des bisherigen Umfangs des `CPUID`-Befehls erwähnt, da der Rest meines Erachtens keinen großen Nutzen in der Praxis für die meisten Programmierer haben wird.

4 Der mathematische Coprozessor (FPU)

Dieses Kapitel ist in folgende Unterkapitel unterteilt:

- Architektur der FPU
- Verfügbarkeit der FPU
- Poppen des Stacks
- Pushen des Stacks
- Normalisierte und Denormalisierte Zahlen
- Befehle zur Kontrolle der FPU
- Stack-Befehle (Laden, Speichern etc.)
- Mathematische Befehle
- Vergleiche
- Ein Beispiel

4.1 Architektur der FPU

Die FPU (Floating Point Unit) ist ein eigenständiger Prozessor und dient zum Bearbeiten von Fließkommazahlen. Er besitzt seine eigenen Register und seine eigenen Flags, was die Tatsache ermöglicht, dass die FPU parallel zum Hauptprozessor läuft (siehe auch: `FWAIT`).

Genau genommen gibt es einen Unterschied zwischen den Bezeichnungen 'Coprozessor' und 'FPU'. Früher war der Coprozessor ein eigenständiges Bauteil, welches separat erworben werden konnte. Heutzutage ist dieses Bauteil im eigentlichen Prozessor als eigene Einheit integriert und wird als FPU bezeichnet.

Der IEEE-754 Standard

IEEE steht für *Institute of Electrical and Electronic Engineers* und ist eine internationale Vereinigung von Ingenieuren. Das Institut spielt eine wichtige Rolle bei der Festlegung von Standards im EDV-Bereich.

Der IEEE-754 Standard legt fest, wie Fließkommazahlen aufgebaut und behandelt werden, zum Beispiel bei der Rundung.

Die FPU zerlegt dafür die Zahl in eine Mantisse und einen Exponenten. Jede Zahl lässt sich auf diese Weise so darstellen, dass die besagte Zahl nur eine Vorkommastelle hat.

Da alle Computer im Binärsystem rechnen, müssen sowohl Mantisse als auch Exponent binär vorliegen. Das heißt, dass der Exponent die Basis 2 hat.

Die Register der FPU

Die Datenregister

Die FPU besitzt acht 80-Bit-Register, die mit ST(0) bis ST(7) angesprochen werden können. Die Besonderheit der FPU-Register ist, dass sie als Stack organisiert sind. Genauso wie beim Stack des Hauptprozessors ist es möglich, Werte auf den Stack zu pushen oder vom Stack zu poppen. Die Stackspitze ist dabei das ST(0)-Register.

Intern heißen die Register R0 - R7! Die Bezeichnungen ST(0) bis ST(7) sind genau genommen nur Pointer auf die jeweiligen Register.

Ein Register ist normalerweise folgendermaßen aufgebaut:

Bit 79	Bit 78-64	Bit 63-0
Vorzeichen	Exponent	Mantisse

Das Status-Register

Das Status-Register wird nach jeder Operation aktualisiert, signalisiert mögliche Fehler und gibt gegebenenfalls Informationen über das Ergebnis der Operation zurück.

Nach Initialisierung der FPU wird das Status Word gelöscht.

Bei den Exception-Flags ist darauf zu achten, dass einmal gesetzte Flags so lange gesetzt bleiben, bis sie explizit gelöscht werden!

Wichtig ist auch, dass die Exception-Flags nur dann gesetzt werden, wenn die entsprechenden Exception Masks im Control Word gelöscht sind!

Bit 0 - Invalid Operation-Flag
Dieses Exception-Flag wird gesetzt, wenn versucht wurde eine ungültige Operation auszuführen (z.B.: Vergleich einer Zahl mit einer NaN).

Bit 1 - Denormalized Operand-Flag
Dieses Exception-Flag wird gesetzt, wenn ein Operand eine denormalisierte Zahl ist.

Bit 2 - Zero Divide-Flag
Dieses Exception-Flag wird gesetzt, wenn eine Division durch null versucht wurde auszuführen.

Bit 3 - Overflow-Flag
Dieses Exception-Flag wird gesetzt, wenn ein Überlauf stattgefunden hat.

Bit 4 - Underflow-Flag
Dieses Exception-Flag wird gesetzt, wenn ein Unterlauf stattgefunden hat.

Bit 5 - Precision-Flag (Inexact Result-Flag)
Dieses Exception-Flag wird gesetzt, wenn das Ergebnis nicht exakt wiedergegeben werden kann.

Synonym für Precision-Exception steht der Ausdruck Inexact-Result-Exception.

Bit 6 - Stack Fault
Dieses Bit wird gesetzt, wenn ein Stacküberlauf oder -unterlauf aufgetreten ist. In diesem Fall signalisiert ein gesetztes C1-Flag (Bit 9) einen Überlauf und ein gelöschtes C1-Flag einen Unterlauf.

Bit 7 - Error Summary Status
Ein gesetztes Bit signalisiert, dass eine Exception aufgetreten ist.

Bit 8 - C0-Flag
Das Condition-Flag liefert Informationen bei Vergleichen und arithmetischen Operationen zurück.

Wird das Flag nicht durch einen Befehl verändert, so ist sein Zustand undefiniert.

Bit 9 - C1-Flag
Das Condition-Flag liefert Informationen bei Vergleichen und arithmetischen Operationen zurück.

Wenn das Invalid Opearation-Flag und das Stack Fault-Bit gesetzt sind, bedeutet ein gesetztes C1-Flag ein Überlauf und ein gelöschtes C1-Flag einen Unterlauf.

Bei gesetztem Precision-Flag deutet ein gesetztes C1-Flag auf eine Aufrundung hin.

Wird das Flag nicht durch einen Befehl verändert, so ist sein Zustand undefiniert.

Bit 10 - C2-Flag
Das Condition-Flag liefert Informationen bei Vergleichen und arithmetischen Operationen zurück.

Wird das Flag nicht durch einen Befehl verändert, so ist sein Zustand undefiniert.

Bit 11-13 Top of Stack Pointer (TOP)
Der *Top of Stack Pointer* beinhaltet den Wert für das aktuelle (interne) Register, welches gerade mit ST(0) angesprochen wird.

Bit 14 - C3-Flag
Das Condition-Flag liefert Informationen bei Vergleichen und arithmetischen Operationen zurück.

Wird das Flag nicht durch einen Befehl verändert, so ist sein Zustand undefiniert.

Bit 15 - FPU Busy
Ist das Busy-Bit gesetzt, arbeitet die FPU noch. Sobald die FPU inaktiv wird, wird das Bit gelöscht. Der `FWAIT`-Befehl macht sich dieses zunutze.

Programmiertipp zu den Condition-Flags

Um auf die jeweiligen Condition-Flags reagieren zu können, gibt es leider keine Befehle. Deshalb bedient man sich eines kleinen Tricks.

Mittels der Befehlsfolge

```
FSTSW AX
    SAHF
```

kopiert man das C0-Flag ins Carry-Flag, das C2-Flag ins Parity-Flag und das C3-Flag ins Zero-Flag. Das C1-Register würde leider in ein reserviertes Bit des EFlags-Register kopiert werden und kann somit nicht überprüft werden.

Das Control Register

Nach Initialisierung der FPU enthält das Control Word den Wert 037Fh. Das heißt, dass alle Exceptions maskiert sind, zur nächsten geraden Zahl gerundet wird und 64-bittige Genauigkeit eingestellt ist.

Bit 0 - Invalid Operation Exception Mask
Ist dieses Bit maskiert (gesetzt), wird das korrespondierende Flag im Status Word *nicht* gesetzt.

Bit 1 - Denormalized Operand Exception Mask
Ist dieses Bit maskiert (gesetzt), wird das korrespondierende Flag im Status Word *nicht* gesetzt.

Bit 2 - Zero Divide Exception Mask
Ist dieses Bit maskiert (gesetzt), wird das korrespondierende Flag im Status Word *nicht* gesetzt.

Bit 3 - Overflow Exception Mask
Ist dieses Bit maskiert (gesetzt), wird das korrespondierende Flag im Status Word *nicht* gesetzt.

Bit 4 - Underflow Exception Mask
Ist dieses Bit maskiert (gesetzt), wird das korrespondierende Flag im Status Word *nicht* gesetzt.

Bit 5 - Precision Exception Mask (Inexact-Result-Exception Mask)
Ist dieses Bit maskiert (gesetzt), wird das korrespondierende Flag im Status Word *nicht* gesetzt.

Bit 7 - Interrupt Enable Bit
Dieses Bit ist nur für die Befehle `FENI/FNENI` und `FDISI/FNDISI` von Bedeutung, die beide nur auf dem 8087er verfügbar waren.

Bit 8 und 9 - Precision Control (PC)
Diese beiden Bits bestimmen die Genauigkeit der Zahlen. Standardmäßig wird die 64-Bit-Genauigkeit benutzt.

Bit 10	Bit 11	Bedeutung
0	0	24-Bit-Genauigkeit
1	0	Reserviert
0	1	53-Bit-Genauigkeit
1	1	64-Bit-Genauigkeit

Bit 10 und 11 - Rounding Control (RC)
Diese beiden Bits bestimmen, wie die Zahlen gerundet werden sollen.

Bit 10	Bit 11	Bedeutung
0	0	Rundung zur nächsten geraden Zahl
1	0	Rundung zum negativ Unendlichen
0	1	Rundung zum positiv Unendlichen
1	1	Nachkommastellen werden abgeschnitten

Bit 12 - Infinity Control

Dieses Bit gibt es nur noch der Kompatibilität wegen. Auf dem 80287-Prozessor war es von Bedeutung für die Behandlung von unendlichen Werten.

Reservierte Bits

Die Bits 6, 13, 14 und 15 sind reserviert.

Das Tag Word-Register

Das Tag-Register ist 16 Bit breit und enthält Informationen zu den einzelnen Registerinhalten.

Die Bits 0 und 1 stellen das Tag(0) dar und enthalten Informationen zum ST(0)-Register. Tag(1) (Bit 2 und 3) enthalten Informationen zu ST(1) und so weiter.

Die Werte, die die Tags enthalten können, sind folgende:

Wert	Bedeutung
00	Registerinhalt ist gültig (*valid*)
01	Registerinhalt ist null (*zero*)
10	Spezieller Registerinhalt (denormalisiert, unendlich oder ungültig (NaN oder nicht unterstütztes Zahlenformat))
11	Register ist leer (*empty*)

Nach Initialisierung der FPU sind alle Tags auf 11b (*empty*) gesetzt.

Letzter Instruction Pointer-Register

Dieses Register ist 48 Bit breit und enthält den letzten Instruction-Pointer. Das Register ist nur für Exception-Handler von Bedeutung.

Nach Initialisierung der FPU ist der Wert des Instruction-Pointers gleich 0.

Letzter Data Pointer-Register

Dieses Register ist 48 Bit breit und enthält den letzten Daten-Pointer. Das Register ist nur für Exception-Handler von Bedeutung.

Nach Initialisierung der FPU ist der Wert des Daten-Pointers gleich 0.

Opcode-Register

Dieses Register ist 11 Bit breit und enthält den letzten Opcode. Das Register ist nur für Exception-Handler von Bedeutung.

4.2 Verfügbarkeit der FPU

Auch wenn es eher unwahrscheinlich ist, dass ihr Programm keine FPU vorfindet, sollte dennoch überprüft werden, ob diese überhaupt vorhanden ist.

Am einfachsten ist es, mit dem CPUID-Befehl zu überprüfen, ob eine FPU vorhanden ist. Sollte der CPUID-Befehl nicht vorhanden sein, so leistet dies auch folgendes Listing, welches allerdings keine Informationen über die Coprozessorgeneration wiedergibt, also ob es sich um einen 8087, 80287, 80387 oder 80487 handelt.

```
Comment *
   Autor:              Joachim F. Rohde
   Datum:              30.06.2001
   letzte Änderungen:  30.06.2001

   Funktion: Überprüft, ob eine FPU verfügbar ist und teilt das
   Ergebnis in Form eines Textes auf dem Bildschirm mit.
   *
   .model small
```

```
.data
  m1 db 'Kein $'
  m2 db 'Co-Prozessor vorhanden $'
  Statusword  dw 0FFFFh
  Controlword dw 0FFFFh

.code
start:
        mov ax, @data
        mov ds, ax
        fninit                  ; versucht die FPU zu
                                ; initialisiert
        fnstsw Statusword       ; speichert das Statusword
        cmp Statusword, 0       ; vergleicht ob es
                                ; wirklich gleich 0 ist
        jne nicht_vorhanden     ; Nein? -> FPU nicht
                                ;  vorhanden
        fnstcw Controlword      ; speichert d. Controlword
        cmp Controlword, 037Fh; vergleicht, ob es wirk-
                                ; lich gleich 037Fh ist
        jne nicht_vorhanden     ; Nein? -> FPU nicht
                                ;  vorhanden
        jmp short vorhanden     ; Ansonsten ist eine FPU
                                ; vorhanden

nicht_vorhanden:
        mov ah, 09h             ; Text ausgeben, dass
        lea dx, m1              ; keine FPU gefunden
        int 21h                 ; wurde

vorhanden:
        mov ah, 09h             ; Text ausgeben, dass
        lea dx, m2              ; eine vorhanden ist.
        int 21h

        mov ax, 4C00h           ; Programm beenden
        int 21h
ends
end start
```

Listing 4.1: Überprüft die Verfügbarkeit einer FPU

Wichtig ist, dass der FNINIT-Befehl und nicht sein Verwandter FINIT benutzt wird. Würde man FINIT benutzen, würde der Befehl eine WAIT-Instruktion vorher ausführen, also den Prozessor so lange in den Wartezustand schicken, bis die FPU ihre Busy-Leitung löscht. Was aber wenn keine FPU vorhanden ist??? Dann könnte die FPU die Busy-Leitung nicht löschen und der Prozessor würde bis in alle Ewigkeiten warten.

4.3 Poppen des Stacks

Wenn man vom 'Poppen des Stacks' spricht, so wird das Tag-Feld des ST(0)-Register auf den Wert 11b gesetzt. Das ST(0)-Register ist dann als leer (*empty*) markiert. Danach wird die Stackspitze um 1 inkrementiert.

Der Wert des ST(1)-Registers wird also ins ST(0)-Register verschoben, der Wert aus ST(2) wird nach ST(1), der Wert aus ST(3) nach ST(2) usw. verschoben. Das ST(0)-Register wird ins ST(7)-Register verschoben.

4.4 Pushen des Stacks

Wenn man vom 'Pushen des Stacks' spricht, so wird die Stackspitze um 1 dekrementiert und der Wert, der gepusht wird, wird im ST(0)-Register abgelegt.

Der Wert des ST(0)-Registers wird ins ST(1)-Register verschoben, der Wert aus ST(1) wird nach ST(2), der Wert aus ST(2) nach ST(3) usw. verschoben. Der Wert aus dem ST(7)-Register geht verloren.

4.5 Normalisierte und Denormalisierte Zahlen

Man spricht von einer Normalisierten Zahl, wenn das Bit vor dem Komma gesetzt, also eine 1 ist. Ist es hingegen gelöscht, eine 0, spricht man von einer Denormalisierten Zahl.

4.6 Befehle zur Kontrolle der FPU

FCLEX

clear exceptions

FCLEX löscht alle Exceptions, die gegebenenfalls gesetzt sein könnten, nachdem geprüft wurde, ob noch anstehende Exceptions zu bearbeiten sind und diese gegebenenfalls auch bearbeitet. Der Befehl führt, wenn man es sich genauer betrachtet, erst den FWAIT- und dann den FNCLEX-Befehl aus.

Die Flags aus dem FPU Status Word PE, UE, OE, ZE, DE, IE, ES, SF und das B-Flag werden gelöscht.

Die Flags C0, C1, C2, und C3 sind nicht definiert.

Exceptions

FPU-Exceptions: Keine

Protected-Mode-Exceptions: #NM

Real-Mode-Exceptions: #NM

Virtual-8086-Mode-Exceptions: #NM

FDISI

disable interrupts

FNDISI führt erst ein FWAIT aus und deaktiviert danach alle Interrupts, indem die *interrupt-enable mask* im Control Word gesetzt wird.

Die *interrupt-enable mask* ist allerdings nur auf 8087-Prozessoren verfügbar! Der FDISI-Befehl wird auf nachfolgenden Prozessoren zwar erkannt, allerdings wird er ignoriert.

FENI

enable interrupts

FENI führt erst ein FWAIT aus und aktiviert danach alle Interrupts, indem die *interrupt-enable mask* im Control Word gelöscht wird.

Die *interrupt-enable mask* ist allerdings nur auf 8087-Prozessoren verfügbar! Der FENI-Befehl wird auf nachfolgenden Prozessoren zwar erkannt, allerdings wird er ignoriert.

FINIT

initialize

FINIT führt erst FWAIT aus und initialisiert danach die FPU. Es werden also Control-, Status- und Tag-Register sowie Instruction- als auch der Daten-Pointer mit ihren Standardwerten beschrieben.

Das Control Word wird auf den Wert 037Fh gesetzt. Das heißt, dass alle Exceptions maskiert sind (Bits 0 bis 6 sind gesetzt), 64-bittige Genauigkeit eingestellt ist und dass die Rundung zur nächsten geraden Zahl erfolgt.

Das Status Word wird gelöscht. Die Daten-Register bleiben unverändert, allerdings werden ihre Tags als leer (*empty*) markiert. Der Instruction- und der Daten-Pointer werden gelöscht.

Die Flags C0, C1, C2 und C3 werden auf null gesetzt.

Exceptions

FPU-Exceptions: Keine

Protected-Mode-Exceptions: #NM

Real-Mode-Exceptions: #NM

Virtual-8086-Mode-Exceptions: #NM

Siehe auch

Die Register der FPU

FLDCW

load control word

FLDCW Operand

FLDCW lädt das Control Word aus der als Operanden angegebenen 16-Bit-Speichervariable. Um auftretende Exceptions während des Ladens zu vermeiden, sollte FCLEX oder FNCLEX vor dem Laden des Control Words ausgeführt werden.

Exceptions

FPU-Exceptions: Keine
Protected-Mode-Exceptions: #GP, #SS, #NM, #PF, #AC
Real-Mode-Exceptions: #GP, #SS, #NM
Virtual-8086-Mode-Exceptions: #GP, #SS, #NM, #PF, #AC

Siehe auch

Die Register der FPU

FLDENV

load environment

FLDENV Operand

FLDENV lädt die komplette FPU-Umgebung aus der als Operand angegebenen 14- oder 28-Byte großen Speichervariable. Die Größe der Speichervariable hängt davon ab, ob in einer 16- oder 32-Bit-Umgebung gearbeitet wird.

Die Speichervariable wurde im Normalfall mit dem FSTENV- oder dem FNSTENV-Befehl beschrieben und enthält Informationen über das Control Word, das Status Word, das Tag Word, den Daten- und Instruction Pointer sowie den letzten Opcode.

Die Flags C0, C1, C2 und C3 werden neu geladen.

Um auftretende Exceptions während des Ladens zu vermeiden, sollte FCLEX oder FNCLEX vor dem Laden der Umgebung ausgeführt werden.

Exceptions

FPU-Exceptions: Keine

Protected-Mode-Exceptions: #GP, #SS, #NM, #PF, #AC

Real-Mode-Exceptions: #GP, #SS, #NM

Virtual-8086-Mode-Exceptions: #GP, #SS, #NM, #PF, #AC

FNCLEX

clear exceptions

`FNCLEX` löscht alle Exceptions, die gegebenenfalls gesetzt sein könnten, ohne zu prüfen, ob noch anstehende Exceptions zu bearbeiten sind.

Die Flags aus dem FPU Status Word PE, UE, OE, ZE, DE, IE, ES, SF und das B-Flag werden gelöscht.

Die Flags C0, C1, C2, und C3 sind nicht definiert.

Exceptions

FPU-Exceptions: Keine

Protected-Mode-Exceptions: #NM

Real-Mode-Exceptions: #NM

Virtual-8086-Mode-Exceptions: #NM

FNDISI

disable interrupts

`FNDISI` deaktiviert alle Interrupts, indem die *interrupt-enable mask* im Control Word gesetzt wird. Im Gegensatz zum `FDISI`-Befehl wird bei `FNDISI` kein `FWAIT` vorher ausgeführt.

Die *interrupt-enable mask* ist allerdings nur auf 8087-Prozessoren verfügbar! Der `FNDISI`-Befehl wird auf nachfolgenden Prozessoren zwar erkannt, allerdings wird er ignoriert.

FNENI

enable interrupts

`FNENI` aktiviert alle Interrupts, indem die *interrupt-enable mask* im Control Word gelöscht wird. Im Gegensatz zum `FENI`-Befehl wird bei `FNENI` kein `FWAIT` vorher ausgeführt.

Die *interrupt-enable mask* ist allerdings nur auf 8087-Prozessoren verfügbar! Der `FNENI`-Befehl wird auf nachfolgenden Prozessoren zwar erkannt, allerdings wird er ignoriert.

FNINIT

initialize

`FNINIT` initialisiert die FPU. Es werden also Control-, Status- und Tag-Register, sowie Instruction- als auch der Daten-Pointer mit ihren Standardwerten beschrieben.

Das Control Word wird auf den Wert 037Fh gesetzt. Das heißt, dass alle Exceptions maskiert sind (Bits 0 bis 6 sind gesetzt), 64-bittige Genauigkeit eingestellt ist und das die Rundung zur nächsten oder geraden Zahl erfolgt (RC=00b).

Das Status Word wird gelöscht. Die Daten-Register bleiben unverändert, allerdings werden ihre Tags als leer (*empty*) markiert. Der Instruction- und der Daten-Pointer werden gelöscht.

Die Flags C0, C1, C2 und C3 werden auf null gesetzt.

Im Gegensatz zum `FINIT`-Befehl wird bei `FNINIT` kein `FWAIT` vorher ausgeführt.

Exceptions

FPU-Exceptions: Keine
Protected-Mode-Exceptions: #NM
Real-Mode-Exceptions: #NM
Virtual-8086-Mode-Exceptions: #NM

Siehe auch

Die Register der FPU

FNOP

null operation

FNOP führt keine Operation durch und beeinflusst auch den Programmablauf in keinster Weise. Es verändert lediglich das IP-Register.

Exceptions

FPU-Exceptions: Keine
Protected-Mode-Exceptions: #NM
Real-Mode-Exceptions: #NM
Virtual-8086-Mode-Exceptions: #NM

FNSAVE

save FPU state

`FNSAVE Operand`

FNSAVE speichert die komplette aktuelle FPU-Umgebung in der als Operand angegebenen 94- oder 108-Byte großen Speichervariable. Die Größe der Speichervariable hängt davon ab, ob in einer 16- oder 32-Bit-Umgebung gearbeitet wird.
Es werden Informationen über das Control Word, das Status Word, das Tag Word, den Daten- und Instruction-Pointer sowie den letzten Opcode abgespeichert. Außerdem werden die Registerinhalte mitgesichert. Anschließend wird noch der FNINIT-Befehl ausgeführt.

Im Gegensatz zum FSAVE-Befehl wird bei FNSAVE kein FWAIT vorher ausgeführt.

FNSAVE wird in der Regel nur benutzt, wenn eine andere Prozedur die FPU-Umgebung benutzen oder MMX-Befehle ausgeführt werden sollen und danach in derselben Umgebung weiter gearbeitet werden soll. Mit Hilfe des FRSTOR-Befehls können Sie die Umgebung wieder herstellen.

Exceptions

FPU-Exceptions: Keine

Protected-Mode-Exceptions: #GP, #SS, #NM, #PF, #AC

Real-Mode-Exceptions: #GP, #SS, #NM

Virtual-8086-Mode-Exceptions: #GP, #SS, #NM, #PF, #AC

FNSTCW

store control word

`FNSTCW Operand`

`FNSTCW` speichert den aktuellen Inhalt des Control Words in der als Operanden angegebenen 16-Bit-Speichervariable.

Im Gegensatz zum `FSTCW`-Befehl wird bei `FNSTCW` kein `FWAIT` vorher ausgeführt.

Exceptions

FPU-Exceptions: Keine

Protected-Mode-Exceptions: #GP, #SS, #NM, #PF, #AC

Real-Mode-Exceptions: #GP, #SS, #NM

Virtual-8086-Mode-Exceptions: #GP, #SS, #NM, #PF, #AC

FNSTENV

store environment

`FNSTENV Operand`

`FNSTENV` speichert die komplette aktuelle FPU-Umgebung in der als Operand angegebenen 14- oder 28-Byte großen Speichervariable. Die Größe der Speichervariable hängt davon ab, ob in einer 16- oder 32-Bit-Umgebung gearbeitet wird.

Es werden Informationen über das Control Word, das Status Word, das Tag Word, den Daten- und Instruction-Pointer sowie den letzten Opcode abgespeichert.

Im Gegensatz zum FSTENV-Befehl wird bei FNSTENV kein FWAIT vorher ausgeführt.

FNSTENV speichert die Registerinhalte **nicht** mit ab. Sollten diese allerdings von Bedeutung sein, so muss der FNSAVE-Befehl benutzt werden, der das Abspeichern der Registerinhalte bewerkstelligt.

Exceptions

FPU-Exceptions: Keine

Protected-Mode-Exceptions: #GP, #SS, #NM, #PF, #AC

Real-Mode-Exceptions: #GP, #SS, #NM

Virtual-8086-Mode-Exceptions: #GP, #SS, #NM, #PF, #AC

FNSTSW

store status word

`FNSTSW Operand`

FNSTSW speichert das Status Word in dem angegebenen Operanden. Dieser kann eine 16-Bit-Speichervariable oder das AX-Register sein.

Handelt es sich bei dem Operanden um das AX-Register, so wird der Prozessor erst den Inhalt dieses Registers aktualisieren, bevor er mit der Ausführung weiterer Befehle fortfährt.

Im Gegensatz zum FSTSW-Befehl wird bei FNSTSW kein FWAIT vorher ausgeführt.

Exceptions

FPU-Exceptions: Keine

Protected-Mode-Exceptions: #GP, #SS, #NM, #PF, #AC

Real-Mode-Exceptions: #GP, #SS, #NM

Virtual-8086-Mode-Exceptions: #GP, #SS, #NM, #PF, #AC

Siehe auch

Die Register der FPU

FRSTOR

restore FPU state

`FRSTOR Speichervariable`

`FRSTOR` stellt die mit dem im Operanden angegebenen abgespeicherte FPU-Umgebung wieder her. Die 94- bzw. 108-Byte große Speichervariable wurde in der Regel mit dem Befehl `FSAVE` oder `FNSAVE` beschrieben.

Es werden das Control Word, das Status Word, das Tag Word, der Daten- und Instruction-Pointer sowie der letzte Opcode neu geschrieben. Außerdem werden die Registerinhalte aus der Speichervariable neu ausgelesen und zurück geschrieben.

Um auftretende Exceptions während des Ladens zu vermeiden, sollte `FCLEX` oder `FNCLEX` vor dem Laden der Umgebung ausgeführt werden.

FSAVE

save FPU state

`FSAVE Operand`

`FSAVE` führt erst ein `FWAIT` aus und speichert danach die komplette aktuelle FPU-Umgebung in der als Operand angegebenen 94- oder 108-Byte großen Speichervariable. Die Größe der Speichervariable hängt davon ab, ob in einer 16- oder 32-Bit-Umgebung gearbeitet wird.

Es werden Informationen über das Control Word, das Status Word, das Tag Word, den Daten- und Instruction-Pointer sowie den letzten Opcode abgespeichert. Außerdem werden die Registerinhalte mit gesichert.

Anschließend wird noch der `FINIT`-Befehl ausgeführt.

`FSAVE` wird in der Regel nur benutzt, wenn eine andere Prozedur die FPU-Umgebung benutzen oder MMX-Befehle ausgeführt werden sollen und danach in derselben Umgebung weiter gearbeitet werden soll. Mit Hilfe des `FRSTOR`-Befehls können Sie die Umgebung wieder herstellen.

Exceptions

FPU-Exceptions: Keine

Protected-Mode-Exceptions: #GP, #SS, #NM, #PF, #AC

Real-Mode-Exceptions: #GP, #SS, #NM

Virtual-8086-Mode-Exceptions: #GP, #SS, #NM, #PF, #AC

FSETPM

set protected mode

`FSETPM` schaltet den 80287-Prozessor in den Protected-Mode.

> Der `FSETPM`-Befehl ist allerdings nur auf 80287-Prozessoren verfügbar, da diese Prozessorgeneration die Adressierung in den verschiedenen Betriebsmodi anders gehandhabt hat! Der `FSETPM`-Befehl wird auf nachfolgenden Prozessoren zwar erkannt, allerdings wird er wie ein `FNOP` behandelt.

FSTCW

store control word

`FSTCW Operand`

`FSTCW` führt erst ein `FWAIT` aus und speichert danach den aktuellen Inhalt des Control Words in der als Operanden angegebenen 16-Bit-Speichervariable.

Exceptions

FPU-Exceptions: Keine

Protected-Mode-Exceptions: #GP, #SS, #NM, #PF, #AC

Real-Mode-Exceptions: #GP, #SS, #NM

Virtual-8086-Mode-Exceptions: #GP, #SS, #NM, #PF, #AC

FSTENV

store environment

`FSTENV Operand`

`FSTENV` führt erst ein `FWAIT` aus und speichert danach die komplette aktuelle FPU-Umgebung in der als Operand angegebenen 14- oder 28-Byte großen Speichervariable. Die Größe der Speichervariable hängt davon ab, ob in einer 16- oder 32-Bit-Umgebung gearbeitet wird.

Es werden Informationen über das Control Word, das Status Word, das Tag Word, den Daten- und Instruction-Pointer, sowie den letzten Opcode abgespeichert.

> `FSTENV` speichert die Registerinhalte **nicht** mit ab. Sollten diese allerdings von Bedeutung sein, so muss der `FSAVE`-Befehl benutzt werden, der das Abspeichern der Registerinhalte bewerkstelligt.

Exceptions

FPU-Exceptions: Keine

Protected-Mode-Exceptions: #GP, #SS, #NM, #PF, #AC

Real-Mode-Exceptions: #GP, #SS, #NM

Virtual-8086-Mode-Exceptions: #GP, #SS, #NM, #PF, #AC

FSTSW

store status word

`FSTSW Operand`

`FSTSW` führt erst ein `FWAIT` aus und speichert danach das Status Word in dem angegebenen Operanden. Dieser kann eine 16-Bit-Speichervariable oder das AX-Register sein.

Handelt es sich bei dem Operanden um das AX-Register, so wird der Prozessor erst den Inhalt dieses Registers aktualisieren, bevor er mit der Ausführung weiterer Befehle fortfährt.

Exceptions

FPU-Exceptions: Keine

Protected-Mode-Exceptions: #GP, #SS, #NM, #PF, #AC

Real-Mode-Exceptions: #GP, #SS, #NM

Virtual-8086-Mode-Exceptions: #GP, #SS, #NM, #PF, #AC

Siehe auch

Architektur der FPU

FWAIT

`FWAIT` versetzt die CPU so lange in den Warte-Zustand, wie die FPU aktiv ist. Ist Identisch mit dem Befehl `WAIT`.

Exceptions

FPU-Exceptions: Keine

Protected-Mode-Exceptions: #NM

Real-Mode-Exceptions: #NM

Virtual-8086-Mode-Exceptions: #NM

FXRSTOR

restore FPU, MMX, SSE and SSE2 state

`FXRSTOR Operand`

`FXRSTOR` stellt unter anderem den Status der FPU wieder her, der vorher mittels `FXSAVE` abgespeichert wurde. Als Operand wird dabei ein 512 Byte großer Speicherbereich erwartet, in dem die nötigen Informationen abgespeichert wurden.

Für weitere Details schlagen Sie bitte in 'Kapitel 5: MMX' nach.

Eingeführt mit der: MMX-Technologie

FXSAVE

save FPU, MMX, SSE and SSE2 state

`FXSAVE Operand`

FXSAVE speichert unter anderem den Status der FPU. Als Operand wird dabei ein 512 Byte großer Speicherbereich erwartet, in dem die nötigen Informationen abgespeichert werden können.

Für weitere Details schlagen Sie bitte in 'Kapitel 5: MMX' nach.

Eingeführt mit der: MMX-Technologie

4.7 Stack-Befehle (Laden, Speichern etc.)

FBLD

load binary coded decimal

`FBLD Speichervariable`

FBLD lädt die als Operand angegebene 80-Bit-BCD-Zahl aus dem Speicher und speichert sie als Fließkommazahl im ST(0)-Register.

Kommt es dabei zu einem Stapelüberlauf, wird das C1-Flag gesetzt, ansonsten wird es gelöscht.

Exceptions

FPU-Exceptions: #IS

Protected-Mode-Exceptions: #GP, #SS, #NM, #PF, #AC

Real-Mode-Exceptions: #GP, #SS, #NM

Virtual-8086-Mode-Exceptions: #GP, #SS, #NM, #PF, #AC

FBSTP

store BCD integer and pop

`FBSTP Speichervariable`

FBSTP konvertiert den Wert aus dem ST(0)-Register in eine 18-stellige gepackte BCD-Zahl und schreibt das Ergebnis in die als Operand angegebene 80-Bit-Speichervariable. Gerundet wird dabei, so wie es im RC-Feld des FPU Status Word vorgesehen ist. Anschließend wird noch ein Poppen des Stacks ausgeführt.

Kommt es bei der Ausführung des Befehls zu einem Stapelüberlauf, wird das C1-Flag gelöscht.

Erzeugt der Befehl eine Inexact-Result-Exception, wird mit einem gesetzten C1-Flag signalisiert, dass aufgerundet und bei einem gelöschten C1-Flag, dass abgerundet wird.

Exceptions

FPU-Exceptions: #IS, #IA, #P

Protected-Mode-Exceptions: #GP, #SS, #NM, #PF, #AC

Real-Mode-Exceptions: #GP, #SS, #NM

Virtual-8086-Mode-Exceptions: #GP, #SS, #NM, #PF, #AC

FCMOVB

floating-point conditional move if below

`FCMOVB ST(0), ST(i)`

`FCMOVB` kopiert den Wert aus dem, im zweiten Operanden angegebenen, FPU-Register in das ST(0)-Register, wenn das Carry-Flag gesetzt ist. Kommt es dabei zu einem Stapelunterlauf, wird das C1-Flag gelöscht.

Vor dem Gebrauch dieses Befehls sollten Sie mittels `CPUID` überprüfen, ob die FCMOVxx-Befehle überhaupt verfügbar sind (siehe Kapitel 3: Der CPUID-Befehl). Dazu müssen das CMOV- und das FPU-Bit gesetzt sein.

Eingeführt mit: Pentium Pro FPU

Exceptions

FPU-Exceptions: #IS

Protected-Mode-Exceptions: #NM

Real-Mode-Exceptions: #NM

Virtual-8086-Mode-Exceptions: #NM

FCMOVBE

floating-point conditional move if below or equal

`FCMOVBE ST(0), ST(i)`

`FCMOVBE` kopiert den Wert aus dem, im zweiten Operanden angegebenen, FPU-Register in das ST(0)-Register, wenn das Carry- oder das Zero-Flag gesetzt ist. Kommt es dabei zu einem Stapelunterlauf, wird das C1-Flag gelöscht.

Vor dem Gebrauch dieses Befehls sollten Sie mittels `CPUID` überprüfen, ob die FCMOVxx-Befehle überhaupt verfügbar sind (siehe Kapitel 3: Der CPUID-Befehl). Dazu müssen das CMOV- und das FPU-Bit gesetzt sein.

Eingeführt mit: Pentium Pro FPU

Exceptions

FPU-Exceptions: #IS
Protected-Mode-Exceptions: #NM
Real-Mode-Exceptions: #NM
Virtual-8086-Mode-Exceptions: #NM

FCMOVE

floating-point conditional move if equal

`FCMOVE ST(0), ST(i)`

`FCMOVE` kopiert den Wert aus dem, im zweiten Operanden angegebenen, FPU-Register in das ST(0)-Register, wenn das Zero-Flag gesetzt ist. Kommt es dabei zu einem Stapelunterlauf, wird das C1-Flag gelöscht.

Vor dem Gebrauch dieses Befehls sollten Sie mittels `CPUID` überprüfen, ob die FCMOVxx-Befehle überhaupt verfügbar sind (siehe Kapitel 3: Der CPUID-Befehl). Dazu müssen das CMOV- und das FPU-Bit gesetzt sein.

Eingeführt mit: Pentium Pro FPU

Exceptions

FPU-Exceptions: #IS
Protected-Mode-Exceptions: #NM
Real-Mode-Exceptions: #NM
Virtual-8086-Mode-Exceptions: #NM

FCMOVU

floating-point conditional move if unordered

`FCMOVU ST(0), ST(i)`

`FCMOVU` kopiert den Wert aus dem, im zweiten Operanden angegebenen, FPU-Register in das ST(0)-Register, wenn das Parity-Flag gesetzt ist. Kommt es dabei zu einem Stapelunterlauf, wird das C1-Flag gelöscht.

Vor dem Gebrauch dieses Befehls sollten Sie mittels `CPUID` überprüfen, ob die FCMOVxx-Befehle überhaupt verfügbar sind (siehe Kapitel 3: Der CPUID-Befehl). Dazu müssen das CMOV- und das FPU-Bit gesetzt sein.

Eingeführt mit: Pentium Pro FPU

Exceptions

FPU-Exceptions: #IS
Protected-Mode-Exceptions: #NM
Real-Mode-Exceptions: #NM
Virtual-8086-Mode-Exceptions: #NM

FCMOVNB

floating-point conditional move if not below

`FCMOVNB ST(0), ST(i)`

`FCMOVNB` kopiert den Wert aus dem, im zweiten Operanden angegebenen, FPU-Register in das ST(0)-Register, wenn das Carry-Flag gelöscht ist. Kommt es dabei zu einem Stapelunterlauf, wird das C1-Flag gelöscht.

Vor dem Gebrauch dieses Befehls sollten Sie mittels `CPUID` überprüfen, ob die FCMOVxx-Befehle überhaupt verfügbar sind (siehe Kapitel 3: Der CPUID-Befehl). Dazu müssen das CMOV- und das FPU-Bit gesetzt sein.

Eingeführt mit: Pentium Pro FPU

Exceptions

FPU-Exceptions: #IS
Protected-Mode-Exceptions: #NM

Real-Mode-Exceptions: #NM

Virtual-8086-Mode-Exceptions: #NM

FCMOVNBE

floating-point conditional move if not below or equal

`FCMOVNBE ST(0), ST(i)`

`FCMOVNBE` kopiert den Wert aus dem, im zweiten Operanden angegebenen, FPU-Register in das ST(0)-Register, wenn das Carry- und das Zero-Flag gelöscht sind. Kommt es dabei zu einem Stapelunterlauf, wird das C1-Flag gelöscht.

Vor dem Gebrauch dieses Befehls sollten Sie mittels `CPUID` überprüfen, ob die FCMOVxx-Befehle überhaupt verfügbar (siehe Kapitel 3: Der CPUID-Befehl). Dazu müssen das CMOV- und das FPU-Bit gesetzt sein.

Eingeführt mit: Pentium Pro FPU

Exceptions

FPU-Exceptions: #IS

Protected-Mode-Exceptions: #NM

Real-Mode-Exceptions: #NM

Virtual-8086-Mode-Exceptions: #NM

FCMOVNE

floating-point conditional move if not equal

`FCMOVNE ST(0), ST(i)`

`FCMOVNE` kopiert den Wert aus dem, im zweiten Operanden angegebenen, FPU-Register in das ST(0)-Register, wenn das Zero-Flag gelöscht ist. Kommt es dabei zu einem Stapelunterlauf, wird das C1-Flag gelöscht.

Vor dem Gebrauch dieses Befehls sollten Sie mittels `CPUID` überprüfen, ob die FCMOVxx-Befehle überhaupt verfügbar sind (siehe Kapitel 3: Der CPUID-Befehl). Dazu müssen das CMOV- und das FPU-Bit gesetzt sein

Eingeführt mit: Pentium Pro FPU

Exceptions

FPU-Exceptions: #IS

Protected-Mode-Exceptions: #NM

Real-Mode-Exceptions: #NM

Virtual-8086-Mode-Exceptions: #NM

FCMOVNU

floating-point conditional move if not unordered

`FCMOVNU ST(0), ST(i)`

`FCMOVNU` kopiert den Wert aus dem, im zweiten Operanden angegebenen, FPU-Register in das ST(0)-Register, wenn das Parity-Flag gelöscht ist. Kommt es dabei zu einem Stapelunterlauf, wird das C1-Flag gelöscht.

Vor dem Gebrauch dieses Befehls sollten Sie mittels `CPUID` überprüfen, ob die FCMOVxx-Befehle überhaupt verfügbar sind (siehe Kapitel 3: Der CPUID-Befehl). Dazu müssen das CMOV- und das FPU-Bit gesetzt sein.

Eingeführt mit: Pentium Pro FPU

Exceptions

FPU-Exceptions: #IS

Protected-Mode-Exceptions: #NM

Real-Mode-Exceptions: #NM

Virtual-8086-Mode-Exceptions: #NM

FDECSTP

decrement stack-top pointer

`FDECSTP` dekrementiert das TOP-Feld aus dem FPU Status Word um eins. Wenn der Wert vorher gleich null war, wird dieser auf 7 gesetzt. Der Effekt ist derselbe wie beim Poppen des Stacks, nur das bei diesem Befehl die Inhalte der Daten- und der Tag-Register nicht verändert werden.

Der Befehl löscht das C1-Flag.

Exceptions

FPU-Exceptions: Keine
Protected-Mode-Exceptions: #NM
Real-Mode-Exceptions: #NM
Virtual-8086-Mode-Exceptions: #NM

FFREE

free floating point register

`FFREE ST(i)`

`FFREE` markiert das entsprechende Tag-Feld zu dem als Operand angegebenen Register als leer. Der Inhalt des entsprechenden Registers und die Stackspitze der FPU werden allerdings nicht beeinflusst.

Exceptions

FPU-Exceptions: Keine

Protected-Mode-Exceptions: #NM

Real-Mode-Exceptions: #NM

Virtual-8086-Mode-Exceptions: #NM

FILD

load integer

`FILD Operand`

`FILD` erwartet als Operanden eine 16-, 32- oder 64-Bit große Speichervariable, die eine ganze Zahl enthält. Der Wert des angegebenen Operanden wird unter Beibehaltung des Vorzeichens auf den Stack gepusht.

Wenn das Tag-Feld für das ST(7)-Register einen anderen Wert als 11b enthält, also das ST(7)-Register nicht als leer (*empty*) markiert ist, kann `FLD` seine Funktion nicht fehlerfrei ausführen, und das Invalid Exception-Flag wird gesetzt.

Kommt es bei der Ausführung des Befehls zu einem Stapelüberlauf, wird das C1-Flag gesetzt, ansonsten wird es gelöscht.

Für BCD-Zahlen sollten Sie den FBLD-Befehl und für Fließkommazahlen den FLD-Befehl benutzen.

Exceptions

FPU-Exceptions: #IS

Protected-Mode-Exceptions: #GP, #SS, #NM, #PF, #AC

Real-Mode-Exceptions: #GP, #SS, #NM

Virtual-8086-Mode-Exceptions: #GP, #SS, #NM, #PF, #AC

FINCSTP

increment stack-top pointer

FINCSTP inkrementiert das TOP-Feld aus dem FPU Status Word um eins. Wenn der Wert vorher gleich sieben war, wird dieser auf 0 gesetzt. Der Effekt ist ähnlich wie beim Pushen des Stacks, nur dass bei diesem Befehl die Inhalte der Daten- und der Tag-Register nicht verändert werden.

Der Befehl löscht das C1-Flag.

Exceptions

FPU-Exceptions: Keine

Protected-Mode-Exceptions: #NM

Real-Mode-Exceptions: #NM

Virtual-8086-Mode-Exceptions: #NM

FIST

store integer

```
FIST Speichervariable
```

FIST konvertiert den Wert aus ST(0) in einen vorzeichenbehafteten, ganzzahligen Wert und speichert diesen in der als Operand angegebenen 16- oder 32-Bit-Speichervariable. Gerundet wird dabei, so wie es im RC-Feld des FPU Status Word vorgesehen ist.

Kommt es dabei zu einem Stapelunterlauf, wird das C1-Flag gelöscht.

Erzeugt der Befehl eine Inexact-Result-Exception, wird mit einem gesetzten C1-Flag signalisiert, dass aufgerundet und bei einem gelöschten C1-Flag, dass abgerundet wird.

FIST kann keine 64-Bit-Zahlen konvertieren! Wenn dies aber nötig sein sollte, muss der FISTP-Befehl benutzt werden, der genauso wie der FIST-Befehl arbeitet, allerdings zusätzlich nach dem Konvertieren noch ein Poppen des Stacks ausführt.

Exceptions

FPU-Exceptions: #IS, #IA, #P

Protected-Mode-Exceptions: #GP, #SS, #NM, #PF, #AC

Real-Mode-Exceptions: #GP, #SS, #NM

Virtual-8086-Mode-Exceptions: #GP, #SS, #NM, #PF, #AC

FISTP

store integer and pop

`FISTP Speichervariable`

FISTP konvertiert den Wert aus ST(0) in einen vorzeichenbehafteten, ganzzahligen Wert und speichert diesen in der als Operand angegebenen 16-, 32- oder 64-Bit-Speichervariable. Gerundet wird dabei, so wie es im RC-Feld des FPU Status Word vorgesehen ist.

Anschließend wird ein Poppen des Stacks durchgeführt. Kommt es dabei zu einem Stapelunterlauf, wird das C1-Flag gesetzt, ansonsten wird es gelöscht.

Erzeugt der Befehl eine Inexact-Result-Exception, wird mit einem gesetzten C1-Flag signalisiert, dass aufgerundet und bei einem gelöschten C1-Flag, dass abgerundet wird.

Exceptions

FPU-Exceptions: #IS, #IA, #P

Protected-Mode-Exceptions: #GP, #SS, #NM, #PF, #AC

Real-Mode-Exceptions: #GP, #SS, #NM

Virtual-8086-Mode-Exceptions: #GP, #SS, #NM, #PF, #AC

FLD

load floating point value

`FLD Operand`

`FLD` erwartet als Operanden entweder ein FPU-Register oder eine Speichervariable, die 32-, 64- bzw. 80-Bit groß sein kann und eine Fließkommazahl enthält. Der Wert des angegebenen Operanden wird auf den Stack gepusht.

Handelt es sich bei dem angegebenen Operanden um das ST(0)-Register, so wird der Wert dupliziert!

Wenn das Tag-Feld für das ST(7)-Register einen anderen Wert als 11b enthält, also das ST(7)-Register nicht als leer (*empty*) markiert ist, kann `FLD` seine Funktion nicht fehlerfrei ausführen und das Invalid Exception-Flag wird gesetzt.

Kommt es bei der Ausführung des Befehls zu einem Stapelüberlauf, wird das C1-Flag gesetzt, ansonsten wird es gelöscht.

Für BCD-Zahlen sollten Sie den `FBLD`-Befehl und für ganze Zahlen den `FILD`-Befehl benutzen.

Exceptions

FPU-Exceptions: #IS, #IA, #D

Protected-Mode-Exceptions: #GP, #SS, #NM, #PF, #AC

Real-Mode-Exceptions: #GP, #SS, #NM

Virtual-8086-Mode-Exceptions: #GP, #SS, #NM, #PF, #AC

FLD1

load 1

`FLD1` pusht den Wert +1,0 auf den Stack.

Kommt es bei Ausführung des Befehls zu einem Stapelüberlauf, so wird das C1-Flag gesetzt, ansonsten wird es gelöscht.

Wenn das Tag-Feld für das ST(7)-Register einen anderen Wert als 11b enthält, also das ST(7)-Register nicht als leer (*empty*) markiert ist, kann `FLD` seine Funktion nicht fehlerfrei ausführen und das Invalid Exception-Flag wird gesetzt.

Exceptions

FPU-Exceptions: #IS

Protected-Mode-Exceptions: #NM

Real-Mode-Exceptions: #NM

Virtual-8086-Mode-Exceptions: #NM

FLDL2E

load log2 e

`FLDL2E` pusht den Wert $\log_2 e$ auf den Stack. Gerundet wird dabei, so wie es im RC-Feld des FPU Status Word vorgesehen ist.

Kommt es bei Ausführung des Befehls zu einem Stapelüberlauf, so wird das C1-Flag gesetzt, ansonsten wird es gelöscht.

Wenn das Tag-Feld für das ST(7)-Register einen anderen Wert als 11b enthält, also das ST(7)-Register nicht als leer (*empty*) markiert ist, kann `FLD` seine Funktion nicht fehlerfrei ausführen und das Invalid Exception-Flag wird gesetzt.

Exceptions

FPU-Exceptions: #IS

Protected-Mode-Exceptions: #NM

Real-Mode-Exceptions: #NM

Virtual-8086-Mode-Exceptions: #NM

FLDL2T

load log2 10

FLDL2T pusht den Wert $\log_2 10$ auf den Stack. Gerundet wird dabei, so wie es im RC-Feld des FPU Status Word vorgesehen ist.

Kommt es bei Ausführung des Befehls zu einem Stapelüberlauf, so wird das C1-Flag gesetzt, ansonsten wird es gelöscht.

Wenn das Tag-Feld für das ST(7)-Register einen anderen Wert als 11b enthält, also das ST(7)-Register nicht als leer (*empty*) markiert ist, kann FLD seine Funktion nicht fehlerfrei ausführen und das Invalid Exception-Flag wird gesetzt.

Exceptions

FPU-Exceptions: #IS

Protected-Mode-Exceptions: #NM

Real-Mode-Exceptions: #NM

Virtual-8086-Mode-Exceptions: #NM

FLDLG2

load log10 2

FLDLG2 pusht den Wert $\log_{10} 2$ auf den Stack. Gerundet wird dabei, so wie es im RC-Feld des FPU Status Word vorgesehen ist.

Kommt es bei Ausführung des Befehls zu einem Stapelüberlauf, so wird das C1-Flag gesetzt, ansonsten wird es gelöscht.

Wenn das Tag-Feld für das ST(7)-Register einen anderen Wert als 11b enthält, also das ST(7)-Register nicht als leer (*empty*) markiert ist, kann FLD seine Funktion nicht fehlerfrei ausführen und das Invalid Exception-Flag wird gesetzt.

Exceptions

FPU-Exceptions: #IS

Protected-Mode-Exceptions: #NM

Real-Mode-Exceptions: #NM

Virtual-8086-Mode-Exceptions: #NM

FLDLN2

load loge 2

FLDLN2 pusht den Wert $\log_e 2$ auf den Stack. Gerundet wird dabei, so wie es im RC-Feld des FPU Status Word vorgesehen ist.

Kommt es bei Ausführung des Befehls zu einem Stapelüberlauf, so wird das C1-Flag gesetzt, ansonsten wird es gelöscht.

Wenn das Tag-Feld für das ST(7)-Register einen anderen Wert als 11b enthält, also das ST(7)-Register nicht als leer (*empty*) markiert ist, kann FLD seine Funktion nicht fehlerfrei ausführen und das Invalid Exception-Flag wird gesetzt.

Exceptions

FPU-Exceptions: #IS

Protected-Mode-Exceptions: #NM

Real-Mode-Exceptions: #NM

Virtual-8086-Mode-Exceptions: #NM

FLDPI

load pi

`FLDPI` pusht den Wert der Konstante π auf den Stack. Gerundet wird dabei, so wie es im RC-Feld des FPU Status Word vorgesehen ist.

Kommt es bei Ausführung des Befehls zu einem Stapelüberlauf, so wird das C1-Flag gesetzt, ansonsten wird es gelöscht.

Wenn das Tag-Feld für das ST(7)-Register einen anderen Wert als 11b enthält, also das ST(7)-Register nicht als leer (*empty*) markiert ist, kann `FLD` seine Funktion nicht fehlerfrei ausführen und das Invalid Exception-Flag wird gesetzt.

Exceptions

FPU-Exceptions: #IS

Protected-Mode-Exceptions: #NM

Real-Mode-Exceptions: #NM

Virtual-8086-Mode-Exceptions: #NM

FLDZ

load zero

`FLDZ` pusht den Wert +0,0 auf den Stack.

Kommt es bei Ausführung des Befehls zu einem Stapelüberlauf, so wird das C1-Flag gesetzt, ansonsten wird es gelöscht.

Wenn das Tag-Feld für das ST(7)-Register einen anderen Wert als 11b enthält, also das ST(7)-Register nicht als leer (*empty*) markiert ist, kann `FLD` seine Funktion nicht fehlerfrei ausführen und das Invalid Exception-Flag wird gesetzt.

Exceptions

FPU-Exceptions: #IS

Protected-Mode-Exceptions: #NM

Real-Mode-Exceptions: #NM

Virtual-8086-Mode-Exceptions: #NM

FST

store

`FST Operand`

FST kopiert den Inhalt aus ST(0) in den angegebenen Operanden. Dieser kann eine 32- oder 64-Bit-Speichervariable sein, die eine Fließkommazahl fassen kann oder ein FPU-Register. Gerundet wird dabei, so wie es im RC-Feld des FPU Status Word vorgesehen ist.

Sollte der zu kopierende Wert zu groß für den Zieloperanden sein, wird das Overflow-Exception-Flag gesetzt, und kein Wert wird im Zieloperanden gespeichert.

Handelt es sich um einen denormalisierten Wert, wird nur das Underflow-Flag, nicht aber das Denormal-Flag gesetzt.

Kommt es zu einem Stapelunterlauf, wird das C1-Flag gelöscht.

Erzeugt der Befehl eine Inexact-Result-Exception, wird mit einem gesetzten C1-Flag signalisiert, dass aufgerundet und bei einem gelöschten C1-Flag, dass abgerundet wird.

Exceptions

FPU-Exceptions: #IS, #IA, #U, #O, #P

Protected-Mode-Exceptions: #GP, #SS, #NM, #PF, #AC

Real-Mode-Exceptions: #GP, #SS, #NM

Virtual-8086-Mode-Exceptions: #GP, #SS, #NM, #PF, #AC

FSTP

store and pop

`FSTP Operand`

`FSTP` kopiert den Inhalt aus ST(0) in den angegebenen Operanden. Dieser kann eine 32-, 64- oder 80-Bit-Speichervariable sein, die eine Fließkommazahl fassen kann oder ein FPU-Register. Gerundet wird dabei, so wie es im RC-Feld des FPU Status Word vorgesehen ist.

Anschließend wird ein Poppen des Stacks ausgeführt.

Sollte der zu kopierende Wert zu groß für den Zieloperanden sein, wird das Overflow-Exception-Flag gesetzt, und kein Wert wird im Zieloperanden gespeichert.

Handelt es sich um einen denormalisierten Wert, wird nur das Underflow-Flag, nicht aber das Denormal-Flag gesetzt.

Kommt es zu einem Stapelunterlauf, wird das C1-Flag gelöscht.

Erzeugt der Befehl eine Inexact-Result-Exception, wird mit einem gesetzten C1-Flag signalisiert, dass aufgerundet und bei einem gelöschten C1-Flag, dass abgerundet wird.

Exceptions

FPU-Exceptions: #IS, #IA, #U, #O, #P

Protected-Mode-Exceptions: #GP, #SS, #NM, #PF, #AC

Real-Mode-Exceptions: #GP, #SS, #NM

Virtual-8086-Mode-Exceptions: #GP, #SS, #NM, #PF, #AC

FXCH

exchange

`FXCH [ST(i)]`

`FXCH` tauscht die Inhalte der Register ST(0) und ST(1), wenn kein Operand angegeben sein sollte. Wurde ein Operand angegeben, wird der Inhalt des ST(0)-Registers mit dem als Operanden angegebenen Register getauscht.

Das C1-Flag wird dabei gelöscht. Kam es während des Abarbeitens des Befehls zu einem Stapelunterlauf, wird dieses durch das gelöschte C1-Flag indiziert.

Exceptions

FPU-Exceptions: #IS

Protected-Mode-Exceptions: #NM

Real-Mode-Exceptions: #NM

Virtual-8086-Mode-Exceptions: #NM

4.8 Mathematische Befehle

F2XM1

compute 2x-1

F2XM1 berechnet den Ausdruck $2^{ST(0)}-1$ und speichert das Ergebnis in ST(0). Der Wert des ST(0)-Registers muss vor der Berechnung zwischen -1,0 und +1,0 liegen, ansonsten ist das Ergebnis undefiniert.

Kommt es dabei zu einem Stapelunterlauf, wird das C1-Flag gelöscht.

Erzeugt der Befehl eine Inexact-Result-Exception, wird mit einem gesetzten C1-Flag signalisiert, dass aufgerundet und bei einem gelöschten C1-Flag, dass abgerundet wird.

Exceptions

FPU-Exceptions: #IS, #IA, #D, #U, #P

Protected-Mode-Exceptions: #NM

Real-Mode-Exceptions: #NM

Virtual-8086-Mode-Exceptions: #NM

FABS

absolute value

`FABS` bildet den Betrag des Wertes in ST(0). Dazu wird das Vorzeichenbit gelöscht.

Das C1-Flag wird dabei gelöscht. Kam es während des Abarbeitens des Befehls zu einem Stapelunterlauf, wird dieses durch das gelöschte C1-Flag indiziert.

Exceptions

FPU-Exceptions: #IS
Protected-Mode-Exceptions: #NM
Real-Mode-Exceptions: #NM
Virtual-8086-Mode-Exceptions: #NM

FADD

add

```
FADD Operand
FADD ST(i), ST(i)
```

`FADD` kann entweder mit einem oder mit zwei Operanden aufgerufen werden. Wird nur ein Operand angegeben, so wird eine 32- oder 64-Bit-Speichervariable erwartet, die eine Fließkommzahl enthält. Diese wird dann zu dem Wert in ST(0) hinzuaddiert. Die Summe wird in ST(0) abgespeichert.

Werden zwei Operanden angegeben, so müssen beide Operanden jeweils ein FPU-Register repräsentieren und einer von den beiden Operanden muss das ST(0)-Register sein. Die beiden Operanden werden addiert und im Register abgespeichert, welches im ersten Operanden angegeben wurde.

Sollte kein Operand angegeben werden, so übersetzen die meisten Assembler dies, als ob Sie die Befehlszeile `FADDP ST(1), ST(0)` codiert hätten. Das Ergebnis würde in diesem Fall im ST(1)-Register abgespeichert werden.

Kommt es dabei zu einem Stapelunterlauf, wird das C1-Flag gelöscht.

Erzeugt der Befehl eine Inexact-Result-Exception, wird mit einem gesetzten C1-Flag signalisiert, dass aufgerundet und bei einem gelöschten C1-Flag, dass abgerundet wird.

Exceptions

FPU-Exceptions: #IS, #IA, #D, #U, #O, #P

Protected-Mode-Exceptions: #GP, #SS, #NM, #PF, #AC

Real-Mode-Exceptions: #GP, #SS, #NM

Virtual-8086-Mode-Exceptions: #GP, #SS, #NM, #PF, #AC

FADDP

add and pop

`FADDP [ST(i), ST(0)]`

`FADDP` kann mit zwei Operanden aufgerufen werden, erfordert dies aber nicht.

Werden zwei Operanden angegeben, so muss der zweite Operand das ST(0)-Register sein und der erste Operand ein beliebiges anderes FPU-Register. Die beiden Operanden werden addiert und im Register abgespeichert, welches im ersten Operanden angegeben wurde.

Wird kein Operand angegeben, werden die Werte aus ST(0) und ST(1) zusammenaddiert und im ST(1)-Register abgespeichert.

Anschließend an die Addition wird noch ein Poppen des Stacks ausgeführt.

Kommt es bei Ausführung des Befehls zu einem Stapelunterlauf, wird das C1-Flag gelöscht.

Erzeugt der Befehl eine Inexact-Result-Exception, wird mit einem gesetzten C1-Flag signalisiert, dass aufgerundet und bei einem gelöschten C1-Flag, dass abgerundet wird.

Exceptions

FPU-Exceptions: #IS, #IA, #D, #U, #O, #P

Protected-Mode-Exceptions: #GP, #SS, #NM, #PF, #AC

Real-Mode-Exceptions: #GP, #SS, #NM

Virtual-8086-Mode-Exceptions: #GP, #SS, #NM, #PF, #AC

FCHS

change sign

`FCHS` bildet vom Vorzeichenbit der Zahl, die in ST(0) gespeichert ist, das Komplement. Aus einer negativen Zahl wird also eine positive oder anders herum.

Das C1-Flag wird dabei gelöscht. Kam es während des Abarbeitens des Befehls zu einem Stapelunterlauf, wird dieses durch das gelöschte C1-Flag indiziert.

Exceptions

FPU-Exceptions: #IS

Protected-Mode-Exceptions: #NM

Real-Mode-Exceptions: #NM

Virtual-8086-Mode-Exceptions: #NM

FCOS

cosine

`FCOS` berechnet den Kosinus des Wertes, der in ST(0) steht und speichert den berechneten Wert wieder im ST(0)-Register. Der Wert von dem der Kosinus gebildet werden soll, muss als Radiant (im Bogenmaß) vorliegen und in dem Intervall zwischen -2^{63} und $+2^{63}$ liegen.

Liegt der Wert außerhalb des Intervalls, wird das C2-Flag gesetzt, ansonsten wird es gelöscht. Der Wert in ST(0) bleibt in einem solchen Fall unverändert.

Kommt es zu einem Stapelunterlauf, wird das C1-Flag gelöscht. Wurde das C2-Flag gesetzt, so bleibt das C1-Flag undefiniert.

Erzeugt der Befehl eine Inexact-Result-Exception, wird mit einem gesetzten C1-Flag signalisiert, dass aufgerundet und bei einem gelöschten C1-Flag, dass abgerundet wird.

Eingeführt mit: 387er FPU

Exceptions

FPU-Exceptions: #IS, #IA, #D, #U, #P

Protected-Mode-Exceptions: #NM

Real-Mode-Exceptions: #NM

Virtual-8086-Mode-Exceptions: #NM

FDIV

divide

```
FDIV Speichervariable
FDIV Operand1, Operand2
```

`FDIV` dividiert den Wert aus ST(0) durch die Fließkommazahl aus der 32- bzw. 64-Bit-Speichervariable, wenn nur ein Operand angegeben wird, und speichert das Ergebnis im ST(0)-Register.

Werden zwei Operanden angegeben, so muss ein Operand das ST(0)-Register und der andere ein weiteres FPU-Register sein. In diesem Fall wird der erste Operand durch den zweiten Operanden geteilt und das Ergebnis wird im ersten Operanden gespeichert.

Kommt es zu einem Stapelunterlauf, wird das C1-Flag gelöscht.

Erzeugt der Befehl eine Inexact-Result-Exception, wird mit einem gesetzten C1-Flag signalisiert, dass aufgerundet und bei einem gelöschten C1-Flag, dass abgerundet wird.

Exceptions

FPU-Exceptions: #IS, #IA, #D, #Z, #U, #O, #P

Protected-Mode-Exceptions: #GP, #SS, #NM, #PF, #AC

Real-Mode-Exceptions: #GP, #SS, #NM

Virtual-8086-Mode-Exceptions: #GP, #SS, #NM, #PF, #AC

FDIVP

divide and pop

`FDIVP [ST(i), ST(0)]`

`FDIVP` dividiert den Wert aus ST(1) durch den Wert aus ST(0), wenn kein Operand angegeben wird, und speichert das Ergebnis im ST(1)-Register.

Optional können zwei Operanden angegeben werden, wobei der zweite das ST(0)-Register sein muss und der erste ein weiteres FPU-Register. In diesem Fall wird der erste Operand durch den zweiten Operanden geteilt und das Ergebnis wird im ersten Operanden gespeichert.

Anschließend an die Division folgt ein Poppen des Stacks.

Kommt es zu einem Stapelunterlauf, wird das C1-Flag gelöscht.

Erzeugt der Befehl eine Inexact-Result-Exception, wird mit einem gesetzten C1-Flag signalisiert, dass aufgerundet und bei einem gelöschten C1-Flag, dass abgerundet wird.

Exceptions

FPU-Exceptions: #IS, #IA, #D, #Z, #U, #O, #P

Protected-Mode-Exceptions: #GP, #SS, #NM, #PF, #AC

Real-Mode-Exceptions: #GP, #SS, #NM

Virtual-8086-Mode-Exceptions: #GP, #SS, #NM, #PF, #AC

FDIVR

reverse divide

`FDIVR Speichervariable`

```
FDIVR Operand1, Operand2
```

FDIVR dividiert die Fließkommazahl aus der 32- bzw. 64-Bit-Speichervariable durch den Wert aus ST(0), wenn nur ein Operand angegeben wird, und speichert das Ergebnis im ST(0)-Register.

Werden zwei Operanden angegeben, so muss ein Operand das ST(0)-Register und der andere ein weiteres FPU-Register sein. In diesem Fall wird der zweite Operand durch den ersten Operanden geteilt und das Ergebnis wird im ersten Operanden gespeichert.

Kommt es zu einem Stapelunterlauf, wird das C1-Flag gelöscht.

Erzeugt der Befehl eine Inexact-Result-Exception, wird mit einem gesetzten C1-Flag signalisiert, dass aufgerundet und bei einem gelöschten C1-Flag, dass abgerundet wird.

Exceptions

FPU-Exceptions: #IS, #IA, #D, #Z, #U, #O, #P

Protected-Mode-Exceptions: #GP, #SS, #NM, #PF, #AC

Real-Mode-Exceptions: #GP, #SS, #NM

Virtual-8086-Mode-Exceptions: #GP, #SS, #NM, #PF, #AC

FDIVRP

reverse divide and pop

```
FDIVRP [ST(i), ST(0)]
```

FDIVRP dividiert den Wert aus ST(0) durch den Wert aus ST(1), wenn kein Operand angegeben wird, und speichert das Ergebnis im ST(1)-Register.

Optional können zwei Operanden angegeben werden, wobei der zweite das ST(0)-Register sein muss und der erste ein weiteres FPU-Register. In diesem Fall wird der zweite Operand durch den ersten Operanden geteilt und das Ergebnis wird im ersten Operanden gespeichert.

Anschließend an die Division folgt ein Poppen des Stacks.

Kommt es zu einem Stapelunterlauf, wird das C1-Flag gelöscht.

Erzeugt der Befehl eine Inexact-Result-Exception, wird mit einem gesetzten C1-Flag signalisiert, dass aufgerundet und bei einem gelöschten C1-Flag, dass abgerundet wird.

Exceptions

FPU-Exceptions: #IS, #IA, #D, #Z, #U, #O, #P

Protected-Mode-Exceptions: #GP, #SS, #NM, #PF, #AC

Real-Mode-Exceptions: #GP, #SS, #NM

Virtual-8086-Mode-Exceptions: #GP, #SS, #NM, #PF, #AC

FIADD

integer add

`FIADD Operand`

`FIADD` erwartet als Operand eine 16- oder 32-Bit-Speichervariable, welche eine ganze Zahl enthält, und addiert diese mit dem Wert aus dem ST(0)-Register. Die Summe wird im ST(0)-Register abgespeichert.

Kommt es dabei zu einem Stapelunterlauf, wird das C1-Flag gelöscht.

Erzeugt der Befehl eine Inexact-Result-Exception, wird mit einem gesetzten C1-Flag signalisiert, dass aufgerundet und bei einem gelöschten C1-Flag, dass abgerundet wird.

Exceptions

FPU-Exceptions: #IS, #IA, #D, #U, #O, #P

Protected-Mode-Exceptions: #GP, #SS, #NM, #PF, #AC

Real-Mode-Exceptions: #GP, #SS, #NM

Virtual-8086-Mode-Exceptions: #GP, #SS, #NM, #PF, #AC

FIDIV

integer divide

`FIDIV Speichervariable`

FIDIV dividiert den Wert aus ST(0) durch den ganzzahligen Wert aus der 16- bzw. 32-Bit-Speichervariable und speichert das Ergebnis im ST(0)-Register.

Kommt es zu einem Stapelunterlauf, wird das C1-Flag gelöscht.

Erzeugt der Befehl eine Inexact-Result-Exception, wird mit einem gesetzten C1-Flag signalisiert, dass aufgerundet und bei einem gelöschten C1-Flag, dass abgerundet wird.

Exceptions

FPU-Exceptions: #IS, #IA, #D, #Z, #U, #O, #P

Protected-Mode-Exceptions: #GP, #SS, #NM, #PF, #AC

Real-Mode-Exceptions: #GP, #SS, #NM

Virtual-8086-Mode-Exceptions: #GP, #SS, #NM, #PF, #AC

FIDIVR

reverse integer divide

`FIDIVR Speichervariable`

FIDIVR dividiert den ganzzahligen Wert aus der 16- bzw. 32-Bit-Speichervariable durch den Wert aus ST(0) und speichert das Ergebnis im ST(0)-Register.

Kommt es zu einem Stapelunterlauf, wird das C1-Flag gelöscht.

Erzeugt der Befehl eine Inexact-Result-Exception, wird mit einem gesetzten C1-Flag signalisiert, dass aufgerundet und bei einem gelöschten C1-Flag, dass abgerundet wird.

Exceptions

FPU-Exceptions: #IS, #IA, #D, #Z, #U, #O, #P

Protected-Mode-Exceptions: #GP, #SS, #NM, #PF, #AC

Real-Mode-Exceptions: #GP, #SS, #NM

Virtual-8086-Mode-Exceptions: #GP, #SS, #NM, #PF, #AC

FIMUL

integer multiply

`FIMUL Speichervariable`

`FIMUL` multipliziert den Wert aus ST(0) mit dem ganzzahligen Wert aus der 16- bzw. 32-Bit-Speichervariable und speichert das Ergebnis im ST(0)-Register.

Kommt es zu einem Stapelunterlauf, wird das C1-Flag gelöscht.

Erzeugt der Befehl eine Inexact-Result-Exception, wird mit einem gesetzten C1-Flag signalisiert, dass aufgerundet und bei einem gelöschten C1-Flag, dass abgerundet wird.

Exceptions

FPU-Exceptions: #IS, #IA, #D, #U, #O, #P

Protected-Mode-Exceptions: #GP, #SS, #NM, #PF, #AC

Real-Mode-Exceptions: #GP, #SS, #NM

Virtual-8086-Mode-Exceptions: #GP, #SS, #NM, #PF, #AC

FISUB

integer subtract

`FISUB Speichervariable`

`FISUB` subtrahiert den ganzzahligen Wert aus der 16- bzw. 32-Bit-Speichervariable vom Wert des ST(0)-Registers und speichert das Ergebnis im ST(0)-Register.

Kommt es zu einem Stapelunterlauf, wird das C1-Flag gelöscht.

Erzeugt der Befehl eine Inexact-Result-Exception, wird mit einem gesetzten C1-Flag signalisiert, dass aufgerundet und bei einem gelöschten C1-Flag, dass abgerundet wird.

Exceptions

FPU-Exceptions: #IS, #IA, #D, #U, #O, #P

Protected-Mode-Exceptions: #GP, #SS, #NM, #PF, #AC

Real-Mode-Exceptions: #GP, #SS, #NM

Virtual-8086-Mode-Exceptions: #GP, #SS, #NM, #PF, #AC

FISUBR

integer subtract

`FISUBR Speichervariable`

`FISUBR` subtrahiert den Wert des ST(0)-Registers vom ganzzahligen Wert aus der 16- bzw. 32-Bit-Speichervariable und speichert das Ergebnis im ST(0)-Register.

Kommt es zu einem Stapelunterlauf, wird das C1-Flag gelöscht.

Erzeugt der Befehl eine Inexact-Result-Exception, wird mit einem gesetzten C1-Flag signalisiert, dass aufgerundet und bei einem gelöschten C1-Flag, dass abgerundet wird.

Exceptions

FPU-Exceptions: #IS, #IA, #D, #U, #O, #P

Protected-Mode-Exceptions: #GP, #SS, #NM, #PF, #AC

Real-Mode-Exceptions: #GP, #SS, #NM

Virtual-8086-Mode-Exceptions: #GP, #SS, #NM, #PF, #AC

FMUL

multiply

`FMUL Speichervariable`

`FMUL Operand1, Operand2`

`FMUL` multipliziert den Wert aus ST(0) mit der Fließkommazahl aus der 32- bzw. 64-Bit-Speichervariable, wenn nur ein Operand angegeben wird, und speichert das Ergebnis im ST(0)-Register.

Werden zwei Operanden angegeben, so muss ein Operand das ST(0)-Register und der andere ein weiteres FPU-Register sein. In diesem Fall werden die beiden Operanden miteinander multipliziert und das Ergebnis wird im ersten Operanden gespeichert.

Kommt es zu einem Stapelunterlauf, wird das C1-Flag gelöscht.

Erzeugt der Befehl eine Inexact-Result-Exception, wird mit einem gesetzten C1-Flag signalisiert, dass aufgerundet und bei einem gelöschten C1-Flag, dass abgerundet wird.

Exceptions

FPU-Exceptions: #IS, #IA, #D, #U, #O, #P

Protected-Mode-Exceptions: #GP, #SS, #NM, #PF, #AC

Real-Mode-Exceptions: #GP, #SS, #NM

Virtual-8086-Mode-Exceptions: #GP, #SS, #NM, #PF, #AC

FMULP

multiply and pop

`FMULP [ST(i), ST(0)]`

`FMULP` multipliziert den Wert aus ST(1) mit dem Wert aus ST(0), wenn kein Operand angegeben wird, und speichert das Ergebnis im ST(1)-Register.

Optional können zwei Operanden angegeben werden, wobei der zweite das ST(0)-Register sein muss und der erste ein weiteres FPU-Register. In diesem Fall werden die beiden Operanden miteinander multipliziert und das Ergebnis wird im ersten Operanden gespeichert.

Anschließend an die Multiplikation folgt ein Poppen des Stacks.

Kommt es zu einem Stapelunterlauf, wird das C1-Flag gelöscht.

Erzeugt der Befehl eine Inexact-Result-Exception, wird mit einem gesetzten C1-Flag signalisiert, dass aufgerundet und bei einem gelöschten C1-Flag, dass abgerundet wird.

Exception

FPU-Exceptions: #IS, #IA, #D, #U, #O, #P

Protected-Mode-Exceptions: #GP, #SS, #NM, #PF, #AC

Real-Mode-Exceptions: #GP, #SS, #NM

Virtual-8086-Mode-Exceptions: #GP, #SS, #NM, #PF, #AC

FPATAN

partial arctangent

FPATAN berechnet den Arkustangens des Quotienten von ST(0) und ST(1). Die Rechnung sieht also folgendermaßen aus: arctan (ST(1)/ST(0)).

Der Befehl gibt also den Winkel zwischen der X-Achse und der Linie, die Ursprung und den Punkt (X|Y) verbindet, wieder. Die Ordinate Y ist dabei im ST(1)-Register gespeichert und die Abszisse X im ST(0)-Register.

Das Ergebnis der Berechnung wird im ST(1)-Register gespeichert und anschließend wird der Stack einmal gepoppt.

Die Quelloperanden sind auf einem 80287-Prozessor eingeschränkt. Es gilt folgender Wertebereich: $0 \leq |ST(1)| \leq |ST(0)|$

Auf nachfolgenden Prozessoren entfällt diese Einschränkung.

Kommt es zu einem Stapelunterlauf, wird das C1-Flag gelöscht.

Erzeugt der Befehl eine Inexact-Result-Exception, wird mit einem gesetzten C1-Flag signalisiert, dass aufgerundet und bei einem gelöschten C1-Flag, dass abgerundet wird.

Exceptions

FPU-Exceptions: #IS, #IA, #D, #U, #P

Protected-Mode-Exceptions: #NM

Real-Mode-Exceptions: #NM

Virtual-8086-Mode-Exceptions: #NM

FPREM

partial remainder

FPREM liefert den Rest einer Modulodivision (Division mit Rest) zurück, wobei ST(0) der Divisor und ST(1) der Dividend ist. Das Ergebnis wird im ST(0)-Register gespeichert.

Der Divisionsrest wird bestimmt, indem der Divisor wiederholt vom Dividenden subtrahiert wird, bis ein Rest übrig bleibt, der kleiner als der Divisor ist. Dieses Verfahren ist besonders exakt.

Das C0-Flag enthält das zweite Bit des Quotienten, C3 das erste Bit und C1 das niedrigste Bit.

Sollte es bei Ausführung des Befehls allerdings zu einem Stapelunterlauf kommen, so wird das C1-Flag auf 0 gesetzt.

Das C2-Flag wird gelöscht, wenn die Bestimmung des Divisionsrestes komplett abgeschlossen werden konnte (Rest wurde kleiner als der Divisor). Ist dies nicht der Fall, wird es gesetzt. Das ist immer dann der Fall, wenn eine gewisse Anzahl an Subtraktionen durchgeführt wurde und der Rest noch nicht eindeutig bestimmbar ist.

Der Befehl wurde mit Einführung des 80387-Prozessors durch den FPREM1-Befehl ersetzt, da FPREM sich nicht an den IEEE-754 Standard hält. Der Unterschied liegt eigentlich nur in der Art der Rundung des Quotienten. Unter Umständen könnten Sie verschiedene Ergebnisse mit den beiden Befehlen erzielen.

Nach Möglichkeit sollten Sie also den FPREM1-Befehl benutzen.

Exceptions

FPU-Exceptions: #IS, #IA, #D, #U

Protected-Mode-Exceptions: #NM

Real-Mode-Exceptions: #NM

Virtual-8086-Mode-Exceptions: #NM

FPREM1

partial remainder

FPREM1 liefert den Rest einer Modulodivision (Division mit Rest) zurück, wobei ST(0) der Divisor und ST(1) der Dividend ist. Das Ergebnis wird im ST(0)-Register gespeichert.

Der Divisionsrest wird bestimmt, indem der Divisor wiederholt vom Dividenden subtrahiert wird, bis ein Rest übrig bleibt, der kleiner als der Divisor ist. Dieses Verfahren ist besonders exakt.

Das C0-Flag enthält das zweite Bit des Quotienten, C3 das erste Bit und C1 das niedrigste Bit.

Sollte es bei Ausführung des Befehls allerdings zu einem Stapelunterlauf kommen, so wird das C1-Flag auf 0 gesetzt.

Das C2-Flag wird gelöscht, wenn die Bestimmung des Divisionsrestes komplett abgeschlossen werden konnte (Rest wurde kleiner als der Divisor). Ist dies nicht der Fall, wird es gesetzt. Das ist immer dann der Fall, wenn eine gewisse Anzahl an Subtraktionen durchgeführt wurde und der Rest noch nicht eindeutig bestimmbar ist.

Der Befehl ersetzte mit der Einführung des 80387-Prozessors den FPREM-Befehl, da FPREM sich nicht an den IEEE-754 Standart hält. Der Unterschied liegt eigentlich nur in der Art der Rundung des Quotienten. Unter Umständen könnten Sie verschiedene Ergebnisse mit den beiden Befehlen erzielen.

Nach Möglichkeit sollten Sie also den FPREM1-Befehl benutzen.

Eingeführt mit: 387er FPU

Exceptions

FPU-Exceptions: #IS, #IA, #D, #U
Protected-Mode-Exceptions: #NM
Real-Mode-Exceptions: #NM
Virtual-8086-Mode-Exceptions: #NM

FPTAN

partial tangent

FPTAN berechnet den Tangens des Wertes aus dem ST(0)-Register und speichert den berechneten Wert im ST(0)-Register. Anschließend an die Berechnung wird noch der Wert +1,0 auf den Stack gepusht. (So, dass der Tangenswert in ST(1) steht!)

Der Wert, von dem der Tangens bestimmt werden soll, muss im Bogenmaß angegeben werden und sich in einem Intervall zwischen -2^{63} und $+2^{63}$ befinden.

Liegt der Wert außerhalb des Intervalls, wird das C2-Flag gesetzt, ansonsten wird es gelöscht. Der Wert in ST(0) bleibt in einem solchen Fall unverändert.

Kommt es zu einem Stapelunterlauf, wird das C1-Flag gelöscht, bei einem Stapelüberlauf wird es gesetzt.

Erzeugt der Befehl eine Inexact-Result-Exception, wird mit einem gesetzten C1-Flag signalisiert, dass aufgerundet und bei einem gelöschten C1-Flag, dass abgerundet wird.

Exceptions

FPU-Exceptions: #IS, #IA, #D, #U, #P

Protected-Mode-Exceptions: #NM

Real-Mode-Exceptions: #NM

Virtual-8086-Mode-Exceptions: #NM

FRNDINT

round to integer

FRNDINT rundet den Wert in ST(0), so wie es im RC-Feld des FPU Status Word vorgesehen ist, zu einer ganzen Zahl.

Ist der Wert in ST(0) gleich ∞, so bleibt der Wert unverändert.

Kommt es bei der Ausführung des Befehls zu einem Stapelunterlauf, wird das C1-Flag gelöscht.

Erzeugt der Befehl eine Inexact-Result-Exception, wird mit einem gesetzten C1-Flag signalisiert, dass aufgerundet und bei einem gelöschten C1-Flag, dass abgerundet wird.

Exceptions

FPU-Exceptions: #IS, #IA, #D, #P

Protected-Mode-Exceptions: #NM

Real-Mode-Exceptions: #NM

Virtual-8086-Mode-Exceptions: #NM

FSCALE

scale

FSCALE setzt eine Zahl aus Mantisse und Exponent zusammen und speichert das Ergebnis im ST(0)-Register ab.

Vereinfacht sieht die Rechnung folgendermaßen aus: $ST(0)=ST(0)*2^{ST(1)}$

Handelt es sich bei dem Wert im ST(1)-Register um eine Realzahl, so wird der Nachkommateil abgeschnitten.

FSCALE erwartet sowohl Mantisse als auch Exponent in binärer Zahlendarstellung! Wenn Sie versuchen, dezimale Zahlen zu verwenden, werden Sie irreführende Ergebnisse zurückgeliefert bekommen.

Kommt es zu einem Stapelunterlauf, wird das C1-Flag gelöscht.

Erzeugt der Befehl eine Inexact-Result-Exception, wird mit einem gesetzten C1-Flag signalisiert, dass aufgerundet und bei einem gelöschten C1-Flag, dass abgerundet wird.

Exceptions

FPU-Exceptions: #IS, #IA, #D, #U, #O, #P

Protected-Mode-Exceptions: #NM

Real-Mode-Exceptions: #NM

Virtual-8086-Mode-Exceptions: #NM

Siehe auch

FXTRACT

FSIN

sine

FSIN berechnet den Sinus des Wertes, der in ST(0) steht und speichert den berechneten Wert wieder im ST(0)-Register. Der Wert, von dem der Sinus gebildet werden soll, muss als Radiant (im Bogenmaß) vorliegen und in dem Intervall zwischen -2^{63} und $+2^{63}$ liegen.

Liegt der Wert außerhalb des Intervalls, wird das C2-Flag gesetzt, ansonsten wird es gelöscht. Der Wert in ST(0) bleibt in einem solchen Fall unverändert.

Kommt es zu einem Stapelunterlauf, wird das C1-Flag gelöscht.

Erzeugt der Befehl eine Inexact-Result-Exception, wird mit einem gesetzten C1-Flag signalisiert, dass aufgerundet und bei einem gelöschten C1-Flag, dass abgerundet wird.

Eingeführt mit: 387er FPU

Exceptions

FPU-Exceptions: #IS, #IA, #D, #P

Protected-Mode-Exceptions: #NM

Real-Mode-Exceptions: #NM

Virtual-8086-Mode-Exceptions: #NM

FSINCOS

sine and cosine

FSINCOS berechnet den Sinus und den Kosinus des Wertes, der in ST(0) steht.

Das Ergebnis des Sinus wird im ST(0)-Register gespeichert und anschließend wird das Ergebnis des Kosinus auf den Stack gepusht. Nach Ausführung des Befehls befindet sich der Sinus also im ST(1)-Register und der Kosinus im ST(0)-Register.

Der Wert, von dem der Sinus bzw. der Kosinus gebildet werden soll, muss als Radiant (im Bogenmaß) vorliegen und in dem Intervall zwischen -2^{63} und $+2^{63}$ liegen.

Liegt der Wert außerhalb des Intervalls, wird das C2-Flag gesetzt, ansonsten wird es gelöscht. Der Wert in ST(0) bleibt in einem solchen Fall unverändert.

Kommt es zu einem Stapelunterlauf, wird das C1-Flag gelöscht, und bei einem Stapelüberlauf wird es gesetzt.

Erzeugt der Befehl eine Inexact-Result-Exception, wird mit einem gesetzten C1-Flag signalisiert, dass aufgerundet und bei einem gelöschten C1-Flag, dass abgerundet wird.

Eingeführt mit: 387er FPU

Exceptions

FPU-Exceptions: #IS, #IA, #D, #U, #P
Protected-Mode-Exceptions: #NM
Real-Mode-Exceptions: #NM
Virtual-8086-Mode-Exceptions: #NM

FSQRT

square root

FSQRT zieht die Wurzel aus dem Wert des ST(0)-Registers und schreibt das Ergebnis in dasselbe Register zurück.

Kommt es zu einem Stapelunterlauf, wird das C1-Flag gelöscht.

Erzeugt der Befehl eine Inexact-Result-Exception, wird mit einem gesetzten C1-Flag signalisiert, dass aufgerundet und bei einem gelöschten C1-Flag, dass abgerundet wird.

Exceptions

FPU-Exceptions: #IS, #IA, #D, #P
Protected-Mode-Exceptions: #NM
Real-Mode-Exceptions: #NM
Virtual-8086-Mode-Exceptions: #NM

FSUB

subtract

```
FSUB Speichervariable
FSUB Operand1, Operand2
```

`FSUB` subtrahiert den Wert der Fließkommazahl aus der 32- bzw. 64-Bit-Speichervariable vom Wert des ST(0)-Registers, wenn nur ein Operand angegeben wird, und speichert das Ergebnis im ST(0)-Register.

Werden zwei Operanden angegeben, so muss ein Operand das ST(0)-Register und der andere ein weiteres FPU-Register sein. In diesem Fall wird der zweite Operand vom ersten Operanden subtrahiert und das Ergebnis wird im ersten Operanden gespeichert.

Kommt es zu einem Stapelunterlauf, wird das C1-Flag gelöscht.

Erzeugt der Befehl eine Inexact-Result-Exception, wird mit einem gesetzten C1-Flag signalisiert, dass aufgerundet und bei einem gelöschten C1-Flag, dass abgerundet wird.

Exceptions

FPU-Exceptions: #IS, #IA, #D, #U, #O, #P
Protected-Mode-Exceptions: #GP, #SS, #NM, #PF, #AC
Real-Mode-Exceptions: #GP, #SS, #NM
Virtual-8086-Mode-Exceptions: #GP, #SS, #NM, #PF, #AC

FSUBP

subtract and pop

`FSUBP [ST(i), ST(0)]`

FSUBP subtrahiert den Wert aus ST(0) vom Wert aus ST(1), wenn kein Operand angegeben wird, und speichert das Ergebnis im ST(1)-Register.

Optional können zwei Operanden angegeben werden, wobei der zweite das ST(0)-Register sein muss und der erste ein weiteres FPU-Register. In diesem Fall wird der zweite Operand vom ersten Operanden subtrahiert und das Ergebnis wird im ersten Operanden gespeichert.

Anschließend an die Subtraktion folgt ein Poppen des Stacks.

Kommt es zu einem Stapelunterlauf, wird das C1-Flag gelöscht.

Erzeugt der Befehl eine Inexact-Result-Exception, wird mit einem gesetzten C1-Flag signalisiert, dass aufgerundet und bei einem gelöschten C1-Flag, dass abgerundet wird.

Exceptions

FPU-Exceptions: #IS, #IA, #D, #U, #O, #P

Protected-Mode-Exceptions: #GP, #SS, #NM, #PF, #AC

Real-Mode-Exceptions: #GP, #SS, #NM

Virtual-8086-Mode-Exceptions: #GP, #SS, #NM, #PF, #AC

FSUBR

reverse subtract

```
FSUBR Speichervariable
FSUBR Operand1, Operand2
```

FSUBR subtrahiert den Wert des ST(0)-Registers von der Fließkommazahl aus der 32- bzw. 64-Bit-Speichervariable, wenn nur ein Operand angegeben wird, und speichert das Ergebnis im ST(0)-Register.

Werden zwei Operanden angegeben, so muss ein Operand das ST(0)-Register und der andere ein weiteres FPU-Register sein. In diesem Fall wird der erste Operand vom zweiten Operanden subtrahiert und das Ergebnis wird im ersten Operanden gespeichert.

Kommt es zu einem Stapelunterlauf, wird das C1-Flag gelöscht.

Erzeugt der Befehl eine Inexact-Result-Exception, wird mit einem gesetzten C1-Flag signalisiert, dass aufgerundet und bei einem gelöschten C1-Flag, dass abgerundet wird.

Exceptions

FPU-Exceptions: #IS, #IA, #D, #U, #O, #P

Protected-Mode-Exceptions: #GP, #SS, #NM, #PF, #AC

Real-Mode-Exceptions: #GP, #SS, #NM

Virtual-8086-Mode-Exceptions: #GP, #SS, #NM, #PF, #AC

FSUBRP

reverse subtract and pop

`FSUBRP [ST(i), ST(0)]`

`FSUBRP` subtrahiert den Wert aus ST(1) vom Wert aus ST(0), wenn kein Operand angegeben wird, und speichert das Ergebnis im ST(1)-Register.

Optional können zwei Operanden angegeben werden, wobei der zweite das ST(0)-Register sein muss und der erste ein weiteres FPU-Register. In diesem Fall wird der erste Operand vom zweiten Operanden subtrahiert und das Ergebnis wird im ersten Operanden gespeichert.

Anschließend an die Subtraktion folgt ein Poppen des Stacks.

Kommt es zu einem Stapelunterlauf, wird das C1-Flag gelöscht.

Erzeugt der Befehl eine Inexact-Result-Exception, wird mit einem gesetzten C1-Flag signalisiert, dass aufgerundet und bei einem gelöschten C1-Flag, dass abgerundet wird.

Exceptions

FPU-Exceptions: #IS, #IA, #D, #U, #O, #P

Protected-Mode-Exceptions: #GP, #SS, #NM, #PF, #AC

Real-Mode-Exceptions: #GP, #SS, #NM

Virtual-8086-Mode-Exceptions: #GP, #SS, #NM, #PF, #AC

FXTRACT

extract exponent and significand

FXTRACT teilt den Wert im ST(0)-Register in seinen Exponenten und sein Mantisse. Der Exponent wird im ST(0)-Register gespeichert und die Mantisse anschließend auf den Stack gepusht, so dass nach Ausführung des Befehls der Exponent im ST(1)-Register und die Mantisse im ST(0)-Register wiederzufinden sind.

FXTRACT liefert sowohl Mantisse als auch Exponent in binärer Zahlendarstellung zurück! Die Zahl im ST(0)-Register liegt immer zwischen 1 und 2 und das ST(1)-Register enthält immer eine ganze Zahl.

Wenn das Zero-Divide-Flag maskiert ist und ST(0) eine Null vor Ausführung des Befehls enthält, wird als Exponent der Wert ∞ und für die Mantisse der Wert null mit demselben Vorzeichen wie der Quelloperand abgespeichert.

Kommt es zu einem Stapelunterlauf, wird das C1-Flag gelöscht, bei einem Überlauf wird es gesetzt.

Exceptions

FPU-Exceptions: #IS, #IA, #Z, #D

Protected-Mode-Exceptions: #NM

Real-Mode-Exceptions: #NM

Virtual-8086-Mode-Exceptions: #NM

Siehe auch

FSCALE

FYL2X

compute y * log2 x

FYL2X berechnet den Ausdruck (ST(1)*$\log_2$ (ST(0))) und speichert das Ergebnis im ST(1)-Register. Anschließend wird ein Poppen des Stacks ausgeführt.

ST(0) muss eine Zahl größer null enthalten, damit kein Fehler auftritt.

Kommt es zu einem Stapelunterlauf, wird das C1-Flag gelöscht.

Erzeugt der Befehl eine Inexact-Result-Exception, wird mit einem gesetzten C1-Flag signalisiert, dass aufgerundet und bei einem gelöschten C1-Flag, dass abgerundet wird.

Exceptions

FPU-Exceptions: #IS, #IA, #Z, #D, #U, #O, #P

Protected-Mode-Exceptions: #NM

Real-Mode-Exceptions: #NM

Virtual-8086-Mode-Exceptions: #NM

FYL2EXP1

compute y * log2 (x+1)

FYL2EXP1 berechnet folgenden Ausdruck: ST(1)*$\log_2$(ST(0)+1,0) und poppt anschließend einmal den Stack.

Das ST(0)-Register muss dabei im Wertebereich von -(1-(√2)/2) bis +(1-(√2)/2) liegen.

Liegt der Wert des ST(0)-Registers außerhalb des gültigen Wertebereichs, so ist das Ergebnis nicht definiert. In einem solchen Falle sollte man nicht den Exceptions vertrauen, da diese irreführend sein könnten.

Kommt es zu einem Stapelunterlauf, wird das C1-Flag gelöscht.

Erzeugt der Befehl eine Inexact-Result-Exception, wird mit einem gesetzten C1-Flag signalisiert, dass aufgerundet und bei einem gelöschten C1-Flag, dass abgerundet wird.

Exceptions

FPU-Exceptions: #IS, #IA, #D, #U, #O, #P

Protected-Mode-Exceptions: #NM

Real-Mode-Exceptions: #NM

Virtual-8086-Mode-Exceptions: #NM

4.9 Vergleiche

FCOM

compare

`FCOM [Operand]`

`FCOM` vergleicht den Wert aus ST(0) mit dem Wert aus ST(1), wenn kein Operand angegeben wurde, und setzt dem Ergebnis entsprechend die Flags C0, C2 und C3. Optional kann als Operand auch eine 32- bzw. 64-Bit-Speichervariable angegeben werden, die eine Fließkommazahl enthält oder ein FPU-Register. Der Operand wird dann mit dem ST(0)-Register verglichen.

	C0	C2	C3
ST(0) > Operand	0	0	0
ST(0) < Operand	1	0	0
ST(0) = Operand	0	0	1
Fehler	1	1	1

Ein Fehler kann auftreten, wenn ST(0) oder der Operand zum Beispiel eine NaN enthält, sich also nicht vergleichen lassen. In so einem Fall wird das Invalid-Operation-Flag gesetzt.

Das C1-Flag wird dabei gelöscht. Kam es während des Abarbeitens des Befehls zu einem Stapelunterlauf, wird dieses durch das gelöschte C1-Flag indiziert.

Exceptions

FPU-Exceptions: #IS, #IA, #D

Protected-Mode-Exceptions: #GP, #SS, #NM, #PF, #AC

Real-Mode-Exceptions: #GP, #SS, #NM

Virtual-8086-Mode-Exceptions: #GP, #SS, #NM, #PF, #AC

FCOMI

compare floating poit values and set EFlags

`FCOMI ST(0), ST(i)`

`FCOMI` vergleicht den Wert aus ST(0) mit dem Wert aus dem als zweiten Operanden angegebenen FPU-Register und setzt dem Ergebnis entsprechend gegebenfalls das Zero-, das Parity- und das Carry-Flag im EFlags-Register.

	ZF	PF	CF
ST(o) > ST(i)	0	0	0
ST(o) < ST(i)	0	0	1
ST(o) = ST(i)	1	0	0
Fehler	1	1	1

Ein Fehler kann auftreten, wenn ST(0) oder ST(1) zum Beispiel eine NaN enthält, sich also nicht vergleichen lassen. In so einem Fall wird das Invalid-Operation-Flag gesetzt.

Das C1-Flag wird dabei gelöscht. Kam es während des Abarbeitens des Befehls zu einem Stapelunterlauf, wird dieses durch das gelöschte C1-Flag indiziert.

Eingeführt mit: Pentium Pro FPU

Exceptions

FPU-Exceptions: #IS, #IA

Protected-Mode-Exceptions: #NM

Real-Mode-Exceptions: #NM

Virtual-8086-Mode-Exceptions: #NM

FCOMIP

compare floating poit values, set EFlags and pop

`FCOMIP ST(0), ST(i)`

`FCOMIP` vergleicht den Wert aus ST(0) mit dem Wert aus dem als zweiten Operanden angegebenen FPU-Register und setzt dem Ergebnis entsprechend gegebenfalls das Zero-, das Parity- und das Carry-Flag im EFlags-Register.

An den Vergleich anschließend wird ein Poppen des Stacks ausgeführt.

	ZF	PF	CF
ST(o) > ST(i)	0	0	0
ST(o) < ST(i)	0	0	1
ST(o) = ST(i)	1	0	0
Fehler	1	1	1

Ein Fehler kann auftreten, wenn ST(0) oder ST(1) zum Beispiel eine NaN enthält, sich also nicht vergleichen lassen. In so einem Fall wird das Invalid-Operation-Flag gesetzt.

Das C1-Flag wird dabei gelöscht. Kam es während des Abarbeitens des Befehls zu einem Stapelunterlauf, wird dieses durch das gelöschte C1-Flag indiziert.

Eingeführt mit: Pentium Pro FPU

Exceptions

FPU-Exceptions: #IS, #IA

Protected-Mode-Exceptions: #NM

Real-Mode-Exceptions: #NM

Virtual-8086-Mode-Exceptions: #NM

FCOMP

compare and pop

`FCOMP [Operand]`

`FCOMP` vergleicht den Wert aus ST(0) mit dem Wert aus ST(1), wenn kein Operand angegeben wurde, und setzt dem Ergebnis entsprechend die Flags C0, C2 und C3. Optional kann als Operand auch eine 32- bzw. 64-Bit-Speichervariable angegeben werden, die eine Fließkommazahl enthält oder ein FPU-Register. Der Operand wird dann mit dem ST(0)-Register verglichen.

Anschließend an den Vergleich wird ein Poppen des Stacks ausgeführt.

	C0	C2	C3
ST(0) > Operand	0	0	0
ST(0) < Operand	1	0	0
ST(0) = Operand	0	0	1
Fehler	1	1	1

Ein Fehler kann auftreten, wenn ST(0) oder der Operand zum Beispiel eine NaN enthält, sich also nicht vergleichen lassen. In so einem Fall wird das Invalid-Operation-Flag gesetzt.

Das C1-Flag wird dabei gelöscht. Kam es während des Abarbeitens des Befehls zu einem Stapelunterlauf, wird dieses durch das gelöschte C1-Flag indiziert.

Exceptions

FPU-Exceptions: #IS, #IA, #D

Protected-Mode-Exceptions: #GP, #SS, #NM, #PF, #AC

Real-Mode-Exceptions: #GP, #SS, #NM

Virtual-8086-Mode-Exceptions: #GP, #SS, #NM, #PF, #AC

FCOMPP

compare and pop twice

`FCOMPP` vergleicht den Wert aus ST(0) mit dem Wert aus ST(1) und setzt dem Ergebnis entsprechend die Flags C0, C2 und C3.

Anschließend an den Vergleich wird ein zweifaches Poppen des Stacks ausgeführt.

	C0	C2	C3
ST(0) > ST(1)	0	0	0
ST(0) < ST(1)	1	0	0
ST(0) = ST(1)	0	0	1
Fehler	1	1	1

Ein Fehler kann auftreten, wenn ST(0) oder ST(1) zum Beispiel eine NaN enthält, sich also nicht vergleichen lassen. In so einem Fall wird das Invalid-Operation-Flag gesetzt.

Das C1-Flag wird dabei gelöscht. Kam es während des Abarbeiten des Befehls zu einem Stapelunterlauf, wird dieses durch das gelöschte C1-Flag indiziert.

Exceptions

FPU-Exceptions: #IS, #IA, #D

Protected-Mode-Exceptions: #GP, #SS, #NM, #PF, #AC

Real-Mode-Exceptions: #GP, #SS, #NM

Virtual-8086-Mode-Exceptions: #GP, #SS, #NM, #PF, #AC

FICOM

integer compare

`FICOM Operand`

`FICOM` vergleicht den Wert aus ST(0) mit dem Wert der angegebenen 16- bzw. 32-Bit-Speichervariable, die eine ganze Zahl enthält, und setzt dem Ergebnis entsprechend die Flags C0, C2 und C3.

	C0	C2	C3
ST(0) > Operand	0	0	0
ST(0) < Operand	1	0	0
ST(0) = Operand	0	0	1
Fehler	1	1	1

Ein Fehler kann auftreten, wenn ein Operand zum Beispiel eine NaN enthält, sich also nicht vergleichen lässt. In so einem Fall wird das Invalid-Operation-Flag gesetzt.

Das C1-Flag wird gelöscht. Kam es während des Abarbeitens des Befehls zu einem Stapelunterlauf, wird dieses durch das gelöschte C1-Flag indiziert.

Exceptions

FPU-Exceptions: #IS, #IA, #D
Protected-Mode-Exceptions: #GP, #SS, #NM, #PF, #AC
Real-Mode-Exceptions: #GP, #SS, #NM
Virtual-8086-Mode-Exceptions: #GP, #SS, #NM, #PF, #AC

FICOMP

integer compare and pop

`FICOMP Operand`

`FICOMP` vergleicht den Wert aus ST(0) mit dem Wert der angegebenen 16- bzw. 32-Bit-Speichervariable, die eine ganze Zahl enthält, und setzt dem Ergebnis entsprechend die Flags C0, C2 und C3.

Anschließend wird ein Poppen des Stacks ausgeführt.

	C0	C2	C3
ST(0) > Operand	0	0	0
ST(0) < Operand	1	0	0
ST(0) = Operand	0	0	1
Fehler	1	1	1

Ein Fehler kann auftreten, wenn ein Operand zum Beispiel eine NaN enthält, sich also nicht vergleichen lässt. In so einem Fall wird das Invalid-Operation-Flag gesetzt.

Das C1-Flag wird gelöscht. Kam es während des Abarbeitens des Befehls zu einem Stapelunterlauf, wird dieses durch das gelöschte C1-Flag indiziert.

Exceptions

FPU-Exceptions: #IS, #IA, #D
Protected-Mode-Exceptions: #GP, #SS, #NM, #PF, #AC
Real-Mode-Exceptions: #GP, #SS, #NM
Virtual-8086-Mode-Exceptions: #GP, #SS, #NM, #PF, #AC

FTST

test

FTST vergleicht den Wert des ST(0)-Registers mit dem Wert 0,0 und setzt die Flags C0, C2 und C3 dem Ergebnis entsprechend. Das Vorzeichen für den Wert 0 wird dabei vernachlässigt.

	C0	C2	C3
ST(0) > 0,0	0	0	0
ST(0) < 0,0	1	0	0
ST(0) = 0,0	0	0	1
Fehler	1	1	1

Ein Fehler kann auftreten, wenn ein Operand zum Beispiel eine NaN enthält, sich also nicht vergleichen lässt. In so einem Fall wird das Invalid-Operation-Flag gesetzt.

Das C1-Flag wird gelöscht. Kam es während des Abarbeitens des Befehls zu einem Stapelunterlauf, wird dieses durch das gelöschte C1-Flag indiziert.

Exceptions

FPU-Exceptions: #IS, #IA, #D

Protected-Mode-Exceptions: #NM

Real-Mode-Exceptions: #NM

Virtual-8086-Mode-Exceptions: #NM

FUCOM

unordered compare

`FUCOM [Operand]`

FUCOM vergleicht den Wert aus ST(0) mit dem Wert aus ST(1), wenn kein Operand angegeben wurde, und setzt dem Ergebnis entsprechend die

Flags C0, C2 und C3. Optional kann als Operand auch ein FPU-Register angegeben werden, welches mit dem ST(0)-Register verglichen werden soll.

	C0	C2	C3
ST(0) > Operand	0	0	0
ST(0) < Operand	1	0	0
ST(0) = Operand	0	0	1
Fehler	1	1	1

Ein Fehler kann auftreten, wenn ST(0) oder ST(i) zum Beispiel eine NaN enthält, sich also nicht vergleichen lassen.

Handelt es sich dabei um eine QNaN, wird **nicht** das Invalid-Operation-Flag gesetzt, sondern nur die drei Flags!

Enthält mindestens ein Register eine SNaN, so wird zudem auch das Invalid-Operation-Flag gesetzt.

Das ist der einzige Unterschied zum FCOM-Befehl.

Kommt es zu einem Stapelunterlauf, wird das C1-Flag gelöscht.

Eingeführt mit: 387er FPU

Exceptions

FPU-Exceptions: #IS, #IA, #D

Protected-Mode-Exceptions: #NM

Real-Mode-Exceptions: #NM

Virtual-8086-Mode-Exceptions: #NM

FUCOMI

compare unordered floating point values and set EFlags

`FUCOMI ST(0), ST(i)`

`FUCOMI` vergleicht den Wert aus ST(0) mit dem Wert aus dem als zweiten Operanden angegebenen FPU-Register und setzt dem Ergebnis entsprechend gegebenfalls das Zero-, das Parity- und das Carry-Flag im EFlags-Register.

	ZF	PF	CF
ST(o) > ST(i)	0	0	0
ST(o) < ST(i)	0	0	1
ST(o) = ST(i)	1	0	0
Fehler	1	1	1

Ein Fehler kann auftreten, wenn ST(0) oder ST(i) zum Beispiel eine NaN enthält, sich also nicht vergleichen lassen. In so einem Fall setzt `FUCOMI` **nicht** das Invalid-Operation-Flag, sondern nur die drei Flags!

Das ist auch der einzige Unterschied zum `FCOMI`-Befehl.

Das C1-Flag wird gelöscht. Kam es während des Abarbeitens des Befehls zu einem Stapelunterlauf, wird dieses durch das gelöschte C1-Flag indiziert.

Eingeführt mit: Pentium Pro FPU

Exceptions

FPU-Exceptions: #IS, #IA

Protected-Mode-Exceptions: #NM

Real-Mode-Exceptions: #NM

Virtual-8086-Mode-Exceptions: #NM

FUCOMIP

compare unordered floating point values, set EFlags and pop

`FUCOMIP ST(0), ST(i)`

`FUCOMIP` vergleicht den Wert aus ST(0) mit dem Wert aus dem als zweiten Operanden angegebenen FPU-Register und setzt dem Ergebnis entsprechend gegebenfalls das Zero-, das Parity- und das Carry-Flag im EFlags-Register.

Anschließend wird ein Poppen des Stacks ausgeführt.

	ZF	PF	CF
ST(o) > ST(i)	0	0	0
ST(o) < ST(i)	0	0	1
ST(o) = ST(i)	1	0	0
Fehler	1	1	1

Ein Fehler kann auftreten, wenn ST(0) oder ST(i) zum Beispiel eine NaN enthält, sich also nicht vergleichen lassen. In so einem Fall setzt `FUCOMIP` **nicht** das Invalid-Operation-Flag, sondern nur die drei Flags!

Das ist auch der einzige Unterschied zum `FCOMIP`-Befehl.

Das C1-Flag wird gelöscht. Kam es während des Abarbeitens des Befehls zu einem Stapelunterlauf, wird dieses durch das gelöschte C1-Flag indiziert.

Eingeführt mit: Pentium Pro FPU

Exceptions

FPU-Exceptions: #IS, #IA

Protected-Mode-Exceptions: #NM

Real-Mode-Exceptions: #NM

Virtual-8086-Mode-Exceptions: #NM

FUCOMP

unordered compare and pop

`FUCOMP [Operand]`

`FUCOMP` vergleicht den Wert aus ST(0) mit dem Wert aus ST(1), wenn kein Operand angegeben wurde, und setzt dem Ergebnis entsprechend die Flags C0, C2 und C3. Optional kann als Operand auch ein FPU-Register angegeben werden, welches mit dem ST(0)-Register verglichen werden soll.

Anschließend wir ein Poppen des Stacks durchgeführt.

	C0	C2	C3
ST(0) > Operand	0	0	0
ST(0) < Operand	1	0	0
ST(0) = Operand	0	0	1
Fehler	1	1	1

Ein Fehler kann auftreten, wenn ST(0) oder ST(i) zum Beispiel eine NaN enthält, sich also nicht vergleichen lassen.

Handelt es sich dabei um eine QNaN, wird **nicht** das Invalid-Operation-Flag gesetzt, sondern nur die drei Flags!

Enthält mindestens ein Register eine SNaN, so wird zudem auch das Invalid-Operation-Flag gesetzt.

Das ist der einzige Unterschied zum `FCOMP`-Befehl.

Kommt es zu einem Stapelunterlauf, wird das C1-Flag gelöscht.

Eingeführt mit: 387er FPU

Exceptions

FPU-Exceptions: #IS, #IA, #D

Protected-Mode-Exceptions: #NM

Real-Mode-Exceptions: #NM

Virtual-8086-Mode-Exceptions: #NM

FUCOMPP

unordered compare and pop

`FUCOMP [Operand]`

`FUCOMP` vergleicht den Wert aus ST(0) mit dem Wert aus ST(1) und setzt dem Ergebnis entsprechend die Flags C0, C2 und C3.

Anschließend wir ein zweifaches Poppen des Stacks durchgeführt.

	C0	C2	C3
ST(0) > Operand	0	0	0
ST(0) < Operand	1	0	0
ST(0) = Operand	0	0	1
Fehler	1	1	1

Ein Fehler kann auftreten, wenn ST(0) oder ST(1) zum Beispiel eine NaN enthält, sich also nicht vergleichen lassen.

Handelt es sich dabei um eine QNaN, wird **nicht** das Invalid-Operation-Flag gesetzt, sondern nur die drei Flags!

Enthält mindestens ein Register eine SNaN, so wird zudem auch das Invalid-Operation-Flag gesetzt.

Das ist der einzige Unterschied zum `FCOMPP`-Befehl.

Kommt es zu einem Stapelunterlauf, wird das C1-Flag gelöscht.

Eingeführt mit: 387er FPU

Exceptions

FPU-Exceptions: #IS, #IA, #D

Protected-Mode-Exceptions: #NM

Real-Mode-Exceptions: #NM

Virtual-8086-Mode-Exceptions: #NM

FXAM

examine

FXAM überprüft den Wert in ST(0) und setzt dem Ergebnis entsprechend die Flags C0, C2 und C3. Das C1-Flag nimmt immer den Wert des Vorzeichens an, gleichgültig ob das Register leer oder belegt ist.

	Co	C2	C3
Nicht unterstützt	0	0	0
NaN	1	0	0
Normale endliche Zahl	0	1	0
Unendlich	1	1	0
Null	0	0	1
Leer	1	0	1
Denormalisierte Zahl	0	1	1

Exceptions

FPU-Exceptions: Keine

Protected-Mode-Exceptions: #NM

Real-Mode-Exceptions: #NM

Virtual-8086-Mode-Exceptions: #NM

4.10 Ein Beispiel

Folgendes kleines Beispiel soll die Arbeitsweise mit der FPU verdeutlichen. Dazu nehmen wir die Gleichung (0,5 * (12/4,8) + 1) und lassen diese von der FPU ausrechnen.

Da nur die Arbeitsweise der FPU verdeutlicht werden soll und möglichst einfach zu verfolgen sein sollte, wurde auf 'unnötigen' Code verzichtet.

Auf folgende Kleinigkeiten muss geachtet werden:

- Vor- und Nachkommastelle müssen mit einem Punkt getrennt werden. Ein Komma ist nicht erlaubt!
- Um das Beispiel kompakt zu halten, wurde nach Benutzung der FPU nicht aufgeräumt! In Ihren Programmen sollten Sie es sich zur Angewohnheit machen, vor Beendigung des Programms die FPU-Umgebung aufzuräumen bzw. wieder in den Zustand zu bringen, wie das Programm sie vorgefunden hat.
- Die Berechnung des Ergebnisses in ASCII-Zeichen ist sehr 'schmutzig' programmiert, da nur eine Stelle der Zahl konvertiert wird. Da das Ergebnis vorher schon feststeht und man weiß, dass es einstellig ist, wurde nicht auf eventuelle andere Berechnungen Rücksicht genommen. Ein mehrstelliges Ergebnis würde nicht korrekt ausgegeben werden.

```
Comment |
   Autor:           Joachim F. Rohde
   Datum:           07.07.2001
   letzte Änderung: 07.07.2001

   Funktion: Berechnet den folgenden mathematischen Ausdruck
   mit Hilfe der FPU:
            0,5 * (12/4,8) + 1 = 2,25
   |

   .model small
   .data
     Var1 dw 12
     Var2 dd 4.0
     Var3 dd 0.5
```

```
    Ergebnis dd ?
    msg db 'Gerundetes Ergebnis der Gleichung (0,5 *
    (12/4,8) + 1) ist $'

  .code
  start:
          mov ax, @data
          mov ds, ax

          fninit              ;FPU initialisieren

          fild var1           ;Den Wert 12 pushen
          fdiv var2           ;ST(0) durch 4,8 dividieren
                              ;Das Ergebnis (2,5) liegt im
                              ;ST(0)-Register

          fld var3            ;Den Wert 0,5 pushen
          fmul ST(1), ST(0)   ;2,5 mit 0,5 multiplizieren
                              ;Das Ergebnis (1,25) liegt im
                              ;ST(1)-Register

          fld1                ;Die Konstante 1 pushen
          fadd ST(0), ST(2)   ;1 mit 1,25 addieren
                              ;Das Ergebnis 2,25 liegt im
                              ;ST(0)-Register

          fist Ergebnis       ;ST(0) als ganze Zahl in der
                              ;Speichervariable Ergebnis
                              ;abspeichern

          mov ah, 9           ;Nachricht ausgeben
          lea dx, msg
          int 21h
  .386                        ;für 32-Bit-Register
          mov eax, ergebnis   ;Ergebnis für die Bildschirm-
                              ;ausgabe vorbereiten

          mov bx, 10
          xor dx, dx
          div bx

          or dl, 30h          ;Zahl in ASCII umwandeln
```

```
        mov ah, 2           ;und ausgeben
        int 21h

.8086

        mov ax, 4C00h       ;Programm beenden
        int 21h
ends
end start
```

Listing 4.2: Berechnet die Gleichung (0,5(12/4,8)+1) mit Hilfe der FPU*

5 MMX

Dieses Kapitel gliedert sich in folgende Unterkapitel:

- Was ist MMX?
- Architektur
- Verfügbarkeit von MMX
- Laden und Speichern der MMX-Umgebung
- Register-Befehle
  - Hier finden Sie die Befehle zum Kopieren von Daten aus bzw. in Register und Speichervariablen.
- Mathematische Befehle
- Logische Verknüpfungen
- Vergleiche
- Schiebe-Befehle
  - Befehle zum bitweisen Shiften.
- (Ent)pack-Befehle
  - Diese Befehle 'entpacken' oder 'packen' bestimmte Zahlen aus den jeweiligen Registern oder Speichervariablen.

5.1 Was ist MMX?

MMX steht für Multimedia Extension und unterstützt erstmals die SIMD-Technik. SIMD steht für *Single Instruction Multiple Data*. Es können mit einem Befehl also mehrere Daten bearbeitet werden.

Im Prinzip ging das ja schon vorher. Wollte man zwei 8-Bit-Werte in einem 16-Bit-Register inkrementieren, so konnte man zu Beispiel den Befehl `ADD AX, 0101h` ausführen lassen. Wo ist jetzt der Unterschied? Der Unterschied liegt einerseits darin, dass MMX mit 64-Bit breiten Registern arbeitet, was aber nicht so entscheidend ist wie die zweite grundlegende Änderung: Es finden keine Überläufe in das nächsthöhere Register statt.

Greifen wir noch mal auf das Beispiel mit den zwei 8-Bit-Werten zurück. Angenommen, im AX-Register befindet sich der Wert 24FFh. Um beide zu inkrementieren, führen wir den Befehl `ADD AX, 0101h` aus. Das Ergebnis der Addition ist gleich 2600h. Wenn die zwei 8-Bit-Werte aber unabhängig sein sollen (oder müssen), hätte das richtige Ergebnis 2500h lauten müssen.

Aus dem Wert 0FFh hätte einfach mittels *wrap-around* der Wert 00 werden müssen. Wenn Sie mal ein wenig mit einer Farbpalette herumgespielt haben, oder ein einfaches Fade Out programmiert haben, werden Sie merken, dass das auch nicht immer die beste Methode ist. Deswegen gibt es bei MMX noch die Saturation. Ist der größte (bzw. kleinste) mögliche Wert erreicht und würde es zu einem Über- oder Unterlauf kommen, so wird der Wert einfach nicht mehr verändert.

Es ist noch anzumerken, dass keiner der Befehle die Flags beeinflusst!

Ab dem Pentium 4 können die MMX-Befehle teilweise auch dazu genutzt werden, die 128-Bit breiten XMM-Register zu bearbeiten. Intel hat sich die Bezeichnung MMX rechtlich schützen lassen, weshalb AMD nie mit dieser Technolgie werben durfte. AMDs Prozessoren unterstützen die Technologie aber voll und ganz.

5.2 Architektur

Die MMX-Register

Es wurden acht neue 64-Bit-Register eingeführt, die mit MM0 bis MM7 angesprochen werden.

Um genau zu sein, wurden nur die Bezeichnungen MM0 bis MM7 neu eingeführt, da intern die 80-Bit breiten FPU-Register benutzt werden. Die Bits 65 bis 79 gelten bei MMX als reserviert.

Dies ist bei der Verwendung der MMX-Befehle zu beachten. Kapseln Sie ihre MMX-Routinen also von Routinen, die FPU-Befehle enthalten können, und natürlich auch andersherum. Damit vermeiden Sie unerwünschte Seiteneffekte.

Das Konzept des Stacks von der FPU wurde nicht übernommen. Sie sprechen also direkt die Register R0 bis R7 an und nicht die Aliasnamen ST(0) bis ST(7).

Die FPU-Tags haben jetzt nur noch die Bedeutung anzuzeigen, ob ein Register leer ist oder nicht. Das Control und das Status Word werden von MMX völlig ignoriert.

Datentypen

Es gibt keine wirklich neuen Datentypen. Man unterscheidet nur, wie viele unabhängige Zahlen ein MMX-Register denn nun belegen. So spricht man von gepackten Bytes, wenn 8 Bytes in einem MMX-Register stehen, von gepackten Words, wenn 4 Words sich in einem MMX-Register befinden, von gepackten Doublewords, wenn sich 2 Doublewords im Register befinden und von Quadwords, wenn ein MMX-Register nur eine Zahl, ein Quadword eben, repräsentiert.

5.3 Verfügbarkeit von MMX

Bevor Ihr Programm irgendwelche MMX-Befehle benutzt, sollte es testen, ob diese überhaupt zur Verfügung stehen. Ob das der Fall ist, finden Sie mit Hilfe des `CPUID`-Befehls heraus. Dazu übergeben Sie im EAX-Register die Funktionsnummer 1 und führen den `CPUID`-Befehl aus. Nun müssen Sie nur noch prüfen, ob das 23te Bit im EDX-Register gesetzt ist oder nicht. Ist es gesetzt, unterstützt der Prozessor MMX, ansonsten nicht.

Beachten Sie bitte, dass der CPUID-Befehl auch nicht auf allen Prozessoren verfügbar ist und deshalb dessen Verfügbarkeit ebenfalls geprüft werden muss. Näheres dazu in Kapitel 3: Der CPUID-Befehl.

Hier nun ein kleines Listing, welches überprüft, ob MMX verfügbar ist oder nicht:

```
Comment *
   Autor:             Joachim F. Rohde
   Datum:             13.05.2001
   letzte Änderungen: 13.05.2001

   Funktion: Überprüft, ob die MMX-Technologie auf dem Prozes-
   sor verfügbar ist und teilt das Ergebnis in Form eines Tex-
   tes auf dem Bildschirm mit.
   *

   .model small
   .data
   m1 db 'Die MMX-Technologie ist $'
   m2 db 'verfügbar.$'
   m3 db 'nicht verfügbar.$'

   .code
   start:
         mov ax, @data
         mov ds, ax

         mov ah, 9                 ;m1 auf dem Bildschirm
         lea dx, m1                ;ausgeben
         int 21h

   .586                            ;Pentium-Befelssatz aktivieren
         mov eax, 000000001        ;Funktionsnummer=1
         cpuid
         test edx, 000800000h      ;Bit 23 testen
         jnz vorhanden             ;wenn gesetzt, springe

   .8086                           ;8086-Befehlssatz aktivieren
```

```
        mov ah, 09h                 ;Text ausgeben, dass
        lea dx, m3                  ;MMX nicht zu verfügung
        int 21h                     ;steht
        jmp short ende              ;und beenden

vorhanden:
        mov ah, 09h                 ;Text ausgeben, dass
        lea dx, m2                  ;MMX verfügbar ist
        int 21h

ende:
        mov ah, 4ch                 ;Programm
        int 21h                     ;beenden

ends
end start
```

Listing 5.1: Überprüft die Verfügbarkeit der MMX-Technologie

5.4 Laden und Speichern der MMX-Umgebung

EMMS

empty MMX state

EMMS setzt die Tags der FPU auf 1 und markiert die FPU-Register damit als verfügbar für FPU-Befehle. Der Befehl sollte am Ende eines Codeblocks mit MMX-Befehlen oder vor der Ausführung einer Subroutine, die FPU-Befehle enthalten könnte, ausgeführt werden, damit FPU-Befehle korrekt ausgeführt werden können.

Alle anderen MMX-Befehle als EMMS setzen die Tags auf 0.

Exceptions

#UD, #NM, #MF

FXRSTOR

restore FPU, MMX, SSE and SSE2 state

`FXRSTOR Operand`

`FXRSTOR` lädt die FPU-, MMX-, XMM- und MXCSR-Register aus dem als Operanden angegebenen 512 Byte großen Speicherbereich. Dieser sollte zuvor mittels `FXSAVE` beschrieben worden sein und sollte an einer 16-Byte Grenze ausgerichtet sein.

Für den Aufbau dieses Speicherbereichs schauen Sie bitte unter `FXSAVE` nach.

Wenn das OSFXSR-Bit im Kontrollregister CR4 nicht gesetzt sein sollte, könnte `FXRSTOR` den Status der Register XMM und MXCSR unter Umständen nicht wieder herstellen. Das Verhalten in einem solchen Falle ist allerdings Implementierungsspezifisch.

Die Bits 6 und 16 bis 32 des MXCSR-Registers gelten als reserviert und sollten auf null gesetzt werden. Wird eines dieser Bits auf eins gesetzt, wird *eine general protection exception* ausgelöst.

Enthält die Kopie des MXCSR-Registers eine unmaskierte Exception mit einem korrespondierenden gesetzten Status-Flag, wird durch das Laden keine *floating point error condition* erzeugt. Nur die als Nächst auftretende unmaskierte Exception wird eine Exception erzeugen.

Um Exceptions zu überprüfen, die während des Ladens des FPU-Status auftreten können, muss nach `FXRSTOR` ein `FWAIT` ausgeführt werden.

Exceptions

Protected-Mode-Exceptions: #GP, #SS, #PF, #NM, #UD, #AC

Real-Mode-Exceptions: #GP, #NM, #UD

Virtual-8086-Mode-Exceptions: #GP, #NM, #UD, #PF, #AC

FXSAVE

save FPU, MMX, SSE and SSE2 state

`FXSAVE Operand`

`FXSAVE` speichert die FPU-, MMX-, XMM- und MXCSR-Register in den als Operanden angegebenen 512 Byte großen Speicherbereich. Der Operand muss an einer 16-Byte-Grenze ausgerichtet sein, ansonsten wird eine #GP- oder eine #AC-Exception erzeugt.

Der Speicherbereich ist folgendermaßen aufgebaut:

Byte	Bit	Bedeutung
0 / 1		FPU Control Word
	0	Invalid Operation Exception Mask
	1	Denormalized Operand Exception Mask
	2	Zero Divide Exception Mask
	3	Overflow Exception Mask
	4	Underflow Exception Mask
	5	Precision Exception Mask
	6 / 7	Reserviert
	8 / 9	Precision Control
	10 / 11	Rounding Control
	12	Infinity Control
	13 - 15	Reserviert
2 / 3		FPU Status Word
	0 (16)	Invalid Operation Flag
	1 (17)	Denormalized Operand Flag
	2 (18)	Zero Divide Flag
	3 (19)	Overflow Flag
	4 (20)	Underflow Flag
	5 (21)	Precision Flag

Byte	Bit	Bedeutung
	6 (22)	Stack Fault
	7 (23)	Error Summary Status
	8 (24)	C0-Flag
	9 (25)	C1-Flag
	10 (26)	C2-Flag
	11 - 13 (27-29)	Top of Stack Pointer
	14 (30)	C3-Flag
	15 (31)	FPU Busy
5		Tag Word Anders als beim FSAVE-Befehl wird für jedes Tag nur ein Bit abgespeichert. Ein gesetztes für *valid* und ein gelöschtes für *empty*.
6 / 7		FPU Opcode. Die unteren 11 Bits enthalten den Opcode und die oberen 5 Bits sind reserviert.
8-11		FPU Instruction Pointer Offset Im 32-Bit-Mode werden die kompletten 32 Bits genutzt, im 16-Bit-Mode nur die unteren 16 Bits. Die oberen 16 Bits sind dann reserviert.
12 / 13		FPU Selektor für den *Instruction Pointer*
14 / 15		Reserviert
16-19		FPU Daten-Zeiger Offset (*data pointer offset*) Im 32-Bit-Mode werden die kompletten 32 Bits genutzt, im 16-Bit-Mode nur die unteren 16-Bit. Die oberen 16-Bit sind dann reserviert.

Byte	Bit	Bedeutung
20 / 21		FPU Selektor für den *Instruction Operand (Data) Pointer*
22 / 23		Reserviert
24 - 27		MXCSR-Register
	0 (192)	Invalid Operation Flag
	1 (193)	Denormalized Operand Flag
	2 (194)	Zero Divide Flag
	3 (195)	Overflow Flag
	4 (196)	Underflow Flag
	5 (197)	Precision Flag
	6 (198)	Denormals-are-Zero-Flag
	7 (199)	Invalid Operation Exception Mask
	8 (200)	Denormalized Operand Exception Mask
	9 (201)	Zero Divide Exception Mask
	10 (202)	Overflow Exception Mask
	11 (203)	Underflow Exception Mask
	12 (204)	Precision Exception Mask
	13/14 (205/206)	Rounding Control
	15 (207)	Flush-to-Zero
	16-31 (208-223)	reserviert
28 - 31		MXCSR-Maske Diese Maske enthält den Wert null, wenn der Default-Wert des MXCSR-Registers gleich 0000FFBFh ist.

Byte	Bit	Bedeutung
		Ist der Wert ungleich null, so repräsentiert jedes gelöschte Bit ein reserviertes Bit im MXCSR-Register. Verknüpfen Sie diese Maske mit einer logischen Und-Verknüpfung mit dem Wert, der ins MXCSR-Register geschrieben werden soll, damit keine reservierten Bits beschrieben werden, was sonst zur Folge hätte, dass eine #GP-Exception erzeugt werden würde.
32 - 41		ST(0) / MM0
42 - 47		Reserviert
48 - 57		ST(1) / MM1
58 - 63		Reserviert
64 - 73		ST(2) / MM2
74 - 79		Reserviert
80 - 89		ST(3) / MM3
90 - 95		Reserviert
96 - 105		ST(4) / MM4
106 - 111		Reserviert
112 - 121		ST(5) / MM5
122 - 127		Reserviert
128 - 137		ST(6) / MM6
138 - 143		Reserviert
144 - 153		ST(7) / MM7
154 - 159		Reserviert
160 - 175		XMM0

Byte Bit	Bedeutung
176 - 191	XMM1
192 - 207	XMM2
208 - 223	XMM3
224 - 239	XMM4
240 - 255	XMM5
256 - 271	XMM6
272 - 287	XMM7
288 - 512	Reserviert

Tabelle 5.1: Aufbau des Speicherbereichs für `FXSAVE`

Exceptions

Protected-Mode-Exceptions: #GP, #SS, #PF, #NM, #UD, #AC

Real-Mode-Exceptions: #GP, #NM, #UD

Virtual-8086-Mode-Exceptions: #GP, #NM, #UD, #PF, #AC

5.5 Register-Befehle

MOVD

move doubleword

`MOVD Operand1, Operand2`

`MOVD` kopiert ein Doubleword aus dem zweiten Operanden in den ersten.

Als Operanden können 32-Bit-Register, -Speichervariablen, MMX-Register und ab dem Pentium 4 auch XMM-Register angegeben werden.

Wird ein MMX- oder ein XMM-Register als Operand angegeben, so wird nur das unterste Doubleword des Registers kopiert bzw. geschrieben.

Beim Schreiben in ein solches Register werden alle höherwertigen Doublewords auf null gesetzt.

Es ist darauf zu achten, dass die Operanden nicht vom selben Typ sein dürfen; so ist es beispielsweise nicht möglich, zwei MMX-Register als Operanden anzugeben. Auch die Kombination von MMX- und XMM-Registern ist nicht erlaubt.

Exceptions

Protected-Mode-Exceptions: #GP, #SS, #PF, #NM, #MF, #UD, #AC

Real-Mode-Exceptions: #GP, #NM, #MF, #UD

Virtual-8086-Mode-Exceptions: #GP, #NM, #MF, #UD, #PF, #AC

MOVQ

move quadword

`MOVQ Operand1, Operand2`

`MOVQ` kopiert den zweiten Operanden in den ersten. Als Operanden können MMX-Register oder 64-Bit-Speichervariablen angegeben werden.

Ab dem Pentium 4 kann auch ein XMM-Register angegeben werden. Ist ein Operand ein XMM-Register, so wird das untere Quadword benutzt. Wird ein Wert in das Register hineinkopiert, so wird das obere Quadword auf 0 gesetzt. Wird ein Wert aus dem Register herauskopiert, bleibt dieses unverändert.

Es ist darauf zu achten, dass mindestens ein Operand ein Register ist.

Exceptions

Protected-Mode-Exceptions: #GP, #SS, #PF, #NM, #MF, #UD, #AC

Real-Mode-Exceptions: #GP, #NM, #MF, #UD

Virtual-8086-Mode-Exceptions: #GP, #NM, #MF, #UD, #PF, #AC

5.6 Mathematische Befehle

PADDB

add packed bytes

`PADDB Operand1, Operand2`

`PADDB` addiert die korrespondierenden Bytes beider Operanden und speichert die Ergebnisse im ersten Operanden. Ein eventueller Übertrag wird ignoriert und auch nicht signalisiert.

Der erste Operand muss dabei ein MMX-Register sein und der zweite kann zusätzlich eine 64-Bit-Speichervariable sein.

Ab dem Pentium 4 können als Operanden auch alternativ 128-Bit-Register oder eine 128-Bit-Speichervariable als zweiter Operand angegeben werden.

Exceptions

Protected-Mode-Exceptions: #GP, #SS, #PF, #NM, #MF, #UD, #AC

Real-Mode-Exceptions: #GP, #NM, #MF, #UD

Virtual-8086-Mode-Exceptions: #GP, #NM, #MF, #UD, #PF, #AC

PADDW

add packed words

`PADDW Operand1, Operand2`

`PADDW` addiert die korrespondierenden Words beider Operanden und speichert die Ergebnisse im ersten Operanden. Ein eventueller Übertrag wird ignoriert und auch nicht signalisiert.

Der erste Operand muss dabei ein MMX-Register sein und der zweite kann zusätzlich eine 64-Bit-Speichervariable sein.

Ab dem Pentium 4 können als Operanden auch alternativ 128-Bit-Register oder eine 128-Bit-Speichervariable als zweiter Operand angegeben werden.

Exceptions

Protected-Mode-Exceptions: #GP, #SS, #PF, #NM, #MF, #UD, #AC

Real-Mode-Exceptions: #GP, #NM, #MF, #UD

Virtual-8086-Mode-Exceptions: #GP, #NM, #MF, #UD, #PF, #AC

PADDD

add packed doublewords

`PADDD Operand1, Operand2`

`PADDD` addiert die korrespondierenden Dobulewords beider Operanden und speichert das Ergebnis im ersten Operanden. Ein eventueller Übertrag wird ignoriert und auch nicht signalisiert.

Der erste Operand muss dabei ein MMX-Register sein und der zweite kann zusätzlich eine 64-Bit-Speichervariable sein.

Ab dem Pentium 4 können als Operanden auch alternativ 128-Bit-Register oder eine 128-Bit-Speichervariable als zweiter Operand angegeben werden.

Exceptions

Protected-Mode-Exceptions: #GP, #SS, #PF, #NM, #MF, #UD, #AC

Real-Mode-Exceptions: #GP, #NM, #MF, #UD

Virtual-8086-Mode-Exceptions: #GP, #NM, #MF, #UD, #PF, #AC

PADDSB

add packed signed bytes with signed saturation

`PADDSB Operand1, Operand2`

`PADDSB` addiert die korrespondierenden vorzeichenbehafteten Bytes beider Operanden und speichert das Ergebnis im ersten Operanden. Sollte es einen Über- oder Unterlauf geben, so wird der größt- bzw. kleinstmögliche Wert (7Fh bzw. 80h) als Ergebnis zurückgeschrieben.

Der erste Operand muss dabei ein MMX-Register sein und der zweite kann zusätzlich eine 64-Bit-Speichervariable sein.

Ab dem Pentium 4 können als Operanden auch alternativ 128-Bit-Register oder eine 128-Bit-Speichervariable als zweiter Operand angegeben werden.

Exceptions

Protected-Mode-Exceptions: #GP, #SS, #PF, #NM, #MF, #UD, #AC

Real-Mode-Exceptions: #GP, #NM, #MF, #UD

Virtual-8086-Mode-Exceptions: #GP, #NM, #MF, #UD, #PF, #AC

PADDSW

add packed signed words with signed saturation

`PADDSW Operand1, Operand2`

`PADDSW` addiert die korrespondierenden vorzeichenbehafteten Words beider Operanden und speichert das Ergebnis im ersten Operanden. Sollte es einen Über- oder Unterlauf geben, so wird der größt- bzw. kleinstmögliche Wert (7FFFh bzw. 8000h) als Ergebnis zurückgeschrieben.

Der erste Operand muss dabei ein MMX-Register sein und der zweite kann zusätzlich eine 64-Bit-Speichervariable sein.

Ab dem Pentium 4 können als Operanden auch alternativ 128-Bit-Register oder eine 128-Bit-Speichervariable als zweiter Operand angegeben werden.

Exceptions

Protected-Mode-Exceptions: #GP, #SS, #PF, #NM, #MF, #UD, #AC

Real-Mode-Exceptions: #GP, #NM, #MF, #UD

Virtual-8086-Mode-Exceptions: #GP, #NM, #MF, #UD, #PF, #AC

PADDUSB

add packed unsigned bytes with signed saturation

`PADDUSB Operand1, Operand2`

`PADDUSB` addiert die vorzeichenlosen Bytes beider Operanden und speichert das Ergebnis im ersten Operanden. Sollte es einen Überlauf geben, so wird der Wert 0FFh als Ergebnis zurückgeschrieben.

Der erste Operand muss dabei ein MMX-Register sein und der zweite kann zusätzlich eine 64-Bit-Speichervariable sein.

Ab dem Pentium 4 können als Operanden auch alternativ 128-Bit-Register oder eine 128-Bit-Speichervariable als zweiter Operand angegeben werden.

Exceptions

Protected-Mode-Exceptions: #GP, #SS, #PF, #NM, #MF, #UD, #AC

Real-Mode-Exceptions: #GP, #NM, #MF, #UD

Virtual-8086-Mode-Exceptions: #GP, #NM, #MF, #UD, #PF, #AC

PADDUSW

add packed unsigned words with signed saturation

`PADDUSW Operand1, Operand2`

`PADDUSW` addiert die vorzeichenlosen Words beider Operanden und speichert das Ergebnis im ersten Operanden. Sollte es einen Überlauf geben, so wird der Wert 0FFFFh als Ergebnis zurückgeschrieben.

Der erste Operand muss dabei ein MMX-Register sein und der zweite kann zusätzlich eine 64-Bit-Speichervariable sein.

Ab dem Pentium 4 können als Operanden auch alternativ 128-Bit-Register oder eine 128-Bit-Speichervariable als zweiter Operand angegeben werden.

Exceptions

Protected-Mode-Exceptions: #GP, #SS, #PF, #NM, #MF, #UD, #AC

Real-Mode-Exceptions: #GP, #NM, #MF, #UD

Virtual-8086-Mode-Exceptions: #GP, #NM, #MF, #UD, #PF, #AC

PMADDWD

multiply and add packed integers

`PMADDWD Operand1, Operand2`

`PMADDWD` multipliziert die vier entsprechenden Words beider Operanden miteinander und addiert sowohl die oberen beiden Doublewords des Ergebnisses als auch die unteren beiden Doublewords. Die jeweiligen Summen werden in das entsprechende obere bzw. untere Doubleword des ersten Operanden geschrieben.

Der erste Operand muss dabei ein MMX-Register sein und der zweite kann zusätzlich eine 64-Bit-Speichervariable sein.

Ab dem Pentium 4 können als Operanden auch alternativ 128-Bit-Register oder als zweiter Operand auch eine 128-Bit-Speichervariable angegeben werden.

Exceptions

Protected-Mode-Exceptions: #GP, #SS, #PF, #NM, #MF, #UD, #AC

Real-Mode-Exceptions: #GP, #NM, #MF, #UD

Virtual-8086-Mode-Exceptions: #GP, #NM, #MF, #UD, #PF, #AC

PMULHW

multiply packed signed integers and store high result

`PMULHW Operand1, Operand2`

`PMULHW` multipliziert die korrespondierenden Words der beiden Operanden miteinander und speichert jeweils die oberen 16 Bits des 32-bittigen Ergebnisses im ersten Operanden.

Der erste Operand muss dabei ein MMX-Register sein und der zweite kann zusätzlich eine 64-Bit-Speichervariable sein.

Ab dem Pentium 4 können als Operanden auch alternativ 128-Bit-Register oder als zweiter Operand auch eine 128-Bit-Speichervariable angegeben werden.

Es muss darauf geachtet werden, dass die Words, die multipliziert werden, als vorzeichenbehaftete Words behandelt werden!

Exceptions

Protected-Mode-Exceptions: #GP, #SS, #PF, #NM, #MF, #UD, #AC

Real-Mode-Exceptions: #GP, #NM, #MF, #UD

Virtual-8086-Mode-Exceptions: #GP, #NM, #MF, #UD, #PF, #AC

PMULLW

multiply packed signed integers and store low result

`PMULLW Operand1, Operand2`

`PMULLW` multipliziert die korrespondierenden Words der beiden Operanden miteinander und speichert jeweils die unteren 16 Bits des 32-bittigen Ergebnisses im ersten Operanden.

Der erste Operand muss dabei ein MMX-Register sein und der zweite kann zusätzlich eine 64-Bit-Speichervariable sein.

Ab dem Pentium 4 können als Operanden auch alternativ 128-Bit-Register oder als zweiter Operand auch eine 128-Bit-Speichervariable angegeben werden.

Es muss darauf geachtet werden, dass die Words, die multipliziert werden, als vorzeichenbehaftete Words behandelt werden!

Exceptions

Protected-Mode-Exceptions: #GP, #SS, #PF, #NM, #MF, #UD, #AC

Real-Mode-Exceptions: #GP, #NM, #MF, #UD

Virtual-8086-Mode-Exceptions: #GP, #NM, #MF, #UD, #PF, #AC

PSUBB

subtract packed bytes

`PSUBB Operand1, Operand2`

`PSUBB` subtrahiert die korrespondierenden Bytes des zweiten Operanden vom ersten und speichert das Ergebnis im ersten Operanden. Ein eventueller Übertrag wird ignoriert und auch nicht signalisiert.

Der erste Operand muss dabei ein MMX-Register sein und der zweite kann zusätzlich eine 64-Bit-Speichervariable sein.

Ab dem Pentium 4 können als Operanden auch alternativ 128-Bit-Register oder eine 128-Bit-Speichervariable als zweiter Operand angegeben werden.

Exceptions

Protected-Mode-Exceptions: #GP, #SS, #PF, #NM, #MF, #UD, #AC

Real-Mode-Exceptions: #GP, #NM, #MF, #UD

Virtual-8086-Mode-Exceptions: #GP, #NM, #MF, #UD, #PF, #AC

PSUBW

subtract packed words

`PSUBW Operand1, Operand2`

`PSUBW` subtrahiert die korrespondierenden Words des zweiten Operanden vom ersten und speichert das Ergebnis im ersten Operanden. Ein eventueller Übertrag wird ignoriert und auch nicht signalisiert.

Der erste Operand muss dabei ein MMX-Register sein und der zweite kann zusätzlich eine 64-Bit-Speichervariable sein.

Ab dem Pentium 4 können als Operanden auch alternativ 128-Bit-Register oder eine 128-Bit-Speichervariable als zweiter Operand angegeben werden.

Exceptions

Protected-Mode-Exceptions: #GP, #SS, #PF, #NM, #MF, #UD, #AC

Real-Mode-Exceptions: #GP, #NM, #MF, #UD

Virtual-8086-Mode-Exceptions: #GP, #NM, #MF, #UD, #PF, #AC

PSUBD

subtract packed doublewords

`PSUBD Operand1, Operand2`

`PSUBD` subtrahiert das Doubleword des zweiten Operanden vom ersten und speichert das Ergebnis im ersten Operanden. Ein eventueller Übertrag wird ignoriert und auch nicht signalisiert.

Der erste Operand muss dabei ein MMX-Register sein und der zweite kann zusätzlich eine 64-Bit-Speichervariable sein.

Ab dem Pentium 4 können als Operanden auch alternativ 128-Bit-Register oder eine 128-Bit-Speichervariable als zweiter Operand angegeben werden.

Exceptions

Protected-Mode-Exceptions: #GP, #SS, #PF, #NM, #MF, #UD, #AC

Real-Mode-Exceptions: #GP, #NM, #MF, #UD

Virtual-8086-Mode-Exceptions: #GP, #NM, #MF, #UD, #PF, #AC

PSUBSB

subtract signed packed bytes with saturation

`PSUBSB Operand1, Operand2`

`PSUBSB` subtrahiert die vorzeichenbehafteten Bytes des zweiten Operanden vom ersten und speichert das Ergebnis im ersten Operanden. Sollte es einen Über- oder Unterlauf geben, so wird der größt, bzw. kleinstmögliche Wert (7Fh bzw. 80h) als Ergebnis zurückgeschrieben.

Der erste Operand muss dabei ein MMX-Register sein und der zweite kann zusätzlich eine 64-Bit-Speichervariable sein.

Ab dem Pentium 4 können als Operanden auch alternativ 128-Bit-Register oder eine 128-Bit-Speichervariable als zweiter Operand angegeben werden.

Exceptions

Protected-Mode-Exceptions: #GP, #SS, #PF, #NM, #MF, #UD, #AC

Real-Mode-Exceptions: #GP, #NM, #MF, #UD

Virtual-8086-Mode-Exceptions: #GP, #NM, #MF, #UD, #PF, #AC

PSUBSW

subtract signed packed words with saturation

`PSUBSW Operand1, Operand2`

`PSUBSW` subtrahiert die vorzeichenbehafteten Words des zweiten Operanden vom ersten und speichert das Ergebnis im ersten Operanden. Sollte es einen Über- oder Unterlauf geben, so wird der größt- bzw. kleinstmögliche Wert (7FFFh bzw. 8000h) als Ergebnis zurückgeschrieben.

Der erste Operand muss dabei ein MMX-Register sein und der zweite kann zusätzlich eine 64-Bit-Speichervariable sein.

Ab dem Pentium 4 können als Operanden auch alternativ 128-Bit-Register oder eine 128-Bit-Speichervariable als zweiter Operand angegeben werden.

Exceptions

Protected-Mode-Exceptions: #GP, #SS, #PF, #NM, #MF, #UD, #AC

Real-Mode-Exceptions: #GP, #NM, #MF, #UD

Virtual-8086-Mode-Exceptions: #GP, #NM, #MF, #UD, #PF, #AC

PSUBUSB

subtract unsigned packed bytes with saturation

```
PSUBUSB Operand1, Operand2
```

PSUBUSB subtrahiert die vorzeichenlosen Bytes des zweiten Operanden vom ersten und speichert das Ergebnis im ersten Operanden. Sollte es einen Unterlauf geben, das Ergebnis würde also negativ werden, so wird der Wert null (00h) als Ergebnis zurückgeschrieben.

Der erste Operand muss dabei ein MMX-Register sein und der zweite kann zusätzlich eine 64-Bit-Speichervariable sein.

Ab dem Pentium 4 können als Operanden auch alternativ 128-Bit-Register oder eine 128-Bit-Speichervariable als zweiter Operand angegeben werden.

Exceptions

Protected-Mode-Exceptions: #GP, #SS, #PF, #NM, #MF, #UD, #AC

Real-Mode-Exceptions: #GP, #NM, #MF, #UD

Virtual-8086-Mode-Exceptions: #GP, #NM, #MF, #UD, #PF, #AC

PSUBUSW

subtract unsigned packed words with saturation

```
PSUBUSW Operand1, Operand2
```

PSUBUSW subtrahiert die vorzeichenlosen Words des zweiten Operanden vom ersten und speichert das Ergebnis im ersten Operanden. Sollte es einen Unterlauf geben, das Ergebnis würde also negativ werden, so wird der Wert null (0000h) als Ergebnis zurückgeschrieben.

Der erste Operand muss dabei ein MMX-Register sein und der zweite kann zusätzlich eine 64-Bit-Speichervariable sein.

Ab dem Pentium 4 können als Operanden auch alternativ 128-Bit-Register oder eine 128-Bit-Speichervariable als zweiter Operand angegeben werden.

Exceptions

Protected-Mode-Exceptions: #GP, #SS, #PF, #NM, #MF, #UD, #AC

Real-Mode-Exceptions: #GP, #NM, #MF, #UD

Virtual-8086-Mode-Exceptions: #GP, #NM, #MF, #UD, #PF, #AC

5.7 Schiebe-Befehle

PSLLW

packed shift left logical words

`PSLLW Operand1, Operand2`

`PSLLW` shiftet die einzelnen gepackten Words aus dem ersten Operanden um die im zweiten Operanden angegebene Anzahl nach links. Die unteren Bits werden dabei mit Nullen aufgefüllt.

Ist die angegebene Anzahl im zweiten Operanden, um die geshiftet werden soll, größer als 15, so sind die gepackten Words alle gleich null.

Der erste Operand muss dabei ein MMX-Register sein. Der zweite kann ein MMX-Register, eine 64-Bit-Speichervariable oder eine 8-Bit-Konstante sein.

Ab dem Pentium 4 können als Operanden auch alternativ 128-Bit-Register oder eine 128-Bit-Speichervariable bzw. eine 8-Bit-Konstante als zweiter Operand angegeben werden.

Exceptions

Protected-Mode-Exceptions: #GP, #SS, #PF, #NM, #MF, #UD, #AC

Real-Mode-Exceptions: #GP, #NM, #MF, #UD

Virtual-8086-Mode-Exceptions: #GP, #NM, #MF, #UD, #PF, #AC

Siehe auch

Kapitel 3: Schiebe-Befehle / SHL

PSLLD

packed shift left logical doublewords

`PSLLD Operand1, Operand2`

`PSLLD` shiftet die einzelnen gepackten Doublewords aus dem ersten Operanden um die im zweiten Operanden angegebene Anzahl nach links. Die unteren Bits werden dabei mit Nullen aufgefüllt.

Ist die angegebene Anzahl im zweiten Operanden, um die geshiftet werden soll, größer als 31, so sind die gepackten Doublewords alle gleich null.

Der erste Operand muss dabei ein MMX-Register sein. Der zweite kann ein MMX-Register, eine 64-Bit-Speichervariable oder eine 8-Bit-Konstante sein.

Ab dem Pentium 4 können als Operanden auch alternativ 128-Bit-Register oder eine 128-Bit-Speichervariable bzw. eine 8-Bit-Konstante als zweiter Operand angegeben werden.

Exceptions

Protected-Mode-Exceptions: #GP, #SS, #PF, #NM, #MF, #UD, #AC

Real-Mode-Exceptions: #GP, #NM, #MF, #UD

Virtual-8086-Mode-Exceptions: #GP, #NM, #MF, #UD, #PF, #AC

Siehe auch

Kapitel 3: Schiebe-Befehle / SHL

PSLLQ

packed shift left logical quadword

`PSLLQ Operand1, Operand2`

`PSLLQ` shiftet das Quadword aus dem ersten Operanden um die im zweiten Operanden angegebene Anzahl nach links. Die unteren Bits werden dabei mit Nullen aufgefüllt.

Ist die angegebene Anzahl im zweiten Operanden, um die geshiftet werden soll, größer als 63, so ist das Quadword gleich null.

Der erste Operand muss dabei ein MMX-Register sein. Der zweite kann ein MMX-Register, eine 64-Bit-Speichervariable oder eine 8-Bit-Konstante sein.

Ab dem Pentium 4 können als Operanden auch alternativ 128-Bit-Register oder eine 128-Bit-Speichervariable bzw. eine 8-Bit-Konstante als zweiter Operand angegeben werden.

Exceptions

Protected-Mode-Exceptions: #GP, #SS, #PF, #NM, #MF, #UD, #AC

Real-Mode-Exceptions: #GP, #NM, #MF, #UD

Virtual-8086-Mode-Exceptions: #GP, #NM, #MF, #UD, #PF, #AC

Siehe auch

Kapitel 3: Schiebe-Befehle / SHL

PSRAW

packed shift right arithmetic words

`PSRAW Operand1, Operand2`

`PSRAW` shiftet die einzelnen gepackten Words aus dem ersten Operanden um die im zweiten Operanden angegebene Anzahl nach rechts. Die oberen Bits werden dabei mit dem Vorzeichenbit aufgefüllt.

Der erste Operand muss dabei ein MMX-Register sein. Der zweite kann ein MMX-Register, eine 64-Bit-Speichervariable oder eine 8-Bit-Konstante sein.

Ab dem Pentium 4 können als Operanden auch alternativ 128-Bit-Register oder eine 128-Bit-Speichervariable bzw. eine 8-Bit-Konstante als zweiter Operand angegeben werden.

Exceptions

Protected-Mode-Exceptions: #GP, #SS, #PF, #NM, #MF, #UD, #AC

Real-Mode-Exceptions: #GP, #NM, #MF, #UD

Virtual-8086-Mode-Exceptions: #GP, #NM, #MF, #UD, #PF, #AC

Siehe auch

Kapitel 3: Schiebe-Befehle / SAR

PSRAD

packed shift right arithmetic doublewords

`PSRAD Operand1, Operand2`

`PSRAD` shiftet die einzelnen gepackten Doublewords aus dem ersten Operanden um die im zweiten Operanden angegebene Anzahl nach rechts. Die oberen Bits werden dabei mit dem Vorzeichenbit aufgefüllt.

Der erste Operand muss dabei ein MMX-Register sein. Der zweite kann ein MMX-Register, eine 64-Bit-Speichervariable oder eine 8-Bit-Konstante sein.

Ab dem Pentium 4 können als Operanden auch alternativ 128-Bit-Register oder eine 128-Bit-Speichervariable bzw. eine 8-Bit-Konstante als zweiter Operand angegeben werden.

Exceptions

Protected-Mode-Exceptions: #GP, #SS, #PF, #NM, #MF, #UD, #AC

Real-Mode-Exceptions: #GP, #NM, #MF, #UD

Virtual-8086-Mode-Exceptions: #GP, #NM, #MF, #UD, #PF, #AC

Siehe auch

Kapitel 3: Schiebe-Befehle / SAR

PSRLW

packed shift right logical words

`PSRLW Operand1, Operand2`

PSRLW shiftet die einzelnen gepackten Words aus dem ersten Operanden um die im zweiten Operanden angegebene Anzahl nach rechts. Die oberen Bits werden dabei mit Nullen aufgefüllt.

Ist die angegebene Anzahl im zweiten Operanden, um die geshiftet werden soll, größer als 15, so sind die gepackten Words alle gleich null.

Der erste Operand muss dabei ein MMX-Register sein. Der zweite kann ein MMX-Register, eine 64-Bit-Speichervariable oder eine 8-Bit-Konstante sein.

Ab dem Pentium 4 können als Operanden auch alternativ 128-Bit-Register oder eine 128-Bit-Speichervariable bzw. eine 8-Bit-Konstante als zweiter Operand angegeben werden.

Exceptions

Protected-Mode-Exceptions: #GP, #SS, #PF, #NM, #MF, #UD, #AC

Real-Mode-Exceptions: #GP, #NM, #MF, #UD

Virtual-8086-Mode-Exceptions: #GP, #NM, #MF, #UD, #PF, #AC

Siehe auch

Kapitel 3: Schiebe-Befehle / SHR

PSRLD

packed shift right logical doublewords

`PSRLD Operand1, Operand2`

PSRLD shiftet die einzelnen gepackten Doublewords aus dem ersten Operanden um die im zweiten Operanden angegebene Anzahl nach rechts. Die oberen Bits werden dabei mit Nullen aufgefüllt.

Ist die angegebene Anzahl im zweiten Operanden, um die geshiftet werden soll, größer als 31, so sind die gepackten Doublewords alle gleich null.

Der erste Operand muss dabei ein MMX-Register sein. Der zweite kann ein MMX-Register, eine 64-Bit-Speichervariable oder eine 8-Bit-Konstante sein.

Ab dem Pentium 4 können als Operanden auch alternativ 128-Bit-Register oder eine 128-Bit-Speichervariable bzw. eine 8-Bit-Konstante als zweiter Operand angegeben werden.

Exceptions

Protected-Mode-Exceptions: #GP, #SS, #PF, #NM, #MF, #UD, #AC

Real-Mode-Exceptions: #GP, #NM, #MF, #UD

Virtual-8086-Mode-Exceptions: #GP, #NM, #MF, #UD, #PF, #AC

Siehe auch

Kapitel 3: Schiebe-Befehle / SHR

PSRLQ

packed shift right logical

```
PSRLQ Operand1, Operand2
```

`PSRLQ` shiftet das Quadword aus dem ersten Operanden um die im zweiten Operanden angegebene Anzahl nach rechts. Die oberen Bits werden dabei mit Nullen aufgefüllt.

Ist die angegebene Anzahl im zweiten Operanden, um die geshiftet werden soll, größer als 63, so sind die gepackten Quadwords alle gleich null.

Der erste Operand muss dabei ein MMX-Register sein. Der zweite kann ein MMX-Register, eine 64-Bit-Speichervariable oder eine 8-Bit-Konstante sein.

Ab dem Pentium 4 können als Operanden auch alternativ 128-Bit-Register oder eine 128-Bit-Speichervariable bzw. eine 8-Bit-Konstante als zweiter Operand angegeben werden.

Exceptions

Protected-Mode-Exceptions: #GP, #SS, #PF, #NM, #MF, #UD, #AC

Real-Mode-Exceptions: #GP, #NM, #MF, #UD

Virtual-8086-Mode-Exceptions: #GP, #NM, #MF, #UD, #PF, #AC

Siehe auch

Kapitel 3: Schiebe-Befehle / SHR

5.8 Logische Verknüpfungen

PAND

exclusive and

`PAND Operand1, Operand2`

`PAND` verknüpft den ersten Operanden, der ein MMX-Register sein muss, mit einer logischen Und-Verknüpfung mit dem zweiten Operanden, der entweder auch ein MMX-Register oder aber eine 64-Bit-Speichervariable sein kann. Das Ergebnis wird im ersten Operanden gespeichert.

Ab dem Pentium 4 können als Operanden auch alternativ 128-Bit-Register oder eine 128-Bit-Speichervariable angegeben werden.

Exceptions

Protected-Mode-Exceptions: #GP, #SS, #PF, #NM, #MF, #UD, #AC

Real-Mode-Exceptions: #GP, #NM, #MF, #UD

Virtual-8086-Mode-Exceptions: #GP, #NM, #MF, #UD, #PF, #AC

Siehe auch

Kapitel 3: Logische Operatoren / `AND`

PANDN

logical and not

`PANDN Operand1, Operand2`

PANDN invertiert als Erstes den ersten Operanden durch eine logische Nicht-Verknüpfung (NOT-Verknüpfung). Der Operand muss ein MMX-Register sein. Das Ergebnis dieser Nicht-Verknüpfung wird weiter verknüpft mit einer logischen Und-Verknüpfung mit dem zweiten Operanden, der entweder auch ein MMX-Register oder aber eine 64-Bit-Speichervariable sein kann. Das Ergebnis wird im ersten Operanden gespeichert.

Ab dem Pentium 4 können als Operanden auch alternativ 128-Bit-Register oder eine 128-Bit-Speichervariable angegeben werden.

Exceptions

Protected-Mode-Exceptions: #GP, #SS, #PF, #NM, #MF, #UD, #AC

Real-Mode-Exceptions: #GP, #NM, #MF, #UD

Virtual-8086-Mode-Exceptions: #GP, #NM, #MF, #UD, #PF, #AC

Siehe auch

Kapitel 3: Logische Operatoren / AND und NOT

POR

logical or

```
POR Operand1, Operand2
```

POR verknüpft den ersten Operanden, der ein MMX-Register sein muss, mit einer logischen Oder-Verknüpfung mit dem zweiten Operanden, der entweder auch ein MMX-Register oder aber eine 64-Bit-Speichervariable sein kann. Das Ergebnis wird im ersten Operanden gespeichert.

Ab dem Pentium 4 können als Operanden auch alternativ 128-Bit-Register oder eine 128-Bit-Speichervariable angegeben werden.

Exceptions

Protected-Mode-Exceptions: #GP, #SS, #PF, #NM, #MF, #UD, #AC

Real-Mode-Exceptions: #GP, #NM, #MF, #UD

Virtual-8086-Mode-Exceptions: #GP, #NM, #MF, #UD, #PF, #AC

Siehe auch

Kapitel 3: Logische Operatoren / OR

PXOR

logical exclusive or

`PXOR Operand1, Operand2`

`PXOR` verknüpft den ersten Operanden, der ein MMX-Register sein muss, mit einer logischen Exklusiv-Oder-Verknüpfung mit dem zweiten Operanden, der entweder auch ein MMX-Register oder aber eine 64-Bit-Speichervariable sein kann. Das Ergebnis wird im ersten Operanden gespeichert.

Ab dem Pentium 4 können als Operanden auch alternativ 128-Bit-Register oder eine 128-Bit-Speichervariable angegeben werden.

Exceptions

Protected-Mode-Exceptions: #GP, #SS, #PF, #NM, #MF, #UD, #AC

Real-Mode-Exceptions: #GP, #NM, #MF, #UD

Virtual-8086-Mode-Exceptions: #GP, #NM, #MF, #UD, #PF, #AC

Siehe auch

Kapitel 3: Logische Operatoren / XOR

5.9 Vergleiche

PCMPEQB

compare packed bytes for equality

`PCMPEQB Operand1, Operand2`

`PCMPEQB` vergleicht die korrespondierenden gepackten Bytes der beiden Operanden miteinander. Sind die Bytes gleich, so werden die Bits des entsprechenden Bytes im ersten Operanden auf 1 gesetzt. Sind die Bytes nicht gleich, werden die Bits auf 0 gesetzt.

Der erste Operand muss dabei ein MMX-Register sein und der zweite kann zusätzlich eine 64-Bit-Speichervariable sein.

Ab dem Pentium 4 können als Operanden auch alternativ 128-Bit-Register oder eine 128-Bit-Speichervariable als zweiter Operand angegeben werden.

Exceptions

Protected-Mode-Exceptions: #GP, #SS, #PF, #NM, #MF, #UD, #AC

Real-Mode-Exceptions: #GP, #NM, #MF, #UD

Virtual-8086-Mode-Exceptions: #GP, #NM, #MF, #UD, #PF, #AC

PCMPEQW

compare packed words for equality

`PCMPEQW Operand1, Operand2`

`PCMPEQW` vergleicht die korrespondierenden gepackten Words der beiden Operanden miteinander. Sind die Words gleich, so werden die Bits des entsprechenden Words im ersten Operanden auf 1 gesetzt. Sind die Words nicht gleich, werden die Bits auf 0 gesetzt.

Der erste Operand muss dabei ein MMX-Register sein und der zweite kann zusätzlich eine 64-Bit-Speichervariable sein.

Ab dem Pentium 4 können als Operanden auch alternativ 128-Bit-Register oder eine 128-Bit-Speichervariable als zweiter Operand angegeben werden.

Exceptions

Protected-Mode-Exceptions: #GP, #SS, #PF, #NM, #MF, #UD, #AC

Real-Mode-Exceptions: #GP, #NM, #MF, #UD

Virtual-8086-Mode-Exceptions: #GP, #NM, #MF, #UD, #PF, #AC

PCMPEQD

compare packed doublewords for equality

`PCMPEQD Operand1, Operand2`

`PCMPEQD` vergleicht die korrespondierenden gepackten Doublewords der beiden Operanden miteinander. Sind die Doublewords gleich, so werden die Bits des entsprechenden Doublewords im ersten Operanden auf 1 gesetzt. Sind die Doublewords nicht gleich, werden die Bits auf 0 gesetzt.

Der erste Operand muss dabei ein MMX-Register sein und der zweite kann zusätzlich eine 64-Bit-Speichervariable sein.

Ab dem Pentium 4 können als Operanden auch alternativ 128-Bit-Register oder eine 128-Bit-Speichervariable als zweiter Operand angegeben werden.

Exceptions

Protected-Mode-Exceptions: #GP, #SS, #PF, #NM, #MF, #UD, #AC

Real-Mode-Exceptions: #GP, #NM, #MF, #UD

Virtual-8086-Mode-Exceptions: #GP, #NM, #MF, #UD, #PF, #AC

PCMPGTB

compare packed bytes for greater than

`PCMPGTB Operand1, Operand2`

`PCMPGTB` vergleicht die korrespondierenden gepackten Bytes der beiden Operanden miteinander. Ist das Byte aus dem ersten Operanden größer als das Byte aus dem zweiten Operanden, so werden die Bits des entsprechenden Bytes im ersten Operanden auf 1 gesetzt. Sind die Bytes gleich oder das Byte des zweiten Operanden ist größer, werden die Bits auf 0 gesetzt.

Der erste Operand muss dabei ein MMX-Register sein und der zweite kann zusätzlich eine 64-Bit-Speichervariable sein.

Ab dem Pentium 4 können als Operanden auch alternativ 128-Bit-Register oder eine 128-Bit-Speichervariable als zweiter Operand angegeben werden.

Exceptions

Protected-Mode-Exceptions: #GP, #SS, #PF, #NM, #MF, #UD, #AC

Real-Mode-Exceptions: #GP, #NM, #MF, #UD

Virtual-8086-Mode-Exceptions: #GP, #NM, #MF, #UD, #PF, #AC

PCMPGTW

compare packed words for greater than

`PCMPGTW Operand1, Operand2`

`PCMPGTW` vergleicht die korrespondierenden gepackten Words der beiden Operanden miteinander. Ist das Word aus dem ersten Operanden größer als das Word aus dem zweiten Operanden, so werden die Bits des entsprechenden Words im ersten Operanden auf 1 gesetzt. Sind die Words gleich oder das Word des zweiten Operanden ist größer, werden die Bits auf 0 gesetzt.

Der erste Operand muss dabei ein MMX-Register sein und der zweite kann zusätzlich eine 64-Bit-Speichervariable sein.

Ab dem Pentium 4 können als Operanden auch alternativ 128-Bit-Register oder eine 128-Bit-Speichervariable als zweiter Operand angegeben werden.

Exceptions

Protected-Mode-Exceptions: #GP, #SS, #PF, #NM, #MF, #UD, #AC

Real-Mode-Exceptions: #GP, #NM, #MF, #UD

Virtual-8086-Mode-Exceptions: #GP, #NM, #MF, #UD, #PF, #AC

PCMPGTD

compare packed doublewords for greater than

`PCMPGTD Operand1, Operand2`

`PCMPGTD` vergleicht die korrespondierenden gepackten Doublewords der beiden Operanden miteinander. Ist das Doubleword aus dem ersten Operanden größer als das Doubleword aus dem zweiten Operanden, so werden die Bits des entsprechenden Doublewords im ersten Operanden auf 1 gesetzt. Sind die Doublewords gleich oder das Doubleword des zweiten Operanden ist größer, werden die Bits auf 0 gesetzt.

Der erste Operand muss dabei ein MMX-Register sein und der zweite kann zusätzlich eine 64-Bit-Speichervariable sein.

Ab dem Pentium 4 können als Operanden auch alternativ 128-Bit-Register oder eine 128-Bit-Speichervariable als zweiter Operand angegeben werden.

Exceptions

Protected-Mode-Exceptions: #GP, #SS, #PF, #NM, #MF, #UD, #AC

Real-Mode-Exceptions: #GP, #NM, #MF, #UD

Virtual-8086-Mode-Exceptions: #GP, #NM, #MF, #UD, #PF, #AC

5.10 (Ent)pack-Befehle

PACKSSWB

pack bytes with signed saturation

`PACKSSWB Operand1, Operand2`

`PACKSSWB` konvertiert die Words aus dem zweiten Operanden in vorzeichenbehaftete Bytes und speichert diese in den oberen Bytes des ersten Operanden. Die Words aus dem ersten Operanden werden ebenfalls in Bytes konvertiert und in die untere Hälfte des ersten Operanden zurückgeschrieben.

Sollte dabei ein Über- oder Unterlauf stattfinden, so wird das Ergebnis saturiert. Es wird also der Wert 7Fh für einen Überlauf bzw. der Wert 80h für einen Unterlauf zurückgeschrieben.

Der erste Operand muss dabei ein MMX-Register sein und der zweite kann zusätzlich eine 64-Bit-Speichervariable sein.

Ab dem Pentium 4 können als Operanden auch alternativ 128-Bit-Register oder eine 128-Bit-Speichervariable als zweiter Operand angegeben werden.

Exceptions

Protected-Mode-Exceptions: #GP, #SS, #PF, #NM, #MF, #UD, #AC

Real-Mode-Exceptions: #GP, #NM, #MF, #UD

Virtual-8086-Mode-Exceptions: #GP, #NM, #MF, #UD, #PF, #AC

PACKSSDW

pack words with signed saturation

`PACKSSWB Operand1, Operand2`

`PACKSSWB` konvertiert die Doublewords aus dem zweiten Operanden in vorzeichenbehaftete Words und speichert diese in den oberen Words des ersten Operanden. Die Doublewords aus dem ersten Operanden werden ebenfalls in Words konvertiert und in die untere Hälfte des ersten Operanden zurückgeschrieben.

Sollte dabei ein Über- oder Unterlauf stattfinden, so wird das Ergebnis saturiert. Es wird also der Wert 7FFFh für einen Überlauf bzw. der Wert 8000h für einen Unterlauf zurückgeschrieben.

Der erste Operand muss dabei ein MMX-Register sein und der zweite kann zusätzlich eine 64-Bit-Speichervariable sein.

Ab dem Pentium 4 können als Operanden auch alternativ 128-Bit-Register oder eine 128-Bit-Speichervariable als zweiter Operand angegeben werden.

Exceptions

Protected-Mode-Exceptions: #GP, #SS, #PF, #NM, #MF, #UD, #AC

Real-Mode-Exceptions: #GP, #NM, #MF, #UD

Virtual-8086-Mode-Exceptions: #GP, #NM, #MF, #UD, #PF, #AC

PACKUSWB

pack with unsigned saturation

`PACKUSWB Operand1, Operand2`

`PACKUSWB` konvertiert die Words aus dem zweiten Operanden in vorzeichenlose Bytes und speichert diese in den oberen Bytes des ersten Operanden. Die Words aus dem ersten Operanden werden ebenfalls in Bytes konvertiert und in die untere Hälfte des ersten Operanden zurückgeschrieben.

Sollte dabei ein Über- oder Unterlauf stattfinden, so wird das Ergebnis saturiert. Es wird also der Wert 0FFh für einen Überlauf bzw. der Wert 00h für einen Unterlauf zurückgeschrieben.

Der erste Operand muss dabei ein MMX-Register sein und der zweite kann zusätzlich eine 64-Bit-Speichervariable sein.

Ab dem Pentium 4 können als Operanden auch alternativ 128-Bit-Register oder eine 128-Bit-Speichervariable als zweiter Operand angegeben werden.

Exceptions

Protected-Mode-Exceptions: #GP, #SS, #PF, #NM, #MF, #UD, #AC

Real-Mode-Exceptions: #GP, #NM, #MF, #UD

Virtual-8086-Mode-Exceptions: #GP, #NM, #MF, #UD, #PF, #AC

PUNPCKHBW

unpack high-order packed bytes

`PUNPCKHBW Operand1, Operand2`

`PUNPCKHBW` kopiert das oberste Byte des zweiten Operanden in das oberste Byte des ersten Operanden. Das oberste Byte des ersten Operanden wird an die zweite Stelle des ersten Operanden kopiert und so weiter.

In pascalscher Schreibweise würde das für 64-Bit-Operanden so aussehen:

```
Operand1[7..0]:=Operand1[39..32];
    Operand1[15..8]:=Operand2[39..32];
    Operand1[23..16]:=Operand1[47..40];
    Operand1[31..24]:=Operand2[47..40];
    Operand1[39..32]:=Operand1[55..48];
    Operand1[47..40]:=Operand2[55..48];
    Operand1[55..48]:=Operand1[63..56];
    Operand1[63..56]:=Operand2[63..56];
```

Der erste Operand muss dabei ein MMX-Register sein und der zweite kann zusätzlich eine 64-Bit-Speichervariable sein.

Ab dem Pentium 4 können als Operanden auch alternativ 128-Bit-Register oder eine 128-Bit-Speichervariable als zweiter Operand angegeben werden.

Exceptions

Protected-Mode-Exceptions: #GP, #SS, #PF, #NM, #MF, #UD, #AC

Real-Mode-Exceptions: #GP, #NM, #MF, #UD

Virtual-8086-Mode-Exceptions: #GP, #NM, #MF, #UD, #PF, #AC

PUNPCKHWD

unpack high-order packed words

`PUNPCKHWD Operand1, Operand2`

`PUNPCKHWD` kopiert das oberste Word des zweiten Operanden in das oberste Word des ersten Operanden. Das oberste Word des ersten Operanden wird an die zweite Stelle des ersten Operanden kopiert und so weiter.

In pascalscher Schreibweise würde das für 64-Bit-Operanden so aussehen:

```
Operand1[15..0]:=Operand1[47..32];
    Operand1[31..16]:=Operand2[47..32];
    Operand1[47..32]:=Operand1[63..48];
    Operand1[63..48]:=Operand2[63..48];
```

Der erste Operand muss dabei ein MMX-Register sein und der zweite kann zusätzlich eine 64-Bit-Speichervariable sein.

Ab dem Pentium 4 können als Operanden auch alternativ 128-Bit-Register oder eine 128-Bit-Speichervariable als zweiter Operand angegeben werden.

Exceptions

Protected-Mode-Exceptions: #GP, #SS, #PF, #NM, #MF, #UD, #AC

Real-Mode-Exceptions: #GP, #NM, #MF, #UD

Virtual-8086-Mode-Exceptions: #GP, #NM, #MF, #UD, #PF, #AC

PUNPCKHDQ

unpack high-order packed doublewords

```
PUNPCKHDQ Operand1, Operand2
```

`PUNPCKHDQ` kopiert das oberste Doubleword des zweiten Operanden in das oberste Doubleword des ersten Operanden. Das oberste Doubleword des ersten Operanden wird an die zweite Stelle des ersten Operanden kopiert und so weiter.

In pascalscher Schreibweise würde das für 64-Bit-Operanden so aussehen:

```
Operand1[31..0]:=Operand1[63..32];
   Operand1[63..32]:=Operand2[63..32];
```

Der erste Operand muss dabei ein MMX-Register sein und der zweite kann zusätzlich eine 64-Bit-Speichervariable sein.

Ab dem Pentium 4 können als Operanden auch alternativ 128-Bit-Register oder eine 128-Bit-Speichervariable als zweiter Operand angegeben werden.

Exceptions

Protected-Mode-Exceptions: #GP, #SS, #PF, #NM, #MF, #UD, #AC

Real-Mode-Exceptions: #GP, #NM, #MF, #UD

Virtual-8086-Mode-Exceptions: #GP, #NM, #MF, #UD, #PF, #AC

PUNPCKLBW

unpack low-order packed bytes

`PUNPCKLBW Operand1, Operand2`

`PUNPCKLBW` kopiert das unterste Byte des ersten Operanden in das unterste Byte des ersten Operanden. Das unterste Byte des zweiten Operanden wird an die zweite Stelle des ersten Operanden kopiert und so weiter.

In pascalscher Schreibweise würde das für 64-Bit-Operanden so aussehen:

```
Operand1[63..56]:=Operand1[31..24];
   Operand1[55..48]:=Operand2[31..24];
   Operand1[47..40]:=Operand1[23..16];
   Operand1[39..32]:=Operand2[23..16];
   Operand1[31..24]:=Operand1[15..8];
   Operand1[23..16]:=Operand2[15..8];
   Operand1[15..8]:=Operand1[7..0];
   Operand1[7..0]:=Operand2[7..0];
```

Der erste Operand muss dabei ein MMX-Register sein und der zweite kann zusätzlich eine 64-Bit-Speichervariable sein.

Ab dem Pentium 4 können als Operanden auch alternativ 128-Bit-Register oder eine 128-Bit-Speichervariable als zweiter Operand angegeben werden.

Exceptions

Protected-Mode-Exceptions: #GP, #SS, #PF, #NM, #MF, #UD, #AC

Real-Mode-Exceptions: #GP, #NM, #MF, #UD

Virtual-8086-Mode-Exceptions: #GP, #NM, #MF, #UD, #PF, #AC

PUNPCKLWD

unpack low-order packed words

`PUNPCKLWD Operand1, Operand2`

PUNPCKLWD kopiert das unterste Word des ersten Operanden in das unterste Word des ersten Operanden. Das unterste Word des zweiten Operanden wird an die zweite Stelle des ersten Operanden kopiert und so weiter.

In pascalscher Schreibweise würde das für 64-Bit-Operanden so aussehen:

```
Operand1[63..48]:=Operand1[31..16];
   Operand1[47..32]:=Operand2[31..16];
   Operand1[31..16]:=Operand1[15..0];
   Operand1[15..0]:=Operand2[15..0];
```

Der erste Operand muss dabei ein MMX-Register sein und der zweite kann zusätzlich eine 64-Bit-Speichervariable sein.

Ab dem Pentium 4 können als Operanden auch alternativ 128-Bit-Register oder eine 128-Bit-Speichervariable als zweiter Operand angegeben werden.

Exceptions

Protected-Mode-Exceptions: #GP, #SS, #PF, #NM, #MF, #UD, #AC

Real-Mode-Exceptions: #GP, #NM, #MF, #UD

Virtual-8086-Mode-Exceptions: #GP, #NM, #MF, #UD, #PF, #AC

PUNPCKLDQ

unpack low-order packed doublewords

```
PUNPCKLDQ Operand1, Operand2
```

PUNPCKLDQ kopiert das unterste Doubleword des ersten Operanden in das unterste Doubleword des ersten Operanden. Das unterste Doubleword des zweiten Operanden wird an die zweite Stelle des ersten Operanden kopiert.

In pascalscher Schreibweise würde das für 64-Bit-Operanden so aussehen:

```
Operand1[31..0]:=Operand1[31..0];
   Operand1[63..32]:=Operand2[31..0];
```

Der erste Operand muss dabei ein MMX-Register sein und der zweite kann zusätzlich eine 64-Bit-Speichervariable sein.

Ab dem Pentium 4 können als Operanden auch alternativ 128-Bit-Register oder eine 128-Bit-Speichervariable als zweiter Operand angegeben werden.

Exceptions

Protected-Mode-Exceptions: #GP, #SS, #PF, #NM, #MF, #UD, #AC

Real-Mode-Exceptions: #GP, #NM, #MF, #UD

Virtual-8086-Mode-Exceptions: #GP, #NM, #MF, #UD, #PF, #AC

6 3DNow!

AMDs 3DNow! wurde mit dem K6-Prozessor eingeführt und stellt eine Erweiterung der MMX-Technologie dar. 3DNow! wird von den Prozessoren AMD-K6-2, AMD-K6-III und AMD Athlon unterstützt und umfasst 21 Befehle.

Man könnte sagen, dass 3DNow! die Antwort auf Intels MMX-Technologie gewesen ist. Auch wenn die AMD-Prozessoren MMX voll unterstützen, durfte AMD nie damit werben, da sich Intel die Bezeichnung MMX rechtlich hat schützen lassen.

6.1 Die verwendeten Register

Die 3DNow!-Technologie verwendet die 64-Bit breiten Register der MMX-Technolgie, also MM0 bis MM7.

Um ganz genau zu sein, werden, wie schon im Kapitel über die MMX-Technologie erwähnt, intern die Register der FPU benutzt. Deswegen ist auch bei der Verwendung der 3DNow!-Technologie darauf zu achten, dass sie Routinen, die 3DNow!-Befehle benutzen, von Routinen abkapseln, die FPU-Befehle enthalten können und natürlich anders herum genauso. Damit vermeiden Sie unerwünschte Nebeneffekte.

6.2 Verfügbarkeit von 3DNow!

Bevor Ihr Programm irgendwelche 3DNow!-Befehle benutzt, sollte es testen, ob diese überhaupt zur Verfügung stehen. Ob das der Fall ist, finden Sie mit Hilfe des `CPUID`-Befehls heraus. Dazu übergeben Sie im EAX-Register die erweiterte Funktion 80000001h und führen den `CPUID`-Befehl aus. Wenn danach Bit 31 gesetzt ist, unterstützt der Prozessor 3DNow!, ansonsten nicht.

Beachten Sie bitte, dass der CPUID-Befehl auch nicht auf allen Prozessoren verfügbar ist und deshalb dessen Verfügbarkeit ebenfalls geprüft werden muss. Des Weiteren unterstützen nicht alle Prozessoren die erweiterten Funktionen. Näheres dazu in Kapitel 3: Der CPUID-Befehl.

Hier nun ein kleines Listing, welches überprüft, ob 3DNow! verfügbar ist oder nicht:

```
Comment *
   Autor:              Joachim F. Rohde
   Datum:              01.06.2001
   letzte Änderungen: 01.06.2001

   Funktion: Überprüft, ob die 3DNow!-Technologie auf dem Pro-
   zessor verfügbar ist und teilt das Ergebnis in Form eines
   Textes auf dem Bildschirm mit.
   *
   .model small
   .data
   m0 db 'Erweiterte Funktionen werden nicht
          unterstützt.',13,10,'$'
   m1 db 'Die 3DNow!-Technologie ist verfügbar. $'
   m2 db 'Die 3DNow!-Technologie ist nicht verfügbar. $'

   .code
   start:
          mov ax, @data
          mov ds, ax
   .586
          mov eax, 80000000h        ;Überprüft, ob
          cpuid                     ;erweiterte Funktionen
          cmp eax, 80000000h        ;zu Verfügung stehen
          jbe no_extended_functions ;wenn nicht, springe

          mov eax, 80000001h        ;Überprüfung der
          cpuid                     ;Verfügbarkeit
          test edx, 80000000h       ;Bit 31 gesetzt?
          jnz vorhanden             ;ja, dann springe
          jmp short nicht_vorhanden ;Bit 31 ist nicht
```

```
                                        ;gesetzt
.8086

no_extended_functions:
        mov ah, 09h                     ;Text ausgeben, dass
        lea dx, m0                      ;erweiterte Funktionen
        int 21h                         ;nicht zu Verfügung
                                        ;stehen

nicht_vorhanden:
        mov ah, 09h                     ;Text ausgeben, dass
        lea dx, m2                      ;3DNow! nicht
        int 21h                         ;verfügbar ist
        jmp short ende                  ;und beende das
                                        ;Programm

vorhanden:
        mov ah, 9                       ;Text ausgeben, dass
        lea dx, m1                      ;3DNow! verfügbar ist
        int 21h
ende:
        mov ah, 4ch                     ;Programm
        int 21h                         ;beenden
ends
end start
```

Listing 6.1: Überprüft die Verfügbarkeit der 3DNow!-Technologie

6.3 Exceptions

Alle 3DNow!-Befehle (auch die erweiterten DSP-Befehle) können folgende Exceptions erzeugen:

Protected-Mode-Exceptions: #UD, #NM, #SS, #GP, #O, #PF, #MF, #AC

Real-Mode-Exceptions: #UD, #NM, #O, #MF

Virtual-8086-Mode-Exceptions: #UD, #NM, #O, #PF, #MF, #AC

Die Befehle PREFETCH und PREFETCHW erzeugen gar keine Exceptions und FEMMS weicht auch von diesem Schema ab.

6.4 Der FEMMS-Befehl

FEMMS

faster enter / exit of the mmx or floating-point state

FEMMS arbeitet ähnlich wie der MMX-Befehl EMMS. Es wird dabei der MMX-Status als gelöscht definiert. Anders als beim EMMS-Befehl sind die FPU-Register nach FEMMS nicht definiert.

Der FEMMS-Befehl sollte jeden Codeblock, der 3DNow!-Befehle enthält, umklammern, da 3DNow! auf die FPU-Register zurückgreift.

Exceptions: #UD, #NM, #MF

6.5 Mathematische Befehle

PAVGUSB

average of unsigned packed 8-bit values

```
PAVGUSB Operand1, Operand2
```

PAVGUSB berechnet den Durchschnittswert der einzelnen korrespondierenden Bytes und speichert das Ergebnis im ersten Operanden ab. Dazu werden die jeweiligen Bytes der beiden Operanden addiert, die Summe wird um 1 inkrementiert und abschließend wird dieses Ergebnis durch 2 geteilt.

Als erster Operand wird ein MMX-Register erwartet und als zweiter kann zusätzlich noch eine 64-Bit-Speichervariable angegeben werden.

PFACC

packed floating-point accumulate

```
PFACC Operand1, Operand2
```

PFACC addiert das untere Doubleword mit dem oberen Doubleword des ersten Operanden und speichert das Ergebnis im unteren Doubleword des ersten Operanden ab. In das obere Doubleword wird die Summe des oberen und des unteren Doublewords des zweiten Operanden geschrieben.

Als erster Operand wird ein MMX-Register erwartet und als zweiter kann zusätzlich noch eine 64-Bit-Speichervariable angegeben werden.

PFADD

packed floating-point addition

`PFADD Operand1, Operand2`

`PFADD` addiert jeweils die korrespondierenden, gepackten Fließkommazahlen einfacher Genauigkeit der beiden Operanden und speichert das Ergebnis im ersten Operanden.

Als erster Operand wird ein MMX-Register erwartet und als zweiter kann zusätzlich noch eine 64-Bit-Speichervariable angegeben werden.

PFMUL

packed floating-point multiplication

`PFMUL Operand1, Operand2`

`PFMUL` multipliziert jeweils die korrespondierenden, gepackten Fließkommazahlen der beiden Operanden und speichert das Ergebnis im ersten Operanden.

Als erster Operand wird ein MMX-Register erwartet und als zweiter kann zusätzlich noch eine 64-Bit-Speichervariable angegeben werden.

PFRCP

floating-point reciprocal approximation

`PFRCP Operand1, Operand2`

`PFRCP` berechnet den Kehrwert aus dem unteren Doubleword des zweiten Operanden (Fließkommazahl mit einfacher Genauigkeit, 24 signifikante Bits) und speichert das Ergebnis, welches 14 signifikante Bits hat, sowohl einmal im oberen Doubleword des ersten Operanden als auch im unteren Doubleword.

Sollte der zweite Operand den Wert 0 enthalten, so wird der größte mögliche Wert mit dem Vorzeichen des zweiten Operanden zurückgeliefert.

Ist das Ergebnis kleiner als 2^{-126}, so wird der Wert null mit dem Vorzeichen des zweiten Operanden zurückgeliefert.

Wenn die 14 Bits Genauigkeit nicht genügen und die ganze Genauigkeit erwünscht wird, also 24 Bits, müssen zusätzlich noch die Befehle PFCRPIT1 und PFRCPIT2 ausgeführt werden.

Als erster Operand wird ein MMX-Register erwartet und als zweiter kann zusätzlich noch eine 64-Bit-Speichervariable angegeben werden.

Siehe auch

PFRCPIT1 und PFRCPIT2

PFRCPIT1

packed floating-point reciprocal, first iteration step

PFRCPIT1 Operand1, Operand2

PFRCPIT1 berechnet die erste Iteration des Newton-Raphson-Verfahrens. Im zweiten Operanden muss eine Zahl liegen, die zuvor mit PFRCP berechnet wurde.

Sollte der zweite Operand den Wert 0 enthalten, so wird der größte mögliche Wert mit dem Vorzeichen des zweiten Operanden zurückgeliefert.

Um die 24-bittige Genauigkeit zu erhalten, muss diesem Befehl der PFRCPIT2-Befehl folgen!

Als erster Operand wird ein MMX-Register erwartet und als zweiter kann zusätzlich noch eine 64-Bit-Speichervariable angegeben werden.

Siehe auch

PFRCP und PFRCPIT2

PFRCPIT2

packed floating-point reciprocal / reciprocal square root, second iteration step

`PFRCPIT2 Operand1, Operand2`

PFRCPIT2 berechnet die zweite und letzte Iteration des Newton-Raphson-Verfahrens. Im zweiten Operanden muss eine Zahl liegen, die zuvor mit PFRCPIT1 oder PFRSQIT1 berechnet wurde.

Ist das Ergebnis kleiner als 2^{-126}, so wird der Wert null mit dem Vorzeichen zurückgeliefert, welches bei einer exklusiven Oder-Verknüpfung der beiden Vorzeichen der Quelloperanden herauskommt.

Ist das Ergebnis größer oder gleich 2^{128}, so wird der größte mögliche Wert mit dem Vorzeichen zurückgeliefert, welches bei einer exklusiven Oder-Verknüpfung der beiden Vorzeichen der Quelloperanden herauskommt.

Als erster Operand wird ein MMX-Register erwartet und als zweiter kann zusätzlich noch eine 64-Bit-Speichervariable angegeben werden.

Siehe auch

PFRCP, PFRCPIT1, PFRSQIT1 und PFRSQRT

PFRSQIT1

packed floating-point reciprocal square root, first iteration step

`PFRSQIT1 Operand1, Operand2`

PFRSQIT1 berechnet die erste Iteration des Newton-Raphson-Verfahrens. Im zweiten Operanden muss eine Zahl liegen, die zuvor mit PFSQRT berechnet wurde.

Um die 24-bittige Genauigkeit zu erhalten, muss diesem Befehl der PFRCPIT2-Befehl folgen!

Als erster Operand wird ein MMX-Register erwartet und als zweiter kann zusätzlich noch eine 64-Bit-Speichervariable angegeben werden.

Siehe auch

PFRSQRT und PFRCPIT2

PFRSQRT

packed floating-point reciprocal square root approximation

`PFRSQRT Operand1, Operand2`

PFRSQRT zieht die Wurzel aus dem unteren Doubleword des zweiten Operanden (Fließkommazahl mit einfacher Genauigkeit, 24 signifikante Bits) und speichert das Ergebnis, welches 15 signifikante Bits hat, sowohl einmal im oberen Doubleword des ersten Operanden, als auch im unteren Doubleword.

Negative Zahlen werden wie positive Zahlen behandelt!

Wenn die 15 Bits Genauigkeit nicht genügen und die ganze Genauigkeit erwünscht wird, also 24 Bits, müssen zusätzlich noch die Befehle PFSQIT1 und PFRCPIT2 ausgeführt werden.

Als erster Operand wird ein MMX-Register erwartet und als zweiter kann zusätzlich noch eine 64-Bit-Speichervariable angegeben werden.

Siehe auch

PFRSQIT und PFRCPIT2

Programmiertipp zu PFRxxx

Es ist schon ein wenig verwirrend, eine Wurzel aus einer Zahl zu ziehen und dann noch mit 24-bittiger Genauigkeit. Weshalb so umständlich, werden Sie sich fragen. Die Antwort ist ganz einfach: AMD hat eine vorberechnete Tabelle auf dem Chip implementiert, welche eine Näherung ermöglicht. Da der Prozessor für diese Näherung nicht sonderlich viel rechnen muss, ist diese Methode ziemlich schnell. Um aber die ganze Genauigkeit zu berechnen, muss diese Näherung verfeinert werden.

Ein kleines Beispiel soll die korrekte Anwendung zeigen:

```
.model small
    .data
            var1 dd 08d
            var2 dd 17d
    .code
    start:
    ;Berechnung einer Wurzel mit 15-Bit Genauigkeit
            movd      mm0, var1
            pfrsqrt   mm1, mm0
            punpckldq mm0, mm0
            pfmul     mm0, mm1
    ;Berechnung einer Wurzel mit 24-Bit Genauigkeit
            movd      mm0, var2
            pfrsqrt   mm1, mm0
            movq      mm2, mm1
            pfmul     mm1, mm1
            punpckldq mm0, mm0
            pfrsqit1  mm1, mm0
            pfrcpit2  mm1, mm2
            pfmul     mm0, mm1
            mov       ah, 4Ch
            int       21h
    end start
    ends
```

Listing 6.2: Berechnung einer Wurzel mit 15-Bit- und 24 Bit Genauigkeit

Ich möchte hier nicht weiter auf das Newton-Raphson-Verfahren eingehen. Schlagen Sie dafür bitte in der entsprechenden Mathe-Literatur oder in der AMD-Dokumentation nach (*order nr.: 21928*).

Das Beispiel wurde mit dem GNU-Compiler DASM32 compiliert, da TASM in der Version 5.0 noch nicht den 3DNow!-Befehlssatz unterstützt. Der Compiler ist unter http://www.diefer.de/index.html frei erhältlich.

PFSUB

packed floating-point subtraction

`PFSUB Operand1, Operand2`

`PFSUB` subtrahiert jeweils die korrespondierenden, gepackten Fließkommazahlen einfacher Genauigkeit der beiden Operanden voneinander und speichert das Ergebnis im ersten Operanden. Dabei wird der zweite Operand vom ersten subtrahiert. (Also ist das Ergebnis = Operand1 - Operand2)

Als erster Operand wird ein MMX-Register erwartet und als zweiter kann zusätzlich noch eine 64-Bit-Speichervariable angegeben werden.

PFSUBR

packed floating-point reverse subtraction

`PFSUBR Operand1, Operand2`

`PFSUBR` subtrahiert jeweils die korrespondierenden, gepackten Fließkommazahlen einfacher Genauigkeit der beiden Operanden voneinander und speichert das Ergebnis im ersten Operanden. Dabei wird der erste Operand vom zweiten subtrahiert. (Also ist das Ergebnis = Operand2 - Operand1)

Als erster Operand wird ein MMX-Register erwartet und als zweiter kann zusätzlich noch eine 64-Bit-Speichervariable angegeben werden.

PMULHRW

multiply signed packed 16-bit value with rounding and store the high 16-bit

`PMULHRW Operand1, Operand2`

`PMULHRW` multipliziert die vier korrespondierenden, vorzeichenbehafteten 16-Bit-Integer-Werte aus beiden Operanden miteinander und addiert jeweils zu den unteren 16 Bits der 32-bitigen Ergebnisse den Wert 8000h. Das dadurch aufgerundete höherwertige Word (die oberen 16 Bits) wird als Ergebnis im ersten Operand gespeichert.

Als erster Operand wird ein MMX-Register erwartet und als zweiter kann zusätzlich noch eine 64-Bit-Speichervariable angegeben werden.

6.6 Konvertierungen

PF2ID

convert packed floating-point operand to packed 32-bit integer

`PF2ID Operand1, Operand2`

`PF2ID` konvertiert die zwei Fließkommazahlen einfacher Genauigkeit aus dem zweiten Operanden in zwei vorzeichenbehaftete 32-Bit-Integer-Zahlen. Die Rundung erfolgt dabei immer gegen null, was einem Abschneiden der Nachkommstellen gleichkommt.

Dazu wird das obere Doubleword des zweiten Operanden daraufhin überprüft, ob es größer oder gleich 2^{31} ist. Ist dies der Fall, so wird in das obere Doubleword des ersten Operanden der Wert 7FFFFFFFh geschrieben. Ist das Doubleword kleiner oder gleich -2^{31}, so wird der Wert 80000000h zurückgeschrieben. Liegt der Wert dazwischen, wird das Doubleword vom zweiten Operanden in den ersten übernommen.

Entsprechendes passiert mit dem unteren Doubleword.

Als erster Operand wird ein MMX-Register erwartet und als zweiter kann zusätzlich noch eine 64-Bit-Speichervariable angegeben werden.

PI2FD

convert packed 32-bit integer to floating-point

`PI2FD Operand1, Operand2`

`PI2FD` konvertiert die zwei vorzeichenbehafteten 32-Bit-Integer-Zahlen aus dem zweiten Operanden in zwei Fließkommazahlen mit einfacher Genauigkeit und speichert das Ergebnis im ersten Operanden ab.

Sollte der zweite Operand mehr signifikante Ziffern enthalten als der erste aufnehmen kann, so werden diese abgeschnitten.

Als erster Operand wird ein MMX-Register erwartet und als zweiter kann zusätzlich noch eine 64-Bit-Speichervariable angegeben werden.

6.7 Vergleiche

PFCMPEQ

packed floating-point comparision, equal

`PFCMPEQ Operand1, Operand2`

`PFCMPEQ` vergleicht die beiden Operanden miteinander. Sind die oberen Doublewords der Operanden gleich, so werden alle Bits des oberen Doublewords des ersten Operanden auf 1 gesetzt und ansonsten auf null. Entsprechendes passiert mit dem unteren Doubleword. Der zweite Operand wird dabei nicht verändert.

Als erster Operand wird ein MMX-Register erwartet und als zweiter kann zusätzlich noch eine 64-Bit-Speichervariable angegeben werden.

PFCMPGE

packed floating-point comparision, greater or equal

`PFCMPGE Operand1, Operand2`

`PFCMPGE` vergleicht die beiden Operanden miteinander. Ist das obere Doubleword des ersten Operanden größer oder gleich dem oberen Doubleword des zweiten Operanden, so werden alle Bits des oberen Doublewords des ersten Operanden auf 1 gesetzt und ansonsten auf null. Entsprechendes passiert mit dem unteren Doubleword. Der zweite Operand wird dabei nicht verändert.

Als erster Operand wird ein MMX-Register erwartet und als zweiter kann zusätzlich noch eine 64-Bit-Speichervariable angegeben werden.

PFCMPGT

packed floating-point comparision, greater than

`PFCMPGT Operand1, Operand2`

`PFCMPGT` vergleicht die beiden Operanden miteinander. Ist das obere Doubleword des ersten Operanden größer als das obere Doubleword des zweiten Operanden, so werden alle Bits des oberen Doubleword des ersten Operanden auf 1 gesetzt und ansonsten auf Null. Entsprechendes passiert mit dem unteren Doubleword. Der zweite Operand wird dabei nicht verändert.

Als erster Operand wird ein MMX-Register erwartet und als zweiter kann zusätzlich noch eine 64-Bit-Speichervariable angegeben werden.

PFMAX

packed floating-point maximum

`PFMAX Operand1, Operand2`

`PFMAX` liefert jeweils das größere Doubleword der beiden Operanden zurück. Dazu werden die oberen Doublewords beider Operanden verglichen und das größere in den ersten Operanden, in das obere Doubleword, zurückgeschrieben. Entsprechendes passiert mit den unteren Doublewords.

Als erster Operand wird ein MMX-Register erwartet und als zweiter kann zusätzlich noch eine 64-Bit-Speichervariable angegeben werden.

PFMIN

packed floating-point minimum

`PFMIN Operand1, Operand2`

`PFMIN` liefert jeweils das kleinere Doubleword der beiden Operanden zurück. Dazu werden die oberen Doublewords beider Operanden verglichen und das kleinere in den ersten Operanden, in das obere Doubleword, zurückgeschrieben. Entsprechendes passiert mit den unteren Doublewords.

Als erster Operand wird ein MMX-Register erwartet und als zweiter kann zusätzlich noch eine 64-Bit-Speichervariable angegeben werden.

6.8 Cache-Befehle

PREFETCH

prefetch processor cache line into L1 data cache

`PREFETCH Operand`

`PREFETCH` erwartet als Operanden eine 8-Bit-Speicherstelle, die sobald wie möglich vom Prozessor in den Cache gebracht werden soll, damit diese sofort verfügbar ist. Da der Prozessor bekanntlich schneller auf den Cache als auf den Hauptspeicher zugreifen kann, ist ein enormer Geschwindigskeitsvorteil möglich.

Sollte der Operand schon im Cache liegen oder ein Speicherfehler auftreten, so wird der Befehl als `NOP` behandelt.

Dieser Befehl sollte benutzt werden, wenn zu erwarten ist, dass sich die Daten in der *cache line* nicht mehr verändern werden. Ist zu erwarten, dass sie sich noch ändern, sollte der `PREFETCHW`-Befehl benutzt werden. `PREFETCH` geht in der Regel davon aus, dass die Daten nicht mehr verändert werden und dies wird auch dem Cache mitgeteilt. Werden die Daten dennoch verändert, benötigt der Prozessor ein paar mehr Taktzyklen (ca. 15-25).

Wie viele Daten nun in den Cache geschrieben werden, ist implementierungsspezifisch! Allerdings werden es immer mindestens 32 Bytes sein.

Seien Sie sparsam mit diesem Befehl, da er - zu häufig benutzt - Performance-Einbußen mit sich bringen kann. Verwenden Sie ihn also nur in äußerst zeitkritischen Codesequenzen.

Um nähere Informationen über den Cache und seine optimierte Anwendung zu erfahren, schlagen Sie bitte in der AMD-Dokumentation nach.

PREFETCHW

prefetch processor cache line into L1 data cache

`PREFETCHW Operand`

`PREFETCHW` erwartet als Operanden eine 8-Bit-Speicherstelle, die sobald wie möglich vom Prozessor in den Cache gebracht werden soll, damit diese sofort verfügbar ist. Da der Prozessor bekanntlich schneller auf den Cache als auf den Hauptspeicher zugreifen kann, ist ein enormer Geschwindigskeitsvorteil möglich.

Sollte der Operand schon im Cache liegen oder ein Speicherfehler auftreten, so wird der Befehl als `NOP` behandelt.

Dieser Befehl sollte benutzt werden, wenn zu erwarten ist, dass sich die Daten in der *cache line* verändern werden. Ist dies nicht zu erwarten, sollte der `PREFETCH`-Befehl benutzt werden. Intern werden dadurch 15-25 Takte gespart, da `PREFETCH` in der Regel davon ausgeht, dass die Daten nicht mehr verändert werden und dies wird auch dem Cache mitgeteilt.

Wie viele Daten nun in den Cache geschrieben werden, ist implementierungsspezifisch! Allerdings werden es immer mindestens 32 Bytes sein.

Seien Sie sparsam mit diesem Befehl, da er - zu häufig benutzt - Performance-Einbußen mit sich bringen kann. Verwenden Sie ihn also nur in äußerst zeitkritischen Codesequenzen.

Der Befehl ist erst auf dem Athlon-Prozessor verfügbar und wird auf früheren Prozessorgenerationen als PREFETCH ausgeführt.

Um nähere Informationen über den Cache und seine optimierte Anwendung zu erfahren, schlagen Sie bitte in der AMD-Dokumentation nach.

6.9 DSP

Mit dem Athlon-Prozessor hat AMD die 3DNow!-Technologie erweitert. Es wurden fünf Befehle hinzugefügt, die AMD unter dem Namen *digital signal processing* (DSP) zusammengefasst hat. Sie sollen unter anderem bessere Performance zum Beispiel bei MP3s und Dolby Digital bringen.

Verfügbarkeit von DSP

Bevor Ihr Programm irgendwelche DSP-Befehle benutzt, sollte es testen, ob diese überhaupt zur Verfügung stehen. Ob das der Fall ist, finden Sie mit Hilfe des CPUID-Befehls heraus. Dazu übergeben Sie im EAX-Register die erweiterte Funktion 80000001h und führen den CPUID-Befehl aus. Wenn danach Bit 30 gesetzt ist, unterstützt der Prozessor DSP, ansonsten nicht.

Beachten Sie bitte, dass der CPUID-Befehl auch nicht auf allen Prozessoren verfügbar ist und deshalb dessen Verfügbarkeit ebenfalls geprüft werden muss. Des Weiteren unterstützen nicht alle Prozessoren die erweiterten Funktionen. Näheres dazu in Kapitel 3: Der CPUID-Befehl.

Befehle

PF2IW

packed floating point to integer word conversion with sign extension

`PF2IW Operand1, Operand2`

PF2IW konvertiert die zwei Fließkommazahlen einfacher Genauigkeit in zwei vorzeichenbehaftete 16-Bit-Integer-Zahlen. Die Rundung erfolgt dabei immer gegen null, was einem Abschneiden der Nachkommstellen gleichkommt. Das Ergebnis wird unter Beibehaltung des Vorzeichens auf 32-Bits erweitert.

Außerdem wird das Ergebnis bei einem Über- oder Unterlauf saturiert. Im Falle eines Unterlaufs wird also der kleinste mögliche Wert zurückgeschrieben (FFFF8000h). Bei einem Überlauf wird der größte mögliche Wert (00007FFFh) zurückgeschrieben.

Als erster Operand wird ein MMX-Register erwartet und als zweiter kann zusätzlich noch eine 64-Bit-Speichervariable angegeben werden.

PFNACC

packed floating point negative accumulate

`PFNACC Operand1, Operand2`

PFNACC subtrahiert die obere Fließkommazahl (Bit 0-31) von der unteren Fließkommazahl (Bit 32-63) des ersten Operanden. Die Differenz wird im unteren Doubleword des ersten Operanden gespeichert. Dieselbe Rechnung wird mit dem zweiten Operanden durchgeführt, nur das die Differenz im oberen Doubleword gespeichert wird.

Als erster Operand wird ein MMX-Register erwartet und als zweiter kann zusätzlich noch eine 64-Bit-Speichervariable angegeben werden.

PFPNACC

packed floating point mixed positive-negative accumulate

`PFPNACC Operand1, Operand2`

PFPNACC subtrahiert die obere Fließkommazahl (Bit 0-31) von der unteren Fließkommazahl (Bit 32-63) des ersten Operanden. Die Differenz wird im unteren Doubleword des ersten Operanden gespeichert. Aus dem zweiten Operanden werden die beiden Fließkommazahlen addiert und die Summe im oberen Doubleword des ersten Operanden gespeichert.

Als erster Operand wird ein MMX-Register erwartet und als zweiter kann zusätzlich noch eine 64-Bit-Speichervariable angegeben werden.

PI2FW

packed 16-bit integer to floating point conversion

`PF2FW Operand1, Operand2`

PI2FW konvertiert zwei vorzeichenbehaftete 16-Bit-Integer-Zahlen aus dem zweiten Operanden in zwei Fließkommazahlen mit einfacher Genauigkeit und speichert das Ergebnis im ersten Operanden ab.

Als erster Operand wird ein MMX-Register erwartet und als zweiter kann zusätzlich noch eine 64-Bit-Speichervariable angegeben werden.

PSWAPD

packed swap doubleword

`PSWAPD Operand1, Operand2`

PSWAPD vertauscht die Doublewords des zweiten Operanden und speichert das Ergebnis im ersten Operanden. Dazu wird das untere Doubleword des zweiten Operanden in das obere Doubleword des ersten Operanden geschrieben und das obere ins untere Doubleword.

6.10 Programmiertipps

Exception-Handler

Da Exceptions bei 3DNow! genauso wie bei MMX gehandhabt werden, müssen die MMX-Exception-Handler nicht umgeschrieben werden.

Präfixe

- Die REPxxx-Präfixe werden von den 3DNow!-Befehlen ignoriert.
- Das LOCK-Präfix erzeugt eine #UD-Exception.
- Segment-Präfixe (CS, SS, ES usw.) können die 3DNow!-Befehle beeinflussen, wenn diese eine Speichervariable als Operanden verarbeiten sollen.

Debugging

Neben dem Compiler ist der Debugger wohl das wichtigste Programm, das während der täglichen Arbeit benötigt wird. Um 3DNow!-Code zu debuggen, sollten Sie auf NuMegas SoftIce zurückgreifen. Ab der Version 3.24 unterstützt SoftIce den 3DNow!-Befehlssatz. Es ist wohl einer der besten Debugger auf dem Markt, hat allerdings auch einen stolzen Preis. Nähere Informationen finden Sie unter www.numega.com.

Auch mit Microsofts Visual C++ 6.0 lässt sich 3DNow!-Code dissassemblieren, allerdings lässt die Möglichkeit, die Register als gepaarte Fließkommazahlen darzustellen, zu wünschen übrig.

7 Pentium 3 (SSE)

Dieses Kapitel ist in folgende Unterkapitel unterteilt:

- Intel und SSE
- AMD und SSE
- Architektur
- Laden und Speichern der SSE-Umgebung
- Register-Befehle
  - Hier finden Sie die Befehle zum Kopieren von Daten aus bzw. in Register und Speichervariablen.
- Konvertierungen
  - Die Befehle zum Konvertieren wandeln verschiedene Zahlenformate um, wie zum Beispiel Fließkommazahlen in ganze Zahlen sowie umgekehrt und in alle erdenklichen Varianten.
- Mathematische Befehle
- Logische Verknüpfungen
- Vergleiche
- Shuffle-Befehle
  - Diese Befehle dienen der Neuanordnung von Zahlen in einem Register oder einer Speichervariable.
- Entpack-Befehle
  - Diese Befehle 'entpacken' bestimmte Zahlen aus den jeweiligen Registern oder Speichervariablen.
- Cache-Befehle
  - Diese Befehle beeinflussen das Verhalten des Cache.

7.1 Intel und SSE

Mit dem Pentium 3 wurde die SSE-Technologie eingeführt. SSE steht für *Sreaming SIMD Extension* und sollte vor allem die Performance bei 2D- und 3D-Grafiken, Bildbearbeitung, Spracherkennung, Telefon- und Videokonferenzen steigern.

Ungefähr 70 neue MMX-Befehle wurden eingeführt, die die neue SIMD-Technologie unterstützen, weshalb auch manchmal von MMX2 gesprochen wird.

SIMD steht für *Single Instruction Multiple Data* und bedeutet, dass ein Befehl mehrere Daten auf einmal verarbeiten kann, was natürlich ein erheblicher Geschwindigkeitsvorteil ist.

7.2 AMD und SSE

Ab dem Athlon 4 unterstützt AMD auch SSE vollständig. Auf vorherigen Athlon-Prozessoren waren nur die folgenden 64-Bit-Register Befehle implementiert:

`MASKMOVQ`, `MOVNTQ`, `PAVGB`, `PAVGW`, `PEXTRW`, `PINSRW`, `PMAXSW`, `PMAXUB`, `PMINSW`, `PMINUB`, `PMOVMSKB`, `PMULHUW`, `PREFETCHT0`, `PREFETCHT1`, `PREFETCHT2`, `PREFETCHNTA`, `PSADBW`, `PSHUFW` und `SFENCE`.

7.3 Die Architektur

Die Register

Die XMM-Register

Mit dem Pentium 3 wurden acht neue Register eingeführt, die jeweils 128 Bit breit sind. Angesprochen werden diese Register mit XMM0 bis XMM7.

Sie können vier Fließkommazahlen mit einfacher Genauigkeit (*single precision*) aufnehmen. Die erste Fließkommazahl wird in den Bits 0-31 abgespeichert, die zweite in den Bits 32-63, die dritte in den Bits 64-95 und die vierte in den Bits 96-127.

Die Befehle verarbeiten entweder alle vier Fließkommazahlen gleichzeitig (*packed*) oder nur die unterste (*scalar*).

In der Regel müssen Daten, die aus dem Speicher transferiert werden, an einer 16-Byte Grenze ausgerichtet sein.

Das MXCSR-Register

Das MXCSR-Register übernimmt die Funktionen des Control- und Status-Word der FPU für die SSE-Einheit. Es ist 32-Bit breit und folgendermaßen aufgebaut:

Bei den Exception-Flags ist darauf zu achten, dass einmal gesetzte Flags so lange gesetzt bleiben, bis sie explizit gelöscht werden!

Wichtig ist auch, dass die Exception-Flags nur dann gesetzt werden, wenn die entsprechenden Exception-Masks gelöscht sind!

Bit 0 - Invalid-Operation-Flag
Dieses Exception-Flag wird gesetzt, wenn versucht wurde eine ungültige Operation auszuführen (z.B.: Vergleich einer Zahl mit einer NaN).

Bit 1 - Denormal-Flag
Dieses Exception-Flag wird gesetzt, wenn ein Operand eine Denormalisierte Zahl ist.

Bit 2 - Divide-by-Zero-Flag
Dieses Exception-Flag wird gesetzt, wenn eine Division durch null versucht wurde auszuführen.

Bit 3 - Overflow-Flag
Dieses Exception-Flag wird gesetzt, wenn ein Überlauf stattgefunden hat.

Bit 4 - Underflow-Flag
Dieses Exception-Flag wird gesetzt, wenn ein Unterlauf stattgefunden hat.

Bit 5 - Precision-Flag
Dieses Exception-Flag wird gesetzt, wenn das Ergebnis nicht exakt wiedergegeben werden kann.

Bit 6 - Denormals-are-Zero-Flag
Dieses Flag wurde erst mit dem Pentium 4 eingeführt! Ist es gesetzt, werden alle Denormalisierten Zahlen als Nullen interpretiert. Unabhängig vom Denormal-Mask-Bit, wird das Denormal-Flag *nicht* gesetzt.

Standardmäßig ist dieses Bit gelöscht!

Diese Methode entspricht nicht dem IEEE-754 Standard! Dies wurde aber der Performance wegen in Kauf genommen.

Bit 7 - Invalid-Operation-Mask
Ist dieses Bit maskiert (gesetzt), wird das korrespondierende Flag *nicht* gesetzt. Standardmäßig ist dieses Bit gesetzt.

Bit 8 - Denormal-Mask
Ist dieses Bit maskiert (gesetzt), wird das korrespondierende Flag *nicht* gesetzt. Standardmäßig ist dieses Bit gesetzt.

Bit 9 - Divide-by-Zero-Mask
Ist dieses Bit maskiert (gesetzt), wird das korrespondierende Flag *nicht* gesetzt. Standardmäßig ist dieses Bit gesetzt.

Bit 10 - Overflow-Mask
Ist dieses Bit maskiert (gesetzt), wird das korrespondierende Flag *nicht* gesetzt. Standardmäßig ist dieses Bit gesetzt.

Bit 11 - Underflow-Mask
Ist dieses Bit maskiert (gesetzt), wird das korrespondierende Flag *nicht* gesetzt. Standardmäßig ist dieses Bit gesetzt.

Bit 12 - Precision-Mask
Ist dieses Bit maskiert (gesetzt), wird das korrespondierende Flag *nicht* gesetzt. Standardmäßig ist dieses Bit gesetzt.

Bit 13 und 14 - Rounding Control
Diese beiden Bits bestimmen, wie die Zahlen gerundet werden sollen.

Bit 10	Bit 11	Bedeutung
0	0	Rundung zur nächsten geraden Zahl
1	0	Rundung zum negativ Unendlichen
0	1	Rundung zum positiv Unendlichen
1	1	Nachkommastellen werden abgeschnitten

Standardmäßig sind beide Bits gelöscht.

Bit 15 - Flush to Zero
Ist dieses Bit gesetzt und das *Underflow-Exception-Mask-Bit* maskiert, so wird bei einem Unterlauf als Ergebnis der Wert 0 mit dem Vorzeichen des zu erwartenden Ergebnisses zurückgeliefert und die Flags *Underflow* und *Precision* gesetzt.

Ist die *Underflow-Mask* nicht maskiert, wird dieses Bit ignoriert!

Standardmäßig ist dieses Bit gelöscht!

Diese Methode entspricht nicht dem IEEE-754 Standard! Dies wurde aber der Performance wegen in Kauf genommen.

Bit 16 - 31 - Reserviert
Die Bits 16 bis 31 sind reserviert und werden beim Starten des Prozessors auf 1 gesetzt. Versucht man eines dieser Bits auf 0 zu setzen, wird eine #GP-Exception erzeugt.

7.4 Laden und Speichern der SSE-Umgebung

FXRSTOR

restore FPU, MMX, SSE and SSE2 state

`FXRSTOR Operand`

`FXRSTOR` stellt unter anderem den Status der SSE-Umgebung wieder her, der vorher mittels `FXSAVE` abgespeichert wurde. Als Operand wird dabei ein 512 Byte großer Speicherbereich erwartet, in dem die nötigen Informationen abgespeichert wurden.

Für weitere Details schlagen Sie bitte in 'Kapitel 5: MMX' nach.

Eingeführt mit der: MMX-Technologie

FXSAVE

save FPU, MMX, SSE and SSE2 state

`FXSAVE Operand`

`FXSAVE` speichert unter anderem den Status der SSE-Umgebung. Als Operand wird dabei ein 512 Byte großer Speicherbereich erwartet, in dem die nötigen Informationen abgespeichert werden können.

Für weitere Details schlagen Sie bitte in 'Kapitel 5: MMX' nach.

Eingeführt mit der: MMX-Technologie

7.5 Register-Befehle

LDMXCSR

load MXCSR-Register

`LDMXCSR Operand`

`LDMXCSR` kopiert die als Operanden angegebene 32-Bit-Speichervariable in das MXCSR-Register. Sollte dabei eines der *exception mask bits* (Bits 0 bis 5) gelöscht werden und das entsprechende *exception flag bit* gesetzt werden, so wird die Exception nicht sofort erzeugt, sondern erst, wenn der nächste SIMD-Befehl ausgeführt wird.

Der Standard-Wert des Registers nach einem Reset ist gleich 1F80h.

Exceptions

Protected-Mode-Exceptions: #GP, #SS, #NM, #PF, #UD, #AC

Real-Mode-Exceptions: #GP, #NM, #UD

Virtual-8086-Mode-Exceptions: #GP, #NM, #UD, #PF, #AC

Siehe auch

Architektur / Die Register

MASKMOVQ

store selected bytes of quadword

`MASKMOVQ Quelle, Maske`

`MASKMOVQ` schreibt die, mittels des zweiten Operanden selektierten Bytes aus dem ersten Operanden in eine 64-Bit-Speicherstelle.

Beide Operanden müssen MMX-Register sein. Die 64-Bit-Speicherstelle wird mittels des Registerpaars DS:(E)DI adressiert.

Das höchste signifikante Bit jedes Bytes der Maske signalisiert, ob das korrespondierende Byte der Quelle geschrieben werden soll oder nicht. Eine 0 indiziert, dass das Byte nicht geschrieben wird und eine 1, dass es geschrieben wird. Wird das Byte nicht geschrieben, so bleibt das entsprechende Byte der Speicherstelle unverändert.

Es sollte mittels `SFENCE` oder `MFENCE` Sorge dafür getragen werden, dass sich der Speicher während der Ausführung nicht verändert!

`MASKMOVQ` erzeugt einen Wechsel vom FPU-Status in den MMX-Status. Das *FPU Tag Word* wird also auf 0 gesetzt (*valid*) und der *top of stack pointer* wird ebenfalls auf 0 gesetzt.

Exceptions

Protected-Mode-Exceptions: #GP, #SS, #NM, #MF, #PF, #UD, #AC

Real-Mode-Exceptions: #GP, #NM, #MF, #UD

Virtual-8086-Mode-Exceptions: #GP, #NM, #MF, #UD, #PF, #AC

MOVAPS

move aligned packed single precision floating point values

`MOVAPS Operand1, Operand2`

`MOVAPS` kopiert die vier Fließkommazahlen aus dem zweiten Operanden in den ersten. Die Operanden können jeweils ein 128-Bit-Register oder eine 128-Bit- Speichervariable sein. Allerdings muss einer der beiden Operanden ein Register sein.

Wenn ein Operand eine Speichervariable ist, so muss diese an einer 16-Byte-Grenze ausgerichtet sein, ansonsten wird eine #GP-Exception erzeugt.

Um nicht ausgerichtete Daten aus dem Speicher zu kopieren, muss der `MOVUPS`-Befehl benutzt werden.

Exceptions

Protected-Mode-Exceptions: #GP, #SS, #NM, #XM, #PF, #UD

Real-Mode-Exceptions: #GP, #NM, #XM, #UD

Virtual-8086-Mode-Exceptions: #GP, #NM, #XM, #UD, #PF

MOVHLPS

move packed single-precision floating-point values high to low

`MOVHLPS XMM, XMM`

`MOVHLPS` kopiert zwei Fließkommazahlen mit einfacher Genauigkeit vom oberen Quadword des zweiten Operanden in das untere Quadword des ersten Operanden.

Das obere Quadword des ersten Operanden bleibt unverändert.

Als Operanden werden zwei XMM-Register erwartet.

Exceptions

Protected-Mode-Exceptions: #NM, #UD

Real-Mode-Exceptions: #NM, #UD

Virtual-8086-Mode-Exceptions: #NM, #UD

MOVHPS

move high packed single-precision floating-point values

`MOVHPS Operand1, Operand2`

`MOVHPS` kopiert zwei Fließkommazahlen mit einfacher Genauigkeit vom zweiten Operanden in den ersten.

Die Operanden können ein XMM-Register oder eine 64-Bit-Speichervariable sein. Allerdings ist darauf zu achten, dass mindestens ein Operand ein Register ist. Gelesen bzw. geschrieben wird nur das obere Doubleword des Registers. Das untere Doubleword bleibt unverändert.

Exceptions

Protected-Mode-Exceptions: #GP, #SS, #NM, #PF, #UD, #AC

Real-Mode-Exceptions: #GP, #NM, #UD

Virtual-8086-Mode-Exceptions: #GP, #NM, #UD, #PF, #AC

MOVLHPS

move packed single-precision floating-point values low to high

`MOVLHPS XMM, XMM`

MOVLHPS kopiert zwei Fließkommazahlen mit einfacher Genauigkeit vom unteren Quadword des zweiten Operanden in das obere Quadword des ersten Operanden.

Das untere Quadword des ersten Operanden bleibt unverändert.

Als Operanden werden zwei XMM-Register erwartet.

Exceptions

Protected-Mode-Exceptions: #NM, #UD

Real-Mode-Exceptions: #NM, #UD

Virtual-8086-Mode-Exceptions: #NM, #UD

MOVLPS

move low packed single-precision floating-point values

`MOVLPS Operand1, Operand2`

MOVLPS kopiert zwei Fließkommazahl mit einfacher Genauigkeit vom zweiten Operanden in den ersten.

Die Operanden können ein XMM-Register oder eine 64-Bit-Speichervariable sein. Allerdings ist darauf zu achten, dass mindestens ein Operand ein Register ist. Gelesen bzw. geschrieben wird nur das untere Doubleword des Registers. Das obere Doubleword bleibt unverändert.

Exceptions

Protected-Mode-Exceptions: #GP, #SS, #NM, #PF, #UD, #AC

Real-Mode-Exceptions: #GP, #NM, #UD

Virtual-8086-Mode-Exceptions: #GP, #NM, #UD, #PF, #AC

MOVMSKPS

extract packed single-precision floating-point sign mask

`MOVMSKPS Operand1, XMM`

MOVMSKPS extrahiert die Vorzeichenbits (Bit 31, 63, 95 und 127) der vier gepackten Fließkommazahlen mit einfacher Genauigkeit aus dem zweiten Operanden und speichert das Ergebnis als 4-Bit-Maske im ersten Operanden.

Als zweiter Operand wird ein XMM-Register erwartet und als erster Operand ein 32-Bit-Register. Die Maske wird in den untersten 4 Bits des 32-Bit-Registers gespeichert.

Exceptions

Protected-Mode-Exceptions: #NM, #XM, #UD

Real-Mode-Exceptions: #NM, #XM, #UD

Virtual-8086-Mode-Exceptions: #NM, #XM, #UD

MOVNTPS

move packed single-precision floating-point values using non-temporal hint

`MOVNTPS Speichervariable, XMM`

`MOVNTPS` kopiert den zweiten Operanden in den ersten. Dabei wird durch einen so genannten *non-temporal hint* verhindert, dass die Daten gecachet werden, während sie in den Speicher geschrieben werden.

Als erster Operand wird eine 128-Bit-Speichervariable und als zweiter Operand ein XMM-Register, dass vier gepackte Fließkommazahlen mit einfacher Genauigkeit enthält, erwartet.

Es sollte mittels `SFENCE` oder `MFENCE` Sorge dafür getragen werden, dass sich der Speicher während der Ausführung nicht verändert!

Exceptions

Protected-Mode-Exceptions: #GP, #SS, #PF, #NM, #UD

Real-Mode-Exceptions: #GP, #NM, #UD

Virtual-8086-Mode-Exceptions: #GP, #NM, #UD, #PF

MOVNTQ

move quadword using non-temporal hint

`MOVNTQ Speichervariable, MMX`

`MOVNTQ` kopiert den zweiten Operanden in den ersten. Dabei wird durch einen so genannten *non-temporal hint* verhindert, dass die Daten gecachet werden, während sie in den Speicher geschrieben werden.

Als erster Operand wird eine 64-Bit-Speichervariable und als zweiter Operand ein MMX-Register, dass ganze Zahlen enthält, erwartet.

Es sollte mittels `SFENCE` oder `MFENCE` Sorge dafür getragen werden, dass sich der Speicher während der Ausführung nicht verändert!

Exceptions

Protected-Mode-Exceptions: #GP, #SS, #PF, #NM, #MF, #UD, #AC

Real-Mode-Exceptions: #GP, #NM, #MF, #UD

Virtual-8086-Mode-Exceptions: #GP, #NM, #MF, #UD, #PF, #AC

MOVSS

move scalar single precision floating point data

`MOVSS Operand1, Operand2`

`MOVSS` kopiert eine Fließkommazahl mit einfacher Genauigkeit vom zweiten Operanden in den ersten. Beide Operanden können ein 128-Bit-Register oder eine 32-Bit-Speichervariable sein. Einer der beiden Operanden muss ein Register sein.

Wird von einem Register in ein anderes kopiert, so wird nur die unterste Fließkommazahl kopiert. Die oberen drei bleiben unverändert.

Kopiert man eine Speichervariable in ein Register, so werden die obersten drei Fließkommazahlen auf null gesetzt. Anders herum verändert sich das Register nicht.

Exceptions

Protected-Mode-Exceptions: #GP, #SS, #PF, #NM, #XM, #UD, #AC

Real-Mode-Exceptions: #GP, #NM, #XM, #UD

Virtual-8086-Mode-Exceptions: #GP, #NM, #XM, #UD, #PF, #AC

MOVUPS

move unaligned packed single-precision floating point values

`MOVUPS Operand1, Operand2`

`MOVUPS` kopiert vier gepackte Fließkommazahlen mit einfacher Genauigkeit aus dem zweiten Operanden in den ersten.

Die Operanden können jeweils ein 128-Bit-Register oder eine 128-Bit-Speichervariable sein. Allerdings muss mindestens einer der beiden Operanden ein Register sein.

Wenn ein Operand eine Speichervariable ist, so muss diese *nicht* an einer 16-Byte-Grenze ausgerichtet sein. Es wird auch keine #GP-Exception erzeugt.

Wenn es bekannt ist, dass die Daten ausgerichtet sind, sollte der `MOVAPS`-Befehl benutzt werden.

Exceptions

Protected-Mode-Exceptions: #GP, #SS, #PF, #NM, #XM, #UD

Real-Mode-Exceptions: #GP, #NM, #XM, #UD

Virtual-8086-Mode-Exceptions: #GP, #NM, #XM, #UD, #PF

PEXTRW

extract word

`PEXTRW Ziel, Quelle, Position`

`PEXTRW` kopiert das durch *Position* indexierte Word aus *Quelle* in das untere Word des Operanden *Ziel*. Das obere Word von *Ziel* wird auf null gesetzt.

Ziel muss dabei ein 32-Bit-Register, *Quelle* ein MMX-Register und *Position* eine 8-Bit-Konstante sein.

Ab dem Pentium 4 kann als Quelle auch ein XMM-Register angegeben werden. Das ist auf dem Pentium 3 noch nicht möglich gewesen.

Exceptions

Protected-Mode-Exceptions: #GP, #SS, #NM, #MF, #PF, #UD, #AC

Real-Mode-Exceptions: #GP, #NM, #MF, #UD

Virtual-8086-Mode-Exceptions: #GP, #NM, #MF, #UD, #PF, #AC

PINSRW

insert word

`PINSRW Ziel, Quelle, Position`

`PINSRW` kopiert das Word aus *Quelle* in das durch *Position* indexierte Word des Operanden *Ziel*. Alle anderen Words von Ziel bleiben unverändert.

Ziel muss dabei ein MMX-Register, *Quelle* ein 32-Bit-Register oder eine 16-Bit-Speichervariable und *Position* eine 8-Bit-Konstante sein.

Handelt es sich bei *Quelle* um ein 32-Bit-Register, so wird das untere Word kopiert.

Ab dem Pentium 4 kann als Ziel auch ein XMM-Register angegeben werden. Das ist auf dem Pentium 3 noch nicht möglich gewesen.

Exceptions

Protected-Mode-Exceptions: #GP, #SS, #NM, #MF, #PF, #UD, #AC

Real-Mode-Exceptions: #GP, #NM, #MF, #UD

Virtual-8086-Mode-Exceptions: #GP, #NM, #MF, #UD, #PF, #AC

PMOVMSKB

move byte mask

`PMOVMSKB Operand1, Operand2`

`PMOVMSKB` erstellt eine Maske aus den Vorzeichenbits (Bit 7, 15, 23, 31 usw.) der einzelnen Bytes aus dem zweiten Operanden und schreibt diese Maske in den ersten Operanden.

Als erster Operand muss ein 32-Bit-Register angegeben werden. Der zweite Operand kann ein MMX-Register oder ein XMM-Register sein. Ist der zweite Operand ein 64-Bit-Register, wird das unterste Byte des 32-Bit-Registers beschrieben. Ist der Operand 128-Bit groß, wird das untere Word des 32-Bit-Registers beschrieben.

Exceptions

Protected-Mode-Exceptions: #NM, #MF, #UD

Real-Mode-Exceptions: #NM, #MF, #UD

Virtual-8086-Mode-Exceptions: #NM, #MF, #UD

STMXCSR

store MXCSR-Register

`STMXCSR Operand`

`STMXCSR` kopiert den Inhalt des MXCSR-Registers in die 32-Bit große Speichervariable, die als Operand angegeben wird. Die reservierten Bits werden dabei als Nullen abgespeichert.

Exceptions

Protected-Mode-Exceptions: #GP, #SS, #NM, #XM, #PF, #UD

Real-Mode-Exceptions: #GP, #NM, #XM, #UD

Virtual-8086-Mode-Exceptions: #GP, #NM, #XM, #UD, #PF

Siehe auch

Architektur / Die Register

7.6 Konvertierungen

CVTPI2PS

convert packed doubleword integers to packed single precision floating point values

`CVTPI2PS Operand1, Operand2`

`CVTPI2PS` konvertiert zwei gepackte, vorzeichenbehaftete Doublewords aus dem zweiten Operanden in zwei gepackte Fließkommazahlen mit einfacher Genauigkeit (je 32-Bit) in den ersten Operanden.

Der erste Operand muss ein 128-Bit-Register sein. Der zweite kann ein MMX-Register oder eine 64-Bit-Speichervariable sein.

Das Ergebnis wird im unteren Quadword des ersten Operanden gespeichert. Das obere Quadword bleibt unverändert.

Sollte der Befehl ausgeführt werden, solange noch die FPU aktiv ist, wird eine Exception erzeugt, bevor `CVTPI2PS` ausgeführt wird.

Exceptions

SIMD-Floating-Point-Exceptions: #P

Protected-Mode-Exceptions: #GP, #SS, #NM, #MF, #XM, #PF, #UD, #AC

Real-Mode-Exceptions: #GP, #NM, #MF, #XM, #UD

Virtual-8086-Mode-Exceptions: #GP, #NM, #MF, #XM, #UD, #PF, #AC

CVTPS2PI

convert scalar double-precision floating-point value to doubleword integer

`CVTPS2PI Operand1, Operand2`

`CVTPS2PI` konvertiert die beiden Fließkommazahlen mit einfacher Genauigkeit aus dem zweiten Operanden in zwei vorzeichenbehaftete ganze 32-Bit-Zahlen in den ersten Operanden. Gerundet wird dabei so wie es im MXCSR-Register vorgesehen ist.

Ist das konvertierte Ergebnis größer als die vorhergesehenen 32-Bit, so wird der undefinierte Wert 80000000h zurückgeschrieben.

Der erste Operand muss ein MMX-Register sein. Der zweite kann ein XMM-Register oder eine 64-Bit-Speichervariable sein. Ist der zweite Operand ein XMM-Register, werden die unteren beiden Fließkommazahlen konvertiert.

Exceptions

SIMD-Floating-Point-Exceptions: #I, #P

Protected-Mode-Exceptions: #GP, #SS, #NM, #MF, #XM, #PF, #UD, #AC

Real-Mode-Exceptions: #GP, #NM, #MF, #XM, #UD

Virtual-8086-Mode-Exceptions: #GP, #NM, #MF, #XM, #UD, #PF, #AC

CVTSI2SS

convert scalar signed doubleword integer to scalar single-precision floating point

`CVTSI2SS Operand1, Operand2`

`CVTSI2SS` konvertiert die vorzeichenbehaftete 32-Bit große ganze Zahl aus dem zweiten Operanden in eine Fließkommazahl mit einfacher Genauigkeit in den ersten Operanden. Gerundet wird dabei so wie es im MXCSR-Register vorgesehen ist.

Der erste Operand muss ein XMM-Register sein. Der zweite Operand muss ein 32-Bit-Register oder Speichervariable sein.

Die oberen 96 Bits des XMM-Registers werden dabei nicht verändert.

Exceptions

SIMD-Floating-Point-Exceptions: #P

Protected-Mode-Exceptions: #GP, #SS, #NM, #XM, #PF, #UD, #AC

Real-Mode-Exceptions: #GP, #NM, #XM, #UD

Virtual-8086-Mode-Exceptions: #GP, #NM, #XM, #UD, #PF, #AC

CVTSS2SI

convert scalar single-precision floating-point value to doubleword integer

`CVTSS2SI Operand1, Operand2`

`CVTSS2SI` konvertiert die Fließkommazahl mit einfacher Genauigkeit aus dem zweiten Operanden in eine vorzeichenbehaftete ganze 32-Bit-Zahl. Gerundet wird dabei so wie es im MXCSR-Register vorgesehen ist.

Ist das konvertierte Ergebnis größer als die vorhergesehenen 32-Bit, so wird der undefinierte Wert 80000000h zurückgeschrieben.

Der erste Operand muss ein 32-Bit-Register sein. Der zweite kann ein XMM-Register oder eine 32-Bit-Speichervariable sein. Handelt es sich bei dem zweiten Operanden um ein XMM-Register, wird das untere Doubleword (Bits 0-31) konvertiert.

Exceptions

SIMD-Floating-Point-Exceptions: #I, #P

Protected-Mode-Exceptions: #GP, #SS, #NM, #XM, #PF, #UD, #AC

Real-Mode-Exceptions: #GP, #NM, #XM, #UD

Virtual-8086-Mode-Exceptions: #GP, #NM, #XM, #UD, #PF, #AC

CVTTPS2PI

convert with truncation packed single-precision floating-point values to doubleword integers

`CVTTPS2PI Operand1, Operand2`

`CVTTPS2PI` konvertiert die unteren beiden Fließkommazahlen mit einfacher Genauigkeit aus dem zweiten Operanden in zwei vorzeichenbehaftete ganze 32-Bit-Zahlen. Dabei findet keine Rundung statt, sondern die Nachkommstellen werden einfach abgeschnitten.

Ist das konvertierte Ergebnis größer als die vorhergesehenen 32-Bit, so wird der undefinierte Wert 80000000h zurückgeschrieben.

Der erste Operand muss ein MMX-Register sein. Der zweite kann ein XMM-Register oder eine 64-Bit-Speichervariable sein.

Exceptions

SIMD-Floating-Point-Exceptions: #I, #P

Protected-Mode-Exceptions: #GP, #SS, #NM, #MF, #XM, #PF, #UD, #AC

Real-Mode-Exceptions: #GP, #NM, #MF, #XM, #UD

Virtual-8086-Mode-Exceptions: #GP, #NM, #MF, #XM, #UD, #PF, #AC

CVTTSS2SI

convert with truncation scalar single-precision floating-point value to doubleword integer

`CVTTSS2SI Operand1, Operand2`

`CVTTSS2SI` konvertiert die Fließkommazahl mit einfacher Genauigkeit aus dem zweiten Operanden in eine vorzeichenbehaftete ganze 32-Bit-Zahl Dabei findet keine Rundung statt, sondern die Nachkommstellen werden einfach abgeschnitten.

Ist das konvertierte Ergebnis größer als die vorhergesehenen 32-Bit, so wird der undefinierte Wert 80000000h zurückgeschrieben.

Der erste Operand muss ein 32-Bit-Register sein. Der zweite kann ein XMM-Register oder eine 32-Bit-Speichervariable sein. Handelt es sich bei dem zweiten Operanden um ein XMM-Register, wird das untere Doubleword (Bits 0-31) konvertiert.

Exceptions

SIMD-Floating-Point-Exceptions: #I, #P

Protected-Mode-Exceptions: #GP, #SS, #NM, #XM, #PF, #UD, #AC

Real-Mode-Exceptions: #GP, #NM, #XM, #UD

Virtual-8086-Mode-Exceptions: #GP, #NM, #XM, #UD, #PF, #AC

7.7 Mathematische Befehle

ADDPS

add packed single precision floating point values

`ADDPS Operand1, Operand2`

`ADDPS` addiert die vier gepackten Fließkommazahlen der beiden Operanden und speichert das Ergebnis im ersten Operanden. Als erster Operand wird ein 128-Bit-Register erwartet und als zweiter kann zusätzlich noch eine 128-Bit-Speichervariable angegeben werden.

Exceptions

SIMD-Floating-Point-Exceptions: #O, #U, #I, #P, #D

Protected-Mode-Exceptions: #GP, #SS, #NM, #XM, #PF, #UD

Real-Mode-Exceptions: #GP, #NM, #XM, #UD

Virtual-8086-Mode-Exceptions: #GP, #NM, #XM, #UD, #PF

ADDSS

add scalar single precision floating point values

`ADDSS Operand1, Operand2`

`ADDSS` addiert die niedrigste Fließkommazahl der beiden Operanden und speichert das Ergebnis im ersten Operanden. Die oberen drei Fließkommazahlen bleiben unverändert.

Als erster Operand wird ein 128-Bit-Register erwartet und als zweiter kann zusätzlich noch eine 32-Bit-Speichervariable angegeben werden.

Exceptions

SIMD-Floating-Point-Exceptions: #O, #U, #I, #P, #D

Protected-Mode-Exceptions: #GP, #SS, #NM, #XM, #PF, #UD, #AC

Real-Mode-Exceptions: #GP, #NM, #XM, #UD

Virtual-8086-Mode-Exceptions: #GP, #NM, #XM, #UD, #PF, #AC

DIVPS

divide packed single precision floating point values

`DIVPS Operand1, Operand2`

`DIVPS` dividiert die vier gepackten Fließkommazahlen der beiden Operanden und speichert das Ergebnis im ersten Operanden. Dabei wird der erste Operand durch den zweiten geteilt.

Als erster Operand wird ein 128-Bit-Register erwartet und als zweiter kann zusätzlich noch eine 128-Bit-Speichervariable angegeben werden.

Exceptions

SIMD-Floating-Point-Exceptions: #O, #U, #I, #Z, #P, #D

Protected-Mode-Exceptions: #GP, #SS, #NM, #XM, #PF, #UD

Real-Mode-Exceptions: #GP, #NM, #XM, #UD

Virtual-8086-Mode-Exceptions: #GP, #NM, #XM, #UD, #PF

DIVSS

divide scalar single precision floating point values

`DIVSS Operand1, Operand2`

`DIVSS` dividiert die niedrigste Fließkommazahl der beiden Operanden und speichert das Ergebnis im ersten Operanden. Dabei wird der erste Operand durch den zweiten geteilt. Die oberen drei Fließkommazahlen bleiben unverändert.

Als erster Operand wird ein 128-Bit-Register erwartet und als zweiter kann zusätzlich noch eine 32-Bit-Speichervariable angegeben werden.

Exceptions

SIMD-Floating-Point-Exceptions: #O, #U, #I, #Z, #P, #D

Protected-Mode-Exceptions: #GP, #SS, #NM, #XM, #PF, #UD, #AC

Real-Mode-Exceptions: #GP, #NM, #XM, #UD

Virtual-8086-Mode-Exceptions: #GP, #NM, #XM, #UD, #PF, #AC

MULPS

packed single precision floating point multiply

```
MULPS Operand1, Operand2
```

`MULPS` multipliziert die vier gepackten Fließkommazahlen der beiden Operanden und speichert das Ergebnis im ersten Operanden.

Als erster Operand wird ein 128-Bit-Register erwartet und als zweiter kann zusätzlich noch eine 128-Bit-Speichervariable angegeben werden.

Exceptions

SIMD-Floating-Point-Exceptions: #O, #U, #I, #P, #D

Protected-Mode-Exceptions: #GP, #SS, #NM, #XM, #PF, #UD

Real-Mode-Exceptions: #GP, #NM, #XM, #UD

Virtual-8086-Mode-Exceptions: #GP, #NM, #XM, #UD, #PF

MULSS

scalar single precision floating point multiply

```
MULSS Operand1, Operand2
```

`MULSS` multipliziert die niedrigste Fließkommazahl der beiden Operanden und speichert das Ergebnis im ersten Operanden. Die oberen drei Fließkommazahlen bleiben unverändert.

Als erster Operand wird ein 128-Bit-Register erwartet und als zweiter kann zusätzlich noch eine 32-Bit-Speichervariable angegeben werden.

Exceptions

SIMD-Floating-Point-Exceptions: #O, #U, #I, #P, #D

Protected-Mode-Exceptions: #GP, #SS, #NM, #XM, #PF, #UD, #AC

Real-Mode-Exceptions: #GP, #NM, #XM, #UD

Virtual-8086-Mode-Exceptions: #GP, #NM, #XM, #UD, #PF, #AC

PAVGB

packed average byte

`PAVGB Operand1, Operand2`

`PAVGB` berechnet den Durchschnitt der jeweils korrespondierenden Bytes der beiden Operanden und speichert das Ergebnis im ersten Operanden.

Als erster Operand muss ein MMX-Register (XMM-Register) angegeben werden. Der zweite Operand kann ein MMX-Register (XMM-Register) oder eine 64-Bit-Speichervariable (128-Bit-Speichervariable) sein.

Um den Durchschnitt zu berechnen, werden die korrespondierenden Bytes addiert, die temporäre Summe um eins dekrementiert und das daraus erfolgende Ergebnis um eins nach rechts geshiftet.

Es muss darauf geachtet werden, dass die Bytes als vorzeichenlose Bytes behandelt werden!

Exceptions

Protected-Mode-Exceptions: #GP, #SS, #NM, #MF, #PF, #UD, #AC

Real-Mode-Exceptions: #GP, #NM, #MF, #UD

Virtual-8086-Mode-Exceptions: #GP, #NM, #MF, #UD, #PF, #AC

PAVGW

packed average word

`PAVGW Operand1, Operand2`

`PAVGW` berechnet den Durchschnitt der jeweils korrespondierenden Words der beiden Operanden und speichert das Ergebnis im ersten Operanden.

Als erster Operand muss ein MMX-Register (XMM-Register) angegeben werden. Der zweite Operand kann ein MMX-Register (XMM-Register) oder eine 64-Bit-Speichervariable (128-Bit-Speichervariable) sein.

Um den Durchschnitt zu berechnen, werden die korrespondierenden Words addiert, die temporäre Summe um eins dekrementiert und das daraus erfolgende Ergebnis um eins nach rechts geshiftet.

Es muss darauf geachtet werden, dass die Words als vorzeichenlose Words behandelt werden!

Exceptions

Protected-Mode-Exceptions: #GP, #SS, #NM, #MF, #PF, #UD, #AC

Real-Mode-Exceptions: #GP, #NM, #MF, #UD

Virtual-8086-Mode-Exceptions: #GP, #NM, #MF, #UD, #PF, #AC

PMULHUW

multiply packed unsigned integers and store high result

`PMULHUW Operand1, Operand2`

`PMULHUW` multipliziert die korrespondierenden Words der beiden Operanden miteinander und speichert jeweils die oberen 16 Bits des 32-bittigen Ergebnisses im ersten Operanden.

Als erster Operand muss ein MMX-Register (XMM-Register) angegeben werden. Der zweite Operand kann ein MMX-Register (XMM-Register) oder eine 64-Bit-Speichervariable (128-Bit-Speichervariable) sein.

Es muss darauf geachtet werden, dass die Words, die multipliziert werden, als vorzeichenlose Words behandelt werden!

Exceptions

Protected-Mode-Exceptions: #GP, #SS, #NM, #MF, #PF, #UD, #AC
Real-Mode-Exceptions: #GP, #NM, #MF, #UD
Virtual-8086-Mode-Exceptions: #GP, #NM, #MF, #UD, #PF, #AC

PSADBW

compute sum of absolute differences

```
PSADBW Operand1, Operand2
```

`PSADBW` berechnet den absoluten Betrag der Differenz der acht vorzeichenlosen, ganzen 8-Bit-Zahlen des ersten Operanden mit den korrespondierenden Werten aus dem zweiten Operanden. Diese acht Differenzen werden zu einem vorzeichenlosen Word addiert, welches im ersten Operanden gespeichert wird.
Als erster Operand wird ein XMM- oder MMX-Register erwartet und als zweiter kann zusätzlich noch eine 128- bzw. 64-Bit-Speichervariable angegeben werden.
Sind die Operanden 64 Bit groß, so wird das Ergebnis im untersten Doubleword gespeichert und der Rest des Registers auf null gesetzt.

Wenn die Operanden 128 Bit groß sind, werden zwei gepackte Ergebnisse berechnet. Einmal werden die unteren 8 Bytes beider Operanden berechnet und das Ergebnis in das unterste Word des ersten Operanden gespeichert. Die zweite Berechnung wird mit den oberen 8 Bytes ausgeführt und das Ergebnis in den Bits 64 bis 79 des ersten Operanden gespeichert. Die übrigen Bits werden auf null gesetzt.

Exceptions

Protected-Mode-Exceptions: #GP, #SS, #NM, #MF, #PF, #UD, #AC
Real-Mode-Exceptions: #GP, #NM, #MF, #UD
Virtual-8086-Mode-Exceptions: #GP, #NM, #MF, #UD, #PF, #AC

RCPPS

compute reciprocal of packed single precision floating point values

`RCPPS Operand1, Operand2`

RCPPS bildet jeweils den Kehrwert der vier Fließkommazahlen des zweiten Operanden und schreibt das Ergebnis in den ersten Operanden.

Als erster Operand wird ein 128-Bit-Register erwartet und als zweiter kann zusätzlich noch eine 128-Bit-Speichervariable angegeben werden.

Die Zahlen müssen größer als $1,5*2^{-12}$ sein.

Der Befehl wird nicht von der Rundungskontrolle im MXCSR-Register beeinflusst. Nicht gültige Zahlen werden als Null behandelt und Unterläufe werden als Null zurückgeschrieben.

Exceptions

Protected-Mode-Exceptions: #GP, #SS, #NM, #XM, #PF, #UD

Real-Mode-Exceptions: #GP, #NM, #XM, #UD

Virtual-8086-Mode-Exceptions: #GP, #NM, #XM, #UD, #PF

RCPSS

compute reciprocal of scalar single precision floating-point value

`RCPSS Operand1, Operand2`

RCPSS bildet den Kehrwert der untersten Fließkommazahl des zweiten Operanden und schreibt das Ergebnis in den ersten Operanden. Die oberen drei Fließkommazahlen werden nicht verändert.

Als erster Operand wird ein 128-Bit-Register erwartet und als zweiter kann zusätzlich noch eine 32-Bit-Speichervariable angegeben werden.

Die Zahlen müssen größer als $1,5*2^{-12}$ sein.

Der Befehl wird nicht von der Rundungskontrolle im MXCSR-Register beeinflusst. Nicht gültige Zahlen werden als Null behandelt und Unterläufe werden als Null zurückgeschrieben.

Exceptions

Protected-Mode-Exceptions: #GP, #SS, #NM, #XM, #PF, #UD, #AC

Real-Mode-Exceptions: #GP, #NM, #XM, #UD

Virtual-8086-Mode-Exceptions: #GP, #NM, #XM, #UD, #PF, #AC

RSQRTPS

compute reciprocals of square roots of packed single precision floating point values

`RSQRTPS Operand1, Operand2`

`RSQRTPS` zieht die Wurzel aus den vier gepackten Fließkommazahlen des zweiten Operanden, bildet jeweils von diesem Ergebnis den Kehrwert und speichert die Näherung dieses Ergebnisses wiederum im ersten Operanden.

Als erster Operand wird ein 128-Bit-Register erwartet und als zweiter kann zusätzlich noch eine 128-Bit-Speichervariable angegeben werden.

Das Ergebnis wird nicht durch die Rundungskontrolle im MXCSR-Register beeinflusst.

Ist ein Quelloperand gleich 0,0, so wird der Wert ∞ mit demselben Vorzeichen als Ergebnis zurückgeliefert. Ein denormalisierter Wert wird als 0,0 behandelt und negative Zahlen (-0,0 ausgenommen) liefern den Wert für undefiniert zurück.

Sollte es zu einem Unterlauf kommen, wird der Wert 0,0 mit dem Vorzeichen des Quelloperanden zurückgeliefert.

Enthält der Quelloperand eine SNaN oder eine QNaN, wird eine QNaN als Ergebnis zurückgeliefert.

Exceptions

Protected-Mode-Exceptions: #GP, #SS, #NM, #XM, #PF, #UD

Real-Mode-Exceptions: #GP, #NM, #XM, #UD

Virtual-8086-Mode-Exceptions: #GP, #NM, #XM, #UD, #PF

RSQRTSS

compute reciprocal of square root of scalar single precision floating point value

`RSQRTSS Operand1, Operand2`

RSQRTSS zieht die Wurzel aus der untersten gepackten Fließkommazahl des zweiten Operanden, bildet von diesem Ergebnis den Kehrwert und speichert die Näherung dieses Ergebnisses wiederum im ersten Operanden.

Als erster Operand wird ein 128-Bit-Register erwartet und als zweiter kann zusätzlich noch eine 128-Bit-Speichervariable angegeben werden.

Das Ergebnis wird nicht durch die Rundungskontrolle im MXCSR-Register beeinflusst.

Ist ein Quelloperand gleich 0,0, so wird der Wert ∞ mit demselben Vorzeichen als Ergebnis zurückgeliefert. Ein denormalisierter Wert wird als 0,0 behandelt und negative Zahlen (-0,0 ausgenommen) liefern den Wert für undefiniert zurück.

Sollte es zu einem Unterlauf kommen, wird der Wert 0,0 mit dem Vorzeichen des Quelloperanden zurückgeliefert.

Enthält der Quelloperand eine SNaN oder eine QNaN, wird eine QNaN als Ergebnis zurückgeliefert.

Exceptions

Protected-Mode-Exceptions: #GP, #SS, #NM, #XM, #PF, #UD, #AC

Real-Mode-Exceptions: #GP, #NM, #XM, #UD

Virtual-8086-Mode-Exceptions: #GP, #NM, #XM, #UD, #PF, #AC

SQRTPS

compute square root of packed single precision floating point values

`SQRTPS Operand1, Operand2`

SQRTPS zieht die Wurzel aus den vier gepackten Fließkommazahlen des zweiten Operanden und speichert das Ergebnis im ersten Operanden.

Als erster Operand wird ein 128-Bit-Register erwartet und als zweiter kann zusätzlich noch eine 128-Bit-Speichervariable angegeben werden.

Exceptions

SIMD-Floating-Point-Exceptions: #I, #P, #D

Protected-Mode-Exceptions: #GP, #SS, #NM, #XM, #PF, #UD

Real-Mode-Exceptions: #GP, #NM, #XM, #UD

Virtual-8086-Mode-Exceptions: #GP, #NM, #XM, #UD, #PF

SQRTSS

compute square root of scalar single precision floating point value

`SQRTSS Operand1, Operand2`

SQRTSS zieht die Wurzel aus der niedrigsten Fließkommazahl des zweiten Operanden und speichert das Ergebnis im ersten Operanden. Die oberen drei Fließkommazahlen bleiben unverändert.

Als erster Operand wird ein 128-Bit-Register erwartet und als zweiter kann zusätzlich noch eine 32-Bit-Speichervariable angegeben werden.

Exceptions

SIMD-Floating-Point-Exceptions: #I, #P, #D

Protected-Mode-Exceptions: #GP, #SS, #NM, #XM, #PF, #UD, #AC

Real-Mode-Exceptions: #GP, #NM, #XM, #UD

Virtual-8086-Mode-Exceptions: #GP, #NM, #XM, #UD, #PF, #AC

SUBPS

subtract packed single precision floating point value

`SUBPS Operand1, Operand2`

SUBPS subtrahiert die vier korrespondierenden gepackten Fließkommazahlen der beiden Operanden voneinander und speichert das Ergebnis im ersten Operanden. Dabei wird der zweite Operand vom ersten subtrahiert.

Als erster Operand wird ein 128-Bit-Register erwartet und als zweiter kann zusätzlich noch eine 128-Bit-Speichervariable angegeben werden.

Exceptions

SIMD-Floating-Point-Exceptions: #O, #U, #I, #P, #D

Protected-Mode-Exceptions: #GP, #SS, #NM, #XM, #PF, #UD

Real-Mode-Exceptions: #GP, #NM, #XM, #UD

Virtual-8086-Mode-Exceptions: #GP, #NM, #XM, #UD, #PF

SUBSS

subtract scalar single precision floating point values

`SUBSS Operand1, Operand2`

`SUBSS` subtrahiert die niedrigste Fließkommazahl des zweiten Operanden vom ersten und speichert das Ergebnis im ersten Operanden. Die oberen drei Fließkommazahlen bleiben unverändert.

Als erster Operand wird ein 128-Bit-Register erwartet und als zweiter kann zusätzlich noch eine 32-Bit-Speichervariable angegeben werden.

Exceptions

SIMD-Floating-Point-Exceptions: #O, #U, #I, #P, #D

Protected-Mode-Exceptions: #GP, #SS, #NM, #XM, #PF, #UD, #AC

Real-Mode-Exceptions: #GP, #NM, #XM, #UD

Virtual-8086-Mode-Exceptions: #GP, #NM, #XM, #UD, #PF, #AC

7.8 Logische Verknüpfungen

ANDNPS

logical and not for single precision floating point data

`ANDNPS Operand1, Operand2`

`ANDNPS` invertiert als Erstes den ersten Operanden durch eine logische Nicht-Verknüpfung (NOT-Verknüpfung). Der Operand muss ein 128-Bit-Register sein. Das Ergebnis dieser Nicht-Verknüpfung wird weiter verknüpft mit einer logischen Und-Verknüpfung mit dem zweiten Operanden, der entweder auch ein 128-Bit-Register oder aber eine 128-Bit-Speichervariable sein kann. Das Ergebnis wird im ersten Operanden gespeichert.

Exceptions

Protected-Mode-Exceptions: #GP, #SS, #NM, #XM, #PF, #UD

Real-Mode-Exceptions: #GP, #NM, #XM, #UD

Virtual-8086-Mode-Exceptions: #GP, #NM, #XM, #UD, #PF

Siehe auch

Kapitel 3: Logische Operatoren / `AND` und `NOT`

ANDPS

exclusive and for single precision floating point data

`ANDPS Operand1, Operand2`

`ANDPS` verknüpft den ersten Operanden, der ein 128-Bit-Register sein muss, mit einer logischen Und-Verknüpfung mit dem zweiten Operanden, der entweder auch ein 128-Bit-Register oder aber eine 128-Bit-Speichervariable sein kann. Das Ergebnis wird im ersten Operanden gespeichert.

Exceptions

SIMD-Floating-Point-Exceptions: #O, #U, #I, #P, #D

Protected-Mode-Exceptions: #GP, #SS, #NM, #XM, #PF, #UD

Real-Mode-Exceptions: #GP, #NM, #XM, #UD

Virtual-8086-Mode-Exceptions: #GP, #NM, #XM, #UD, #PF

Siehe auch

Kapitel 3: Logische Operatoren / `AND`

ORPS

logical or for single precision floating point data

`ORPS Operand1, Operand2`

ORPS verknüpft den ersten Operanden, der ein 128-Bit-Register sein muss, mit einer logischen Oder-Verknüpfung mit dem zweiten Operanden, der entweder auch ein 128-Bit-Register oder aber eine 128-Bit-Speichervariable sein kann. Das Ergebnis wird im ersten Operanden gespeichert.

Exceptions

Protected-Mode-Exceptions: #GP, #SS, #NM, #XM, #PF, #UD

Real-Mode-Exceptions: #GP, #NM, #XM, #UD

Virtual-8086-Mode-Exceptions: #GP, #NM, #XM, #UD, #PF

Siehe auch

Kapitel 3: Logische Operatoren / OR

XORPS

exclusive or for single precision floating point data

`XORPS Operand1, Operand2`

XORPS verknüpft den ersten Operanden, der ein 128-Bit-Register sein muss, mit einer logischen Exklusiv-Oder-Verknüpfung mit dem zweiten Operanden, der entweder auch ein 128-Bit-Register oder aber eine 128-Bit-Speichervariable sein kann. Das Ergebnis wird im ersten Operanden gespeichert.

Exceptions

Protected-Mode-Exceptions: #GP, #SS, #NM, #XM, #PF, #UD

Real-Mode-Exceptions: #GP, #NM, #XM, #UD

Virtual-8086-Mode-Exceptions: #GP, #NM, #XM, #UD, #PF

Siehe auch

Kapitel 3: Logische Operatoren / XOR

7.9 Vergleiche

CMPPS

compare packed double-precision floating-point values

`CMPPS XMM, Operand2, Konstante`

`CMPPS` vergleicht die vier gepackten Fließkommazahlen mit einfacher Genauigkeit aus dem zweiten Operanden, mit den vier Fließkommazahlen aus dem ersten Operanden und schreibt das Ergebnis in den ersten Operanden zurück. Der dritte Operand, eine 8-Bit-Konstante, gibt die Art des Vergleiches an.

Ist der Vergleich wahr (true), werden die Bits des entsprechende Doublewords alle auf 1 gesetzt, ist er unwahr (false), wird das Doubleword auf 0 gesetzt.

Der erste Operand muss ein XMM-Register sein. Der zweite kann ein XMM-Register oder eine 128-Bit-Speichervariable sein. Der dritte Operand ist eine 8-Bit-Konstante, in deren unteren 3 Bits der Vergleich codiert ist, der ausgeführt werden soll. Die oberen Bits (Bit 4-7) sind reserviert.

Kodierung der 8-Bit-Konstante	Bedeutung	Relation der Operanden (A = 1. Operand; B = 2. Operand)	Ergebnis, wenn NaN ein Operand ist	QNaN signalisiert Ungültigkeit
000b	Gleich	A=B	False	Nein
001b	Kleiner als	A<B	False	Ja
010b	Kleiner gleich	A≤B	False	Ja
011b	Ungeordnet	A und/oder B ist eine NaN	True	Nein

Kodierung der 8-Bit-Konstante	Bedeutung	Relation der Operanden (A = 1. Operand; B = 2. Operand)	Ergebnis, wenn NaN ein Operand ist	QNaN signalisiert Ungültigkeit
100b	Nicht gleich	A≠B	True	Nein
101b	Größer gleich	A≥B	True	Ja
110b	Größer als	A>B	True	Ja
111b	Geordnet	A und B sind gültig	False	Nein

Ein Vergleich aus 'ungeordnet' ist dann wahr, wenn mindestens ein Operand eine NaN darstellt oder in einem ungültigen Format steht. Im Gegensatz dazu ist der 'geordnete' Vergleich dann wahr, wenn beide Operanden keine NaN und kein ungültiges Format enthalten.

Exceptions

SIMD-Floating-Point-Exceptions: #I, #D

Protected-Mode-Exceptions: #GP, #SS, #NM, #XM, #PF, #UD

Real-Mode-Exceptions: #GP, #NM, #XM, #UD

Virtual-8086-Mode-Exceptions: #GP, #NM, #XM, #UD, #PF

CMPSS

compare scalar single-precision floating-point values

`CMPSS XMM, Operand2, Konstante`

`CMPSS` vergleicht die unteren beiden Fließkommazahlen mit einfacher Genauigkeit der ersten beiden Operanden. Das Ergebnis wird in das unterste Doubleword des ersten Operanden zurückgeschrieben. Die oberen drei Doublewords bleiben dabei unverändert.

Der dritte Operand, eine 8-Bit-Konstante, gibt die Art des Vergleiches an.

Ist der Vergleich wahr (true), werden die Bits des entsprechende Doublewords alle auf 1 gesetzt, ist er unwahr (false), wird das Doubleword auf 0 gesetzt.

Der erste Operand muss ein XMM-Register sein. Der zweite kann ein XMM-Register oder eine 32-Bit-Speichervariable sein. Ist der zweite Operand ein XMM-Register, wird mit dem untersten Doubleword verglichen.

Der dritte Operand ist eine 8-Bit-Konstante, in deren unteren 3 Bits der Vergleich codiert ist, der ausgeführt werden soll. Die oberen Bits (Bit 4-7) sind reserviert.

Kodierung der 8-Bit-Konstante	**Bedeutung**	**Relation der Operanden (A = 1. Operand; B = 2. Operand)**	**Ergebnis, wenn NaN ein Operand ist**	**QNaN signalisiert Ungültigkeit**
000b	Gleich	A=B	False	Nein
001b	Kleiner als	A<B	False	Ja
010b	Kleiner gleich	A≤B	False	Ja
011b	Ungeordnet	A und/oder B ist eine NaN	True	Nein
100b	Nicht gleich	A≠B	True	Nein
101b	Größer gleich	A≥B	True	Ja
110b	Größer als	A>B	True	Ja
111b	Geordnet	A und B sind gültig	False	Nein

Ein Vergleich aus 'ungeordnet' ist dann wahr, wenn mindestens ein Operand eine NaN darstellt oder in einem ungültigen Format steht. Im Gegensatz dazu ist der 'geordnete' Vergleich dann wahr, wenn beide Operanden keine NaN und kein ungültiges Format enthalten.

Exceptions

SIMD-Floating-Point-Exceptions: #O, #U, #I, #P, #D

Protected-Mode-Exceptions: #GP, #SS, #NM, #XM, #PF, #UD, #AC

Real-Mode-Exceptions: #GP, #NM, #XM, #UD

Virtual-8086-Mode-Exceptions: #GP, #NM, #XM, #UD, #PF, #AC

COMISS

compare scalar ordered single-precision floating-point values and set EFlags

`COMISS XMM, Operand2`

`COMISS` vergleicht die Fließkommazahlen mit einfacher Genauigkeit aus dem untersten Doubleword des ersten Operanden mit der Fließkommazahl des zweiten Operanden und setzt dem Ergebnis entsprechend das Zero-, das Parity- und das Carry-Flag.

Der erste Operand muss ein XMM-Register sein. Der zweite kann ein XMM-Register oder eine 32-Bit-Speichervariable sein. Ist der zweite Operand ein XMM-Register, wird mit dem untersten Doubleword verglichen.

Die Flags Overflow, Sign und Auxilliary werden gelöscht.

ZF	PF	CF	Bedeutung
0	0	0	Größer als
0	0	1	Kleiner als
1	0	0	Gleich
1	1	1	Ungeordnet

Wenn der Vergleich den Wert 'ungeordnet' zurückliefert, sind beide Operanden eine NaN gewesen.

Wenn ein Operand eine SNaN oder eine QNaN enthält, wird eine *Invalid-Opearation-Exception* ausgelöst. Wenn eine umaskierte *SIMD floating-point exception* erzeugt wird, wird das EFlags-Register nicht aktualisiert!

Exceptions

SIMD-Floating-Point-Exceptions: #I, #D

Protected-Mode-Exceptions: #GP, #SS, #NM, #XM, #PF, #UD, #AC

Real-Mode-Exceptions: #GP, #NM, #XM, #UD

Virtual-8086-Mode-Exceptions: #GP, #NM, #XM, #UD, #PF, #AC

MAXPS

packed single-precision floating-point maximum

```
MAXPS Operand1, Operand2
```

`MAXPS` vergleicht die vier 32-Bit-Fließkommazahlen beider Operanden miteinander und schreibt die jeweils größere in den ersten Operanden zurück.

Als erster Operand wird ein XMM-Register erwartet und als zweiter kann zusätzlich noch eine 128-Bit-Speichervariable angegeben werden.

Exceptions

SIMD-Floating-Point-Exceptions: #I, #D

Protected-Mode-Exceptions: #GP, #SS, #NM, #XM, #PF, #UD

Real-Mode-Exceptions: #GP, #NM, #XM, #UD

Virtual-8086-Mode-Exceptions: #GP, #NM, #XM, #UD, #PF

MAXSS

scalar single-precision floating-point maximum

```
MAXSS Operand1, Operand2
```

MAXSS vergleicht die niedrigste 32-Bit-Fließkommazahl beider Operanden miteinander und schreibt die größere in den ersten Operanden zurück.

Als erster Operand wird ein XMM-Register erwartet und als zweiter kann zusätzlich noch eine 32-Bit-Speichervariable angegeben werden.

Exceptions

SIMD-Floating-Point-Exceptions: #I, #D

Protected-Mode-Exceptions: #GP, #SS, #NM, #XM, #PF, #UD, #AC

Real-Mode-Exceptions: #GP, #NM, #XM, #UD

Virtual-8086-Mode-Exceptions: #GP, #NM, #XM, #UD, #PF, #AC

MINPS

packed single-precision floating-point minimum

`MINPS Operand1, Operand2`

MINPS vergleicht die vier 32-Bit-Fließkommazahlen beider Operanden miteinander und schreibt die jeweils kleinere in den ersten Operanden zurück.

Als erster Operand wird ein XMM-Register erwartet und als zweiter kann zusätzlich noch eine 128-Bit-Speichervariable angegeben werden.

Exceptions

SIMD-Floating-Point-Exceptions: #I, #D

Protected-Mode-Exceptions: #GP, #SS, #NM, #XM, #PF, #UD

Real-Mode-Exceptions: #GP, #NM, #XM, #UD

Virtual-8086-Mode-Exceptions: #GP, #NM, #XM, #UD, #PF

MINSS

scalar single-precision floating-point minimum

`MINSS Operand1, Operand2`

`MINSS` vergleicht die niedrigste 32-Bit-Fließkommazahl beider Operanden miteinander und schreibt die kleinere in den ersten Operanden zurück.

Als erster Operand wird ein XMM-Register erwartet und als zweiter kann zusätzlich noch eine 32-Bit-Speichervariable angegeben werden.

Exceptions

SIMD-Floating-Point-Exceptions: #O, #U, #I, #Z, #P, #D

Protected-Mode-Exceptions: #GP, #SS, #NM, #XM, #PF, #UD, #AC

Real-Mode-Exceptions: #GP, #NM, #XM, #UD

Virtual-8086-Mode-Exceptions: #GP, #NM, #XM, #UD, #PF, #AC

PMAXSW

packed signed integer word maximum

```
PMAXSW Operand1, Operand2
```

`PMAXSW` vergleicht die beiden Operanden und schreibt jeweils das größere Word in den ersten Operanden zurück.

Als erster Operand muss ein MMX-Register (XMM-Register) angegeben werden. Der zweite Operand kann ein MMX-Register (XMM-Register) oder eine 64-Bit-Speichervariable (128-Bit-Speichervariable) sein.

Es muss darauf geachtet werden, dass die Words, die verglichen werden, als vorzeichenbehaftete Words behandelt werden!

Exceptions

Protected-Mode-Exceptions: #GP, #SS, #NM, #MF, #PF, #UD, #AC

Real-Mode-Exceptions: #GP, #NM, #MF, #UD

Virtual-8086-Mode-Exceptions: #GP, #NM, #MF, #UD, #PF, #AC

PMAXUB

packed unsigned integer byte maximum

`PMAXUB Operand1, Operand2`

`PMAXUB` vergleicht die beiden Operanden und schreibt jeweils das größere Byte in den ersten Operanden zurück.

Als erster Operand muss ein MMX-Register (XMM-Register) angegeben werden. Der zweite Operand kann ein MMX-Register (XMM-Register) oder eine 64-Bit-Speichervariable (128-Bit-Speichervariable) sein.

> Es muss darauf geachtet werden, dass die Bytes, die verglichen werden, als vorzeichenlose Bytes behandelt werden!

Exceptions

Protected-Mode-Exceptions: #GP, #SS, #NM, #MF, #PF, #UD, #AC

Real-Mode-Exceptions: #GP, #NM, #MF, #UD

Virtual-8086-Mode-Exceptions: #GP, #NM, #MF, #UD, #PF, #AC

PMINSW

packed signed integer word minimum

`PMINSW Operand1, Operand2`

`PMINSW` vergleicht die beiden Operanden und schreibt jeweils das kleinere Word in den ersten Operanden zurück.

Als erster Operand muss ein MMX-Register (XMM-Register) angegeben werden. Der zweite Operand kann ein MMX-Register (XMM-Register) oder eine 64-Bit-Speichervariable (128-Bit-Speichervariable) sein.

> Es muss darauf geachtet werden, dass die Words, die verglichen werden, als vorzeichenbehaftete Words behandelt werden!

Exceptions

Protected-Mode-Exceptions: #GP, #SS, #NM, #MF, #PF, #UD, #AC

Real-Mode-Exceptions: #GP, #NM, #MF, #UD

Virtual-8086-Mode-Exceptions: #GP, #NM, #MF, #UD, #PF, #AC

PMINUB

packed unsigned integer byte minimum

`PMINUB Operand1, Operand2`

`PMINUB` vergleicht die beiden Operanden und schreibt jeweils das kleinere Byte in den ersten Operanden zurück.

Als erster Operand muss ein MMX-Register (XMM-Register) angegeben werden. Der zweite Operand kann ein MMX-Register (XMM-Register) oder eine 64-Bit-Speichervariable (128-Bit-Speichervariable) sein.

Es muss darauf geachtet werden, dass die Bytes, die verglichen werden, als vorzeichenlose Bytes behandelt werden!

Exceptions

Protected-Mode-Exceptions: #GP, #SS, #NM, #MF, #PF, #UD, #AC

Real-Mode-Exceptions: #GP, #NM, #MF, #UD

Virtual-8086-Mode-Exceptions: #GP, #NM, #MF, #UD, #PF, #AC

UCOMISS

unordered scalar single-precision floating point compare and set EFlags

`UCOMISS XMM, Operand2`

`UCOMISS` vergleicht die Fließkommazahlen mit einfacher Genauigkeit aus dem untersten Doubleword des ersten Operanden mit der Fließkommazahl des zweiten Operanden und setzt dem Ergebnis entsprechend das Zero-, das Parity- und das Carry-Flaq.

Der erste Operand muss ein XMM-Register sein. Der zweite kann ein XMM-Register oder eine 32-Bit-Speichervariable sein. Ist der zweite Operand ein XMM-Register, wird mit dem untersten Doubleword verglichen.

Die Flags Overflow, Sign und Auxilliary werden gelöscht.

ZF	PF	CF	Bedeutung
0	0	0	Größer als
0	0	1	Kleiner als
1	0	0	Gleich
1	1	1	Ungeordnet

Wenn der Vergleich den Wert 'ungeordnet' zurückliefert, sind beide Operanden eine NaN gewesen.

Im Gegensatz zum `COMISS`-Befehl wird nur dann eine *Invalid-Opeara-tion-Exception* ausgelöst, wenn ein Operand eine SNaN ist. Ist ein Operand eine QNaN, wird die Exception nicht ausgelöst.

Wenn eine umaskierte *SIMD floating-point exception* erzeugt wird, wird das EFlags-Register nicht aktualisiert!

Exceptions

SIMD-Floating-Point-Exceptions: #I, #D
Protected-Mode-Exceptions: #GP, #SS, #NM, #XM, #PF, #UD, #AC
Real-Mode-Exceptions: #GP, #NM, #XM, #UD
Virtual-8086-Mode-Exceptions: #GP, #NM, #XM, #UD, #PF, #AC

7.10 Shuffle-Befehle

PEXTRW

extract word

Siehe: Register-Befehle

PINSRW

insert word

Siehe: Register-Befehle

PSHUFW

shuffle packed words

```
PSHUFW Operand1, Operand2, Operand3
```

PSHUFW schreibt die vier gepackten Words des zweiten Operanden in anderer Reihenfolge in den ersten Operanden.

In welcher Reihenfolge die Fließkommazahlen geschrieben werden, hängt vom Wert der 8-Bit-Konstante ab, die im dritten Operanden angegeben ist. Die Bits 0 und 1 der Konstante bestimmen, welche Fließkommazahlen als Erstes (als unterste Fließkommazahl) geschrieben werden, die Bits 2 und 3, welche als Zweites geschrieben wird und so weiter.

Es ist möglich, dass eine Fließkommazahl mehrmals in den ersten Operanden zurückgeschrieben wird und dafür eine andere Fließkommazahl überhaupt nicht zurückgeschrieben wird.

Als erster Operand wird ein MMX-Register erwartet und als zweiter kann zusätzlich noch eine 64-Bit-Speichervariable angegeben werden. Der dritte Operand muss eine 8-Bit-Konstante sein.

Exceptions

Protected-Mode-Exceptions: #GP, #SS, #NM, #PF, #UD

Real-Mode-Exceptions: #GP, #NM, #UD

Virtual-8086-Mode-Exceptions: #GP, #NM, #UD, #PF

SHUFPS

shuffle single precision floating point value

`SHUFPS Operand1, Operand2, Operand3`

`SHUFPS` schreibt zwei der vier gepackten Fließkommazahlen des ersten Operanden in die unteren beiden 32-Bit-Felder des ersten Operanden und zwei Fließkommazahlen des zweiten Operanden in die oberen beiden 32-Bit-Felder des ersten Operanden.

Welche der Fließkommazahlen in den ersten Operanden geschrieben werden, hängt vom Wert der 8-Bit-Konstante ab, die im dritten Operanden angegeben ist. Die Bits 0 und 1 der Konstante bestimmen, welche Fließkommazahlen als Erstes geschrieben werden, die Bits 2 und 3, welche als Zweites geschrieben wird und so weiter.

Als erster Operand wird ein 128-Bit-Register erwartet und als zweiter kann zusätzlich noch eine 128-Bit-Speichervariable angegeben werden. Der dritte Operand muss eine 8-Bit-Konstante sein.

Exceptions

Protected-Mode-Exceptions: #GP, #SS, #NM, #XM, #PF, #UD

Real-Mode-Exceptions: #GP, #NM, #XM, #UD

Virtual-8086-Mode-Exceptions: #GP, #NM, #XM, #UD, #PF

7.11 Entpack-Befehle

UNPCKHPS

unpack high packed single precision floating point data

`UNPCKHPS Operand1, Operand2`

`UNPCKHPS` schreibt die dritte und die vierte Fließkommazahl des ersten Operanden an die Positionen eins und drei. Aus dem zweiten Operanden werden die dritte und die vierte Fließkommazahl an die Positionen zwei und vier in den ersten Operanden geschrieben.

Als erster Operand wird ein 128-Bit-Register erwartet und als zweiter kann zusätzlich noch eine 128-Bit-Speichervariable angegeben werden.

Exceptions

Protected-Mode-Exceptions: #GP, #SS, #NM, #XM, #PF, #UD

Real-Mode-Exceptions: #GP, #NM, #XM, #UD

Virtual-8086-Mode-Exceptions: #GP, #NM, #XM, #UD, #PF

UNPCKLPS

unpack low packed single precision floating point data

`UNPCKLPS Operand1, Operand2`

`UNPCKLPS` schreibt die zweite Fließkommazahl des ersten Operanden an die Positionen drei. Aus dem zweiten Operanden werden die erste und die zweite Fließkommazahl an die Positionen zwei und vier in den ersten Operanden geschrieben. Die erste Position bleibt unverändert.

Als erster Operand wird ein 128-Bit-Register erwartet und als zweiter kann zusätzlich noch eine 128-Bit-Speichervariable angegeben werden.

Exceptions

Protected-Mode-Exceptions: #GP, #SS, #NM, #XM, #PF, #UD

Real-Mode-Exceptions: #GP, #NM, #XM, #UD

Virtual-8086-Mode-Exceptions: #GP, #NM, #XM, #UD, #PF

7.12 Cache-Befehle

PREFETCHT0

`PREFETCHT0 Operand`

`PREFETCHT0` erwartet als Operanden eine 8-Bit-Speicherstelle, die so bald wie möglich vom Prozessor in den Cache gebracht werden soll, damit diese sofort verfügbar ist. Da der Prozessor bekanntlich schneller auf den Cache als auf den Hauptspeicher zugreifen kann, ist ein enormer Geschwindigskeitsvorteil möglich.

Der Cache hat mehrere so genannte *cache levels*. `PREFETCHT0` benutzt einen *T0 hint*, damit der angegebene Operand in alle *cache levels* gebracht wird. Die Daten, die mittels `PREFETCHT0` in die *cache levels* gebracht werden können, sind temporär.

Wie viel Daten nun in den Cache geschrieben werden, ist implementierungsspezifisch! Allerdings werden es immer mindestens 32 Bytes sein.

Seien Sie sparsam mit diesem Befehl, da er - zu häufig benutzt - Performance-Einbußen mit sich bringen kann. Verwenden Sie ihn also nur in äußerst zeitkritischen Codesequenzen.

Um nähere Informationen über den Cache und seine optimierte Anwendung zu erfahren, schlagen Sie bitte in der recht ausführlichen Intel-Dokumentation nach.

PREFETCHT1

`PREFETCHT1 Operand`

`PREFETCHT1` erwartet als Operanden eine 8-Bit-Speicherstelle, die so bald wie möglich vom Prozessor in den Cache gebracht werden soll, damit diese sofort verfügbar ist. Da der Prozessor bekanntlich schneller auf den Cache als auf den Hauptspeicher zugreifen kann, ist ein enormer Geschwindigskeitsvorteil möglich.

Der Cache hat mehrere so genannte *cache levels*. `PREFETCHT1` benutzt einen *T1 hint*, damit der angegebene Operand in alle *cache levels* außer dem nullten *cache level* gebracht wird. Befindet sich der angegebene Operand in der *cache hierarchy* schon näher am Prozessor dran, so wird keine Verschiebung der Daten vorgenommen. Die Daten, die mittels `PREFETCHT1` in die *cache levels* gebracht werden können, sind temporär.

Wie viele Daten nun in den Cache geschrieben werden, ist implementierungsspezifisch! Allerdings werden es immer mindestens 32 Bytes sein.

Seien Sie sparsam mit diesem Befehl, da er - zu häufig benutzt - Performance-Einbußen mit sich bringen kann. Verwenden Sie ihn also nur in äußerst zeitkritischen Codesequenzen.

Um nähere Informationen über den Cache und seine optimierte Anwendung zu erfahren, schlagen Sie bitte in der recht ausführlichen Intel-Dokumentation nach.

PREFETCHT2

`PREFETCHT2 Operand`

`PREFETCHT2` erwartet als Operanden eine 8-Bit-Speicherstelle, die so bald wie möglich vom Prozessor in den Cache gebracht werden soll, damit diese sofort verfügbar ist. Da der Prozessor bekanntlich schneller auf den Cache als auf den Hauptspeicher zugreifen kann, ist ein enormer Geschwindigskeitsvorteil möglich.

Der Cache hat mehrere so genannte *cache levels*. `PREFETCHT2` benutzt einen *T2 hint*, damit der angegebene Operand in alle *cache levels* außer dem nullten und dem ersten *cache level* gebracht wird. Befindet sich der angegebene Operand in der *cache hierarchy* schon näher am Prozessor dran, so wird keine Verschiebung der Daten vorgenommen. Die Daten, die mittels `PREFETCHT2` in die *cache levels* gebracht werden können, sind temporär.

Wie viel Daten nun in den Cache geschrieben werden, ist implementierungsspezifisch! Allerdings werden es immer mindestens 32 Bytes sein.

Seien Sie sparsam mit diesem Befehl, da er - zu häufig benutzt - Performance-Einbußen mit sich bringen kann. Verwenden Sie ihn also nur in äußerst zeitkritischen Codesequenzen.

Um nähere Informationen über den Cache und seine optimierte Anwendung zu erfahren, schlagen Sie bitte in der recht ausführlichen Intel-Dokumentation nach.

PREFETCHNTA

`PREFETCHTNTA Operand`

`PREFETCHTNTA` erwartet als Operanden eine 8-Bit-Speicherstelle, die so bald wie möglich vom Prozessor in den Cache gebracht werden soll, damit diese sofort verfügbar ist. Da der Prozessor bekanntlich schneller auf den Cache als auf den Hauptspeicher zugreifen kann, ist ein enormer Geschwindigskeitsvorteil möglich.

Der Cache hat mehrere so genannte *cache levels*. `PREFETCHTNTA` benutzt einen *NTA hint*, damit der angegebene Operand in alle *cache levels* außer dem nullten *cache level* gebracht wird. Befindet sich der angegebene Operand in der *cache hierarchy* schon näher am Prozessor dran, so wird keine Verschiebung der Daten vorgenommen. Die Daten, die mittels `PREFETCHTNTA` in die *cache levels* gebracht werden können, sind nicht temporär, werden also in den nicht temporären Teil der Cache-Struktur gebracht.

Wie viele Daten nun in den Cache geschrieben werden, ist implementierungsspezifisch! Allerdings werden es immer mindestens 32 Bytes sein.

Seien Sie sparsam mit diesem Befehl, da er - zu häufig benutzt - Performance-Einbußen mit sich bringen kann. Verwenden Sie ihn also nur in äußerst zeitkritischen Codesequenzen.

Um nähere Informationen über den Cache und seine optimierte Anwendung zu erfahren, schlagen Sie bitte in der recht ausführlichen Intel-Dokumentation nach.

SFENCE

store fence

SFENCE sorgt dafür, dass alle schreibenden Speicherzugriffe, die vor Aufruf des SFENCE-Befehls erteilt wurden, zunächst ausgeführt werden, bevor der Prozessor mit dem Abarbeiten weiterer Befehle fortfährt, die auch den Speicher beschreiben.

8 Pentium 4 (SSE2)

Dieses Kapitel ist in folgende Unterkapitel unterteilt:

- Architektur
- Laden und Speichern der SSE2-Umgebung
- Register-Befehle
  - Hier finden Sie die Befehle zum Kopieren von Daten aus bzw. in Register und Speichervariablen.
- Konvertierungen
  - Die Befehle zum Konvertieren wandeln verschiedene Zahlenformate um, wie zum Beispiel Fließkommazahlen in ganze Zahlen sowie umgekehrt und in alle erdenklichen Varianten.
- Mathematische Befehle
- Schiebe-Befehle
  - Die Befehle zum Shiften.
- Logische Verknüpfungen
- Vergleiche
- Shuffle-Befehle
  - Diese Befehle dienen der Neuanordnung von Zahlen in einem Register oder einer Speichervariablen.
- Entpack-Befehle
  - Diese Befehle 'entpacken' bestimmte Zahlen aus den jeweiligen Registern oder Speichervariablen.
- Cache-Befehle
  - Diese Befehle beeinflussen das Verhalten des Cache.
- Der Pause-Befehl
  - Dieser Befehl passt in kein vorangegangenes Kapitel. Er dient zur Optimierung von *spin-wait loops*.

8.1 Die Architektur

Der Pentium 4 wartet mit zahlreichen Neuerungen auf, wie zum Beispiel das *Hardware Prefetching*. Allerdings sind (fast) all diese Neuerungen nicht für den praxisbezogenen Programmierer interessant. Es gibt keine neuen Register, Flags oder Segmente.

Die interessante Neuerung für den Programmierer ist die neue SSE2-Einheit. SSE2 steht für '*Streaming SIMD Extension 2*' und beinhaltet eine Menge neuer Befehle. Unter anderem ermöglicht sie, MMX-Befehle auf 128-Bit-Operanden anzuwenden.

Als Register werden weiterhin die 128-Bit-Register des Pentium 3 Prozessors genutzt. Im Unterschied zum Pentium 3 verwendet sein Nachfolger allerdings Fließkommazahlen mit doppelter Genauigkeit (*double precision*). In den XMM-Registern werden also nur noch zwei Fließkommazahlen abgespeichert, die dafür jeweils 64 Bit groß sind.

Die Befehle der SSE2-Einheit tragen dafür Sorge, dass diese Fließkommazahlen mit doppelter Genauigkeit auch verarbeitet werden können.

Auch die FPU konnte schon Fließkommazahlen mit doppelter Genauigkeit verarbeiten, ist im Vergleich zu SSE2 allerdings doch ziemlich langsam. So rechnet die FPU mit 80-Bit-Genauigkeit, SSE2 jedoch nur mit 64-Bit-Genauigkeit und ist somit etwas ungenauer.

Es stellt sich die Frage, warum es keinen 128-bittigen Datentyp gibt, der ganze Zahlen aufnehmen kann. Die Antwort müsste lauten, dass es diesen schon gibt. Laut Intel gibt es offiziell einen 128-Bit-Integer-Datentyp (*double quadword*). Die Sache hat nur leider einen kleinen Haken: Es gibt keine Befehle, die diesen Datentypen bearbeiten können!

Bisher hat nur Intel SSE2 implementiert. AMD will zwar mit der kommenden Prozessor-Familie 'Hammer' nachziehen, aber solange dies noch nicht geschehen ist, sollten Sie immer daran denken, dass, sofern Sie SSE2-Code erzeugen, dieser nur auf Intel-Rechnern lauffähig ist.

8.2 Laden und Speichern der SSE2-Umgebung

FXRSTOR

restore FPU, MMX, SSE and SSE2 state

`FXRSTOR Operand`

`FXRSTOR` stellt unter anderem den Status der SSE2-Umgebung wieder her, der vorher mittels `FXSAVE` abgespeichert wurde. Als Operand wird dabei ein 512 Byte großer Speicherbereich erwartet, in dem die nötigen Informationen abgespeichert wurden.

Für weitere Details schlagen Sie bitte in 'Kapitel 5: MMX' nach.

Eingeführt mit der: MMX-Technologie

FXSAVE

save FPU, MMX, SSE and SSE2 state

`FXSAVE Operand`

`FXSAVE` speichert unter anderem den Status der SSE2-Umgebung. Als Operand wird dabei ein 512 Byte großer Speicherbereich erwartet, in dem die nötigen Informationen abgespeichert werden können.

Für weitere Details schlagen Sie bitte in 'Kapitel 5: MMX' nach.

Eingeführt mit der: MMX-Technologie

8.3 Register-Befehle

MASKMOVDQU

store selected bytes of double quadword

`MASKMOVDQU Quelle, Maske`

MASKMOVDQU schreibt die, mittels des zweiten Operanden selektierten, Bytes aus dem ersten Operanden in eine 128-Bit-Speicherstelle.

Beide Operanden müssen XMM-Register sein. Die 128-Bit-Speicherstelle wird mittels des Registerpaars DS:(E)DI adressiert.

Das höchste signifikante Bit jedes Bytes der Maske signalisiert, ob das korrespondierende Byte der Quelle geschrieben werden soll oder nicht. Eine 0 indiziert, dass das Byte nicht geschrieben wird und eine 1, dass es geschrieben wird. Wird das Byte nicht geschrieben, so bleibt das entsprechende Byte der Speicherstelle unverändert.

Es sollte mittels SFENCE oder MFENCE Sorge dafür getragen werden, dass sich der Speicher während der Ausführung nicht verändert!

Exceptions

Protected-Mode-Exceptions: #GP, #SS, #PF, #NM, #UD

Real-Mode-Exceptions: #GP, #NM, #UD

Virtual-8086-Mode-Exceptions: #GP, #NM, #UD, #PF

MOVAPD

move aligned packed double-precision floating point values

`MOVADP Operand1, Operand2`

MOVADP kopiert die zwei gepackten Fließkommazahlen mit doppelter Genauigkeit aus dem zweiten Operanden in den ersten. Die Operanden können jeweils ein 128-Bit-Register oder eine 128-Bit-Speichervariable sein. Allerdings muss einer der beiden Operanden ein Register sein.

Wenn ein Operand eine Speichervariable ist, so muss diese an einer 16-Byte-Grenze ausgerichtet sein, ansonsten wird eine #GP-Exception erzeugt.

Um nicht ausgerichtete Daten aus dem Speicher zu kopieren, muss der MOVUPD-Befehl benutzt werden.

Exceptions

Protected-Mode-Exceptions: #GP, #SS, #PF, #NM, #XM, #UD

Real-Mode-Exceptions: #GP, #NM, #UD

Virtual-8086-Mode-Exceptions: #GP, #NM, #XM, #UD

MOVDQA

move aligned double quadword

`MOVDQA Operand1, Operand2`

`MOVDQA` kopiert den zweiten Operanden in den ersten.

Die Operanden können ein XMM-Register oder eine 128-Bit-Speichervariable sein. Allerdings ist darauf zu achten, dass mindestens ein Operand ein Register ist.

Wenn ein Operand eine Speichervariable ist, so muss diese an einer 16-Byte-Grenze ausgerichtet sein, ansonsten wird eine #GP-Exception erzeugt.

Um nicht ausgerichtete Daten aus dem Speicher zu kopieren, muss der `MOVDQU`-Befehl benutzt werden.

Exceptions

Protected-Mode-Exceptions: #GP, #SS, #NM

Real-Mode-Exceptions: #GP, #NM, #UD, #PF

Virtual-8086-Mode-Exceptions: #GP, #NM, #UD, #PF

MOVDQU

move unaligned double quadword

`MOVDQU Operand1, Operand2`

`MOVDQU` kopiert den zweiten Operanden in den ersten.

Die Operanden können ein XMM-Register oder eine 128-Bit-Speichervariable sein. Allerdings ist darauf zu achten, dass mindestens ein Operand ein Register ist.

Wenn ein Operand eine Speichervariable ist, so muss diese *nicht* an einer 16-Byte-Grenze ausgerichtet sein. Es wird in diesem Fall auch keine #GP-Exception erzeugt.

Wenn bekannt ist, dass die Speichervariable ausgerichtet ist, sollte der `MOVDQA`-Befehl benutzt werden.

Exceptions

Protected-Mode-Exceptions: #GP, #SS, #PF, #NM, #UD

Real-Mode-Exceptions: #GP, #NM, #UD

Virtual-8086-Mode-Exceptions: #GP, #NM, #UD, #PF

MOVDQ2Q

move quadword from XMM to MMX register

`MOVDQ2Q Operand1, Operand2`

`MOVDQ2Q` kopiert das untere Doubleword aus dem XMM-Register, welches im zweiten Operanden angegeben sein muss, in das als ersten Operanden angegebene MMX-Register.

Exceptions

Protected-Mode-Exceptions: #NM, #UD, #MF

Real-Mode-Exceptions: #NM, #UD, #MF

Virtual-8086-Mode-Exceptions: #NM, #UD, #MF

MOVHPD

move high packed double precision floating-point value

`MOVHPD Operand1, Operand2`

`MOVHPD` kopiert eine Fließkommazahl mit doppelter Genauigkeit vom zweiten Operanden in den ersten.

Die Operanden können jeweils ein XMM-Register oder eine 64-Bit-Speichervariable sein. Allerdings ist darauf zu achten, dass mindestens ein Operand ein Register ist. Gelesen bzw. geschrieben wird nur das obere Doubleword des Registers. Das untere Doubleword bleibt unverändert.

Exceptions

Protected-Mode-Exceptions: #GP, #SS, #PF, #NM, #UD, #AC

Real-Mode-Exceptions: #GP, #NM, #UD

Virtual-8086-Mode-Exceptions: #GP, #NM, #UD, #PF, #AC

MOVLPD

move low packed double precision floating-point value

`MOVLPD Operand1, Operand2`

`MOVLPD` kopiert eine Fließkommazahl mit doppelter Genauigkeit vom zweiten Operanden in den ersten.

Die Operanden können jeweils ein XMM-Register oder eine 64-Bit-Speichervariable sein. Allerdings ist darauf zu achten, dass mindestens ein Operand ein Register ist. Gelesen bzw. geschrieben wird nur das untere Doubleword des Registers. Das obere Doubleword bleibt unverändert.

Exceptions

Protected-Mode-Exceptions: #GP, #SS, #PF, #NM, #UD, #AC

Real-Mode-Exceptions: #GP, #NM, #UD

Virtual-8086-Mode-Exceptions: #GP, #NM, #UD, #PF, #AC

MOVMSKPD

extract packed double-precision floating-point sign mask

`MOVMSKPD Operand1, XMM`

MOVMSKPD extrahiert die Vorzeichenbits (Bit 63 und 127) der zwei gepackten Fließkommazahlen mit doppelter Genauigkeit aus dem zweiten Operanden und speichert das Ergebnis als 2-Bit-Maske im ersten Operanden.

Als zweiter Operand wird ein XMM-Register erwartet und als erster Operand ein 32-Bit-Register. Die Maske wird in den untersten beiden Bits des 32-Bit-Registers gespeichert.

Exceptions

Protected-Mode-Exceptions: #NM, #XM, #UD

Real-Mode-Exceptions: #NM, #XM, #UD

Virtual-8086-Mode-Exceptions: #NM, #XM, #UD

MOVNTDQ

store double quadword using non-temporal hint

```
MOVNTDQ Speichervariable, XMM
```

MOVNTDQ kopiert den zweiten Operanden in den ersten. Dabei wird durch einen so genannten *non-temporal hint* verhindert, dass die Daten gecachet werden, während sie in den Speicher geschrieben werden.

Als erster Operand wird eine 128-Bit-Speichervariable und als zweiter Operand ein XMM-Register, dass ganze Zahlen enthält, erwartet.

Es sollte mittels SFENCE oder MFENCE Sorge dafür getragen werden, dass sich der Speicher während der Ausführung nicht verändert!

Exceptions

Protected-Mode-Exceptions: #GP, #SS, #PF, #NM, #UD
Real-Mode-Exceptions: #GP, #NM, #UD
Virtual-8086-Mode-Exceptions: #GP, #NM, #UD, #PF

MOVNTI

store doubleword using non-temporal hint

```
MOVNTI Operand1, Operand2
```

`MOVNTI` kopiert den zweiten Operanden in den ersten. Dabei wird durch einen so genannten *non-temporal hint* verhindert, dass die Daten gecachet werden, während sie in den Speicher geschrieben werden.

Als erster Operand wird eine 32-Bit-Speichervariable und als zweiter Operand ein 32-Bit-Register erwartet.

Es sollte mittels `SFENCE` oder `MFENCE` Sorge dafür getragen werden, dass sich der Speicher während der Ausführung nicht verändert!

Exceptions

Protected-Mode-Exceptions: #GP, #SS, #PF, #UD
Real-Mode-Exceptions: #GP, #UD
Virtual-8086-Mode-Exceptions: #GP, #UD, #PF

MOVNTPD

store packed double-precision floating-point values using non-temporal hint

`MOVNTPD Speichervariable, XMM`

`MOVNTPD` kopiert den zweiten Operanden in den ersten. Dabei wird durch einen so genannten *non-temporal hint* verhindert, dass die Daten gecachet werden, während sie in den Speicher geschrieben werden.

Als erster Operand wird eine 128-Bit-Speichervariable und als zweiter Operand ein XMM-Register, dass zwei gepackte Fließkommazahlen mit doppelter Genauigkeit enthält, erwartet.

Es sollte mittels `SFENCE` oder `MFENCE` Sorge dafür getragen werden, dass sich der Speicher während der Ausführung nicht verändert!

Exceptions

Protected-Mode-Exceptions: #GP, #SS, #PF, #NM, #UD
Real-Mode-Exceptions: #GP, #NM, #UD
Virtual-8086-Mode-Exceptions: #GP, #NM, #UD, #PF

MOVQ2DQ

move quadword from MMX to XMM register

`MOVQ2DQ Operand1, Operand2`

`MOVQ2DQ` kopiert das MMX-Register, welches im zweiten Operanden angegeben sein muss, in das untere Quadword des als ersten Operanden angegebenen XMM-Registers. Das obere Quadword des XMM-Registers wird auf null gesetzt.

Exceptions

Protected-Mode-Exceptions: #NM, #UD, #MF

Real-Mode-Exceptions: #NM, #UD, #MF

Virtual-8086-Mode-Exceptions: #NM, #UD, #MF

MOVSD

move scalar double precision floating point data

`MOVSD Operand1, Operand2`

`MOVSD` kopiert eine Fließkommazahl mit einfacher Genauigkeit vom zweiten Operanden in den ersten. Beide Operanden können ein 128-Bit-Register oder eine 64-Bit-Speichervariable sein. Einer der beiden Operanden muss ein Register sein.

Wird von einem Register in ein anderes kopiert, so wird nur die unterste Fließkommazahl kopiert. Die oberen bleibt unverändert.

Kopiert man eine Speichervariable in ein Register, so wird das obere Quadword des Registers auf null gesetzt. Anders herum verändert sich das Register nicht.

Exceptions

Protected-Mode-Exceptions: #GP, #SS, #PF, #NM, #XM, #UD, #AC

Real-Mode-Exceptions: #GP, #NM, #XM, #UD

Virtual-8086-Mode-Exceptions: #GP, #NM, #XM, #UD, #PF

MOVUPD

move unaligned packed double-precision floating-point values

`MOVUPD Operand1, Operand2`

`MOVUPD` kopiert zwei gepackte Fließkommazahlen mit doppelter Genauigkeit aus dem zweiten Operanden in den ersten.

Die Operanden können jeweils ein 128-Bit-Register oder Speichervariable sein. Allerdings muss mindestens einer der beiden Operanden ein Register sein.

Wenn ein Operand eine Speichervariable ist, so muss diese *nicht* an einer 16-Byte-Grenze ausgerichtet sein. Es wird auch keine #GP-Exception erzeugt.

Wenn es bekannt ist, dass die Daten ausgerichtet sind, sollte der `MOVAPD`-Befehl benutzt werden.

Exceptions

Protected-Mode-Exceptions: #GP, #SS, #PF, #NM, #XM, #UD

Real-Mode-Exceptions: #GP, #NM, #XM, #UD

Virtual-8086-Mode-Exceptions: #GP, #NM, #XM, #UD, #PF

Programmiertipp zu ausgerichteten Daten

Verwenden Sie, wo es nur geht, ausgerichtete Daten und deren entsprechenden Befehle, da diese wesentlich schneller verarbeitet werden als nicht ausgerichtete Daten.

8.4 Konvertierungen

CVTDQ2PD

convert packed doubleword integers to packed double-precision floating-point values

`CVTDQ2PD XMM, Operand2`

`CVTDQ2PD` konvertiert die zwei vorzeichenbehafteten, gepackten ganzen Zahlen aus dem zweiten Operanden in zwei gepackte Fließkommazahlen mit doppelter Genauigkeit in das untere Quadword des ersten Operanden.

Der erste Operand muss ein XMM-Register sein. Der zweite kann ein XMM-Register oder eine 64-Bit-Speichervariable sein. Ist der zweite Operand ein XMM-Register, so werden nur die unteren Doublewords konvertiert.

Wenn die Konvertierung nicht genau ist, wird der zurückgegebene Wert gemäß der *Rounding Control* im MXSCR-Register gerundet.

Sollte der Wert größer als das Fassungsvermögen eines vorzeichenbehafteten Doublewords sein, so wird der Wert für unendlich (80000000h) zurückgeliefert.

Exceptions

Protected-Mode-Exceptions: #GP, #SS, #NM, #PF, #XM, #UD, #AC

Real-Mode-Exceptions: #GP, #NM, #XM, #UD

Virtual-8086-Mode-Exceptions: #GP, #NM, #XM #UD, #PF, #AC

CVTDQ2PS

convert packed doubleword integers to packed single-precision floating-point values

`CVTDQ2PS XMM, Operand2`

`CVTDQ2PS` konvertiert vier gepackte vorzeichenbehaftete Doublewords, die ganze Zahlen enthalten, aus dem zweiten Operanden in vier gepackte Fließkommazahlen mit einfacher Genauigkeit in den ersten Operanden.

Der erste Operand muss ein XMM-Register sein. Der zweite kann ein XMM-Register oder eine 128-Bit-Speichervariable sein.

Wenn die Konvertierung nicht genau ist, wird der zurückgegebene Wert gemäß der *Rounding Control* im MXSCR-Register gerundet.

Exceptions

SIMD-Floating-Point-Exceptions: #P

Protected-Mode-Exceptions: #GP, #SS, #NM, #PF, #XM, #UD

Real-Mode-Exceptions: #GP, #NM, #XM, #UD

Virtual-8086-Mode-Exceptions: #GP, #NM, #XM, #UD, #PF

CVTPD2DQ

convert packed double-precision floating-point values to packed doubleword integers

`CVTPD2DQ XMM, Operand2`

`CVTPD2DQ` konvertiert zwei gepackte Fließkommazahlen mit doppelter Genauigkeit aus dem zweiten Operanden in zwei vorzeichenbehaftete Doublewords, die ganze Zahlen enthalten, in das untere Quadword des ersten Operanden. Das obere Quadword wird auf null gesetzt.

Der erste Operand muss ein XMM-Register sein. Der zweite kann ein XMM-Register oder eine 128-Bit-Speichervariable sein.

Wenn die Konvertierung nicht genau ist, wird der zurückgegebene Wert gemäß der *Rounding Control* im MXSCR-Register gerundet.

Sollte der Wert größer als das Fassungsvermögen eines vorzeichenbehafteten Doublewords sein, so wird der Wert für unendlich (80000000h) zurückgeliefert.

Exceptions

SIMD-Floating-Point-Exceptions: #I, #P

Protected-Mode-Exceptions: #GP, #SS, #NM, #PF, #XM, #UD

Real-Mode-Exceptions: #GP, #NM, #XM, #UD

Virtual-8086-Mode-Exceptions: #GP, #NM, #XM, #UD, #PF

CVTPD2PI

convert packed double-precision floating-point values to packed doubleword integers

`CVTPD2PI MMX, Operand2`

`CVTPD2PI` konvertiert zwei gepackte Fließkommazahlen mit doppelter Genauigkeit aus dem zweiten Operanden in zwei vorzeichenbehaftete Doublewords, die ganze Zahlen enthalten, in den ersten Operanden.

Der erste Operand muss ein MMX-Register sein. Der zweite kann ein XMM-Register oder eine 128-Bit-Speichervariable sein.

Wenn die Konvertierung nicht genau ist, wird der zurückgegebene Wert gemäß der *Rounding Control* im MXSCR-Register gerundet.

Sollte der Wert größer als das Fassungsvermögen eines vorzeichenbehafteten Doublewords sein, so wird der Wert für unendlich (80000000h) zurückgeliefert.

Der Befehl setzt den Top of Stack Pointer der FPU auf 0 und alle Tags auf 0 (valid)! Sollte noch eine Exception anstehen, so wird diese bearbeitet, bevor der `CVTPD2PI`-Befehl ausgeführt wird.

Exceptions

SIMD-Floating-Point-Exceptions: #I, #P

Protected-Mode-Exceptions: #GP, #SS, #MF, #NM, #PF, #XM, #UD

Real-Mode-Exceptions: #GP, #NM, #MF, #XM, #UD

Virtual-8086-Mode-Exceptions: #GP, #NM, #MF, #XM, #UD, #PF

CVTPD2PS

convert packed double-precision floating-point values to packed single-precision floating-point values

`CVTPD2PS XMM, Operand2`

`CVTPD2PS` konvertiert zwei gepackte Fließkommazahlen mit doppelter Genauigkeit aus dem zweiten Operanden in zwei Fließkommazahlen mit einfacher Genauigkeit, in das untere Quadword des ersten Operanden. Das obere Quadword wird auf null gesetzt.

Der erste Operand muss ein XMM-Register sein. Der zweite kann ein XMM-Register oder eine 128-Bit-Speichervariable sein.

Wenn die Konvertierung nicht genau ist, wird der zurückgegebene Wert gemäß der *Rounding Control* im MXSCR-Register gerundet.

Exceptions

SIMD-Floating-Point-Exceptions: #O, #U, #I, #P, #D

Protected-Mode-Exceptions: #GP, #SS, #NM, #PF, #XM, #UD

Real-Mode-Exceptions: #GP, #NM, #XM, #UD

Virtual-8086-Mode-Exceptions: #GP, #NM, #XM, #UD, #PF

CVTPI2PD

convert packed doubleword integers to packed double precision floating point values

`CVTPI2PD Operand1, Operand2`

`CVTPI2PD` konvertiert zwei gepackte, vorzeichenbehaftete Doublewords aus dem zweiten Operanden in zwei gepackte Fließkommazahlen mit doppelter Genauigkeit (je 64-Bit) in den ersten Operanden.

Der erste Operand muss ein 128-Bit-Register sein. Der zweite kann ein MMX-Register oder eine 64-Bit-Speichervariable sein.

Sollte der Befehl ausgeführt werden, solange noch die FPU aktiv ist, wird eine Exception erzeugt, bevor `CVTPI2PD` ausgeführt wird.

Exceptions

Protected-Mode-Exceptions: #GP, #SS, #NM, #PF, #MF, #XM, #UD, #AC

Real-Mode-Exceptions: #GP, #NM, #MF, #XM, #UD

Virtual-8086-Mode-Exceptions: #GP, #NM, #MF, #XM, #UD, #PF, #AC

CVTPS2DQ

convert packed single-precision floating-point values to packed doubleword integers

`CVTPS2DQ XMM, Operand2`

`CVTPS2DQ` konvertiert vier gepackte Fließkommazahlen mit einfacher Genauigkeit aus dem zweiten Operanden in vier gepackte vorzeichenbehaftete Doublewords, die ganze Zahlen enthalten, in den ersten Operanden.

Der erste Operand muss ein XMM-Register sein. Der zweite kann ein XMM-Register oder eine 128-Bit-Speichervariable sein.

Wenn die Konvertierung nicht genau ist, wird der zurückgegebene Wert gemäß der *Rounding Control* im MXSCR-Register gerundet.

Sollte der Wert größer als das Fassungsvermögen eines vorzeichenbehafteten Doublewords sein, so wird der Wert für unendlich (80000000h) zurückgeliefert.

Exceptions

SIMD-Floating-Point-Exceptions: #I, #P

Protected-Mode-Exceptions: #GP, #SS, #NM, #PF, #MF, #XM, #UD

Real-Mode-Exceptions: #GP, #NM, #MF, #XM, #UD

Virtual-8086-Mode-Exceptions: #GP, #NM, #MF, #XM, #UD, #PF

CVTPS2PD

convert packed single-precision floating-point values to packed double-precision floating-point values

`CVTPS2PD XMM, Operand2`

`CVTPS2PD` konvertiert zwei gepackte Fließkommazahlen mit einfacher Genauigkeit aus dem zweiten Operanden in zwei gepackte Fließkommazahlen mit doppelter Genauigkeit in den ersten Operanden.

Der erste Operand muss ein XMM-Register sein. Der zweite kann ein XMM-Register oder eine 64-Bit-Speichervariable sein. Ist der zweite Operand ein XMM-Register, so wird das untere Quadword konvertiert.

Exceptions

Protected-Mode-Exceptions: #GP, #SS, #NM, #PF, #XM, #UD, #AC

Real-Mode-Exceptions: #GP, #NM, #XM, #UD

Virtual-8086-Mode-Exceptions: #GP, #NM, #XM, #UD, #PF, #AC

CVTSD2SI

convert scalar double-precision floating-point value to doubleword integer

`CVTSD2SI Operand1, Operand2`

`CVTSD2SI` konvertiert eine Fließkommazahl mit doppelter Genauigkeit aus dem zweiten Operanden in ein vorzeichenbehaftetes Doubleword, das eine ganze Zahl enthält, in den ersten Operanden.

Der erste Operand muss ein 32-Bit-Register sein. Der zweite kann ein XMM-Register oder eine 64-Bit-Speichervariable sein. Ist der zweite Operand ein XMM-Register, so wird das untere Quadword konvertiert.

Wenn die Konvertierung nicht genau ist, wird der zurückgegebene Wert gemäß der *Rounding Control* im MXSCR-Register gerundet.

Sollte der Wert größer als das Fassungsvermögen eines vorzeichenbehafteten Doublewords sein, so wird der Wert für unendlich (80000000h) zurückgeliefert.

Exceptions

SIMD-Floating-Point-Exceptions: #I, #P

Protected-Mode-Exceptions: #GP, #SS, #NM, #PF, #XM, #UD, #AC

Real-Mode-Exceptions: #GP, #NM, #XM, #UD

Virtual-8086-Mode-Exceptions: #GP, #NM, #XM, #UD, #PF, #AC

CVTSD2SS

convert scalar double-precision floating-point value to scalar single-precision floating-point value

`CVTSD2SS Operand1, Operand2`

`CVTSD2SS` konvertiert eine Fließkommazahl mit doppelter Genauigkeit aus dem zweiten Operanden in eine Fließkommazahl mit einfacher Genauigkeit, in den ersten Operanden.

Der erste Operand muss ein XMM-Register sein. Der zweite kann ein XMM-Register oder eine 64-Bit-Speichervariable sein. Ist der zweite Operand ein XMM-Register, so wird das untere Quadword konvertiert.

Das Ergebnis, dass im ersten Operanden gespeichert wird, wird in das unterste Doubleword geschrieben. Die oberen drei Doublewords bleiben unverändert.

Wenn die Konvertierung nicht genau ist, wird der zurückgegebene Wert gemäß der *Rounding Control* im MXSCR-Register gerundet.

Exceptions

SIMD-Floating-Point-Exceptions: #O, #U, #I, #P, #D

Protected-Mode-Exceptions: #GP, #SS, #NM, #PF, #XM, #UD, #AC

Real-Mode-Exceptions: #GP, #NM, #XM, #UD

Virtual-8086-Mode-Exceptions: #GP, #NM, #XM, #UD, #PF, #AC

CVTSI2SD

convert doubleword integer to scalar double-precision floating-point value

`CVTSI2SD XMM, Operand2`

`CVTSI2SD` konvertiert ein vorzeichenbehaftetes Doubleword, das eine ganze Zahl enthält, aus dem zweiten Operanden in eine Fließkommazahl mit doppelter Genauigkeit in den ersten Operanden

Der erste Operand muss ein XMM-Register sein. Der zweite kann ein 32-Bit-Register oder eine 32-Bit-Speichervariable sein.

Das Ergebnis wird ins untere Quadword geschrieben. Das obere Quadword bleibt unverändert.

Exceptions

Protected-Mode-Exceptions: #GP, #SS, #NM, #PF, #XM, #UD, #AC

Real-Mode-Exceptions: #GP, #NM, #XM, #UD

Virtual-8086-Mode-Exceptions: #GP, #NM, #XM, #UD, #PF, #AC

CVTSS2SD

convert scalar single-precision floating-point value to scalar double-precision floating-point value

`CVTSS2SD XMM, Operand2`

`CVTSS2SD` konvertiert eine Fließkommazahl mit einfacher Genauigkeit aus dem zweiten Operanden in eine Fließkommazahl mit doppelter Genauigkeit in den ersten Operanden.

Der erste Operand muss ein XMM-Register sein. Der zweite kann ein XMM-Register oder eine 32-Bit-Speichervariable sein. Handelt es sich bei dem Operanden um ein XMM-Register, so wird das unterste Doubleword konvertiert.

Das Ergebnis wird ins untere Quadword geschrieben. Das obere Quadword bleibt unverändert.

Exceptions

Protected-Mode-Exceptions: #GP, #SS, #NM, #PF, #XM, #UD, #AC

Real-Mode-Exceptions: #GP, #NM, #XM, #UD

Virtual-8086-Mode-Exceptions: #GP, #NM, #XM, #UD, #PF, #AC

CVTTPD2PI

convert with truncation packed double-precision floating-point values to packed doubleword integers

`CVTTPD2PI MMX, Operand2`

`CVTTPD2PI` konvertiert zwei gepackte Fließkommazahlen mit doppelter Genauigkeit aus dem zweiten Operanden in zwei gepackte vorzeichenbehaftete Doublewords, die ganze Zahlen enthalten, in den zweiten Operanden.

Der erste Operand muss ein MMX-Register sein. Der zweite kann ein XMM-Register oder eine 128-Bit-Speichervariable sein.

Wenn die Konvertierung nicht genau ist, wird der Nachkommateil abgeschnitten.

Sollte der Wert größer als das Fassungsvermögen eines vorzeichenbehafteten Doublewords sein, so wird der Wert für unendlich (80000000h) zurückgeliefert.

Der Befehl setzt den Top of Stack Pointer der FPU auf 0 und alle Tags auf 0 (valid)! Sollte noch eine Exception anstehen, so wird diese erst bearbeitet, bevor der `CVTTPD2PI`-Befehl ausgeführt wird.

Exceptions

SIMD-Floating-Point-Exceptions: #I, #P

Protected-Mode-Exceptions: #GP, #SS, #NM, #MF, #PF, #XM, #UD

Real-Mode-Exceptions: #GP, #NM, #MF, #XM, #UD

Virtual-8086-Mode-Exceptions: #GP, #NM, #MF, #XM, #UD, #PF, #AC

CVTTPD2DQ

convert with truncation packed double-precision floating-point values to packed doubleword integers

`CVTTPD2DQ XMM, Operand2`

`CVTTPD2DQ` konvertiert zwei gepackte Fließkommazahlen mit doppelter Genauigkeit aus dem zweiten Operanden in zwei vorzeichenbehaftete Doublewords, die ganze Zahlen enthalten, in das untere Quadword des ersten Operanden. Das obere Quadword des Zieloperanden wird auf null gesetzt.

Der erste Operand muss ein XMM-Register sein. Der zweite kann ein XMM-Register oder eine 128-Bit-Speichervariable sein.

Wenn die Konvertierung nicht genau ist, wird der Nachkommateil abgeschnitten.

Sollte der Wert größer als das Fassungsvermögen eines vorzeichenbehafteten Doublewords sein, so wird der Wert für unendlich (80000000h) zurückgeliefert.

Exceptions

SIMD-Floating-Point-Exceptions: #I, #P

Protected-Mode-Exceptions: #GP, #SS, #NM, #PF, #XM, #UD

Real-Mode-Exceptions: #GP, #NM, #XM, #UD

Virtual-8086-Mode-Exceptions: #GP, #NM, #XM, #UD, #PF

CVTTPS2DQ

convert with truncation packed single-precision floating-point values to packed doubleword integers

`CVTTPS2DQ XMM, Operand2`

`CVTTPS2DQ` konvertiert vier gepackte Fließkommazahlen mit einfacher Genauigkeit aus dem zweiten Operanden in vier gepackte vorzeichenbehaftete Doublewords, die ganze Zahlen enthalten, in den ersten Operanden.

Der erste Operand muss ein XMM-Register sein. Der zweite kann ein XMM-Register oder eine 128-Bit-Speichervariable sein.

Wenn die Konvertierung nicht genau ist, wird der Nachkommateil abgeschnitten.

Sollte der Wert größer als das Fassungsvermögen eines vorzeichenbehafteten Doublewords sein, so wird der Wert für unendlich (80000000h) zurückgeliefert.

Exceptions

SIMD-Floating-Point-Exceptions: #I, #P

Protected-Mode-Exceptions: #GP, #SS, #NM, #PF, #XM, #UD

Real-Mode-Exceptions: #GP, #NM, #XM, #UD

Virtual-8086-Mode-Exceptions: #GP, #NM, #XM, #UD, #PF

CVTTSD2SI

convert with truncation scalar double-precision floating-point value to signed doubleword integer

`CVTTSD2SI Operand1, Operand2`

`CVTTSD2SI` konvertiert eine Fließkommazahl mit doppelter Genauigkeit aus dem zweiten Operanden in ein vorzeichenbehaftetes Doubleword, das eine ganze Zahl enthält, in den ersten Operanden.

Der erste Operand muss ein 32-Bit-Register sein. Der zweite kann ein XMM-Register oder eine 64-Bit-Speichervariable sein. Ist der zweite Operand ein XMM-Register, so wird das untere Quadword konvertiert.

Wenn die Konvertierung nicht genau ist, wird der Nachkommateil abgeschnitten.

Sollte der Wert größer als das Fassungsvermögen eines vorzeichenbehafteten Doublewords sein, so wird der Wert für unendlich (80000000h) zurückgeliefert.

Exceptions

SIMD-Floating-Point-Exceptions: #I, #P

Protected-Mode-Exceptions: #GP, #SS, #NM, #PF, #XM, #UD, #AC

Real-Mode-Exceptions: #GP, #NM, #XM, #UD

Virtual-8086-Mode-Exceptions: #GP, #NM, #XM, #UD, #PF, #AC

8.5 Mathematische Befehle

ADDPD

add packed double precision floating point values

`ADDPD Operand1, Operand2`

`ADDPD` addiert die zwei gepackten 64-Bit-Fließkommazahlen mit doppelter Genauigkeit der beiden Operanden und speichert das Ergebnis im ersten Operanden. Als erster Operand wird ein 128-Bit-Register erwartet und als zweiter kann zusätzlich noch eine 128-Bit-Speichervariable angegeben werden.

Exceptions

SIMD-Floating-Point-Exceptions: #O, #U, #I, #P, #D

Protected-Mode-Exceptions: #GP, #SS, #NM, #PF, #XM, #UD

Real-Mode-Exceptions: #GP, #NM, #XM, #UD

Virtual-8086-Mode-Exceptions: #GP, #NM, #XM, #UD, #PF

ADDSD

add scalar double precision floating point values

`ADDSD Operand1, Operand2`

`ADDSD` addiert die unteren 64-Bit-Fließkommazahlen mit doppelter Genauigkeit der beiden Operanden und speichert das Ergebnis im ersten Operanden. Die obere Fließkommazahl bleibt unverändert.

Als erster Operand wird ein 128-Bit-Register erwartet und als zweiter kann zusätzlich noch eine 64-Bit-Speichervariable angegeben werden.

Exceptions

SIMD-Floating-Point-Exceptions: #O, #U, #I, #P, #D
Protected-Mode-Exceptions: #GP, #SS, #NM, #PF, #XM, #UD, #AC
Real-Mode-Exceptions: #GP, #NM, #XM, #UD
Virtual-8086-Mode-Exceptions: #GP, #NM, #XM, #UD, #PF, #AC

DIVPD

divide packed double precision floating point values

`DIVPD Operand1, Operand2`

`DIVPD` dividiert die zwei mit doppelter Genauigkeit gepackten Fließkommazahlen der beiden Operanden und speichert das Ergebnis im ersten Operanden. Dabei wird der erste Operand durch den zweiten geteilt.

Als erster Operand wird ein 128-Bit-Register erwartet und als zweiter kann zusätzlich noch eine 128-Bit-Speichervariable angegeben werden.

Exceptions

SIMD-Floating-Point-Exceptions: #O, #U, #I, #Z, #P, #D

Protected-Mode-Exceptions: #GP, #SS, #NM, #PF, #XM, #UD

Real-Mode-Exceptions: #GP, #NM, #XM, #UD

Virtual-8086-Mode-Exceptions: #GP, #NM, #XM, #UD, #PF

DIVSD

divide scalar double precision floating point values

`DIVSD Operand1, Operand2`

`DIVSD` dividiert die untere Fließkommazahl der beiden Operanden und speichert das Ergebnis im ersten Operanden. Dabei wird der erste Operand durch den zweiten geteilt. Die obere Fließkommazahl bleibt dabei unverändert.

Als erster Operand wird ein 128-Bit-Register erwartet und als zweiter kann zusätzlich noch eine 64-Bit-Speichervariable angegeben werden.

Exceptions

SIMD-Floating-Point-Exceptions: #O, #U, #I, #Z, #P, #D

Protected-Mode-Exceptions: #GP, #SS, #NM, #PF, #XM, #UD, #AC

Real-Mode-Exceptions: #GP, #NM, #XM, #UD

Virtual-8086-Mode-Exceptions: #GP, #NM, #XM, #UD, #PF, #AC

MULPD

packed double precision floating point multiply

`MULPD Operand1, Operand2`

`MULPD` multipliziert die zwei gepackten Fließkommazahlen der beiden Operanden und speichert das Ergebnis im ersten Operanden.

Als erster Operand wird ein 128-Bit-Register erwartet und als zweiter kann zusätzlich noch eine 128-Bit-Speichervariable angegeben werden.

Exceptions

SIMD-Floating-Point-Exceptions: #O, #U, #I, #P, #D

Protected-Mode-Exceptions: #GP, #SS, #NM, #PF, #XM, #UD

Real-Mode-Exceptions: #GP, #NM, #XM, #UD

Virtual-8086-Mode-Exceptions: #GP, #NM, #XM, #UD, #PF

MULSD

scalar double precision floating point multiply

`MULSD Operand1, Operand2`

`MULSD` multipliziert die untere Fließkommazahl der beiden Operanden und speichert das Ergebnis im ersten Operanden. Die obere Fließkommazahl bleibt unverändert.

Als erster Operand wird ein 128-Bit-Register erwartet und als zweiter kann zusätzlich noch eine 64-Bit-Speichervariable angegeben werden.

Exceptions

SIMD-Floating-Point-Exceptions: #O, #U, #I, #P, #D

Protected-Mode-Exceptions: #GP, #SS, #NM, #PF, #XM, #UD, #AC

Real-Mode-Exceptions: #GP, #NM, #XM, #UD

Virtual-8086-Mode-Exceptions: #GP, #NM, #XM, #UD, #PF, #AC

PADDQ

add packed quadword integers

`PADDQ Operand1, Operand2`

`PADDQ` addiert die korrespondierenden Doublewords beider Operanden miteinander und speichert das Ergebnis im ersten Operanden ab. Ein eventueller Übertrag wird ignoriert und auch nicht signalisiert.

Als erster Operand wird ein XMM- oder MMX-Register erwartet und als zweiter kann zusätzlich noch eine 128- bzw. 64-Bit-Speichervariable angegeben werden.

Exceptions

Protected-Mode-Exceptions: #GP, #SS, #NM, #PF, #MF, #UD, #AC

Real-Mode-Exceptions: #GP, #NM, #MF, #UD

Virtual-8086-Mode-Exceptions: #GP, #NM, #MF, #UD, #PF, #AC

PMULUDQ

multiply packed unsigned doubleword integers

`PMULUDQ Operand1, Operand2`

`PMULUDQ` multipliziert die beiden Operanden miteinander und speichert das Ergebnis im ersten Operanden ab.

Als erster Operand muss ein MMX-Register (XMM-Register) angegeben werden. Der zweite Operand kann ein MMX-Register (XMM-Register) oder eine 64-Bit-Speichervariable (128-Bit-Speichervariable) sein.

Wenn die Operanden beide 64-Bit groß sind, so werden die beiden unteren, vorzeichenlosen Doublewords beider Operanden miteinander multipliziert und das Ergebnis als Quadword abgespeichert. Auch wenn der zweite Operand eine 64-Bit-Speichervariable sein kann, wird in einem solchen Fall nur das untere Doubleword der Speichervariable verwendet.

Wenn die Operanden 128-Bit groß sind, so werden das erste (unterste) und dritte vorzeichenlose Doubleword beider Operanden miteinander multipliziert und die Ergebnisse jeweils als Quadword abgespeichert. Auch wenn der zweite Operand eine 128-Bit-Speichervariable sein kann, wird in einem solchen Fall nur das erste und das dritte Doubleword der Speichervariable verwendet.

Wenn ein Quadword-Ergebnis zu groß sein sollte, um in 64-Bit gespeichert zu werden (Überlauf), so findet ein so genannter *wrap around* statt. Das heißt, dass nur die unteren 64 Bits in den ersten Operanden zurückgeschrieben werden. Der Übertrag wird also ignoriert!

Exceptions

Protected-Mode-Exceptions: #GP, #SS, #NM, #PF, #MF, #UD, #AC

Real-Mode-Exceptions: #GP, #NM, #MF, #UD

Virtual-8086-Mode-Exceptions: #GP, #NM, #MF, #UD, #PF, #AC

PSUBQ

subtract packed quadwords integers

`PSUBQ Operand1, Operand2`

`PSUBQ` subtrahiert die korrespondierenden Doublewords des zweiten Operanden von den Doublewords des ersten Operanden und speichert das Ergebnis im ersten Operanden ab. Ein eventueller Übertrag wird ignoriert und auch nicht signalisiert.

Als erster Operand wird ein XMM- oder MMX-Register erwartet und als zweiter kann zusätzlich noch eine 128- bzw. 64-Bit-Speichervariable angegeben werden.

Wenn ein Quadword-Ergebnis zu groß sein sollte, um in 64-Bit gespeichert zu werden (Überlauf), so findet ein so genannter *wrap around* statt. Das heißt, dass nur die unteren 64 Bits in den ersten Operanden zurückgeschrieben werden. Der Übertrag wird also ignoriert!

`PSUBQ` kann sowohl vorzeichenbehaftete als auch vorzeichenlose Quadwords, die ganze Zahlen enthalten, bearbeiten. Es wird allerdings gegebenenfalls weder das Overflow- noch das Carry-Flag gesetzt!

Exceptions

Protected-Mode-Exceptions: #GP, #SS, #NM, #PF, #MF, #UD, #AC
Real-Mode-Exceptions: #GP, #NM, #MF, #UD
Virtual-8086-Mode-Exceptions: #GP, #NM, #MF, #UD, #PF, #AC

SQRTPD

compute square roots of packed double precision floating point values

`SQRTPD Operand1, Operand2`

`SQRTPD` zieht die Wurzel aus den zwei gepackten Fließkommazahlen mit doppelter Genauigkeit des zweiten Operanden und speichert das Ergebnis im ersten Operanden.

Als erster Operand wird ein 128-Bit-Register erwartet und als zweiter kann zusätzlich noch eine 128-Bit-Speichervariable angegeben werden.

Exceptions

SIMD-Floating-Point-Exceptions: #O, #U, #I, #P, #D
Protected-Mode-Exceptions: #GP, #SS, #NM, #PF, #XM, #UD
Real-Mode-Exceptions: #GP, #NM, #XM, #UD
Virtual-8086-Mode-Exceptions: #GP, #NM, #XM, #UD, #PF

SQRTSD

compute square root of scalar double precision floating point values

`SQRTSD Operand1, Operand2`

`SQRTSD` zieht die Wurzel aus der unteren Fließkommazahl mit doppelter Genauigkeit des zweiten Operanden und speichert das Ergebnis im ersten Operanden. Die obere Fließkommazahl bleibt dabei unverändert.

Als erster Operand wird ein 128-Bit-Register erwartet und als zweiter kann zusätzlich noch eine 64-Bit-Speichervariable angegeben werden.

Exceptions

SIMD-Floating-Point-Exceptions: #I, #P, #D

Protected-Mode-Exceptions: #GP, #SS, #NM, #PF, #XM, #UD, #AC

Real-Mode-Exceptions: #GP, #NM, #XM, #UD

Virtual-8086-Mode-Exceptions: #GP, #NM, #XM, #UD, #PF, #AC

SUBPD

subtract packed double precision floating point values

`SUBPD Operand1, Operand2`

`SUBPD` subtrahiert die zwei gepackten Fließkommazahlen mit doppelter Genauigkeit der beiden Operanden voneinander und speichert das Ergebnis im ersten Operanden. Dabei wird der zweite Operand vom ersten subtrahiert.

Als erster Operand wird ein 128-Bit-Register erwartet und als zweiter kann zusätzlich noch eine 128-Bit-Speichervariable angegeben werden.

Exceptions

SIMD-Floating-Point-Exceptions: #O, #U, #I, #P, #D

Protected-Mode-Exceptions: #GP, #SS, #NM, #PF, #XM, #UD

Real-Mode-Exceptions: #GP, #NM, #XM, #UD

Virtual-8086-Mode-Exceptions: #GP, #NM, #XM, #UD, #PF

SUBSD

subtract scalar double precision floating point values

`SUBSD Operand1, Operand2`

`SUBSD` subtrahiert die untere Fließkommazahl mit doppelter Genauigkeit des zweiten Operanden vom ersten und speichert das Ergebnis im ersten Operanden. Die obere Fließkommazahl bleibt dabei unverändert.

Als erster Operand wird ein 128-Bit-Register erwartet und als zweiter kann zusätzlich noch eine 64-Bit-Speichervariable angegeben werden.

Exceptions

SIMD-Floating-Point-Exceptions: #O, #U, #I, #P, #D

Protected-Mode-Exceptions: #GP, #SS, #NM, #PF, #XM, #UD, #AC

Real-Mode-Exceptions: #GP, #NM, #XM, #UD

Virtual-8086-Mode-Exceptions: #GP, #NM, #XM, #UD, #PF, #AC

8.6 Schiebe-Befehle

PSLLDQ

shift double quadword left logical

`PSLLDQ XMM, Konstante`

`PSLLDQ` shiftet den ersten Operand, der ein XMM-Register sein muss, um die in der 8-Bit-Konstante angegebenen Anzahl nach links. Die unteren Bits werden mit Nullen aufgefüllt. Werden mehr als 15 Verschiebungen gemacht, wird der erste Operand auf null gesetzt.

Exceptions

Protected-Mode-Exceptions: #UD, #NM

Real-Mode-Exceptions: #UD, #NM

Virtual-8086-Mode-Exceptions: #UD, #NM

Siehe auch

SHL in Kapitel 3: Schiebe-Befehle

PSRLDQ

shift double quadword right logical

`PSRLDQ XMM, Konstante`

PSRLDQ shiftet den ersten Operand, der ein XMM-Register sein muss, um die in der 8-Bit-Konstante angegebenen Anzahl nach rechts. Die oberen Bits werden mit Nullen aufgefüllt. Werden mehr als 15 Verschiebungen gemacht, wird der erste Operand auf null gesetzt.

Exceptions

Protected-Mode-Exceptions: #UD, #NM
Real-Mode-Exceptions: #UD, #NM
Virtual-8086-Mode-Exceptions: #UD, #NM

Siehe auch

SHR in Kapitel 3: Schiebe-Befehle

8.7 Logische Verknüpfungen

ANDNPD

logical and not for double precision floating point data

`ANDNPD Operand1, Operand2`

ANDNPD invertiert als Erstes den ersten Operanden durch eine logische Nicht-Verknüpfung (NOT-Verknüpfung). Der Operand muss ein 128-Bit-Register sein. Das Ergebnis dieser Nicht-Verknüpfung wird weiter verknüpft mit einer logischen Und-Verknüpfung mit dem zweiten Operanden, der entweder auch ein 128-Bit-Register oder aber eine 128-Bit-Speichervariable sein kann. Das Ergebnis wird im ersten Operanden gespeichert.

Exceptions

Protected-Mode-Exceptions: #GP, #SS, #PF, #NM, #XM, #UD
Real-Mode-Exceptions: #GP, #NM, #XM, #UD
Virtual-8086-Mode-Exceptions: #GP, #NM, #XM, #UD, #PF

Siehe auch

Kapitel 3 / Logische Operatoren / `AND` und `NOT`

ANDPD

logical and for double precision floating point data

`ANDPD Operand1, Operand2`

`ANDPD` verknüpft den ersten Operanden, der ein 128-Bit-Register sein muss, mit einer logischen Und-Verknüpfung mit dem zweiten Operanden, der entweder auch ein 128-Bit-Register oder aber eine 128-Bit-Speichervariable sein kann. Das Ergebnis wird im ersten Operanden gespeichert.

Exceptions

Protected-Mode-Exceptions: #GP, #SS, #PF, #NM, #XM, #UD
Real-Mode-Exceptions: #GP, #NM, #XM, #UD
Virtual-8086-Mode-Exceptions: #GP, #NM, #XM, #UD, #PF

Siehe auch

Kapitel 3 / Logische Operatoren / `AND`

ORPD

logical or for double precision floating point data

`ORPD Operand1, Operand2`

`ORPD` verknüpft den ersten Operanden, der ein 128-Bit-Register sein muss mit einer logischen Oder-Verknüpfung mit dem zweiten Operanden, der entweder auch ein 128-Bit-Register oder aber eine 128-Bit-Speichervariable sein kann. Das Ergebnis wird im ersten Operanden gespeichert.

Exceptions

Protected-Mode-Exceptions: #GP, #SS, #PF, #NM, #XM, #UD
Real-Mode-Exceptions: #GP, #NM, #XM, #UD
Virtual-8086-Mode-Exceptions: #GP, #NM, #XM, #UD, #PF

Siehe auch

Kapitel 3 / Logische Operatoren / `OR`

XORPD

exclusive or for double precision floating point data

`XORPD Operand1, Operand2`

`XORPD` verknüpft den ersten Operanden, der ein 128-Bit-Register sein muss, mit einer logischen Exklusiv-Oder-Verknüpfung mit dem zweiten Operanden, der entweder auch ein 128-Bit-Register oder aber eine 128-Bit-Speichervariable sein kann. Das Ergebnis wird im ersten Operanden gespeichert. Beide Operanden müssen zwei Fließkommazahlen mit doppelter Genauigkeit enthalten.

Exceptions

Protected-Mode-Exceptions: #GP, #SS, #PF, #NM, #XM, #UD
Real-Mode-Exceptions: #GP, #NM, #XM, #UD
Virtual-8086-Mode-Exceptions: #GP, #NM, #XM, #UD, #PF

Siehe auch

Kapitel 3 / Logische Operatoren / `XOR`

8.8 Vergleiche

CMPPD

compare packed double-precision floating-point values

`CMPPD XMM, Operand2, Konstante`

CMPPD vergleicht die zwei gepackten Fließkommazahlen mit doppelter Genauigkeit aus dem zweiten Operanden mit den beiden Fließkommazahlen aus dem ersten Operanden und schreibt das Ergebnis in den ersten Operanden zurück. Der dritte Operand, eine 8-Bit-Konstante, gibt die Art des Vergleiches an.

Ist der Vergleich wahr (true), werden die Bits des entsprechenden Quadwords alle auf 1 gesetzt, ist er unwahr (false), wird das Quadword auf 0 gesetzt.

Der erste Operand muss ein XMM-Register sein. Der zweite kann ein XMM-Register oder eine 128-Bit-Speichervariable sein. Der dritte Operand ist eine 8-Bit-Konstante, in deren unteren 3 Bits der Vergleich codiert ist, der ausgeführt werden soll. Die oberen Bits (Bit 4-7) sind reserviert.

Kodierung der 8-Bit-Konstante	**Bedeutung**	**Relation der Operanden (A = 1. Operand; B = 2. Operand)**	**Ergebnis, wenn NaN ein Operand ist**	**QNaN signalisiert Ungültigkeit**
000b	Gleich	A=B	False	Nein
001b	Kleiner als	A<B	False	Ja
010b	Kleiner gleich	A≤B	False	Ja
011b	Ungeordnet	A und/oder B ist eine NaN	True	Nein
100b	Nicht gleich	A≠B	True	Nein
101b	Größer gleich	A≥B	True	Ja
110b	Größer als	A>B	True	Ja
111b	Geordnet	A und B sind gültig	False	Nein

Ein Vergleich aus 'ungeordnet' ist dann wahr, wenn mindestens ein Operand eine NaN darstellt oder in einem ungültigen Format steht. Im Gegensatz dazu ist der 'geordnete' Vergleich dann wahr, wenn beide Operanden keine NaN und kein ungültiges Format enthalten.

Exceptions

SIMD-Floating-Point-Exceptions: #I, #D

Protected-Mode-Exceptions: #GP, #SS, #NM, #XM, #PF, #UD

Real-Mode-Exceptions: #GP, #NM, #XM, #UD

Virtual-8086-Mode-Exceptions: #GP, #NM, #UD, #PF

CMPSD

compare scalar double-precision floating-point values

`CMPSD XMM, Operand2, Konstante`

`CMPSD` vergleicht die gepackte Fließkommazahl mit doppelter Genauigkeit aus dem zweiten Operanden mit der unteren Fließkommazahl aus dem ersten Operanden und schreibt das Ergebnis in das untere Quadword des ersten Operanden zurück. Das obere Quadword bleibt dabei unverändert.

Der dritte Operand, eine 8-Bit-Konstante, gibt die Art des Vergleiches an.

Ist der Vergleich wahr (true), werden die Bits des entsprechenden Quadwords alle auf 1 gesetzt, ist er unwahr (false), wird das Quadword auf 0 gesetzt.

Der erste Operand muss ein XMM-Register sein. Der zweite kann ein XMM-Register oder eine 64-Bit-Speichervariable sein. Ist der zweite Operand ein XMM-Register, wird mit dem unteren Quadword verglichen.

Der dritte Operand ist eine 8-Bit-Konstante, in deren unteren 3 Bits der Vergleich codiert ist, der ausgeführt werden soll. Die oberen Bits (Bit 4-7) sind reserviert.

Kodierung der 8-Bit-Konstante	Bedeutung	Relation der Operanden (A = 1. Operand; B = 2. Operand)	Ergebnis, wenn NaN ein Operand ist	QNaN signalisiert Ungültigkeit
000b	Gleich	A=B	False	Nein
001b	Kleiner als	A<B	False	Ja
010b	Kleiner gleich	A≤B	False	Ja
011b	Ungeordnet	A und/oder B ist eine NaN	True	Nein
100b	Nicht gleich	A≠B	True	Nein
101b	Größer gleich	A≥B	True	Ja
110b	Größer als	A>B	True	Ja
111b	Geordnet	A und B sind gültig	False	Nein

Ein Vergleich aus 'ungeordnet' ist dann wahr, wenn mindestens ein Operand eine NaN darstellt oder in einem ungültigen Format steht. Im Gegensatz dazu ist der 'geordnete' Vergleich dann wahr, wenn beide Operanden keine NaN und kein ungültiges Format enthalten.

Exceptions

SIMD-Floating-Point-Exceptions: #O, #U, #I, #P, #D

Protected-Mode-Exceptions: #GP, #SS, #NM, #XM, #PF, #UD, #AC

Real-Mode-Exceptions: #GP, #NM, #XM, #UD

Virtual-8086-Mode-Exceptions: #GP, #NM, #UD, #PF, #AC

COMISD

compare scalar ordered double-precision floating-point values and set EFlags

`COMISD XMM, Operand2`

`COMISD` vergleicht die Fließkommazahlen mit doppelter Genauigkeit aus den beiden Operanden und setzt dem Ergebnis entsprechend das Zero-, das Parity- und das Carry-Flag.

Der erste Operand muss ein XMM-Register sein. Der zweite kann ein XMM-Register oder eine 64-Bit-Speichervariable sein.

Die Flags Overflow, Sign und Auxilliary werden gelöscht.

ZF	PF	CF	Bedeutung
0	0	0	Größer als
0	0	1	Kleiner als
1	0	0	Gleich
1	1	1	Ungeordnet

Wenn der Vergleich den Wert 'ungeordnet' zurückliefert, sind beide Operanden eine NaN gewesen sein.

Wenn ein Operand eine SNaN oder eine QNaN enthält, wird eine *Invalid-Opearation-Exception* ausgelöst. Wenn eine umaskierte *SIMD floating-point exception* erzeugt wird, wird das EFlags Register nicht aktualisiert!

Exceptions

SIMD-Floating-Point-Exceptions: #I, #D

Protected-Mode-Exceptions: #GP, #SS, #NM, #XM, #PF, #UD, #AC

Real-Mode-Exceptions: #GP, #NM, #XM, #UD

Virtual-8086-Mode-Exceptions: #GP, #NM, #UD, #PF, #AC

MAXPD

packed double-precision floating-point maximum

`MAXPD Operand1, Operand2`

MAXPD vergleicht die zwei 64-Bit-Fließkommazahlen beider Operanden miteinander und schreibt die jeweils größere in den ersten Operanden zurück.

Als erster Operand wird ein XMM-Register erwartet und als zweiter kann zusätzlich noch eine 128-Bit-Speichervariable angegeben werden.

Exceptions

SIMD-Floating-Point-Exceptions: #I, #D

Protected-Mode-Exceptions: #GP, #SS, #NM, #XM, #PF, #UD

Real-Mode-Exceptions: #GP, #NM, #XM, #UD

Virtual-8086-Mode-Exceptions: #GP, #NM, #UD, #PF

MAXSD

scalar double-precision floating-point maximum

`MAXSD Operand1, Operand2`

MAXSD vergleicht die untere 64-Bit-Fließkommazahl beider Operanden miteinander und schreibt die größere in den ersten Operanden zurück.

Als erster Operand wird ein XMM-Register erwartet und als zweiter kann zusätzlich noch eine 64-Bit-Speichervariable angegeben werden.

Exceptions

SIMD-Floating-Point-Exceptions: #I, #D

Protected-Mode-Exceptions: #GP, #SS, #NM, #XM, #PF, #UD, #AC

Real-Mode-Exceptions: #GP, #NM, #XM, #UD

Virtual-8086-Mode-Exceptions: #GP, #NM, #UD, #PF, #AC

MINPD

packed double-precision floating-point minimum

`MINPD Operand1, Operand2`

MINPD vergleicht die zwei 64-Bit-Fließkommazahlen beider Operanden miteinander und schreibt die jeweils kleinere in den ersten Operanden zurück.

Als erster Operand wird ein XMM-Register erwartet und als zweiter kann zusätzlich noch eine 128-Bit-Speichervariable angegeben werden.

Exceptions

SIMD-Floating-Point-Exceptions: #I, #D

Protected-Mode-Exceptions: #GP, #SS, #NM, #XM, #PF, #UD

Real-Mode-Exceptions: #GP, #NM, #XM, #UD

Virtual-8086-Mode-Exceptions: #GP, #NM, #UD, #PF

MINSD

scalar double-precision floating-point minimum

`MINSD Operand1, Operand2`

MINSD vergleicht die untere 64-Bit-Fließkommazahl beider Operanden miteinander und schreibt die kleinere in den ersten Operanden zurück.

Als erster Operand wird ein XMM-Register erwartet und als zweiter kann zusätzlich noch eine 64-Bit-Speichervariable angegeben werden.

Exceptions

SIMD-Floating-Point-Exceptions: #I, #D

Protected-Mode-Exceptions: #GP, #SS, #NM, #XM, #PF, #UD, #AC

Real-Mode-Exceptions: #GP, #NM, #XM, #UD

Virtual-8086-Mode-Exceptions: #GP, #NM, #UD, #PF, #AC

UCOMISD

unordered compare scalar double-precision floating-point values and set EFlags

`UCOMISD XMM, Operand2`

UCOMISD vergleicht die Fließkommazahlen mit doppelter Genauigkeit aus den beiden unteren Quadwords der Operanden und setzt dem Ergebnis entsprechend das Zero-, das Parity- und das Carry-Flag.

Der erste Operand muss ein XMM-Register sein. Der zweite kann ein XMM-Register oder eine 64-Bit-Speichervariable sein.

Die Flags Overflow, Sign und Auxilliary werden gelöscht.

ZF	PF	CF	Bedeutung
0	0	0	Größer als
0	0	1	Kleiner als
1	0	0	Gleich
1	1	1	Ungeordnet

Wenn der Vergleich den Wert 'ungeordnet' zurückliefert, sind beide Operanden eine NaN gewesen sein.

Im Gegensatz zum COMISD-Befehl wird nur dann eine *Invalid-Opeara-tion-Exception* ausgelöst, wenn ein Operand eine SNaN ist. Ist ein Operand eine QNaN, wird die Exception nicht ausgelöst.

Wenn eine umaskierte *SIMD floating-point exception* erzeugt wird, wird das EFlags Register nicht aktualisiert!

Exceptions

SIMD-Floating-Point-Exceptions: #I, #D

Protected-Mode-Exceptions: #GP, #SS, #NM, #XM, #PF, #UD, #AC

Real-Mode-Exceptions: #GP, #NM, #XM, #UD

Virtual-8086-Mode-Exceptions: #GP, #NM, #UD, #PF, #AC

8.9 SHUFFLE-Befehle

PSHUFD

shuffle packed doublewords

`PSHUFD Operand1, Operand2, Operand3`

`PSHUFD` schreibt die vier gepackten Fließkommazahlen des zweiten Operanden in anderer Reihenfolge in den ersten Operanden.

In welcher Reihenfolge die Fließkommazahlen geschrieben werden, hängt vom Wert der 8-Bit-Konstante ab, die im dritten Operanden angegeben ist. Die Bits 0 und 1 der Konstante bestimmen, welche Fließkommazahlen als Erstes (als unterste Fließkommazahl) geschrieben wird, die Bits 2 und 3, welche als Zweites geschrieben wird und so weiter.

Es ist möglich, dass eine Fließkommazahl mehrmals in den ersten Operanden zurückgeschrieben wird und dafür eine andere Fließkommazahl überhaupt nicht zurückgeschrieben wird.

Als erster Operand wird ein 128-Bit-Register erwartet und als zweiter kann zusätzlich noch eine 128-Bit-Speichervariable angegeben werden. Der dritte Operand muss eine 8-Bit-Konstante sein.

Exceptions

Protected-Mode-Exceptions: #GP, #SS, #NM, #PF, #UD
Real-Mode-Exceptions: #GP, #NM, #UD
Virtual-8086-Mode-Exceptions: #GP, #NM, #UD, #PF

PSHUFHW

shuffle packed high words

`PSHUFHW Operand1, Operand2, Operand3`

`PSHUFHW` schreibt vier der oberen gepackten 16-Bit-Fließkommazahlen des zweiten Operanden in anderer Reihenfolge in die oberen beiden Quadwords des ersten Operanden.

In welcher Reihenfolge die Fließkommazahlen geschrieben werden, hängt vom Wert der 8-Bit-Konstante ab, die im dritten Operanden angegeben ist. Die Bits 0 und 1 der Konstante bestimmen, welche Fließkommazahlen als Erstes geschrieben wird, die Bits 2 und 3, welche als Zweites geschrieben wird und so weiter.

Es ist möglich, dass eine Fließkommazahl mehrmals in den ersten Operanden zurückgeschrieben wird und dafür eine andere Fließkommazahl überhaupt nicht zurückgeschrieben wird.

Als erster Operand wird ein 128-Bit-Register erwartet und als zweiter kann zusätzlich noch eine 128-Bit-Speichervariable angegeben werden. Der dritte Operand muss eine 8-Bit-Konstante sein.

Exceptions

Protected-Mode-Exceptions: #GP, #SS, #NM, #PF, #UD
Real-Mode-Exceptions: #GP, #NM, #UD
Virtual-8086-Mode-Exceptions: #GP, #NM, #UD, #PF

PSHUFLW

shuffle packed low words

`PSHUFLW Operand1, Operand2, Operand3`

`PSHUFLW` schreibt vier der unteren gepackten 16-Bit-Fließkommazahlen des zweiten Operanden in anderer Reihenfolge in die unteren beiden Quadwords des ersten Operanden.

In welcher Reihenfolge die Fließkommazahlen geschrieben werden, hängt vom Wert der 8-Bit-Konstante ab, die im dritten Operanden angegeben ist. Die Bits 0 und 1 der Konstante bestimmen, welche Fließkommazahlen als Erstes geschrieben wird, die Bits 2 und 3, welche als Zweites geschrieben wird und so weiter.

Es ist möglich, dass eine Fließkommazahl mehrmals in den ersten Operanden zurückgeschrieben wird und dafür eine andere Fließkommazahl überhaupt nicht zurückgeschrieben wird.

Als erster Operand wird ein 128-Bit-Register erwartet und als zweiter kann zusätzlich noch eine 128-Bit-Speichervariable angegeben werden. Der dritte Operand muss eine 8-Bit-Konstante sein.

Exceptions

Protected-Mode-Exceptions: #GP, #SS, #NM, #PF, #UD

Real-Mode-Exceptions: #GP, #NM, #UD

Virtual-8086-Mode-Exceptions: #GP, #NM, #UD, #PF

SHUFPD

shuffle double precision floating point values

`SHUFPD Operand1, Operand2, Operand3`

`SHUFPD` schreibt eine der beiden gepackten Fließkommazahlen mit doppelter Genauigkeit des ersten Operanden in das untere 64-Bit-Feld des ersten Operanden und eine Fließkommazahlen des zweiten Operanden in das obere 64-Bit-Feld.

Welche der beiden Fließkommazahlen in den ersten Operanden geschrieben werden, hängt vom Wert der 8-Bit-Konstante ab, die im dritten Operanden angegeben ist. Bit 0 der Konstante bestimmt, welche Fließkommazahl in die unteren 64-Bit geschrieben werden sollen, und Bit 1 bestimmt, welche Fließkommazahl in die oberen 64-Bit geschrieben werden. Ist der Wert des jeweiligen Bits gleich 0, so wird das untere Quadword in den ersten Operanden geschrieben, ansonsten das obere.

Als erster Operand wird ein 128-Bit-Register erwartet und als zweiter kann zusätzlich noch eine 128-Bit-Speichervariable angegeben werden. Der dritte Operand muss eine Konstante sein.

Exceptions

Protected-Mode-Exceptions: #GP, #SS, #PF, #NM, #XM, #UD

Real-Mode-Exceptions: #GP, #NM, #XM, #UD

Virtual-8086-Mode-Exceptions: #GP, #NM, #XM, #UD, #PF

8.10 Entpack-Befehle

PUNPCKHQDQ

unpack high-order packed quadwords

`PUNPCKHQDQ Operand1, Operand2`

`PUNPCKHQDQ` kopiert das obere Quadword des zweiten Operanden in das obere Quadword des ersten Operanden. Das obere Quadword des ersten Operanden wird an die zweite Stelle des ersten Operanden kopiert.

In pascalscher Schreibweise würde das so aussehen:

```
Operand1[63..0]:=Operand1[127..64];
   Operand1[127..64]:=Operand2[127..64];
```

Der erste Operand muss dabei ein XMM-Register sein und der zweite kann zusätzlich eine 128-Bit-Speichervariable sein.

Exceptions

Protected-Mode-Exceptions: #GP, #SS, #PF, #NM, #MF, #UD, #AC

Real-Mode-Exceptions: #GP, #NM, #MF, #UD

Virtual-8086-Mode-Exceptions: #GP, #NM, #MF, #UD, #PF, #AC

PUNPCKLQDQ

unpack low-order packed quadwords

`PUNPCKLQDQ Operand1, Operand2`

`PUNPCKLQDQ` kopiert das untere Quadword des ersten Operanden in das untere Quadword des ersten Operanden. Das untere Quadword des zweiten Operanden wird an die zweite Stelle des ersten Operanden kopiert.

In pascalscher Schreibweise würde das so aussehen:

```
Operand1[63..0]:=Operand1[63..0];
   Operand1[127..64]:=Operand2[63..0];
```

Der erste Operand muss dabei ein XMM-Register sein und der zweite kann zusätzlich eine 128-Bit-Speichervariable sein.

Exceptions

Protected-Mode-Exceptions: #GP, #SS, #PF, #NM, #MF, #UD, #AC

Real-Mode-Exceptions: #GP, #NM, #MF, #UD

Virtual-8086-Mode-Exceptions: #GP, #NM, #MF, #UD, #PF, #AC

UNPCKHPD

unpack high packed double precision floating point data

`UNPCKHPD Operand1, Operand2`

`UNPCKHPD` schreibt die obere Fließkommazahl mit doppelter Genauigkeit des ersten Operanden in die unteren 64-Bit. Aus dem zweiten Operanden wird die obere Fließkommazahl in die oberen 64-Bit des ersten Operanden geschrieben.

Als erster Operand wird ein 128-Bit-Register erwartet und als zweiter kann zusätzlich noch eine 128-Bit-Speichervariable angegeben werden.

Exceptions

Protected-Mode-Exceptions: #GP, #SS, #PF, #NM, #XM, #UD

Real-Mode-Exceptions: #GP, #NM, #XM, #UD

Virtual-8086-Mode-Exceptions: #GP, #NM, #XM, #UD, #PF

UNPCKLPD

unpack low packed double precision floating point data

`UNPCKLPD Operand1, Operand2`

`UNPCKLPD` schreibt die untere Fließkommazahl mit doppelter Genauigkeit des zweiten Operanden in die oberen 64-Bit des ersten. Die untere Fließkommazahl des ersten Operanden bleibt unverändert.

Als erster Operand wird ein 128-Bit-Register erwartet und als zweiter kann zusätzlich noch eine 128-Bit-Speichervariable angegeben werden.

Exceptions

Protected-Mode-Exceptions: #GP, #SS, #PF, #NM, #XM, #UD

Real-Mode-Exceptions: #GP, #NM, #XM, #UD

Virtual-8086-Mode-Exceptions: #GP, #NM, #XM, #UD, #PF

8.11 Cache-Befehle

CLFLUSH

flush cache line

`CLFLUSH Speichervariable`

`CLFLUSH` löscht die *cache line*, die die lineare Adresse, die im angegebenen 8-Bit-Operanden enthalten ist, beinhaltet. Gegebenenfalls, wenn der Cache inkonsequent zum Speicher ist, wird der Cache vorher noch in den Speicher zurückgeschrieben, bevor er für ungültig erklärt wird.

`CLFLUSH` kann mit jedem Privileglevel ausgeführt werden und wird nur vom `MFENCE`-Befehl beeinflusst. Mittels `MFENCE` kann sichergestellt werden, dass schreibende Speicherzugriffe mit zurückgeschrieben werden.

Es könnte passieren, dass durch eine `PREFETCHh`-Anweisung noch Daten in den Speicher geschrieben werden, während `CLFLUSH` noch ausgeführt wird bzw. auch kurz vor oder nach der Ausführung.

Bevor Sie `CLFLUSH` benutzen, sollten Sie mittels `CPUID` überprüfen, ob der Befehl überhaupt verfügbar ist. Dazu muss die Funktionsnummer 01h Bit 19 im EDX-Register gesetzt haben. Außerdem liefert die Funktion im EBX-Register die ausgerichtete Größe der *cache line* zurück.

Exceptions

Protected-Mode-Exceptions: #GP, #SS, #PF, #UD

Real-Mode-Exceptions: #GP, #UD

Virtual-8086-Mode-Exceptions: #GP, #UD, #PF

LFENCE

load fence

LFENCE sorgt dafür, dass alle lesenden Speicherzugriffe, die vor Aufruf des LFENCE-Befehls erteilt wurden, zunächst ausgeführt werden, bevor der Prozessor mit dem Abarbeiten weiterer Befehle fortfährt, die auch aus dem Speicher lesen.

LFENCE hat allerdings keinen Effekt auf die Ausführung der PREFETCHh-Befehle!

MFENCE

memory fence

MFENCE ist eine Kombination der Befehle LFENCE und SFENCE. MFENCE sorgt dafür, dass alle schreibenden und lesenden Speicherzugriffe, die vor Aufruf des MFENCE-Befehls erteilt wurden, zunächst ausgeführt werden, bevor der Prozessor mit dem Abarbeiten weiterer Befehle fortfährt, welche auch auf den Speicher zugreifen.

LFENCE hat allerdings keinen Effekt auf die Ausführung der PREFETCHh-Befehle!

8.12 Der PAUSE-Befehl

PAUSE

spin loop hint

PAUSE verbessert die Performance so genannter *spin-wait loops*. *Spin-wait loops* sind Schleifen, in denen der Prozessor arbeitet, aber eigentlich gar nichts macht. Zum Beispiel wird darauf gewartet, dass ein Buffer gefüllt wird, und die CPU überprüft immer wieder, ob der Buffer mittlerweile gefüllt ist. In der Zwischenzeit passiert allerdings nichts weiter. Das geschieht häufig bei Synchronisationen.

Nachdem die *spin-wait loop* verlassen wurde, leidet die Performance enorm, da möglicherweise ein Fehler in der Speicherverwaltung erkannt wird.

PAUSE signalisiert nun dem Prozessor, dass es sich um eine *spin-wait loop* handelt und dass der vermeintliche Fehler umgangen werden kann. Deshalb sollte in solchen *spin-wait loops* immer der PAUSE-Befehl eingefügt bzw. direkt davor ausgeführt werden.

Eine weitere Funktion ist, dass der Stromverbrauch reduziert wird, solange die *spin-wait loop* ausgeführt wird.

PAUSE wurde zwar erst mit dem Pentium 4 Prozessor eingeführt, ist aber abwärtskompatibel. Auf früheren Prozessoren, auf denen er noch nicht vorhanden ist, wird er als NOP-Befehl interpretiert.

Auf dem Pentium 4 ist der Befehl als vordefinierte Pause implementiert. Die Pause ist endlich und kann auf einigen Prozessoren auch gleich null sein.

9 Assembler in Hochsprachen

Da aller Wahrscheinlichkeit nach Ihre Assemblerprogramme nur Teile eines großen Programms sein werden, widmet sich dieses Kapitel dem Einbinden von Assembler in Hochsprachen.

Allerdings gibt es da ein kleines Problem: Compiler ist nicht gleich Compiler. Und das macht sich bemerkbar. Oftmals gibt es unzählbare Ausnahmen, was Sie benutzen dürfen und was nicht oder wie überhaupt der Assembler benutzt wird und welche Befehlssätze er unterstützt. Vor allem beim externen Assembler in C dürften Sie anfangs Schwierigkeiten haben.

Sollten Sie also mal nicht weiterkommen, so schauen Sie in die Original-Dokumentation des Herstellers.

Programmiertipp

Häufig ist es wesentlich einfacher, den integrierten Assembler zu benutzen, als den externen. Scheuen Sie sich also nicht davor, dies auch zu tun. Soweit sich Ihr Problem mit dem integrierten Assembler lösen lässt, ist es wahrscheinlich weniger zeitaufwändig, da Sie zum Beispiel den Stack nicht selbst verwalten müssen und Sie somit einige Fehlerquellen ausschließen können.

Wenn Sie Bedenken haben, was die Geschwindigkeit angeht, so rate ich Ihnen, erst eine Lösung im integrierten Assembler zu finden. Sollte diese Lösung dann immer noch zu langsam sein, so können Sie Ihren Code ja danach noch für den externen Assembler modifizieren. Wobei zu bedenken ist, dass der Aufruf einer externen Assembleroutine einen weiteren `CALL`-Befehl verursacht und den dazugehörigen `RET`-Befehl. Da beide relativ zeitintensiv sein können, lohnt sich die Benutzung des externen Assemblers nur bei größeren Routinen.

9.1 Assembler und Pascal

Der externe Assembler

Zunächst ist es einmal wichtig zu wissen, in welcher Reihenfolge Pascal seine Argumente ablegt. Angenommen, Sie haben eine Prozedur, die ungefähr so deklariert ist:

```
procedure xyz (Arg1, Arg2, Arg3 : Datentyp);
```

Dann werden die Argumente von links nach rechts auf den Stack gelegt. In Assembler würde also folgende Befehlssequenz ausgeführt werden:

```
PUSH Arg1
   PUSH Arg2
   PUSH Arg3
```

Das liegt beim ersten Betrachten nahe. Doch wenn Sie ein klein wenig genauer hinschauen, werden Sie merken, dass das dritte Argument ganz oben auf dem Stack liegt und das erste Argument ganz unten, was ein Umdenken beim Ansprechen der Argumente über den Stack erfordert.

Schauen wir uns ein kleines 16-Bit-Beispiel an:

```
.model small
   .code

   public iadd
   iadd proc
           push bp
           mov bp, sp
           mov ax, [bp]+6     ;erstes Argument
           add ax, [bp]+4     ;zweites Argument
           pop bp
           ret 4              ;2 Words freigeben
   iadd endp

   end
```

Listing 9.1: iadd.asm

Und das dazugehörige Pascal-Programm:

```
{$L iadd.obj}
   function iadd(m1, m2 : word):word; external;

   begin
     writeln ('2+5=',iadd (2, 5));
   end.
```

Listing 9.2: iadd.pas

Fangen wir mit dem Pascal-Programm an. In der ersten Zeile wird mittels Compilerdirektive die Objektdatei *iadd.obj* eingebunden. Die zweite Zeile deklariert die Funktion und kennzeichnet mit dem nachfolgenden `external`-Befehl die Funktion als eine externe Funktion. In Zeile 5 wird diese Funktion einmal aufgerufen.

Kommen wir nun zum Assembler-Programm. In Zeile 4 wird die Funktion als *public* deklariert, das heißt, dass andere Programme auf sie zugreifen können (bzw. sollen). Die eigentliche Funktion besteht aus 6 Zeilen. In der ersten Zeile sichern wir den *base pointer*, welcher in der fünften Zeile wieder hergestellt wird. Über ihn sprechen wir die Argumente auf dem Stack an (Zeile 3 und 4).

Die Rücksprungsadresse liegt in den ersten vier Bytes auf dem Stack (BP+0 bis BP+3), so dass das erste Argument erst bei BP+4 liegt.

Was Ihnen vielleicht noch suspekt erscheinen mag, ist die 4 hinter dem `RET`-Befehl. Diese Zahl besagt, wie viel Bytes als Argumente auf den Stack gelegt wurden, damit der Compiler weiß, wie viel er wieder freigeben darf.

Eine abschließende Bemerkung noch: Ergebnisse werden im Register AX bzw. im Registerpaar DX:AX zurückgeliefert oder im ST(0)-Register, wenn eine Fließkommazahl zurückgeliefert werden soll.

Externe Assemblermodule in Units

Wenn Sie Ihren Assemblercode in Units einbinden möchten, müssen Sie die Rountine als *FAR* deklarieren.

Im Assemblercode deklarieren Sie die Routine also mittels:

```
Routine Proc FAR
```

Und im Pascalcode sieht die Deklaration folgendermaßen aus:

```
procedure Routine; FAR; external;
```

Verwenden Sie die Routine nur innerhalb der Unit, muss diese nicht unbedingt per *FAR* deklariert worden sein. Sollten Sie dennoch irgendwann darauf zurückgreifen wollen, sollten Sie sie von vornherein als *FAR* deklarieren.

Programmiertipp

Wenn Sie es mit mathematischen Berechnungen zu tun haben, ist es manchmal schon ein wenig ärgerlich, wenn Sie nicht mal mit dem externen Assembler die 32-Bit-Register ansprechen dürfen, wenn die Routinen danach in Pascal eingebunden werden sollen.

Wenn Sie sich jedoch eines kleinen Tricks bedienen, kommen Sie allerdings doch noch zu Ihren 32-Bit-Registern. Schauen Sie sich das folgende kleine Codefragment an:

```
db 66h
    xor cx, cx
    db 66h
    mov ax, cx
```

Wenn Sie sich schon mal mit Opcodes auseinander gesetzt haben, wissen Sie, was meine Intention ist. Es wird einfach das *Operand-Size-Prefix* 66h manuell eingefügt. Denn es dient ab dem 386er dazu, 32-Bit-Register zu 'kennzeichnen'. Der obige Code würde also im Debugger so aussehen:

```
xor ecx, ecx
    mov eax, ecx
```

Und so können sich auch beliebig andere Opcodes, die Ihnen nicht zur Verfügung stehen, sowohl im internen als auch im externen Assembler 'gefügig' machen.

Der integrierte Assembler

Borland Pascal unterstützt Assembler ab der Version 6.0. Sie können Assemblercode in ihren Pascalcode einfügen, indem Sie den Assemblercode mit den Schlüsselwörtern ASM und END umklammern.

Um dies zu demonstrieren, soll folgendes kleines Beispiel dienen. Die Funktion des Programms ist im Programm selbst kommentiert:

```
{$G+}
   uses dos;
   var drives : Array [1..26] of Boolean;


   { Prüft mit Hilfe von DiskFree, ob ein Laufwerk existiert.
   Das funktioniert allerdings nicht bei Diskettenlaufwerken,
   da DOS die Eigenart hat, bei nur
   einem vorhandenen Diskettenlaufwerk, den User aufzufordern
   eine Disk in LW B einzulegen, wenn dieser B: eingegeben hat.
   Danach mountet er LW A: als B:

   Deswegen liest der ASM-Code die Anzahl der Diskettenlauf-
   werke aus dem BIOS aus.
   Das Array DRIVES hat 26 Elemente, wobei 1=A, 2=B, 3=C ist,
   usw.
   Ist ein Element = True, dann existiert das Laufwerk, ansons-
   ten steht es nicht zu Verfügung}

   procedure CheckDrives;
   var
      drive: byte;
   begin
     FillChar (Drives, 26, False); {pre-init: no drives}
     for drive:=3 to 26 do
       if DiskFree (drive)<>-1 then Drives [drive]:=True;

     asm
       mov Drive, 1{wir gehen von einem vorhandenen LW aus}
       mov dx, 70h {Adress Register der RTC}
       mov al, 10h {Byte zur Disketten-Beschreibung}
       out dx, al
       inc dx      {Data Register der RTC}
```

```
    in  al, dx
    cmp al, 0   {keine Disketten Laufwerke gefunden}
    je  @noDrives

    mov cx, 4   {unteres Nibble muss geprüft werden}
@loop:
    clc
    rcr al,1
    jc @2drives {2.Disketten-Laufwerk gefunden}
    loop @loop  {wenn nicht, guck weiter nach}

    jmp @ende   {es gibt nur 1 Disketten-Laufwerk}

@NoDrives:
    mov Drive, 0{kein Disketten-Laufwerk gefunden}
    jmp @ende

@2Drives:
    mov drive, 2{zwei Diskettenlaufwerke gefunden}

@ende:
  end;

  case drive of {Auswertung der Variable Drive}
    1 : Drives [1]:=True;
    2 : begin
          Drives [1]:=True;
          Drives [2]:=True;
        end;
  end;
end;

procedure OutPut;
var
   i : Byte;
begin
  writeln ('Verfügbare Laufwerke sind: ');
  for i:=1 to 26 do if drives[i]= true then
      Writeln (chr (i+96)+':');
end;

begin
```

```
    CheckDrives;
    OutPut;
  end.
```

Listing 9.3: Liest alle verfügbaren Laufwerke aus

Um eine Prozedur komplett in Assembler zu schreiben, langt es auch, wenn Sie dem Prozedurnamen das reservierte Wort `ASSEMBLER` folgen lassen. Dann können Sie das `BEGIN / END` - Paar weglassen:

```
PROCEDURE xyz; ASSEMBLER;
  ASM
    Assemblercode
  END;
```

Besonderheiten

Es gibt einige Dinge, die beim Inline-Assembler von Pascal zu beachten sind:

- Kommentare werden nicht mit einem Semikolon eingeleitet und können nur so {Kommentar} oder so (*Kommentar*) aussehen.
- Ein Semikolon gilt als Seperator. Es können dadurch mehrere Assembleranweisungen in eine Zeile geschrieben werden.
  - Es ist also möglich `MOV AX, 3; INC AX` zu schreiben, ohne eine Fehlermeldung zu bekommen.
- Es werden nur die Befehlssätze bis zum 286er / 287er unterstützt. Diese werden mit der Compilerdirektive {$G+} eingeschaltet.
- Es darf kein `RET` benutzt werden, da dieses automatisch erzeugt wird!
- Labels müssen mit einem @-Zeichen beginnen oder zuvor mit dem reserviertem Wort `LABEL` deklariert werden.
- Funktionen liefern den Wert aus dem AX-Register (bei Words) oder aus dem AL-Register (bei Bytes) zurück.

Pascals Inline-Assembler

Mit der Anweisung `inline` können Sie direkt Opcodes in den Code einbinden. Um drei `NOP`s direkt einzubinden, würde die Befehlszeile folgendermaßen aussehen:

```
inline ($90 / $90 / $90);
```

Die Opcodes müssen also byteweise angegeben werden und werden mit einem Schrägstrich getrennt.

Delphi und Assembler

Da Delphi eine Weiterentwicklung von Pascal ist, behält das bisher Gesagte seine Gültigkeit. Da Delphi aber mittlerweile eine 32-Bit-Entwicklungsumgebung geworden ist, gibt es eben doch einige Änderungen:

- Rückgabewerte befinden sich im EAX-Register oder im EAX:EDX-Registerpaar.
- Die ersten drei Argumente befinden sich in den Registern EAX, EDX und ECX. Alle folgenden Argumente werden wieder von links nach rechts auf den Stack gelegt.

9.2 Assembler und C

Anders als bei Pascal werden die Argumente von rechts nach links auf dem Stack abgelegt. Bei der Funktion

```
int xyz (Arg1, Arg2, Arg3 : Datentyp);
```

würde also folgende Befehlssequenz in Assembler ausgeführt werden:

```
PUSH Arg3
   PUSH Arg2
   PUSH Arg1
```

Das erste Argument liegt also ganz oben auf dem Stack.

Da das Einbinden von externen Assemblerprozeduren in C wesentlich komplizierter ist als bei Pascal, wollen wir ein kleines Beispiel an Borlands C++ 5.5 Compiler demonstrieren.

> Borlands Compiler können Sie sich kostenlos unter http://www.borland.com/bcppbuilder/freecompiler/ herunterladen.

Als Erstes legen wir eine Datei an, die nur folgende Zeile enthält:

```
int iadd(int, int){}
```

Diese kompilieren wir mit dem Befehl `BCC32 -S Dateiname`. Durch den Parameter -S (bei Visual C++ ist es -Fa) wird eine Datei angelegt, die die Extension ASM hat und in unserem Beispiel folgendermaßen aussieht:

```
    .386p
        ifdef ??version
        if    ??version GT 500H
        .mmx
        endif
        endif
        model flat
        ifndef     ??version
        ?debug     macro
        endm
        endif
        ?debug     S "asm.cpp"
        ?debug     T "asm.cpp"
  _TEXT segment dword public use32 'CODE'
   TEXT ends
   DATA segment dword public use32 'DATA'
  _DATA ends
  _BSS  segment dword public use32 'BSS'
  _BSS  ends
  DGROUP       group       _BSS,_DATA
   TEXT segment dword public use32 'CODE'
  @iadd$qii  segment virtual
  @@iadd$qii proc  near
  ?live16385@0:
     ;
     ;  int iadd(int, int){}
     ;
        push      ebp
        mov       ebp,esp
  @1:
  @2:
        pop       ebp
        ret
  @@iadd$qii endp
  @iadd$qii  ends
   TEXT ends
  _TEXT segment dword public use32 'CODE'
```

```
_TEXT ends
      ?debug     D "asm.cpp" 11000 29493
      end
```

Listing 9.4: Mit Borland C++ 5.5 erstellte Datei

Jetzt können Sie zwischen die Zeilen, welche den Stackrahmen erzeugen, Ihren Code einfügen.

Unser modifizierter Code würde dann so aussehen:

```
;int iadd(int, int){}
   ;
      push ebp
      mov  ebp,esp
   @1:
      mov  eax, [ebp+8]   ;erster Parameter
      add  eax, [ebp+12]  ;zweiter Parameter
   @2:
      pop  ebp
   ret
```

Sobald wir unsere nötigen Ergänzungen gemacht haben, assemblieren wir die Datei, damit wir eine OBJ-Datei erhalten, die wir einbinden können.

Da wir hier eine 32-Bit-Anwendung erzeugen, muss darauf geachtet werden, dass auch 32-Bit-Register benutzt werden. Außerdem liegen die Parameter logischerweise etwas weiter entfernt vom *stack-pointer*, da das erste Doubleword auf dem Stack die 32-Bit-Rücksprungsadresse enthält, die eine Rückkehr zum Aufrufer erst ermöglicht.

Unser C-Code, in dem wir die Funktion benutzen wollen, sieht recht schlicht aus:

```
extern int iadd(int, int){};

   void main () {
     int ergebnis;
     ergebnis = iadd (2 ,5);
   }
```

Listing 9.5: iadd.c

Auch wenn das auf den ersten Blick recht umständlich aussieht, ist es doch die einfachste Methode, um korrekten Code zu erzeugen.

Der integrierte Assembler

Um Assemblercode in ihren C-Code einzubetten, benutzen Sie die `__asm` Anweisung.

Um eine einzelne Assembleranweisung einzubinden, beispielsweise `XOR AX, AX`, genügt folgende Zeile:

```
__asm xor ax, ax;
```

Wollen Sie mehrere Anweisungen auf einmal einbinden, müssen Sie geschweifte Klammern benutzen:

```
__asm {
   xor ax, ax
   mov al, 1
   }
```

Einige C-Compiler benötigen die zwei vorangestellten Unterstriche nicht! Die Syntax und der Funktionsumfang können von Compiler zu Compiler differieren!

Bei einigen C-Compilern können Sie auch Bytes mittels DB einfügen. Das ist bei Visual C++ allerdings strengstens verboten. Visual C++ sieht eine andere Möglichkeit vor und zwar folgende:

```
__asm _emit 0x90
```

Es ist jedoch nicht möglich, mehrere Bytes auf einmal in den Code einzufügen. Sie müssten also jedem einzufügenden Byte die Befehle `__asm _emit` voranstellen.

10 Assembler unter Windows

Windows-Programme mit Assembler zu schreiben, ist gar nicht so schwierig wie man denkt. Schließlich gibt es ja das API (*application programming interface*). Aber auch das hat es in sich. Deshalb sollten Sie schon einmal mit diesem programmiert haben, um die Grundprinzipien verstanden zu haben. Und selbst dann kann ich das Thema hier nur anreißen.

Damit Ihnen die Dimensionen dieses APIs verständlich werden, sei Ihnen hiermit gesagt, dass alleine die Originaldokumentation der Funktionen sich über zwei Bücher strecken, mit jeweils ungefähr 750 Seiten. Und wenn Sie sich die Online-Version (als Windows-Hilfe-Datei) besorgen, werden Sie feststellen, dass auch diese ungefähr 25 Megabyte beträgt. Also weitaus mehr, als hier niedergeschrieben werden kann.

Da diese Dokumentation aber unentbehrlich ist, können Sie sie hier downloaden:

ftp://ftp.borland.com/pub/delphi/techpubs/delphi2/win32.zip

oder

http://www.borland.com/devsupport/borlandcpp/patches/BC52HLP1.ZIP

10.1 ANSI und UNICODE

Jede Windows-API-Funktion, die einen String als Parameter erwartet, gibt es in zwei Varianten. Einmal als ANSI- und einmal als UNICODE-Variation. Diese Funktionen sind durch ein A bzw. ein U am Ende ihres Funktionsnamen gekennzeichnet.

10.2 Ein kleines Programm

Schauen wir uns doch mal ein kleines Programm an, welches nur eine Messagebox auf den Bildschirm bringen soll:

```
includelib import32.lib

    .386
    .model flat, stdcall
      extrn MessageBoxA  : Proc
      extrn ExitProcess  : Proc

    .data
      Caption db "Was waere ein Programmierbuch ohne
                  ein...",0
      Text    db "Hello World?",0

    .code
    start:
            call MessageBoxA, 0, offset Text,
                 offset caption, 64
            call exitprocess
    end start
```

Bevor wir zur Beschreibung des Listings kommen, erst einmal die Befehle zum Kompilieren:

```
tasm32 /mx win1.asm
tlink32 win1
```

Der Parameter /mx ist relativ wichtig, da dadurch die Groß-/Kleinschreibung für alle globalen Symbole eingeschaltet wird.

Schauen wir uns nun das Listing an. Als Erstes wird die Datei import32.lib eingebunden. Sie enthält alles Nötige, um mit dem API zu arbeiten. Gegebenenfalls müssen Sie hier den kompletten Pfad angeben (meist \xASM\LIB) oder Sie lassen diese Zeile weg und übergeben die Datei als Parameter von TLink32.

Danach aktivieren wir den 386-Befehlssatz, schließlich wollen wir 32-Bit-Anwendungen entwickeln. (Oder hatten Sie vor, für Windows 3.x Programme zu schreiben?)

Aus diesem Grund wählen wir auch das Speichermodell `FLAT`. Damit ist es theoretisch möglich 4 Gigabyte zu adressieren! Aber eben nur theoretisch. In der Praxis ist unter Windows 9x allerdings schon bei 2 Gigabyte Schluss. Sollte dennoch reichen, oder nicht?

Was folgt, ist eine Deklaration der Win32-API-Funktionen, die wir benutzen wollen.

Das Datensegment enthält auf den ersten Blick keine Überraschungen, wenn Sie sich es aber genauer anschauen, so sehen Sie, dass die Strings nullterminiert sein müssen.

Im Codesegment werden die zwei API-Funktionen lediglich mittels `CALL` aufgerufen. Die erste erzeugt die Messagebox und die zweite beendet den Prozess.

Schauen wir uns vielleicht noch einmal die Parameter von MessageBoxA an. Es werden vier Parameter übergeben, wobei die Funktion des zweiten und des dritten eindeutig sind. Was machen aber Parameter 1 und 4? Der erste Parameter enthält das Handle des Objekts und der vierte enthält das Symbol (in unserem Beispiel das Fragezeichen), welches links neben dem Text erscheint, welche Buttons erscheinen sollen und welcher standardmäßig fokusiert sein soll.

Wenn Sie versuchen, das Programm mit MASM zu assemblieren, werden Sie scheitern. Das liegt daran, dass MASM die Deklaration der API-Funktionen mittels der MASM-spezifischen Anweisung `PROTO` erwartet. Und auch die Aufrufe werden nicht mit `CALL` realisiert, sondern mit der Anweisung `INVOKE`.

Auch das Einbinden einer einzelnen LIB-Datei ist nicht ausreichend, da MASM für jede DLL-Datei eine eigene LIB-Datei hat. Sie müssen also wissen, in welcher DLL-Datei sich eine Funktion befindet, damit Sie die richtige LIB-Datei einbinden können.

Eine kleine Änderung

Die Parameter der Funktionen können auch über den Stack übergeben werden. Dazu werden sie von links nach rechts auf den Stack gelegt, bevor die Funktion aufgerufen wird. Das würde dann so aussehen:

```
includelib import32.lib

    .386
    .model flat, stdcall
      extrn MessageBoxA  : Proc
      extrn ExitProcess  : Proc

    .data
      Caption db "Was waere ein Programmierbuch ohne
                   ein...",0
      Text    db "Hello World?",0

    .code
    start:
            push 64
            push caption
            push text
            push 0
            call MessageBoxA
            call exitprocess
    end start
```

10.3 Wie geht es weiter?

Wie am Anfang dieses Kapitels schon erwähnt, sollten Sie mit dem Win32-API schon mal gearbeitet haben, um das Beispiel nachvollziehen zu können. Es ist nicht wirklich viel Spektakuläres geschehen. Dennoch sollten Sie jetzt mit ihrem bisherigen Wissen über das Win32-API die wichtigsten Informationen an die Hand bekommen haben, um es auch in Assembler zu nutzen.

Aber Sie sollten doch, wie bei allem anderen auch, sich immer die Frage stellen, ob es den Aufwand wert ist. Schließlich gibt es ja noch Visual Basic, Delphi und Konsorten. Auch wenn diese bei einigen Programmierern recht unbeliebt sein mögen, so sind die Entwicklungsumgebungen recht zeitsparend. Sie werden zwar nicht die Geschwindigkeit und die Größe (oder besser 'Kleine') erreichen, aber wenn Sie ein neues Textverarbeitungsprogramm entwickeln wollen, wo der Großteil der Zeit, in der das Programm läuft, auf Eingaben vom Benutzer gewartet wird, ist der Geschwindigkeitsvorteil dahin. Und die Größe? Was sind heute schon ein paar Megabyte mehr oder weniger bei einem großen Textverarbeitungsprogramm? "Leider gar nichts", lautet meine nostalgische Antwort.

Ich habe auf weitere Beispiele verzichtet, da das Thema zu komplex ist und auch hier jeder Assembler seine Eigenheiten hat. So ist es nicht möglich, einen Code zu schreiben, der sich mit MASM, TASM und NASM kompilieren lässt. Da die notwendigen Modifizierungen teilweise gravierend sind, hätte man am Ende für jeden Assembler eine eigene Source.

Wenn Sie trotzdem Windows-Programme in Assembler entwickeln wollen, sei es nur aus Prinzip oder weil es wirklich auf Größe und Geschwindigkeit ankommt, so sei Ihnen gesagt, dass Sie im Internet genügend weitere Ressourcen finden werden.

A Opcodes

A.1 Was sind Opcodes?

Der Assembler übersetzt den Quelltext in Maschinensprache. Nur in dieser binären Form versteht der Computer die Befehle. Die Befehle in binärer Form nennt man Opcodes.

A.2 Genereller Aufbau einer Instrukion

Präfix	Opcode	ModR/M	SIB	Displacement	Konstante

Präfixe

Die Präfixe werden in vier Gruppen unterteilt:

- Gruppe 1
  - LOCK (0F0h)
  - REPNE / REPNZ (0F2h)
  - REP (0F3h)
  - REPE / REPZ (0F3h)
- Gruppe 2
  - CS (02Eh)
  - SS (036h)
  - DS (03Eh)
  - ES (026h)
  - FS (064h)
  - GS (065h)

- Gruppe 3
  - Operandengröße überschreiben (066h)
- Gruppe 4
  - Adressgröße überschreiben (067h)

Pro Opcode darf ein Präfix aus jeder Gruppe benutzt werden. Präfixe sind optional und müssen nicht dem Befehl vorangestellt werden.

Opcode

Der Opcode ist in der Regel ein oder zwei Byte groß. Bei einigen SSE- und SSE2-Befehlen kann der Opcode auch drei Bytes groß sein.

ModR/M

Das ModR/M-Byte wird nur angegeben, wenn es benötigt wird. Es ist folgendermaßen aufgebaut:

- Bit 0 bis 2 enthält das *mod*-Feld. Mit Hilfe des *r/m*-Feldes kann es 32 verschiedene Werte annehmen: 8 Register und 24 Adressierungsarten.
- Bit 3 bis 5 enthält das *reg/opcode*-Feld. Das Feld kann acht Register spezifizieren oder 3 weitere Bits an Opcode-Informationen enthalten.
- Bit 6 und 7 enthält das *r/m*-Feld. Das Feld kann ein Register spezifizieren oder zusammen mit dem *mod*-Feld weitere Informationen enthalten.

SIB

SIB steht für *scale, index, base* und wird nur angegeben, wenn es auch benötigt wird. Das Byte ist folgendermaßen aufgebaut:

- Bit 0 bis 2 enthält die Basis (*base*). Die Bits enthalten die Registernummer des Basis-Registers.
- Bit 3 bis 5 enthält den Index. Die Bits enthalten die Registernummer des Index-Registers.
- Bit 6 und 7 enthält die Skalierung (*scale*). Die Bits enthalten den Skalierungsfaktor.

A.3 Displacement und Konstante

Displacement heißt auf deutsch so viel wie Verschiebung. In der Tabelle A.3 finden Sie diese Verschiebungen wieder.

Eine *Konstante* ist, wie der Name schon sagt, ein konstantes Byte, was sich an den Opcode anhängt. Bei der Instruktion `MOV AH, 4` würde am Ende des Opcodes die Konstante 04 stehen.

Sowohl *Displacement* als auch *Konstante* sind optional. Beide können aus 1, 2 oder 4 Bytes bestehen.

A.4 Symbole der Operanden

Als Abkürzungen für die Operanden wurden folgende Symbole verwendet:

Symbol	Bedeutung
bcd	eine BCD-Zahl
dez	eine Dezimalzahl
i8	eine 8-Bit-Konstante (Wertebereich: -128 bis +128)
i16	eine 16-Bit-Konstante (Wertebereich: -32768 bis +32767)
i32	eine 32-Bit-Konstante (Wertebereich: -2147483648 bis +2147483647)
ptr16:16	ein *far pointer*
ptr16:32	ein *far pointer*
r8	ein 8-Bit-Register (AL, CL, DL, BL, AH, CH, DH, BH)
r16	ein 16-Bit-Register (AX, CX, DX, BX, SP, BP, SI, DI)
r32	ein 32-Bit-Register (EAX, ECX, EDX, EBX, ESP, EBP, ESI, EDI)
m	eine 16- oder 32-Bit Speichervariable
m8	eine 8-Bit-Speichervariable
m16	eine 16-Bit-Speichervariable

Symbol	Bedeutung
m16&16	zwei Speichervariablen
m16:16	far pointer
m16&32	zwei Speichervariablen
m16:32	far pointer
m16int	eine 16-Bit große ganze Zahl
m32	eine 32-Bit-Speichervariable
m32&32	zwei Speichervariablen
m32fp	eine 32-bittige Fließkommazahl
m32int	eine 32-Bit große ganze Zahl
m64	eine 64-Bit-Speichervariable
m64fp	eine 64-bittige Fließkommazahl
m64int	eine 64-Bit große ganze Zahl
m80fp	eine 80-bittige Fließkommazahl
m128	eine 128-Bit-Speichervariable
mm	ein MMX-Register
mm/m32	ein MMX-Register oder eine 32-Bit-Speichervariable
mm/m64	ein MMX-Register oder eine 64-Bit-Speichervariable
moffs8	8-Bit-Offset
moffs16	16-Bit-Offset
moffs32	32-Bit-Offset
rel8	relative Adresse 128 Bytes vor oder 127 Bytes hinter dem Befehl
rell6	relative Adresse innerhalb desselben Codesegments
rel32	relative Adresse innerhalb desselben Codesegments
r/m8	ein Byte Operand (entweder ein 8-Bit-Register oder eine 8-Bit-Speichervariable)

Symbol	Bedeutung
r/m16	ein Word Operand (entweder ein 16-Bit-Register oder eine 16-Bit-Speichervariable)
r/m32	ein Doubleword Operand (entweder ein 32-Bit-Register oder eine 32-Bit-Speichervariable)
Sreg	ein Segmentregister
ST(0)	das ST(0)-Register
ST(i)	das i-te ST-Register (i ist ein Wert zwischen 0 und 7)
xmm	ein XMM-Register
xmm/m32	ein XMM-Register oder eine 32-Bit-Speichervariable
xmm/m64	ein XMM-Register oder eine 64-Bit-Speichervariable
xmm/m128	ein XMM-Register oder eine 128-Bit-Speichervariable

A.5 Symbole der Opcodes

Als Abkürzungen bei den Opcodes wurden folgende Symbole verwendet:

Symbol	Bedeutung
+i	wird zur hexadezimalen Zahl hinzuaddiert und hat einen Wert zwischen 0 und 7.
+rb	rb wird zur hexadezimalen Zahl hinzuaddiert und hat einen Wert zwischen 0 und 7. Die Bedeutung der Zahlen entnehmen Sie bitte der Tabelle A.1.
+rw	rw wird zur hexadezimalen Zahl hinzuaddiert und hat einen Wert zwischen 0 und 7. Die Bedeutung der Zahlen entnehmen Sie bitte der Tabelle A.1.
+rd	rd wird zur hexadezimalen Zahl hinzuaddiert und hat einen Wert zwischen 0 und 7. Die Bedeutung der Zahlen entnehmen Sie bitte der Tabelle A.1.

Symbol	Bedeutung
/r	das ModR/M Byte enthält sowohl ein Register als auch ein r/m als Operanden.
/Zahl	eine Zahl zwischen 0 und 7 indiziert, dass das ModR/M Byte nur r/m als Operanden hat.
cb	ein 1-Byte-Wert folgt dem Opcode um einen *code offset* zu spezifizieren
cw	ein 2-Byte-Wert folgt dem Opcode um einen *code offset* zu spezifizieren
cd	ein 4-Byte-Wert folgt dem Opcode um einen *code offset* zu spezifizieren
cp	ein 6-Byte-Wert folgt dem Opcode um einen *code offset* zu spezifizieren
ib	eine 1-Byte-Konstante folgt dem Opcode, ModR/M Bytes oder SIB.
iw	eine 2-Byte-Konstante folgt dem Opcode, ModR/M Bytes oder SIB. Das untere Byte wird als erstes abgespeichert.
id	eine 2-Byte-Konstante folgt dem Opcode, ModR/M Bytes oder SIB. Das untere Byte wird als erstes abgespeichert.

Wert	rb	rw	rd
0	AL	AX	EAX
1	CL	CX	ECX
2	DL	DX	EDX
3	BL	BX	EBX
4	AH	SP	ESP
5	CH	BP	EBP
6	DH	SI	ESI
7	BH	DI	EDI

Tabelle A.1: Bedeutung der Zahlen der Symbole rb, rw und rd

A.6 Tabellen

Das ModR/M-Byte

Aufschlüsselung des Symbols */Zahl* bei Opcodes und des *reg*-Feldes aus dem ModR/M-Byte:

/Zahl	0	1	2	3	4	5	6	7
reg-Feld	000	001	010	011	100	101	110	111
Register	AL AX EAX MM0 XMM0	CL CX ECX MM1 XMM1	DL DX EDX MM2 XMM2	BL BX EBX MM3 XMM3	AH SP ESP MM4 XMM4	CH BP EBP MM5 XMM5	DH SI ESI MM6 XMM6	BH DI EDI MM7 XMM7
Segmentregister	ES	CS	SS	DS	FS	GS		

*Tabelle A.2: Bedeutung des reg-*Feldes und von */Zahl*

Aufschlüsselung des *Mod* und des *R/M* Feldes:

Mod	R/M	Effektive Adresse (16-Bit)	Effektive Adresse (32-Bit)
00	000	[BX+SI]	[EAX]
	001	[BX+DI]	[ECX]
	010	[BP+SI]	[EDX]
	011	[BP+DI]	[EBX]
	100	[SI]	[--][b]
	101	[DI]	disp32[c]
	110	disp16[a]	[ESI]
	111	[BX]	[EDI]

Mod	R/M	Effektive Adresse (16-Bit)	Effektive Adresse (32-Bit)
01	000	[BX+SI]+disp8[d]	disp8[EAX]
	001	[BX+DI]+disp8	disp8[ECX]
	010	[BP+SI]+disp8	disp8[EDX]
	011	[BP+DI]+disp8	disp8[EBX]
	100	[SI]+disp8	disp8[--]
	101	[DI]+disp8	disp8[EBP]
	110	[BP]+disp8	disp8[ESI]
	111	[BX]+disp8	disp8[EDI]
10	000	[BX+SI]+disp16	disp32[EAX]
	001	[BX+DI]+disp16	disp32[ECX]
	010	[BP+SI]+disp16	disp32[EDX]
	011	[BP+DI]+disp16	disp32[EBX]
	100	[SI]+disp16	disp32[--]
	101	[DI]+disp16	disp32[EBP]
	110	[BP]+disp16	disp32[ESI]
	111	[BX]+disp16	disp32[EDI]
11	000	EAX / AX / AL / MM0 / XMM0	EAX / AX / AL / MM0 / XMM0
	001	ECX / CX / CL / MM1 / XMM1	ECX / CX / CL / MM1 / XMM1
	010	EDX / DX / DL / MM2 / XMM2	EDX / DX / DL / MM2 / XMM2
	011	EBX / BX / BL / MM3 / XMM3	EBX / BX / BL / MM3 / XMM3
	100	ESP / SP / AH / MM4 / XMM4	ESP / SP / AH / MM4 / XMM4
	101	EBP / BP / CH / MM5 / XMM5	EBP / BP / CH / MM5 / XMM5
	110	ESI / SI / DH / MM6 / XMM6	ESI / SI / DH / MM6 / XMM6
	111	EDI / DI / BH / MM7 / XMM7	EDI / DI / BH / MM7 / XMM7

a. disp16 folgt dem ModR/M-Byte und wird zum Index hinzuaddiert.

b. [--]signalisiert, dass ein SIB dem ModR/M folgt.

c. disp32 folgt dem SIB und wird zum Index hinzuaddiert.

d. disp8 wird auf 16 Bit vorzeichenerweitert und zum Index hinzuaddiert.

Tabelle A.3: Bedeutung des mod- und des r/m-Feldes

Das SIB-Byte

Aufschlüsselung des *Base*-Feldes:

Base (dezimal)	Base (binär)	Register
0	000	EAX
1	001	ECX
2	010	EDX
3	011	EBX
4	100	ESP
5	101	Wenn *mod*=00 ist, ist keine Basis vorhanden. Ansonsten ist die Basis [EBP].
6	110	ESI
7	111	EDI

Tabelle A.4: Bedeutung des Base-Feldes

Aufschlüsselung des *Scale*- und des *Index*-Feldes:

Scale	Index	32-Bit-Skalierungsindex
00	000	[EAX]
	001	[ECX]
	010	[EDX]
	011	[EBX]
	100	nicht vorhanden
	101	[EBP]
	110	[ESI]
	111	[EDI]
01	000	[EAX*2]
	001	[ECX*2]
	010	[EDX*2]
	011	[EBX*2]

	100	nicht vorhanden
	101	[EBP*2]
	110	[ESI*2]
	111	[EDI*2]
10	000	[EAX*4]
	001	[ECX*4]
	010	[EDX*4]
	011	[EBX*4]
	100	nicht vorhanden
	101	[EBP*4]
	110	[ESI*4]
	111	[EDI*4]
11	000	[EAX*8]
	001	[ECX*8]
	010	[EDX*8]
	011	[EBX*8]
	100	nicht vorhanden
	101	[EBP*8]
	110	[ESI*8]
	111	[EDI*8]

Tabelle A.5: Bedeutung des Scale- und des Index-Feldes

A.7 Ein Beispiel

Da das Ganze sehr verwirrend ist, soll hier ein kleines Beispiel zeigen, wie ein Opcode berechnet wird.

Als Beispiel dient die Instruktion `MOV DS, AX`.

Der Befehl heißt `MOV`. Der erste Operand ist ein Segmentregister und der zweite Operand ein Allzweckregister. Wenn Sie nun unter `MOV` nachschauen, mit diesen beiden Operanden, werden Sie folgenden Opcode vorfinden:

MOV Sreg, r/m16 = 8E /r

Die linke Seite besagt nur, welche Operanden angegeben wurden, die zweite ist schon interessanter. Das Symbol /r besagt, dass das ModR/M-Byte sowohl ein Register als auch ein r/m als Operanden enthält.

Also berechnen wir erst einmal das ModR/M-Byte. Dazu schauen wir in der Tabelle A.2 nach. Dieser Tabelle entnehmen wir, dass das Segmentregister DS den Wert 011b im *reg*-Feld belegt.

Das AX-Register belegt im *mod*-Feld den Wert 11b und im *r/m*-Feld den Wert 000b (Tabelle A.3).

Setzen wir nun das ModR/M-Byte zusammen, so erhalten wir folgenden binären Wert:

mod	reg	r/m
11	011	000

Den binären Wert 11011000b rechnen wir noch ins hexadezimale Zahlensystem um und erhalten den Wert D8h.

Da die Instruktion `MOV DS, AX` nur aus Opcode und ModR/M-Byte besteht, haben wir alle benötigten Werte zusammen.

Die Instruktion wird vom Assembler also in 8E D8 übersetzt. Voilà.

Programmiertipp

Da Sie jetzt gesehen haben, wie man einen Opcode berechnet, werden Sie sich vielleicht fragen, wozu Sie das überhaupt brauchen. Nehmen wir mal an, ihr Compiler unterstützt einige Befehlssätze noch nicht. Was dann?

Sie können sich einen neuen Compiler kaufen. Wenn Sie aber nur Hobbyprogrammierer sind und vielleicht nur ein paar wenige Befehle brauchen, die ihr Compiler nicht unterstützt, so ist es doch die günstigste Alternative, die Opcodes selbst zu erzeugen.

Da wir schon die Instruktion `MOV DS, AX` berechnet haben, wollen wir bei diesem Beispiel auch bleiben. Das folgende Programm gibt lediglich das Wort 'Text' aus:

```
.model small
   .data
     m1 db 'Text $'
   .code
   start:
       mov ax, @data
       db 8Eh, 0D8h           ;mov ds, ax

       mov ah, 9
       lea dx, m1
       int 21h
       mov ah, 4Ch
       int 21h
   ends
   end start
```

Listing A.1: Opcodes direkt einfügen

Wie Sie sehen, werden in der zweiten Befehlszeile des Codesegments lediglich die einzelnen Bytes des gesamten Opcodes direkt in den Code eingefügt.

Das ist auch schon alles.

A.8 Die Opcodes

Mnemonic	Technologie / erstmals verfügbar auf einem ...	Opcode (in Hex)
AAA	8086	37
AAD	8086	D5 0A D5 Basis (siehe Programmiertipp zu AAD in Kap. 3)
AAM	8086	D4 0A D4 Basis (siehe Programmiertipp zu AAD in Kap. 3)
AAS	8086	3F
ADC AL, i8 ADC AX, i16 ADC EAX, i32 ADC r/m8, i8 ADC r/m16, i16 ADC r/m32, i32 ADC r/m16, i8 ADC r/m32, i8 ADC r/m8, r8 ADC r/m16, r16 ADC r/m32, r32 ADC r8, r/m8 ADC r16, r/m16 ADC r32, r/m32	8086	14 ib 15 iw 15 id 80 /2 ib 81 /2 iw 81 /2 id 83 /2 ib 83 /2 ib 10 /r 11 /r 11 /r 12 /r 13 /r 13 /r

ADD AL, i8
ADD AX, i16
ADD EAX, i32
ADD r/m8, i8
	8086	04 ib
		05 iw
		05 id
		80 /0 ib

Mnemonic	Technologie / erstmals verfügbar auf einem ...	Opcode (in Hex)
ADD r/m16, i16	8086	81 /0 iw
ADD r/m32, i32		81 /0 id
ADD r/m16, i8		83 /0 ib
ADD r/m32, i8		83 /0 ib
ADD r/m8, r8		00 /r
ADD r/m16, r16		01 /r
ADD r/m32, r32		01 /r
ADD r8, r/m8		02 /r
ADD r16, r/m16		03 /r
ADD r32, r/m32		03 /r
ADDPD xmm1, xmm2/m128	Pentium 4	66 0F 58 /r
ADDPS xmm1, xmm2/m128	Pentium 3	0F 58 /r
ADDSD xmm1, xmm2/m64	Pentium 4	F2 0F 58 /r
ADDSS xmm1, xmm2/m32	Pentium 3	F3 0F 58 /r
AND AL, i8	8086	24 ib
AND AX, i16		25 iw
AND EAX, i32		25 id
AND r/m8, i8		80 /4 ib
AND r/m16, i16		81 /4 iw
AND r/m32, i32		81 /4 id
AND r/m16, i8		83 /4 ib
AND r/m32, i8		83 /4 ib
AND r/m8, r8		20 /r
AND r/m16, r16		21 /r
AND r/m32, r32		21 /r
AND r8, r/m8		22 /r
AND r16, r/m16		23 /r
AND r32, r/m32		23 /r
ANDNPD xmm1, xmm2/m128	Pentium 4	66 0F 55 /r
ANDNPS xmm1, xmm2/m128	Pentium 3	0F 55 /r

Mnemonic	Technologie / erstmals verfügbar auf einem ...	Opcode (in Hex)
ANDPD xmm1, xmm2/m128	Pentium 4	66 0F 54 /r
ANDPS xmm1, xmm2/m128	Pentium 3	0F 54 /r
ARPL r/m16, r16	80286	63 /r
BOUND r16, m16&16 BOUND r32, m32&32	80186	62 /r 62 /r
BSF r16, r/m16 BSF r32, r/m32	80386	0F BC 0F BC
BSR r16, r/m16 BSR r32, r/m32	80386	0F BD 0F BD
BSWAP r32	80486	0F C8+rd
BT r/m16, r16 BT r/m32, r32 BT r/m16, i8 BT r/m32, i8	80386	0F A3 0F A3 0F BA /4 ib 0F BA /4 ib
BTC r/m16, r16 BTC r/m32, r32 BTC r/m16, i8 BTC r/m32, i8	80386	0F BB 0F BB 0F BA /7 ib 0F BA /7 ib
BTR r/m16, r16 BTR r/m32, r32 BTR r/m16, i8 BTR r/m32, i8	80386	0F B3 0F B3 0F BA /6 ib 0F BA /6 ib
BTS r/m16, r16 BTS r/m32, r32 BTS r/m16, i8 BTS r/m32, i8	80386	0F AB 0F AB 0F BA /5 ib 0F BA /5 ib
CALL rel16 CALL rel32 CALL r/m16	8086	E8 cw E8 cd FF /2

Mnemonic	Technologie / erstmals verfügbar auf einem ...	Opcode (in Hex)
CALL r/m32 CALL ptr16:16 CALL ptr16:32 CALL m16:16 CALL m16:32	8086	FF /2 9A cd 9A cp FF /3 FF /3
CBW / (CWDE)	8086 / (80386)	98
CDQ	80386	99
CLC	8086	F8
CLD	8086	FC
CLFLUSH m8	Pentium 4	0F AE /7
CLI	8086	FA
CLTS	80286	0F 06
CMC	8086	F5
CMOVA r16, r/m16 CMOVA r32, r/m32	Pentium Pro	0F 47 /r 0F 47 /r
CMOVAE r16, r/m16 CMOVAE r32, r/m32	Pentium Pro	0F 43 /r 0F 43 /r
CMOVB r16, r/m16 CMOVB r32, r/m32	Pentium Pro	0F 42 /r 0F 42 /r
CMOVBE r16, r/m16 CMOVBE r32, r/m32	Pentium Pro	0F 46 /r 0F 46 /r
CMOVC r16, r/m16 CMOVC r32, r/m32	Pentium Pro	0F 42 /r 0F 42 /r
CMOVE r16, r/m16 CMOVE r32, r/m32	Pentium Pro	0F 44 /r 0F 44 /r
CMOVG r16, r/m16 CMOVG r32, r/m32	Pentium Pro	0F 4F /r 0F 4F /r

Mnemonic	Technologie / erstmals verfügbar auf einem ...	Opcode (in Hex)
CMOVGE r16, r/m16 CMOVGE r32, r/m32	Pentium Pro	0F 4D /r 0F 4D /r
CMOVL r16, r/m16 CMOVL r32, r/m32	Pentium Pro	0F 4C /r 0F 4C /r
CMOVLE r16, r/m16 CMOVLE r32, r/m32	Pentium Pro	0F 4E /r 0F 4E /r
CMOVNA r16, r/m16 CMOVNA r32, r/m32	Pentium Pro	0F 46 /r 0F 46 /r
CMOVNAE r16, r/m16 CMOVNAE r32, r/m32	Pentium Pro	0F 42 /r 0F 42 /r
CMOVNB r16, r/m16 CMOVNB r32, r/m32	Pentium Pro	0F 43 /r 0F 43 /r
CMOVNBE r16, r/m16 CMOVNBE r32, r/m32	Pentium Pro	0F 47 /r 0F 47 /r
CMOVNC r16, r/m16 CMOVNC r32, r/m32	Pentium Pro	0F 43 /r 0F 43 /r
CMOVNE r16, r/m16 CMOVNE r32, r/m32	Pentium Pro	0F 45 /r 0F 45 /r
CMOVNG r16, r/m16 CMOVNG r32, r/m32	Pentium Pro	0F 4E /r 0F 4E /r
CMOVNGE r16, r/m16 CMOVNGE r32, r/m32	Pentium Pro	0F 4C /r 0F 4C /r
CMOVNL r16, r/m16 CMOVNL r32, r/m32	Pentium Pro	0F 4D /r 0F 4D /r
CMOVNLE r16, r/m16 CMOVNLE r32, r/m32	Pentium Pro	0F 4F /r 0F 4F /r
CMOVNO r16, r/m16 CMOVNO r32, r/m32	Pentium Pro	0F 41 /r 0F 41 /r

Mnemonic	Technologie / erstmals verfügbar auf einem ...	Opcode (in Hex)
CMOVNP r16, r/m16 CMOVNP r32, r/m32	Pentium Pro	0F 4B /r 0F 4B /r
CMOVNS r16, r/m16 CMOVNS r32, r/m32	Pentium Pro	0F 49 /r 0F 49 /r
CMOVNZ r16, r/m16 CMOVNZ r32, r/m32	Pentium Pro	0F 45 /r 0F 45 /r
CMOVO r16, r/m16 CMOVO r32, r/m32	Pentium Pro	0F 40 /r 0F 40 /r
CMOVP r16, r/m16 CMOVP r32, r/m32	Pentium Pro	0F 4A /r 0F 4A /r
CMOVPE r16, r/m16 CMOVPE r32, r/m32	Pentium Pro	0F 4A /r 0F 4A /r
CMOVPO r16, r/m16 CMOVPO r32, r/m32	Pentium Pro	0F 4B /r 0F 4B /r
CMOVS r16, r/m16 CMOVS r32, r/m32	Pentium Pro	0F 48 /r 0F 48 /r
CMOVZ r16, r/m16 CMOVZ r32, r/m32	Pentium Pro	0F 44 /r 0F 44 /r

CMP AL, i8
CMP AX, i16
CMP EAX, i32
CMP r/m8, i8
CMP r/m16, i16
CMP r/m32, i32
CMP r/m16, i8
CMP r/m32, i8
CMP r/m8, r8
CMP r/m16, r16
CMP r/m32, r32
	8086	3C ib
		3D iw
		3D id
		80 /7 ib
		81 /7 iw
		81 /7 id
		83 /7 ib
		83 /7 ib
		38 /r
		39 /r
		39 /r

Mnemonic	Technologie / erstmals verfügbar auf einem ...	Opcode (in Hex)

CMP r8, r/m8
CMP r16, r/m16
CMP r32, r/m32
	8086	3A /r
		3B /r
		3B /r

CMPPD xmm1, xmm2/m128, i8	Pentium 4	66 0F C2 /r ib
CMPPS xmm1, xmm2/m128, i8	Pentium 3	0F C2 /r ib

CMPS m8, m8
CMPS m16, m16
CMPS m32, m32
	8086	A6
		A7
		A7

CMPSB	8086	A6
CMPSW	8086	A7
CMPSD	80386	A7
CMPSD xmm1, xmm2/m128, i8	Pentium 4	F2 0F C2 /r ib
CMPSS xmm1, xmm2/m132, i8	Pentium 3	F3 0F C2 /r ib
CMPXCHG r/m8, r8 CMPXCHG r/m16, r16 CMPXCHG r/m32, r32	80486	0F B0 /r 0F B1 /r 0F B1 /r
CMPXCHG8B m64	Pentium	0F C7 /1 m64
COMISD xmm1, xmm2/m64	Pentium 4	66 0F 2F /r
COMISS xmm1, xmm2/m32	Pentium 3	0F 2F /r
CPUID	Pentium	0F A2
CVTDQ2PD xmm1, xmm2/m64	Pentium 4	F3 0F E6
CVTDQ2PS xmm1, xmm2/m128	Pentium 4	0F 5B /r
CVTPD2DQ xmm1, xmm2/m128	Pentium 4	F2 0F E6
CVTPD2PI mm, xmm2/m128	Pentium 4	66 0F 2D /r
CVTPD2PS xmm1, xmm2/m128	Pentium 4	66 0F 5A /r
CVTPI2PD xmm, mm/m64	Pentium 4	66 0F 2A /r

Mnemonic	Technologie / erstmals verfügbar auf einem ...	Opcode (in Hex)
CVTPI2PS xmm, mm/m64	Pentium 3	0F 2A /r
CVTPS2DQ xmm1, xmm2/m128	Pentium 4	66 0F 5B /r
CVTPS2PD xmm1, xmm2/m64	Pentium 4	0F 5A /r
CVTPS2PI mm, xmm/m64	Pentium 3	0F 2D /r
CVTSD2SI r32, xmm/m64	Pentium 4	F2 0F 2D /r
CVTSD2SS xmm1, xmm2/m64	Pentium 4	F2 0F 5A /r
CVTSI2SD xmm, r/m32	Pentium 4	F2 0F 2A /r
CVTSI2SS xmm, r/m32	Pentium 3	F3 0F 2A /r
CVTSS2SD xmm1, xmm2/m32	Pentium 4	F3 0F 5A /r
CVTSS2SI r32, xmm/m32	Pentium 3	F3 0F 2D /r
CVTTPD2PI mm, xmm/m128	Pentium 4	66 0F 2C /r
CVTTPD2DQ xmm1, xmm2/m128	Pentium 4	66 0F E6
CVTTPS2DQ xmm1, xmm2/m128	Pentium 4	F3 0F 5B /r
CVTTPS2PI mm, xmm/m64	Pentium 3	0F 2C /r
CVTTSD2SI r32, xmm/m64	Pentium 4	F2 0F 2C /r
CVTTSS2SI r32, xmm/m32	Pentium 3	F3 0F 2C /r
CWD / (CDQ)	8086 / (80386)	99
CWDE	80386	98
DAA	8086	27
DAS	8086	2F
DEC r/m8 DEC r/m16 DEC r/m32 DEC r16 DEC r32	8086	FE /1 FF /1 FF /1 48+rw 48+rd

Mnemonic	Technologie / erstmals verfügbar auf einem ...	Opcode (in Hex)
DIV r/m8 DIV r/m16 DIV r/m32	8086	F6 /6 F7 /6 F7 /6
DIVPD xmm1, xmm2/m128	Pentium 4	66 0F 5E /r
DIVPS xmm1, xmm2/m128	Pentium 3	0F 5E /r
DIVSD xmm1, xmm2/m64	Pentium 4	F2 0F 5E /r
DIVSS xmm1, xmm2/m32	Pentium 3	F3 0F 5E /r
EMMS	MMX	0F 77
ENTER i16, 0 ENTER i16, 1 ENTER i16, i8	80186	C8 iw 00 C8 iw 01 C8 iw ib
F2XM1	FPU	D9 F0
FABS	FPU	D9 E1
FADD m32real FADD m64real FADD ST(0), ST(i) FADD ST(i), ST(0)	FPU	D8 /0 DC /0 D8 C0+i DC C0+i
FADDP ST(i), ST(0) FADDP	FPU	DE C0+i DE C1
FBLD m80 dez	FPU	DF /4
FBSTP m80bcd	FPU	DF /6
FCHS	FPU	D9 E0
FCLEX	FPU	9B DB E2
FCMOVB ST(0), ST(i)	Pentium Pro FPU	DA C0+i
FCMOVBE ST(0), ST(i)	Pentium Pro FPU	DA D0+i
FCMOVE ST(0), ST(i)	Pentium Pro FPU	DA C8+i

Mnemonic	Technologie / erstmals verfügbar auf einem ...	Opcode (in Hex)
FCMOVU ST(0), ST(i)	Pentium Pro FPU	DA D8+i
FCMOVNB ST(0), ST(i)	Pentium Pro FPU	DB C0+i
FCMOVNBE ST(0), ST(i)	Pentium Pro FPU	DB D0+i
FCMOVNE ST(0), ST(i)	Pentium Pro FPU	DB C8+i
FCMOVNU ST(0), ST(i)	Pentium Pro FPU	DB D8+i
FCOM m32real FCOM m64real FCOM ST(i) FCOM	FPU	D8 /2 DC /2 D8 D0+i D8 D1
FCOMP m32real FCOMP m64real FCOMP ST(i) FCOMP	FPU	D8 /3 DC /3 D8 D8+i D8 D9
FCOMPP	FPU	DE D9
FCOMI ST(0), ST(i)	Pentium Pro FPU	DB F0+i
FCOMIP ST, ST(i)	Pentium Pro FPU	DF F0+i
FCOS	387er FPU	D9 FF
FDECSTP	FPU	D9 F6
FDIV m32real FDIV m64real FDIV ST(0), ST(i) FDIV ST(i), ST(0)	FPU	D8 /6 DC /6 D8 F0+i DC F8+i
FDIVP ST(i), ST(0) FDIVP	FPU	DE F8+i DE F9
FDIVR m32real FDIVR m64real FDIVR ST(0), ST(i) FDIVR ST(i), ST(0)	FPU	D8 /7 DC /7 D8 F8+i DC F0+i

Mnemonic	Technologie / erstmals verfügbar auf einem ...	Opcode (in Hex)
FDIVRP ST(i), ST(0) FDIVRP	FPU	DE F0+i DE F1
FEMMS	3DNow!	0F 0E
FFREE ST(i)	FPU	DD C0+i
FIADD m32int FIADD m16int	FPU	DA /0 DE /0
FICOM m16int FICOM m32int	FPU	DE /2 DA /2
FICOMP m16int FICOMP m32int	FPU	DE /3 DA /3
FIDIV m32int FIDIV m16int	FPU	DA /6 DE /6
FIDIVR m32int FIDIVR m16int	FPU	DA /7 DE /7
FILD m16int FILD m32int FILD m64int	FPU	DF /0 DB /0 DF /5
FIMUL m32int FIMUL m16int	FPU	DA /1 DE /1
FISUB m32int FISUB m16int	FPU	DA /4 DE /4
FISUBR m32int FISUBR m16int	FPU	DA /5 DE /5
FINCSTP	FPU	D9 F7
FINIT	FPU	9B DB E3
FIST m16int FIST m32int	FPU	DF /2 DB /2

Mnemonic	Technologie / erstmals verfügbar auf einem ...	Opcode (in Hex)
FISTP m16int FISTP m32int FISTP m64int	FPU	DF /3 DB /3 DF /7
FISUBR m32int FISUBR m16int	FPU	DA /5 DE /5
FLD m32real FLD m64real FLD m80real FLD ST(i)	FPU	D9 /0 DD /0 DB /5 D9 C0+i
FLD1	FPU	D9 E8
FLDL2T	FPU	D9 E9
FLDL2E	FPU	D9 EA
FLDPI	FPU	D9 EB
FLDLG2	FPU	D9 EC
FLDLN2	FPU	D9 ED
FLDZ	FPU	D9 EE
FLDCW m2byte	FPU	D9 /5
FLDENV m14/28byte	FPU	D9 /4
FMUL m32fp FMUL m64fp FMUL ST(0), ST(i) FMUL ST(i), ST(0)	FPU	D8 /1 DC /1 D8 C8+i DC C8+i
FMULP ST(i), ST(0) FMULP	FPU	DE C8+i DE C9
FNCLEX	FPU	DB E2
FNINIT	FPU	DB E3
FNSAVE m94/108byte	FPU	DD /6

Mnemonic	**Technologie / erstmals verfüg-bar auf einem ...**	**Opcode (in Hex)**
FNSTCW m2byte	FPU	D9 /7
FNSTENV m14/28byte	FPU	D9 /6
FNSTSW m2byte FNSTSW AX	FPU	DD /7 DF E0
FNOP	FPU	D9 D0
FPATAN	FPU	D9 F3
FPREM	FPU	D9 F8
FPREM1	387er FPU	D9 F5
FPTAN	FPU	D9 F2
FRNDINT	FPU	D9 FC
FRSTOR m94/108byte	FPU	DD /4
FSAVE m94/108byte	FPU	9B DD /6
FSCALE	FPU	D9 FD
FSIN	387er FPU	D9 FE
FSINCOS	387er FPU	D9 FB
FSQRT	FPU	D9 FA
FST m32fp FST m64fp FST ST(i)	FPU	D9 /2 DD /2 DD D0+i
FSTP m32fp FSTP m64fp FSTP m80fp FSTP ST(i)	FPU	D9 /3 DD /3 DB /7 DD D8+i
FSTCW m2byte	FPU	9B D9 /7
FSTENV m14/28byte	FPU	9B D9 /6

Mnemonic	Technologie / erstmals verfügbar auf einem ...	Opcode (in Hex)
FSTSW m2byte FSTSW AX	FPU	9B DD /7 9B DF E0
FSUB m32fp FSUB m64fp FSUB ST(0), ST(i) FSUB ST(i), ST(0)	FPU	D8 /4 DC /4 D8 E0+i DC E0+i
FSUBP ST(i), ST(0) FSUBP	FPU	DE E8+i DE E9
FSUBR m32fp FSUBR m64fp FSUBR ST(0), ST(i) FSUBR ST(i), ST(0)	FPU	D8 /5 DC /5 D8 E8+i DC E0+i
FSUBRP ST(i), ST(0) FSUBRP	FPU	DE E0+i DE E1
FTST	FPU	D9 E4
FUCOM ST(i) FUCOM	Pentium Pro FPU	DD E0+i DD E1
FUCOMI ST(0), ST(i)	Pentium Pro FPU	DB E8+i
FUCOMIP ST(0), ST(i)	Pentium Pro FPU	DF E8+i
FUCOMP ST(i) FUCOMP	387er FPU	DD E8+i DD E9
FUCOMPP	387er FPU	DA E9
FWAIT	FPU	9B
FXAM	FPU	D9 E5
FXCH ST(i) FXCH	FPU	D9 C8+i D9 C9
FXRSTOR m512byte	MMX	0F AE /1

Mnemonic	Technologie / erstmals verfügbar auf einem ...	Opcode (in Hex)
FXSAVE m512byte	MMX	0F AE /0
FXTRACT	FPU	D9 F4
FYL2X	FPU	D9 F1
FYL2XP1	FPU	D9 F9
HLT	8086	F4
IDIV r/m8 IDIV r/m16 IDIV r/m32	8086	F6 /7 F7 /7 F7 /7
IMUL r/m8 IMUL r/m16 IMUL r/m32 IMUL r16, r/m16 IMUL r32, r/m32 IMUL r16, r/m16, i8	8086	F6 /5 F7 /5 F7 /5 0F AF /r 0F AF /r 6B /r ib
IMUL r32, r/m32, i8 IMUL r16, i8 IMUL r32, i8 IMUL r16, r/m16, i16 IMUL r32, r/m32, i32 IMUL r16, i16 IMUL r32, i32		IMUL r32, r/m32, i8 IMUL r16, i8 IMUL r32, i8 IMUL r16, r/m16, i16 IMUL r32, r/m32, i32 IMUL r16, i16 IMUL r32, i32
IN AL, i8 IN AX, i8 IN EAX, i8 IN AL, DX IN AX, DX IN EAX, DX	8086	E4 ib E5 ib E5 ib EC ED ED

Mnemonic	Technologie / erstmals verfügbar auf einem ...	Opcode (in Hex)
INC r/m8 INC r/m16 INC r/m32 INC r16 INC r32	8086	FE /0 FF /0 FF /0 40+rw 40+rd
INS m8, DX INS m16, DX INS m32, DX	80186	6C 6D 6D
INSB	80186	6C
INSW	80186	6D
INSD	80386	6D
INT i8	8086	CD ib
INT 3	8086	CC
INTO	8086	CE
INVD	80486	0F 08
INVLPG m	80486	0F 01 /7
IRET	8086	CF
IRETD	80386	CF
JA rel8 JA rel16/32	8086 80386	77 cb 0F 87 cw/cd
JAE rel8 JAE rel16/32	8086 80386	73 cb 0F 83 cw/cd
JB rel8 JB rel16/32	8086 80386	72 cb 0F 82 cw/cd
JBE rel8 JBE rel16/32	8086 80386	76 cb 0F 86 cw/cd

Mnemonic	Technologie / erstmals verfügbar auf einem ...	Opcode (in Hex)
JC rel8 JC rel16/32	8086 80386	72 cb 0F 82 cw/cd
JCXZ rel8	8086	E3 cb
JE rel8 JE rel16/32	8086 80386	74 cb 0F 84 cw/cd
JECXZ rel8	8086	E3 cb
JG rel8 JG rel16/32	8086 80386	7F cb 0F 8F cw/cd
JGE rel8 JGE rel16/32	8086 80386	7D cb 0F 8D cw/cd
JL rel8 JL rel16/32	8086 80386	7C cb 0F 8C cw/cd
JLE rel8 JLE rel16/32	8086 80386	7E cb 0F 8E cw/cd
JMP rel8 JMP rel16 JMP rel32 JMP r/m16 JMP r/m32 JMP ptr16:16 JMP ptr16:32 JMP m16:16 JMP m16:32	8086	EB cb E9 cw E9 cd FF /4 FF /4 EA cd EA cp FF /5 FF /5
JNA rel8 JNA rel16/32	8086 80386	76 cb 0F 86 cw/cd
JNAE rel8 JNAE rel16/32	8086 80386	72 cb 0F 82 cw/cd
JNB rel8 JNB rel16/32	8086 80386	73 cb 0F 83 cw/cd

Mnemonic	Technologie / erstmals verfügbar auf einem ...	Opcode (in Hex)
JNBE rel8 JNBE rel16/32	8086 80386	77 cb 0F 87 cw/cd
JNC rel8 JNC rel16/32	8086 80386	73 cb 0F 83 cw/cd
JNE rel8 JNE rel16/32	8086 80386	75 cb 0F 85 cw/cd
JNG rel8 JNG rel16/32	8086 80386	7E cb 0F 8E cw/cd
JNGE rel8 JNGE rel16/32	8086 80386	7C cb 0F 8C cw/cd
JNL rel8 JNL rel16/32	8086 80386	7D cb 0F 8D cw/cd
JNLE rel8 JNLE rel16/32	8086 80386	7F cb 0F 8F cw/cd
JNO rel8 JNO rel16/32	8086 80386	71 cb 0F 81 cw/cd
JNP rel8 JNP rel16/32	8086 80386	7B cb 0F 8B cw/cd
JNS rel8 JNS rel16/32	8086 80386	79 cb 0F 89 cw/cd
JNZ rel8 JNZ rel16/32	8086 80386	75 cb 0F 85 cw/cd
JO rel8 JO rel16/32	8086 80386	70 cb 0F 80 cw/cd
JP rel8 JP rel16/32	8086 80386	7A cb 0F 8A cw/cd
JPE rel8 JPE rel16/32	8086 80386	7A cb 0F 8A cw/cd

Mnemonic	Technologie / erstmals verfügbar auf einem ...	Opcode (in Hex)
JPO rel8 JPO rel16/32	8086 80386	7B cb 0F 8B cw/cd
JS rel8 JS rel16/32	8086 80386	78 cb 0F 88 cw/cd
JZ rel8 JZ rel16/32	8086 80386	74 cb 0F 84 cw/cd
LAHF	8086	9F
LAR r16, r/m16 LAR r32, r/m32	80286	0F 02 /r 0F 02 /r
LDMXCSR m32	Pentium 3	0F AE /2
LDS r16, m16:16 LDS r32, m16:32	8086	C5 /r C5 /r
LEA r16, m LEA r32, m	8086	8D /r 8D /r
LEAVE	80186	C9
LES r16, m16:16 LES r32, m16:32	8086	C4 /r C4 /r
LFENCE	Pentium 4	0F AE /5
LFS r16, m16:16 LFS r32, m16:32	80386	0F B4 /r 0F B4 /r
LGDT m16&32	80286	0F 01 /2
LGS r16, m16:16 LGS r32, m16:32	80386	0F B5 /r 0F B5 /r
LIDT m16&32	80286	0F 01 /3
LLDT r/m16	80286	0F 00 /2
LMSW r/m16	80286	0F 01 /6
LOCK	8086	F0

Mnemonic	Technologie / erstmals verfügbar auf einem ...	Opcode (in Hex)
LODS m8	8086	AC
LODS m16	8086	AD
LODS m32	80386	AD
LODSB	8086	AC
LODSW	8086	AD
LODSD	80386	AD
LOOP rel8	8086	E2 cb
LOOPE rel8	8086	E1 cb
LOOPNE rel8	8086	E0 cb
LOOPNZ rel8	8086	E0 cb
LOOPZ rel8	8086	E1 cb
LSL r16, r/m16 LSL r32, r/m32	80286	0F 03 /r 0F 03 /r
LSS r16, m16:16 LSS r32, m16:32	80386	0F B2 /r 0F B2 /r
LTR r/m16	80286	0F 00 /3
MASKMOVDQU xmm1, xmm2	Pentium 4	66 0F F7 /r
MASKMOVQ mm1, mm2	Pentium 3	0F F7 /r
MAXPD xmm1, xmm2/m128	Pentium 4	66 0F 5F /r
MAXPS xmm1, xmm2/m128	Pentium 3	0F 5F /r
MAXSD xmm1, xmm2/m64	Pentium 4	F2 0F 5F /r
MAXSS xmm1, xmm2/m32	Pentium 3	F3 0F 5F /r
MFENCE	Pentium 4	0F AE /6
MINPD xmm1, xmm2/m128	Pentium 4	66 0F 5D /r
MINPS xmm1, xmm2/m128	Pentium 3	0F 5D /r

Mnemonic	Technologie / erstmals verfügbar auf einem ...	Opcode (in Hex)
MINSD xmm1, xmm2/m64	Pentium 4	F2 0F 5D /r
MINSS xmm1, xmm2/m32	Pentium 3	F3 0F 5D /r

MOV r/m8, r8
MOV r/m16, r16
MOV r/m32, r32
MOV r8, r/m8
	8086	88 /r
		89 /r
		89 /r
		8A /r

MOV r16, r/m16
MOV r32, r/m32
MOV r/m16, Sreg
MOV Sreg, r/m16
MOV AL, moffs8
MOV AX, moffs16
MOV EAX, moffs32
MOV moffs8, AL
MOV moffs16, AX
MOV moffs32, EAX
MOV r8, i8
MOV r16, i16
MOV r32, i32
MOV r/m8, i8
MOV r/m16, i16
MOV r/m32, i32
	8086	8B /r
		8B /r
		8C /r
		8E /r
		A0
		A1
		A1
		A2
		A3
		A3
		B0+rb
		B8+rw
		B8+rd
		C6 /0
		C7 /0
		C7 /0

MOV CR0, r32
MOV CR2, r32
MOV CR3, r32
MOV CR4, r32
MOV r32, CR0
MOV r32, CR2
MOV r32, CR3
MOV r32, CR4
	80386	0F 22 /r
		0F 22 /r
		0F 22 /r
		0F 22 /r
		0F 20 /r
		0F 20 /r
		0F 20 /r
		0F 20 /r

Mnemonic	Technologie / erstmals verfügbar auf einem ...	Opcode (in Hex)
MOV DR0, r32	80386	0F 23 /r
MOV DR1, r32		0F 23 /r
MOV DR2, r32		0F 23 /r
MOV DR3, r32		0F 23 /r
MOV DR4, r32		0F 23 /r
MOV DR5, r32		0F 23 /r
MOV DR6, r32		0F 23 /r
MOV DR7, r32	80386	0F 23 /r
MOV r32, DR0		0F 21 /r
MOV r32, DR1		0F 21 /r
MOV r32, DR2		0F 21 /r
MOV r32, DR3		0F 21 /r
MOV r32, DR4		0F 21 /r
MOV r32, DR5		0F 21 /r
MOV r32, DR6		0F 21 /r
MOV r32, DR7		0F 21 /r
MOVAPD xmm1, xmm2/m128	Pentium 4	66 0F 28 /r
MOVAPD xmm1/m128, xmm2		66 0F 29 /r
MOVAPS xmm1, xmm2/m128	Pentium 3	0F 28 /r
MOVAPS xmm1/m128, xmm2		0F 29 /r
MOVD mm, r/m32	MMX	0F 6E /r
MOVD r/m32, mm	MMX	0F 7E /r
MOVD xmm, r/m32	Pentium 4	66 0F 6E /r
MOVD r/m32, xmm	Pentium 4	66 0F 7E /r
MOVDQA xmm1, xmm2/m128	Pentium 4	66 0F 6F /r
MOVDQA xmm1/m128, xmm2		66 0F 7F /r
MOVDQU xmm1, xmm2/m128	Pentium 4	F3 0F 6F /r
MOVDQU xmm1/m128, xmm2		F3 0F 7F /r
MOVDQ2Q mm, xmm	Pentium 4	F2 0F D6
MOVHLPS xmm1, xmm2	Pentium 3	0F 12 /r

Mnemonic	Technologie / erstmals verfügbar auf einem ...	Opcode (in Hex)
MOVHPD xmm, m64 MOVHPD m64, xmm	Pentium 4	66 0F 16 /r 66 0F 17 /r
MOVHPS xmm, m64 MOVHPS m64, xmm	Pentium 3	0F 16 /r 0F 17 /r
MOVLHPS xmm1, xmm2	Pentium 3	0F 16 /r
MOVLPD xmm, m64 MOVLPD m64, xmm	Pentium 4	66 0F 12 /r 66 0F 13 /r
MOVLPS xmm, m64 MOVLPS m64, xmm	Pentium 3	0F 12 /r 0F 12 /r
MOVMSKPD r32, xmm	Pentium 4	66 0F 50 /r
MOVMSKPS r32, xmm	Pentium 3	0F 50 /r
MOVNTDQ m128, xmm	Pentium 4	66 0F E7 /r
MOVNTI m32, r32	Pentium 4	0F C3 /r
MOVNTPD m128, xmm	Pentium 4	66 0F 2B /r
MOVNTPS m128, xmm	Pentium 3	0F 2B /r
MOVNTQ m64, mm	Pentium 3	0F E7 /r

MOVQ mm, mm/m64
MOVQ mm/m64, mm
MOVQ xmm1, mm2/m64
MOVQ xmm1/m64, xmm2
	MMX
	MMX
	Pentium 4
	Pentium 4
		0F 6F /r
		0F 7F /r
		F3 0F 7E
		66 0F D6

MOVQ2DQ xmm, mm	Pentium 4	F3 0F D6
MOVS m8, m8	8086	A4
MOVS m32, m16	8086	A5
MOVS m32, m32	80386	A5
MOVSB	8086	A4
MOVSW	8086	A5

Mnemonic	Technologie / erstmals verfügbar auf einem ...	Opcode (in Hex)
MOVSD	80386	A5
MOVSD xmm1, xmm2/m64 MOVSD xmm2/m64, xmm1	Pentium 4	F2 0F 10 /r F2 0F 11 /r
MOVSS xmm1, xmm2/m32 MOVSS xmm1/m32, xmm2	Pentium 3	F3 0F 10 /r F3 0F 11 /r

MOVSX r16, r/m8
MOVSX r32, r/m8
MOVSX r32, r/m16
	80386	0F BE /r
		0F BE /r
		0F BF /r

MOVUPD xmm1, xmm2/m128 MOVUPD xmm1/m128, xmm2	Pentium 4	66 0F 10 /r 66 0F 11 /r
MOVUPS xmm1, xmm2/m128 MOVUPS xmm1/m128, xmm2	Pentium 3	0F 10 /r 0F 11 /r

MOVZX r16, r/m8
MOVZX r32, r/m8
MOVZX r32, r/m16
	80386	0F B6 /r
		0F B6 /r
		0F B7 /r

MUL r/m8 MUL r/m16 MUL r/m32	8086	F6 /4 F7 /4 F7 /4
MULPD xmm1, xmm2/m128	Pentium 4	66 0F 59 /r
MULPS xmm1, xmm2/m128	Pentium 3	0F 59 /r
MULSD xmm1, xmm2/m64	Pentium 4	F2 0F 59 /r
MULSS xmm1, xmm2/m32	Pentium 3	F3 0F 59 /r
NEG r/m8 NEG r/m16 NEG r/m32	8086	F6 /3 F7 /3 F7 /3
NOP	8086	90

Mnemonic	Technologie / erstmals verfügbar auf einem ...	Opcode (in Hex)
NOT r/m8	8086	F6 /2
NOT r/m16		F7 /2
NOT r/m32		F7 /2
OR AL, i8	8086	0C ib
OR AX, i8		0D iw
OR EAX, i8		0D id
OR r/m8, i8		80 /1 ib
OR r/m16, i16	8086	81 /1 iw
OR r/m32, i32		81 /1 id
OR r/m16, i8		83 /1 ib
OR r/m32, i8		83 /1 ib
OR r/m8, r8		08 /r
OR r/m16, r16		09 /r
OR r/m32, r32		09 /r
OR r8, r/m8		0A /r
OR r16, r/m16		0B /r
OR r32, r/m32		0B /r
ORPD xmm1, xmm2/m128	Pentium 4	66 0F 56 /r
ORPS xmm1, xmm2/m128	Pentium 3	0F 56 /r
OUT i8, AL	8086	E6 ib
OUT i8, AX		E7 ib
OUT i8, EAX		E7 ib
OUT DX, AL		EE
OUT DX, AX		EF
OUT DX, EAX		EF
OUTS DX, m8	80186	6E
OUTS DX, m16	80186	6F
OUTS DX, m32	80386	6F
OUTSB	80186	6E

Mnemonic	Technologie / erstmals verfügbar auf einem ...	Opcode (in Hex)
OUTSW	80186	6F
OUTSD	80386	6F
PACKSSDW mm1, mm2/m64 PACKSSDW xmm1, xmm2/m128	MMX Pentium 4	0F 6B /r 66 0F 6B /r
PACKSSWB mm1, mm2/m64 PACKSSWB xmm1, xmm2/m128	MMX Pentium 4	0F 63 /r 66 0F 63 /r
PACKUSWB mm1, mm2/m64 PACKUSWB xmm1, xmm2/m128	MMX Pentium 4	0F 67 /r 66 0F 67 /r
PADDB mm1, mm2/m64 PADDB xmm1, xmm2/m128	MMX Pentium 4	0F FC /r 66 0F FC /r
PADDW mm1, mm2/m64 PADDW xmm1, xmm2/m128	MMX Pentium 4	0F FD /r 66 0F FD /r
PADDD mm1, mm2/m64 PADDD xmm1, xmm2/m128	MMX Pentium 4	0F FE /r 66 0F FE /r
PADDQ mm1, mm2/m64 PADDQ xmm1, xmm2/m128	Pentium 4	0F D4 /r 66 0F D4 /r
PADDSB mm1, mm2/m64 PADDSB xmm1, xmm2/m128	MMX Pentium 4	0F EC /r 66 0F EC /r
PADDSW mm1, mm2/m64 PADDSW xmm1, xmm2/m128	MMX Pentium 4	0F ED /r 66 0F ED /r
PADDUSB mm1, mm2/m64 PADDUSB xmm1, xmm2/m128	MMX Pentium 4	0F DC /r 66 0F DC /r
PADDUSW mm1, mm2/m64 PADDUSW xmm1, xmm2/m128	MMX Pentium 4	0F DD /r 66 0F DD /r
PAND mm1, mm2/m64 PAND xmm1, xmm2/m128	MMX Pentium 4	0F DB /r 66 0F DB /r
PANDN mm1, mm2/m64 PANDN xmm1, xmm2/m128	MMX Pentium 4	0F DF /r 66 0F DF /r

Mnemonic	Technologie / erstmals verfügbar auf einem ...	Opcode (in Hex)
PAUSE	Pentium 4	F3 90
PAVGB mm1, mm2/m64 PAVGB xmm1, xmm2/m128	Pentium 3	0F E0 /r 66 0F E0 /r
PAVGUSB mm1, mm2/m64	3DNow!	0F 0F/BF
PAVGW mm1, mm2/m64 PAVGW xmm1, xmm2/m128	Pentium 3	0F E3 /r 66 0F E3 /r
PCMPEQB mm1, mm2/m64 PCMPEQB xmm1, xmm2/m128	MMX Pentium 4	0F 74 /r 66 0F 74 /r
PCMPEQW mm1, mm2/m64 PCMPEQW xmm1, xmm2/m128	MMX Pentium 4	0F 75 /r 66 0F 75 /r
PCMPEQD mm1, mm2/m64 PCMPEQD xmm1, xmm2/m128	MMX Pentium 4	0F 76 /r 66 0F 76 /r
PCMPGTB mm1, mm2/m64 PCMPGTB xmm1, xmm2/m128	MMX Pentium 4	0F 64 /r 66 0F 64 /r
PCMPGTW mm1, mm2/m64 PCMPGTW xmm1, xmm2/m128	MMX Pentium 4	0F 65 /r 66 0F 65 /r
PCMPGTD mm1, mm2/m64 PCMPGTD xmm1, xmm2/m128	MMX Pentium 4	0F 66 /r 66 0F 66 /r
PEXTRW r32, mm, i8 PEXTRW r32, xmm, i8	Pentium 3	0F C5 /r ib 66 0F C5 /r ib
PF2ID mm1, mm2/m64	3DNow!	0F 0F/1D
PF2IW mm1, mm2/m64	3DNow! (DSP)	0F 0F/1C
PFACC mm1, mm2/m64	3DNow!	0F 0F/AE
PFADD mm1, mm2/m64	3DNow!	0F 0F/9E
PFCMPEQ mm1, mm2/m64	3DNow!	0F 0F/B0
PFCMPGE mm1, mm2/m64	3DNow!	0F 0F/90
PFCMPGT mm1, mm2/m64	3DNow!	0F 0F/A0

Mnemonic	Technologie / erstmals verfügbar auf einem ...	Opcode (in Hex)
PFMAX mm1, mm2/m64	3DNow!	0F 0F/A4
PFMIN mm1, mm2/m64	3DNow!	0F 0F/94
PFMUL mm1, mm2/m64	3DNow!	0F 0F/B4
PFNACC mm1, mm2/m64	3DNow! (DSP)	0F 0F/8A
PFPNACC mm1, mm2/m64	3DNow! (DSP)	0F 0F/8E
PFRCP mm1, mm2/m64	3DNow!	0F 0F/96
PFRCPIT1 mm1, mm2/m64	3DNow!	0F 0F/A6
PFRCPIT2 mm1, mm2/m64	3DNow!	0F 0F/B6
PFRSQIT1 mm1, mm2/m64	3DNow!	0F 0F/A7
PFRSQRT mm1, mm2/m64	3DNow!	0F 0F/97
PFSUB mm1, mm2/m64	3DNow!	0F 0F/9A
PFSUBR mm1, mm2/m64	3DNow!	0F 0F/AA
PI2FD mm1, mm2/m64	3DNow!	0F 0F/0D
PI2FW mm1, mm2/m64	3DNow!	0F 0F/0C
PINSRW mm, r32/m16, i8 PINSRW xmm, r32/m16, i8	Pentium 3	0F C4 /r ib 66 0F C4 /r ib
PMADDWD mm1, mm2/m64 PMADDWD xmm1, xmm2/m128	MMX Pentium 4	0F F5 /r 66 0F F5 /r
PMAXSW mm1, mm2/m64 PMAXSW xmm1, xmm2/m128	Pentium 3	0F EE /r 66 0F EE /r
PMAXUB mm1, mm2/m64 PMAXUB xmm1, xmm2/m128	Pentium 3	0F DE /r 66 0F DE /r
PMINSW mm1, mm2/m64 PMINSW xmm1, xmm2/m128	Pentium 3	0F EA /r 66 0F EA /r
PMINUB mm1, mm2/m64 PMINUB xmm1, xmm2/m128	Pentium 3	0F DA /r 66 0F DA /r

Mnemonic	Technologie / erstmals verfügbar auf einem ...	Opcode (in Hex)
PMOVMSKB r32, mm PMOVMSKB r32, xmm	Pentium 3	0F D7 /r 66 0F D7 /r
PMULHRW mm1, mm2/m64	3DNow!	0F 0F/B7
PMULHUW mm1, mm2/m64 PMULHUW xmm1, xmm2/m128	Pentium 3	0F E4 /r 66 0F E4 /r
PMULHW mm1, mm2/m64 PMULHW xmm1, xmm2/m128	MMX Pentium 4	0F E5 /r 66 0F E5 /r
PMULLW mm1, mm2/m64 PMULLW xmm1, xmm2/m128	MMX Pentium 4	0F F5 /r 66 0F F5 /r
PMULUDQ mm1, mm2/m64 PMULUDQ xmm1, xmm2/m128	Pentium 4	0F F4 /r 66 0F F4 /r
POP m16 POP m32 POP r16 POP r32 POP DS POP ES POP SS POP FS POP GS	8086	8F /0 8F /0 58+rw 58+rd 1F 07 17 0F A1 0F A9
POPA	80186	61
POPAD	80386	61
POPF	8086	9D
POPFD	80386	9D
POR mm1, mm2/m64 POR xmm1, xmm2/m128	MMX Pentium 4	0F EB /r 66 0F EB /r
PREFETCH m8	3DNow!	0F 0D

Mnemonic	Technologie / erstmals verfügbar auf einem ...	Opcode (in Hex)
PREFETCHT0 m8	Pentium 3	0F 18 /1
PREFETCHT1 m8		0F 18 /2
PREFETCHT2 m8		0F 18 /3
PREFETCHNTA m8		0F 18 /0
PREFETCHW m8	3DNow!	0F 0D
PSADBW mm1, mm2/m64	Pentium 3	0F F6 /r
PSADBW xmm1, xmm2/m128		66 0F F6 /r
PSHUFD xmm1, xmm2/m128, i8	Pentium 4	66 0F 70 /r ib
PSHUFHW xmm1, xmm2/m128, i8	Pentium 4	F3 0F 70 /r ib
PSHUFLW xmm1, xmm2/m128, i8	Pentium 4	F2 0F 70 /r ib
PSHUFW mm1, mm2/m64, i8	Pentium 3	0F 70 /r ib
PSLLDQ xmm, i8	Pentium 4	66 0F 73 /7 ib
PSLLW mm, mm/m64	MMX	0F F1 /r
PSLLW xmm1, xmm2/m128	Pentium 4	66 0F F1 /r
PSLLW xmm, i8	MMX	0F 71 /6 ib
PSLLW xmm, i8	Pentium 4	66 0F 71 /6 ib
PSLLD mm, mm/m64	MMX	0F F2 /r
PSLLD xmm1, xmm2/m128	Pentium 4	66 0F F2 /r
PSLLD xmm, i8	MMX	0F 72 /6 ib
PSLLD xmm, i8	Pentium 4	66 0F 72 /6 ib
PSLLQ mm, mm/m64	MMX	0F F3 /r
PSLLQ xmm1, xmm2/m128	Pentium 4	66 0F F3 /r
PSLLQ xmm, i8	MMX	0F 73 /6 ib
PSLLQ xmm, i8	Pentium 4	66 0F 73 /6 ib

Mnemonic	Technologie / erstmals verfügbar auf einem ...	Opcode (in Hex)
PSRAD mm, mm/m64	MMX	0F E2 /r
PSRAD xmm1, xmm2/m128	Pentium 4	66 0F E2 /r
PSRAD xmm, i8	MMX	0F 72 /4 ib
PSRAD xmm, i8	Pentium 4	66 0F 72 /4 ib
PSRAW mm, mm/m64	MMX	0F E1 /r
PSRAW xmm1, xmm2/m128	Pentium 4	66 0F E1 /r
PSRAW xmm, i8	MMX	0F 71 /4 ib
PSRAW xmm, i8	Pentium 4	66 0F 71 /4 ib
PSRLDQ xmm, i8	Pentium 4	66 0F 73 /3 ib
PSRLW mm, mm/m64	MMX	0F D1 /r
PSRLW xmm1, xmm2/m128	Pentium 4	66 0F D1 /r
PSRLW mm, i8	MMX	0F 71 /2 ib
PSRLW xmm1, i8	Pentium 4	66 0F 71 /2 ib
PSRLD mm, mm/m64	MMX	0F D2 /r
PSRLD xmm1, xmm2/m128	Pentium 4	66 0F D2 /r
PSRLD mm, i8	MMX	0F 72 /2 ib
PSRLD xmm1, i8	Pentium 4	66 0F 72 /2 ib
PSRLQ mm, mm/m64	MMX	0F D3 /r
PSRLQ xmm1, xmm2/m128	Pentium 4	66 0F D3 /r
PSRLQ mm, i8	MMX	0F 73 /2 ib
PSRLQ xmm1, i8	Pentium 4	66 0F 73 /2 ib
PSUBB mm, mm/m64	MMX	0F F8 /r
PSUBB xmm1, xmm2/m128	Pentium 4	66 0F F8 /r
PSUBW mm, mm/m64	MMX	0F F9 /r
PSUBW xmm1, xmm2/m128	Pentium 4	66 0F F9 /r
PSUBD mm, mm/m64	MMX	0F FA /r
PSUBD xmm1, xmm2/m128	Pentium 4	66 0F FA /r
PSUBQ mm, mm/m64	Pentium 4	0F FB /r
PSUBQ xmm1, xmm2/m128		66 0F FB /r

Mnemonic	Technologie / erstmals verfügbar auf einem ...	Opcode (in Hex)
PSUBSB mm, mm/m64 PSUBSB xmm1, xmm2/m128	MMX Pentium 4	0F E8 /r 66 0F E8 /r
PSUBSW mm, mm/m64 PSUBSW xmm1, xmm2/m128	MMX Pentium 4	0F E9 /r 66 0F E9 /r
PSUBUSB mm, mm/m64 PSUBUSB xmm1, xmm2/m128	MMX Pentium 4	0F D8 /r 66 0F D8 /r
PSUBUSW mm, mm/m64 PSUBUSW xmm1, xmm2/m128	MMX Pentium 4	0F D9 /r 66 0F D9 /r
PSWAPD mm1, mm2/m64	3DNow! (DSP)	0F 0F/BB
PUNPCKHBW mm, mm/m32 PUNPCKHBW xmm1, xmm2/m128	MMX Pentium 4	0F 68 /r 66 0F 68 /r
PUNPCKHWD mm, mm/m32 PUNPCKHWD xmm1, xmm2/m128	MMX Pentium 4	0F 69 /r 66 0F 69 /r
PUNPCKHDQ mm, mm/m32 PUNPCKHDQ xmm1, xmm2/m128	MMX Pentium 4	0F 6A /r 66 0F 6A /r
PUNPCKHQDQ xmm1, xmm2/m128	Pentium 4	66 0F 6D /r
PUNPCKLBW mm, mm/m32 PUNPCKLBW xmm1, xmm2/m128	MMX Pentium 4	0F 60 /r 66 0F 60 /r
PUNPCKLWD mm, mm/m32 PUNPCKLWD xmm1, xmm2/m128	MMX Pentium 4	0F 61 /r 66 0F 61 /r
PUNPCKLDQ mm, mm/m32 PUNPCKLDQ xmm1, xmm2/m128	MMX Pentium 4	0F 62 /r 66 0F 62 /r

Mnemonic	Technologie / erstmals verfügbar auf einem ...	Opcode (in Hex)
PUNPCKLQDQ xmm1, xmm2/m128	Pentium 4	66 0F 6C /r
PUSH r/m16 PUSH r/m32 PUSH r16 PUSH r32 PUSH i8 PUSH i16 PUSH i32 PUSH CS PUSH SS PUSH DS PUSH ES PUSH FS PUSH GS	8086	FF /6 FF /6 50+rw 50+rd 6A 68 68 0E 16 1E 06 0F A0 0F A8
PUSHA	80186	60
PUSHAD	80386	60
PUSHF	8086	9C
PUSHFD	80386	9C
PXOR mm, mm/m64 PXOR xmm1, xmm2/m128	MMX Pentium 4	0F EF /r 66 0F EF /r
RCL r/m8, 1 RCL r/m8, CL RCL r/m8, i8 RCL r/m16, 1 RCL r/m16, CL RCL r/m16, i8 RCL r/m32, 1 RCL r/m32, CL RCL r/m32, i8	8086	D0 /2 D2 /2 C0 /2 ib D1 /2 D3 /2 C1 /2 ib D1 /2 D3 /2 C1 /2 ib

Mnemonic	Technologie / erstmals verfügbar auf einem ...	Opcode (in Hex)
RCR r/m8, 1 RCR r/m8, CL RCR r/m8, i8 RCR r/m16, 1 RCR r/m16, CL RCR r/m16, i8 RCR r/m32, 1 RCR r/m32, CL RCR r/m32, i8	8086	D0 /3 D2 /3 C0 /3 ib D1 /3 D3 /3 C1 /3 ib D1 /3 D3 /3 C1 /3 ib
RCPPS xmm1, xmm2/m128	Pentium 3	0F 53 /r
RCPSS xmm1, xmm2/m32	Pentium 3	F3 0F 53 /r
RDMSR	Pentium	0F 32
RDPMC	Pentium Pro	0F 33
RDTSC	Pentium Pro	0F 31
REP	8086	F3
REPE	8086	F3
REPZ	8086	F3
REPNE	8086	F2
REPNZ	8086	F2
RET RET RET i16 RET i16	8086	C3 (near return) CB (far return) C2 iw (near return) CA iw (far return)

Mnemonic	Technologie / erstmals verfügbar auf einem ...	Opcode (in Hex)
ROL r/m8, 1	8086	D0 /0
ROL r/m8, CL		D2 /0
ROL r/m8, i8		C0 /0 ib
ROL r/m16, 1		D1 /0
ROL r/m16, CL		D3 /0
ROL r/m16, i8		C1 /0 ib
ROL r/m32, 1		D1 /0
ROL r/m32, CL		D3 /0
ROL r/m32, i8		C1 /0 ib
ROR r/m8, 1	8086	D0 /1
ROR r/m8, CL		D2 /1
ROR r/m8, i8		C0 /1 ib
ROR r/m16, 1		D1 /1
ROR r/m16, CL		D3 /1
ROR r/m16, i8		C1 /1 ib
ROR r/m32, 1		D1 /1
ROR r/m32, CL		D3 /1
ROR r/m32, i8		C1 /1 ib
RSM	Pentium	0F AA
RSQRTPS xmm1, xmm2/m128	Pentium 3	0F 52 /r
RSQRTSS xmm1, xmm2/m32	Pentium 3	F3 0F 52 /r
SAHF	8086	9E
SAL r/m8, 1	8086	D0 /4
SAL r/m8, CL		D2 /4
SAL r/m8, i8		C0 /4 ib

Mnemonic	Technologie / erstmals verfügbar auf einem ...	Opcode (in Hex)
SAL r/m16, 1	8086	D1 /4
SAL r/m16, CL		D3 /4
SAL r/m16, i8		C1 /4 ib
SAL r/m32, 1		D1 /4
SAL r/m32, CL		D3 /4
SAL r/m32, i8		C1 /4 ib
SAR r/m8, 1	8086	D0 /7
SAR r/m8, CL		D2 /7
SAR r/m8, i8		C0 /7 ib
SAR r/m16, 1		D1 /7
SAR r/m16, CL		D3 /7
SAR r/m16, i8		C1 /7 ib
SAR r/m32, 1		D1 /7
SAR r/m32, CL		D3 /7
SAR r/m32, i8		C1 /7 ib
SBB AL, i8	8086	1C ib
SBB AX, i16		1D iw
SBB EAX, i32		1D id
SBB r/m8, i8		80 /3 ib
SBB r/m16, i16		81 /3 iw
SBB r/m32, i32		81 /3 id
SBB r/m16, i8		83 /3 ib
SBB r/m32, i8		83 /3 ib
SBB r/m8, r8		18 /r
SBB r/m16, r16		19 /r
SBB r/m32, r32		19 /r
SBB r8, r/m8		1A /r
SBB r16, r/m16		1B /r
SBB r32, r/m32		1B /r
SCAS m8	8086	AE
SCAS m16	8086	AF

Mnemonic	**Technologie / erstmals verfügbar auf einem ...**	**Opcode (in Hex)**
SCAS m32	80386	AF
SCASB	8086	AE
SCASW	8086	AF
SCASD	80386	AF
SETA r/m8	80386	0F 97
SETAE r/m8	80386	0F 93
SETB r/m8	80386	0F 92
SETBE r/m8	80386	0F 96
SETC r/m8	80386	0F 92
SETE r/m8	80386	0F 94
SETG r/m8	80386	0F 9F
SETGE r/m8	80386	0F 9D
SETL r/m8	80386	0F 9C
SETLE r/m8	80386	0F 9E
SETNA r/m8	80386	0F 96
SETNAE r/m8	80386	0F 92
SETNB r/m8	80386	0F 93
SETNBE r/m8	80386	0F 97
SETNC r/m8	80386	0F 93
SETNE r/m8	80386	0F 95
SETNG r/m8	80386	0F 9E
SETNGE r/m8	80386	0F 9C
SETNL r/m8	80386	0F 9D
SETNLE r/m8	80386	0F 9F

Mnemonic	Technologie / erstmals verfügbar auf einem ...	Opcode (in Hex)
SETNO r/m8	80386	0F 91
SETNP r/m8	80386	0F 9B
SETNS r/m8	80386	0F 99
SETNZ r/m8	80386	0F 95
SETO r/m8	80386	0F 90
SETP r/m8	80386	0F 9A
SETPE r/m8	80386	0F 9A
SETPO r/m8	80386	0F 9B
SETS r/m8	80386	0F 98
SETZ r/m8	80386	0F 94
SFENCE	Pentium 3	0F AE /7
SGDT m	80286	0F 01 /0
SHL r/m8, 1 SHL r/m8, CL SHL r/m8, i8 SHL r/m16, 1 SHL r/m16, CL SHL r/m16, i8 SHL r/m32, 1 SHL r/m32, CL SHL r/m32, i8	8086	D0 /4 D2 /4 C0 /4 ib D1 /4 D3 /4 C1 /4 ib D1 /4 D3 /4 C1 /4 ib

Mnemonic	Technologie / erstmals verfügbar auf einem ...	Opcode (in Hex)
SHR r/m8, 1	8086	D0 /5
SHR r/m8, CL		D2 /5
SHR r/m8, i8		C0 /5 ib
SHR r/m16, 1		D1 /5
SHR r/m16, CL		D3 /5
SHR r/m16, i8		C1 /5 ib
SHR r/m32, 1		D1 /5
SHR r/m32, CL		D3 /5
SHR r/m32, i8		C1 /5 ib
SHLD r/m16, r16, i8	80386	0F A4
SHLD r/m16, r16, CL		0F A5
SHLD r/m32, r32, i8		0F A4
SHLD r/m32, r32, CL		0F A5
SHRD r/m16, r16, i8	80386	0F AC
SHRD r/m16, r16, CL		0F AD
SHRD r/m32, r32, i8		0F AC
SHRD r/m32, r32, CL		0F AD
SHUFPD xmm1, xmm2/m128, i8	Pentium 4	66 0F C6 /r ib
SHUFPS xmm1, xmm2/m128, i8	Pentium 3	0F C6 /r ib
SIDT m	80286	0F 01 /1
SLDT r/m16	80286	0F 00 /0
SLDT r/m32		0F 00 /0
SMSW r/m16	80286	0F 01 /4
SMSW r32/m16		0F 01 /4
SQRTPD xmm1, xmm2/m128	Pentium 4	66 0F 51 /r
SQRTPS xmm1, xmm2/m128	Pentium 3	0F 51 /r
SQRTSD xmm1, xmm2/m64	Pentium 4	F2 0F 51 /r
SQRTSS xmm1, xmm2/m32	Pentium 3	F3 0F 51 /r

Mnemonic	Technologie / erstmals verfügbar auf einem ...	Opcode (in Hex)
STC	8086	F9
STD	8086	FD
STI	8086	FB
STMXCSR m32	Pentium 3	0F AE /3
STOS m8	8086	AA
STOS m16	8086	AB
STOS m32	80386	AB
STOSB	8086	AA
STOSW	8086	AB
STOSD	80386	AB
STR r/m16	80286	0F 00 /1

SUB AL, i8
SUB AX, i16
SUB EAX, i32
	8086	2C ib
		2D iw
		2D id

SUB r/m8, i8
SUB r/m16, i16
SUB r/m32, i32
SUB r/m16, i8
SUB r/m32, i8
SUB r/m8, r8
SUB r/m16, r16
SUB r/m32, r32
SUB r8, r/m8
SUB r16, r/m16
SUB r32, r/m32
	8086	80 /5 ib
		81 /5 iw
		81 /5 id
		83 /5 ib
		83 /5 ib
		28 /r
		29 /r
		29 /r
		2A /r
		2B /r
		2B /r

SUBPD xmm1, xmm2/m128	Pentium 4	66 0F 5C /r
SUBPS xmm1, xmm2/m128	Pentium 3	0F 5C /r

Mnemonic	Technologie / erstmals verfügbar auf einem ...	Opcode (in Hex)
SUBSD xmm1, xmm2/m64	Pentium 4	F2 0F 5C /r
SUBSS xmm1, xmm2/m32	Pentium 3	F3 0F 5C /r
SYSCALL	AMD Athlon	0F 05
SYSENTER	Pentium 2	0F 34
SYSEXIT	Pentium 2	0F 35
SYSRET	AMD Athlon	0F 07
TEST AL, i8 TEST AX, i16 TEST EAX, i32 TEST r/m8, i8 TEST r/m16, i16 TEST r/m32, i32 TEST r/m8, r8 TEST r/m16, r16 TEST r/m32, r32	8086	A8 ib A9 iw A9 id F6 /0 ib F7 /0 iw F7 /0 id 84 /r 85 /r 85 /r
UCOMISD xmm1, xmm2/m64	Pentium 4	66 0F 2E /r
UCOMISS xmm1, xmm2/m32	Pentium 3	0F 2E /r
UD2	Pentium Pro	0F 0B
UNPCKHPD xmm1, xmm2/m128	Pentium 4	66 0F 15 /r
UNPCKHPS xmm1, xmm2/m128	Pentium 3	0F 15 /r
UNPCKLPD xmm1, xmm2/m128	Pentium 4	66 0F 14 /r
UNPCKLPS xmm1, xmm2/m128	Pentium 3	0F 14 /r
VERR r/m16	80286	0F 00 /4
VERW r/m16	80286	0F 00 /5
WAIT	8086	9B
WBINVD	80486	0F 09
WRMSR	Pentium	0F 30

Mnemonic	Technologie / erstmals verfügbar auf einem ...	Opcode (in Hex)
XADD r/m8, r8	80486	0F C0 /r
XADD r/m16, r16		0F C1 /r
XADD r/m32, r32		0F C1 /r
XCHG AX, r16	8086	90+rw
XCHG r16, AX		90+rw
XCHG EAX, r32		90+rd
XCHG r32, EAX		90+rd
XCHG r/m8, r8		86 /r
XCHG r8, r/m8		86 /r
XCHG r/m16, r16		87 /r
XCHG r16, r/m16		87 /r
XCHG r/m32, r32		87 /r
XCHG r32, r/m32		87 /r
XLAT m8	8086	D7
XLATB	8086	D7
XOR AL, i8	8086	34 ib
XOR AX, i8		35 iw
XOR EAX, i8		35 id
XOR r/m8, i8		80 /6 ib
XOR r/m16, i16		81 /6 iw
XOR r/m32, i32	8086	81 /6 id
XOR r/m16, i8		83 /6 ib
XOR r/m32, i8		83 /6 ib
XOR r/m8, r8		30 /r
XOR r/m16, r16		31 /r
XOR r/m32, r32		31 /r
XOR r8, r/m8		32 /r
XOR r16, r/m16		33 /r
XOR r32, r/m32		33 /r
XORPD xmm1, xmm2/m128	Pentium 4	66 0F 57 /r
XORPS xmm1, xmm2/m128	Pentium 3	0F 57 /r

B Exceptions

B.1 Was sind Exceptions?

Eine Exception ist ein Interruptaufruf, der vom Prozessor erzeugt wird, wenn ein Fehler aufgetreten ist bzw. ein Fehler auftreten wird. Der aufgerufene Interrupt wird auch Exception-Handler genannt.

Es gibt drei verschiedene Arten von Exceptions:

- Exceptions, die nach ihrer Ausführung den Befehl, der die Exception erzeugt hat, erneut aufrufen. Fehler, die diese Art von Exceptions erzeugen, können gegebenenfalls durch einen Exception-Handler noch korrigiert werden.
- Exceptions, die nach ihrer Ausführung mit dem nachfolgenden Befehl fortfahren. Fehler, die diese Art von Exception erzeugen, müssen nicht unbedingt zum Programmabbruch führen.
- Exceptions, die zum Programmabbruch führen. Bei solchen Exceptions ist der Programmierer machtlos. Ein Fortführen des Programms ist nicht mehr möglich.

B.2 CPU-Exceptions

Divide-Error-Exception (#DE)

Interrupt: 0

Diese Exception wird ausgelöst, wenn ein Divisionsfehler aufgetreten ist. Mögliche Ursachen dafür ist entweder eine Division durch null oder das Ergebnis ist zu groß für den Zieloperanden.

Die Exception wird vor Ausführung des Befehl aufgerufen.

Debug-Exception (#DB)

Interrupt: 1

Diese Exception wird ausgelöst, wenn eine Bedingung des Debuggers wahr ist. So wird zum Beispiel bei gesetztem Trap-Flag nach jedem ausgeführten Befehl dieser Exception-Handler aufgerufen. Ein anderes Beispiel ist das Vorfinden eines Breakpoints. In einem solchen Fall würde die Exception vor Ausführung des Befehls erfolgen.

Breakpoint-Exception (#BP)

Interrupt: 3

Diese Exception wird ausgelöst, wenn mittels eines Debuggers ein Breakpoint auf einen Befehl gesetzt wurde.

Die Exception ruft nach ihrer Ausführung den nächsten Befehl auf.

Overflow-Exception (#OF)

Interrupt: 4

Diese Exception wird ausgelöst, wenn der `INTO`-Befehl aufgerufen wird und das Overflow-Flag zu diesem Zeitpunkt gesetzt ist.

Die Exception ruft nach ihrer Ausführung den nächsten Befehl auf.

BOUND-Range-Exceeded-Exception (#BR)

Interrupt: 5

Diese Exception wird ausgelöst, wenn der Array-Index außerhalb der Grenzen liegt.

Die Exception kehrt nach ihrer Ausführung zum `BOUND`-Befehl zurück.

Siehe auch: Kapitel 3: Vergleiche / `BOUND`

Invalid-Opcode-Exception (#UD)

Interrupt: 6

Diese Exception wird ausgelöst, wenn:

- ein ungültiger oder reservierter Befehl aufgerufen werden soll:
    - zum Beispiel beim Aufrufen eines MMX-, SSE- oder SSE2-Befehls auf einem Prozessor, der diese Technologie nicht unterstützt,
    - oder ein Protected-Mode-Befehl, wie zum Beispiel ARPL im Real-Mode aufgerufen wird,
    - RSM aufgerufen wird und der Prozessor sich nicht im SMM-Mode befindet.
- Ein Befehl mit einem ungültigen Operanden aufgerufen werden soll.
- Ein MMX-, SSE- oder SSE2-Befehl ausgeführt werden soll und das EM-Flag im CR0-Register gesetzt ist.
    - Ausgenommen davon sind folgende Befehle: PAUSE, PREFETCHh, SFENCE, LFENCE, MFENCE und CLFLUSH.
- Ein SSE- oder SSE2-Befehl ausgeführt werden soll und das OSFXSR-Bit im CR4-Register gelöscht ist.
    - Ausgenommen davon sind folgende Befehle: MASKMOVQ, MASKMOVDQU, MOVNTQ, MOVNTDQ, MOVNTPD, MOVNTI, PREFETCHh, SFENCE, LFENCE, MFENCE und CLFLUSH. Außerdem die 64-Bit-Versionen der Befehle PAVGB, PAVGW, PEXTRW, PINSRW, PMAXSW, PMAXUB, PMINSW, PMINUB, PMOVMSKB, PMULHUW, PSADBW, PSHUFW, PADDQ und PSUBQ.
- Ein UD2-Befehl ausgeführt wird.

Der Befehl, der die Exception erzeugt, wird nicht aufgerufen!

Device-Not-Available-Exception (#NM)

Interrupt: 7

Diese Exception wird ausgelöst, wenn:

- Ein FPU-Befehl ausgeführt werden soll, wenn das EM-Flag im CR0-Register gesetzt ist.
- Der Befehl WAIT / FWAIT ausgeführt wird, wenn das MP- und das TS-Flag im CR0-Register gesetzt sind.

- Ein FPU-, MMX-, SSE- oder SSE2-Befehl ausgeführt werden soll und das EM-Flag im CR0-Register gelöscht und das TS-Flag gesetzt ist.
  - Ausgenommen davon sind folgende Befehle: PAUSE, PREFETCHh, SFENCE, LFENCE, MFENCE und CLFLUSH.

Double-Fault-Exception (#DF)

Interrupt: 8

Diese Exception wird ausgelöst, wenn während der Abarbeitung eines Exception-Handlers eine weitere Exception auftritt.

Ein Fortführen des Programms ist nach einer #DF-Exception nicht mehr möglich. Tritt eine weitere Exception auf, wird der Prozessor heruntergefahren.

Coprocessor-Segement-Overrun-Exception

Interrupt: 9

Diese Exception wird nur auf einem 387er erzeugt, wenn die Segmentgrenzen überschritten wurden.

Diese Exception gilt mittlerweile als reserviert und sollte nicht verwendet werden.

Invalid-TSS-Exception (#TS)

Interrupt: 10

Diese Exception wird ausgelöst, wenn bei einem *Task Switch* ein Fehler aufgetreten ist.

Wird die Exception vor dem *Task Switch* ausgelöst, springt der Exception-Handler nach seiner Ausführung zu dem Befehl, der die Exception ausgelöst hat. Hat der *Task Switch* schon stattgefunden, wird zum ersten Befehl des neuen Tasks zurückgesprungen.

Segment-Not-Present (#NP)

Interrupt: 11

Diese Exception wird ausgelöst, wenn ein Segment sich nicht im Speicher befindet.

Stack-Fault-Exception (#SS)

Interrupt: 12

Diese Exception wird ausgelöst, wenn ein Stapelüberlauf stattgefunden hat oder kein Stack vorhanden war, auf den man versucht hat zuzugreifen.

General-Protection-Exception (#GP)

Interrupt: 13

Diese Exception wird ausgelöst, wenn ein Fehler aufgetreten ist, der nicht auf die anderen Exceptions passt. Das können Segmentüberschreitungen sein, Schreibzugriffe auf schreibgeschützte Bereiche usw.

Page-Fault-Exception (#PF)

Interrupt: 14

Diese Exception wird ausgelöst, wenn das PG-Flag im CR0-Register gesetzt ist und ein nicht korrekter Zugriff auf eine Speicherseite erfolgen soll.

FPU-Floating-Point-Error-Exception (#MF)

Interrupt: 16

Diese Exception wird ausgelöst, wenn die FPU eine Exception entdeckt und signalisiert hat. Damit die #MF-Exception erzeugt wird, muss das NE-Flag im CR0-Register gesetzt sein.

Alignment-Check-Exception (#AC)

Interrupt: 17

Wenn *Alignment-Checking* aktiviert wurde und auf nicht ausgerichtete Daten zugegriffen werden soll, wird diese Exception ausgelöst. Allerdings muss das CPL gleich 3 sein, damit diese Exception ausgelöst wird.

Der Befehl, der die Exception erzeugt, wird nicht aufgerufen.

Machine-Check-Exception (#MC)

Interrupt: 18

Wenn ein interner Fehler aufgetreten ist, der nicht behoben werden kann, wird diese Exception ausgelöst.

Diese Exception ist nur auf Pentium-Prozessoren, der P6-Familie und dem Pentium 4 verfügbar und ist implementierungsspezifisch.

SIMD Floating-Point-Exception (#XF)

Interrupt: 19

Diese Exception wird ausgelöst, wenn ein SSE- oder ein SSE2-Befehl eine SIMD Floating-Point-Exception ausgelöst hat. Diese werden im MXCSR-Register angezeigt.

Damit die #XF-Exception erzeugt wird, muss das OSXMMEXCPT-Flag (Bit 10) im CR4-Register gesetzt sein.

Diese Exception ist erst ab dem Pentium 3 verfügbar.

B.3 FPU-Exceptions

Die FPU signalisiert Exceptions, indem sie die entsprechenden Flags im Status Word setzt. Wichtig ist dabei, dass die Exception-Flags nur dann gesetzt werden, wenn die entsprechenden Exception-Masks im Control Word gelöscht sind!

Wird nun eine unmaskierte Exception erzeugt, wird der Interrupt 16 aufgerufen (#MF-Exception).

Stack-Overflow-Or-Underflow-Exception (#IS)

Ein Stack Über- oder Unterlauf hat stattgefunden.

Ein Überlauf kann stattfinden, wenn versucht wird, ein Register zu beschreiben, welches nicht als *empty* markiert ist.

Ein Unterlauf kann stattfinden, wenn versucht wird, ein als *empty* markiertes Register auszulesen.

In diesem Fall signalisiert ein gesetztes C1-Flag im Status-Register (Bit 9) einen Überlauf und ein gelöschtes C1-Flag einen Unterlauf.

Invalid-Arithmetic-Operation-Exception (#IA)

Mindestens einer der Operanden war für die Operation nicht zugelassen. Zum Beispiel, wenn versucht wird, aus einer negativen Zahl die Wurzel zu ziehen, ein nicht unterstütztes Format vorliegt oder mit einer NaN verglichen werden soll.

Denormal-Operand-Exception (#D)

Diese Exception wird signalisiert, wenn eine Operation mit denormalisierten Operanden durchgeführt werden soll.

Divide-by-Zero-Exception (#Z)

Diese Exception wird signalisiert, wenn ein Befehl versucht, eine Division durch null durchzuführen.

Numeric-Overflow-Exception (#O)

Diese Exception wird signalisiert, wenn das Ergebnis zu groß für den Zieloperanden ist.

Numeric-Underflow-Exception (#U)

Diese Exception wird signalisiert, wenn das Ergebnis zu klein für den Zieloperanden ist.

Inexact-Result-Exception (#P)

Diese Exception wird signalisiert, wenn das Ergebnis nicht korrekt im Zielformat dargestellt werden kann, zum Beispiel bei periodischen Brüchen oder nicht endenden Ergebnissen.

B.4 SIMD Floating-Point-Exception

Die SIMD Floating-Point-Exceptions sind fast dieselben wie die FPU-Exceptions. Allerdings werden sie im MXCSR-Register signalisiert.

Wird eine unmaskierte Exception erzeugt, wird der Interrupt 19 aufgerufen (#XF-Exception).

Invalid-Operation-Exception (#I)

Mindestens einer der Operanden war für die Operation nicht zugelassen. Zum Beispiel, wenn versucht wird, aus einer negativen Zahl die Wurzel zu ziehen, ein nicht unterstütztes Format vorliegt oder mit einer NaN verglichen werden soll.

Die Exception wird erzeugt, bevor die Berechnung ausgeführt wird.

Divide-by-Zero (#Z)

Diese Exception wird signalisiert, wenn ein Befehl versucht, eine Division durch null durchzuführen.

Die Exception wird erzeugt, bevor die Berechnung ausgeführt wird.

Denormal-Operand-Exception (#D)

Diese Exception wird signalisiert, wenn eine Operation mit denormalisierten Operanden durchgeführt werden soll.

Die Exception wird erzeugt, bevor die Berechnung ausgeführt wird.

Numeric-Overflow-Exception (#O)

Diese Exception wird signalisiert, wenn das Ergebnis zu groß für den Zieloperanden ist.

Numeric-Underflow-Exception (#U)

Diese Exception wird signalisiert, wenn das Ergebnis zu klein für den Zieloperanden ist.

Inexact-Result-Exception (#P)

Diese Exception wird signalisiert, wenn das Ergebnis nicht korrekt im Zielformat dargestellt werden kann, zum Beispiel bei periodischen Brüchen oder nicht endenden Ergebnissen.

B.5 Ein Exception-Handler

Um einen Exception-Handler zu programmieren, müssen Sie den entsprechenden Interrupt auf Ihre eigene Prozedur verbiegen. Das ist leichter gesagt als getan, denn das Programmieren von Interrupts ist recht fehlerträchtig und führt von einem Absturz zum nächsten. Wer schon mal ein TSR-Programm geschrieben hat (oder sich daran versucht hat), weiß, wovon ich spreche.

Anhand eines kleinen Beispiels soll nun demonstriert werden, wie ein Exception-Handler für eine #DE-Exception aussehen könnte.

Dazu folgen zwei kleine Programme. Das erste erzeugt den Divisionsfehler:

```
.model small
   .data
     m1 db 'Führe eine Division durch 0 aus.',0Ah,0Dh,'$'

   .stack 100h

   .code

   start:
       mov ax, @data
       mov ds, ax

       mov ah, 9           ;Text ausgeben
       lea dx, m1
       int 21h

       mov ax, 3           ;Division
       mov bl, 0           ;durch Null
       div bl              ;ausführen

       mov ah, 4Ch         ;Dieser Teil wird nie ausgeführt!
       int 21h             ;Das Programm bricht vorher ab
   ends
   end start
```

Listing C.1: Division durch null

Wie Sie sehen, führt das Programm eine Division durch null aus. Wenn Sie das Programm zum Beispiel unter Windows 9x ausführen, erhalten Sie die Nachricht 'Diese Anwendung wird aufgrund eines unzulässigen beendet....' Wenn Sie das Programm in der DOS-Box ausgeführt haben, wird diese zusätzlich geschlossen.

Vor einiger Zeit hatte ich schon einmal ein Programm entwickelt, dass nur als Grundgerüst für TSR-Programme dienen sollte und welches leicht erweiterbar war. Dieses Grundgerüst ist ideal, um nicht nur bei Codefragmenten zu bleiben, sondern einen vollständigen Exception-Handler zu demonstrieren.

Sehen wir uns den Exception-Handler an:

```
;     +++ T S R . A S M +++
```

```
;   Autor  : Joachim F. Rohde
;   Anlaß  : Bänderriß und meine Gelenkkapsel ist hin -> ;
LANGEWEILE!!!!
;   Datum  : 29.08.2000
;   letzte Änderung: 18.07.2001

;   Aufgabe: Grundgerüst für ein TSR-Programm
;            installiert / Deinstalliert das Programm im ;
Speicher
;             linkt sich in den Interrupt 00h ein,
;             kann jedoch, durch jeden beliebigen
;             Interrupt ersetzt werden!
;              (nach -- VARIABEL -- im Source suchen)

;   Änderungen am 18.07.2001:
;            linkt sich im Interrupt 00h ein und gibt
;            eine Nachricht aus, wenn irgend ein
;            Programm einen Divisionsfehler erzeugt.


code segment
assume cs:code, ds:code, es:code, ss:code
  org 100h
start:
  jmp install

routine:



;--- hier kommt die eigene Routine hin. ---
jmp short start_routine        ;Sprung zum Codeteil

;hier können Daten gelagert werden
  msg db "Es ist ein Divisionfehler aufgetreten!!!"
      db 0Ah, 0Dh
      db "Das Programm wurde beendet.$"

start_routine:
  push cs
  pop ds
  mov ah, 9            ;Gibt die Nachricht aus, dass ein
  lea dx, msg          ;Divisionsfehler aufgetreten ist
```

```
  int 21h

  mov ah, 4Ch             ;und beendet das entsprechende
  int 21h                 ;Programm

;--- hier endet die eigene Routine. ---


  pushf                                   ;Routine des int
                                          ;00h endet hier
  call dword ptr cs:offsint               ;iret
  iret                                    ;zweites IRET
                                          ; mit popf

  offsint dw ?                            ;Park für Offset
  segint  dw ?                            ;+Segment des
                                          ;int 9h
  marke dw "JR"                           ;kennung
    dw 128 dup(?)                         ;+am Ende des
                                          ;Stacks

install:
  mov ax, 3500h                           ;-- VARIABEL --
  int 21h
  cmp es:marke, "JR"
  je raus                                 ;war schon
                                          ;geladen
  mov cs:offsint, bx                      ; Vek. Int 00h
  mov cs:segint, es                       ;merken
  mov ax, 2500h                           ;int 00h
                                          ;-- VARIABEL --
  lea dx, routine                         ;verbiegen
  int 21h
  mov ah, 09h
  lea dx, instmsg
  int 21h
  lea dx, install                         ;Zahl der
  shr dx, 4                               ;Paragraphen des
                                          ;residenten
  inc dx                                  ;Programmteils
                                          ; aufrunden
  mov ax, 3100h                           ;end, Routine
```

```
                                            ;bleibt
    int 21h                                 ;errorlevel 0

  raus:
    mov dx,es:offsint                       ;Offset 00h
    mov ds,es:segint                        ;Segment 00h
    mov ax, 2500h                          ;Int. Vek. 00h
                                            ;-- VARIABEL --
    int 21h                                 ;zurück setzen
    mov bx, es                              ;ProSegment
                                            ;merken
    mov es, es:[2Ch]                        ;Segment aus PSP
    mov ah, 49h                            ;SpeicherUmgebung
    int 21h                                 ;freigeben
    mov es, bx                              ;ProgSpeicher
    mov ah, 49h                             ;freigeben
    int 21h

    push cs
    pop ds
    lea dx, rausmsg
    mov ah, 09h
    int 21h
    mov ax, 4C01h                       ;ProgEnd:Errorlevel=1
    int 21h

    instmsg db "TSR installiert.$"
    rausmsg db "TSR DeInstalliert.$"

  code ends
  end start
```

Listing C.2: TSR-Programm für Divisionsfehler

Das Listing C.2 muss als COM-Datei kompiliert werden.

Mittels Turbo-Assembler geschieht das durch folgende Befehle:

```
tasm tsr.asm
tlink tsr /t
```

Und für den Makro-Assembler lauten die Befehle:

```
masm tsr
```

```
link tsr
exe2bin tsr.exe tsr.com
```

Wenn Sie jetzt in der DOS-Box die COM-Datei aufrufen, wird der Interrupt 00h auf den eigenen Exception-Handler verbogen und bleibt im Speicher resident.

Rufen Sie danach das erste Programm auf, so wird anstatt der Schließung der DOS-Box die Fehlermeldung 'Es ist ein Divisionfehler aufgetreten!!! Das Programm wurde beendet.' ausgegeben und es kann weitergearbeitet werden.

Rufen Sie die Programme nicht aus dem Windows-Explorer auf, da in diesem Falle nach Beendigung des jeweiligen Programms der Speicher gelöscht werden würde und somit auch der Exception-Handler!

Sehen wir uns das Programm doch mal genauer an. Der größte Teil schlägt mit der TSR-Routine zu Buche, also mit dem Installieren und Deinstallieren des Programms im Speicher. Was uns aber interessiert, ist der Exception-Handler, also dieser Teil hier:

```
routine:
   ;--- hier kommt die eigene Routine hin. ---
   jmp short start_routine       ;Sprung zum Codeteil

   ;hier können Daten gelagert werden
     msg db "Es ist ein Divisionfehler aufgetreten!!!"
         db 0Ah, 0Dh
         db "Das Programm wurde beendet.$"

   start_routine:
     push cs
     pop ds
     mov ah, 9            ;Gibt die Nachricht aus, dass ein
     lea dx, msg          ;Divisionsfehler aufgetreten ist
     int 21h

     mov ah, 4Ch          ;und beendet das entsprechende
     int 21h              ;Programm
   ;--- hier endet die eigene Routine. ---
```

```
    pushf                                   ;Routine des int
                                            ;00h endet hier
    call dword ptr cs:offsint               ;iret
    iret                                    ;zweites IRET
                                            ; mit popf
```

Eigentlich gibt es hier keine großen Überraschungen. Dass die Daten zwischen den Befehlen abgelegt wurden, liegt daran, dass ein COM-Programm nur aus einem Segment besteht und es somit kein Daten-Segment gibt.

Es wird also die Nachricht ausgegeben und danach wird das Programm, dass die Exception ausgelöst hat, beendet. Das Beenden des Programms ist nicht zwingend notwendig für einen Exception-Handler, aber es handelt sich ja hier nur um ein exemplarisches Beispiel.

Wenn der Exception-Handler das Programm nicht beenden würde, würden die nächsten drei Befehle den Original-Interrupt noch aufrufen, für den Fall, dass vielleicht auch andere Programme diesen Interrupt verbogen haben.

Wahrscheinlich werden Sie heutzutage kein TSR-Programm mehr programmieren, um ihre Exceptions abzufangen. Das Beispiel sollte aber auch nur zeigen, wie ein Exception-Handler aussehen und wie Sie den entsprechenden Interrupt verbiegen könnten.

C Glossar

Hier sind einige Begriffe und Abkürzungen zusammengetragen, die immer wieder in den vorangegangenen Kapiteln aufgetaucht sind:

Begriff	**Erklärung**
Byte	1 Byte = 8 Bits
CPL	*current privilege level* aktuelle Privilegstufe
Dekrementieren	Etwas vermindern. Im Kontext mit Programmierung häufig das Subtrahieren des Wertes eins von einem anderen Wert.
Deskriptor	Deskriptoren treten in Formen von beispielsweise Gates auf. Diese habe nur im Protected Mode eine Bedeutung.
DPL	Descriptor Privilege Level
Doubleword	1 Doubleword = 4 Bytes = 32 Bits
Doublequadword	1 Doublequadword = 16 Bytes = 128 Bits
GDT	Global Desciptor Table
Hardware Prefetching	Mit dem Pentium 4 wurde eine *Hardware-Prefetching-Unit* eingeführt, die es ermöglicht, Daten, die voraussichtlich als Nächstes gebraucht werden, schon mal in den Cache zu laden, ohne das der Programmierer dafür Sorge zu tragen hat. Allerdings lädt die HPU halt nur die Daten, die wahrscheinlich als Nächstes gebraucht werden.

Begriff	Erklärung
IDT	Interrupt Descriptor Table
Inkrementieren	Etwas erhöhen. Im Kontext mit Programmierung häufig das Addieren des Wertes eins zu einem anderen Wert.
Integer	Englischer Ausdruck für eine ganze Zahl
IOPL	Input Output Privileg Level
LDT	Local Descriptor Table
MSR	Model Specific Register
NaN	Not-a-Number
NMI	Non Maskable Interrupt Diese Interrupts werden nicht von den Befehlen `STI` und `CLI` beeinflusst. Sie werden immer ausgeführt!
QNaN	Quiet Not-a-Number
Quadword	1 Quadword = 8 Bytes = 64 Bits
RPL	Requested Privileg Level Privileg Level, welches das Segment hat, auf welches der Selektor verweist.
Rundung zum positiv Unendlichen	Aufrunden
Rundung zum negativ Unendlichen	Abrunden
Selektor	Selektoren verweisen auf Segmente und enthalten weitere Informationen über diese.
SNaN	Signaling Not-a-Number
SMM	System Management Mode

Begriff	Erklärung
System Management Mode	Dieser Modus wurde mit dem Pentium eingeführt und erlaubt die Reduzierung des Stromverbrauchs nach einer vorgegebener Zeit an Inaktivität, indem der Prozessor in den Sleep-Modus versetzt wird.
Task Switch	Wechsel zwischen zwei Programmen
TLB	Translation Lookaside Buffers In TLBs befinden sich Adressen von häufig genutzten *pages*.
TSS	Task State Segment
TSR	terminate and stay resident TSR-Programme installieren sich im Speicher und bleiben dort resident. Sie kommen aus den alten DOS-Zeiten.
Word	1 Word = 2 Bytes = 16 Bits

Stichwortverzeichnis

Symbole

A

B

C

F

Q

R

T

U

V

W

X

Z

Spickzettel

In dieser Tabelle finden Sie die drei Befehlsarten CMOVxx, Jxx und SETxx, deren Verhalten jeweils vom Zustand einzelner Flags abhängig ist.

Die CMOVxx-Befehle arbeiten ähnlich wie der MOV-Befehl, allerdings findet das Kopieren vom zweiten Operanden in den ersten nur dann statt, wenn bestimmte Flags gesetzt bzw. gelöscht sind.

Die bedingten Sprünge werden nur ausgeführt, wenn bestimmte Flags gesetzt bzw. gelöscht sind. In zwei Ausnahmen wird auch das (E)CX-Register zur Überprüfung herangezogen.

Und auch die SETxx-Befehle setzen den jeweils angegebenen 8-Bit-Operanden nur, wenn die zu überprüfenden Flags die richtigen Werte haben. Ansonsten wird der angegebene Operand auf Null gesetzt.

CMOVxx	**Jxx**	**SETxx**	**Flags**
CMOVA	JA	SETA	C=0 und Z=0
CMOVAE	JAE	SETAE	C=0
CMOVB	JB	SETB	C=1
CMOVBE	JBE	SETBE	C=1 oder Z=1
CMOVC	JC	SETC	C=1
-	JCXZ	-	CX=0
CMOVE	JE	SETE	Z=1
-	JECXZ	-	ECX=0
CMOVG	JG	SETG	Z=0 und S=0
CMOVGE	JGE	SETGE	S=0
CMOVL	JL	SETL	S≠0

CMOVxx	Jxx	SETxx	Flags
CMOVLE	JLE	SETLE	Z=1 oder S≠O
CMOVNA	JNA	SETNA	C=1 oder Z=1
CMOVNAE	JNAE	SETNAE	C=1
CMOVNB	JNB	SETNB	C=0
CMOVNBE	JNBE	SETNBE	C=0 und Z=0
CMOVNC	JNC	SETNC	C=0
CMOVNE	JNE	SETNE	Z=0
CMOVNG	JNG	SETNG	Z=1 oder S≠O
CMOVNGE	JNGE	SETNGE	S≠O
CMOVNL	JNL	SETNL	S=O
CMOVNLE	JNLE	SETNLE	Z=0 und S=O
CMOVNO	JNO	SETNO	O=0
CMOVNP	JNP	SETNP	P=0
CMOVNS	JNS	SETNS	S=0
CMOVNZ	JNZ	SETNZ	Z=0
CMOVO	JO	SETO	O=1
CMOVP / CMOVPE	JP / JPE	SETP / SETPE	P=1
CMOVPO	JPO	SETPO	P=0
CMOVS	JS	SETS	S=1
CMOVZ	JZ	SETZ	Z=1

Herbert Schildt, Joe O'Neil
14,95 €; 29,24 DM,
ISBN 3-8266-0716-3

Herbert Schildt
44,95 €; ca. 87,91 DM,
ISBN 3-8266-0736-8

Weitere Titel in der Reihe GE-PACKT:

HTML GE-PACKT
Dirk Chung
12,95 €; 25,33 DM,
ISBN 3-8266-0695-7

JavaScript GE-PACKT
M. Seeboerger-Weichselbaum
12,95 €; 25,33 DM
ISBN 3-8266-0728-7

C/C++ GE-PACKT
Herbert Schildt
12,68 €; 24,80 DM
ISBN 3-8266-0684-1

Weitere Titel in der Reihe ENT-PACKT:

C ENT-PACKT
Herbert Schildt
39,95 €; 78,13 DM
ISBN 3-8266-0732-5

C++ ENT-PACKT
Herbert Schildt
39,95 €; 78,13 DM,
ISBN 3-8266-0731-7

Weitere Titel der Reihen GE-PACKT und ENT-PACKT finden Sie auf unserer Webseite www.ge-packt.de